Kathrin Nürge

Starke Erzieher – starke Kinder

BurckhardtHaus

Kathrin Nürge

Starke Erzieher – starke Kinder

Eigene Ressourcen entdecken und einsetzen

Umschlaggestaltung: Patricia Fuchs, AVR, München
Fotos: Kathrin Nürge

Weitere Fotos und Grafiken: S. 8, 50 psdesign1/fotolia.com, S. 42 kange_one/fotolia.com, S. 43 HP_Photo/fotolia.com, S. 44, 48, 60 f. high_resolution/fotolia.com, S. 47 Kateryna/fotolia.com, S. 49 cirodelia/fotolia.com, S. 51 K.-U. Häßler/fotolia.com, S. 54 f. croisy/fotolia.com, S. 57 Shchipkova Elena/fotolia.com, S. 67-69, 73 nikiteev/fotolia.com, S. 98 Greg Meland/fotolia.com, S. 100 shumo4ka/fotolia.com, S. 169 Silhouetten: moryachok/fotolia.com, Ohren/Münder: graphixmania/fotolia.com

Satz und Layout: ISM, München

Druck und Verarbeitung: GRAFIKA SOCA, Slowenien

www.burckhardthaus-laetare.de

ISBN 978-3-944548-24-1

Inhalt

Für meine Eltern:

Ich breite meine Flügel aus und fliege durch die Welt!
Schaue, staune, halte inne,
schaue, staune und entdecke.

Vögel singen, Blumen glänzen,
Gräser wehen leicht im Wind ...
die Seele kommt zur Ruh.

Spür die Sonne auf der Haut, wate durch den Bach,
was ich fühle, spiegelt mich!
Die Welt geht in mir auf.

Ich breite meine Flügel aus und fliege durch die Welt!
Im Grün setz ich mich nieder
und singe meine Lieder.

In Liebe und Dankbarkeit für mein Leben durch euch,
mit euch und in Gedanken, Gefühlen und Erinnerungen an euch,
eure Kathrin.

Leese, im Oktober 2015

Einstimmung

„Es ist nie zu spät, so zu sein, wie man gerne wäre."

George Eliot

Liebe Leserinnen und Leser,

mit diesem Buch möchte ich auf die große Bedeutung der eigenen Persönlichkeit im frühen Bildungs- und Entwicklungsprozess von Kindern aufmerksam machen. Ich möchte euch mit der Auswahl der Themen und Inhalte, den Übungen, Beispielen, Geschichten, Gedichten und den Zitaten berühren und euch für den mutigen Schritt sensibilisieren, die Selbsterziehung und Selbstwerdung als Grundlage für einen entwicklungsförderlichen Umgang mit sich selbst und im Zusammensein mit Kindern und Erwachsenen anzuerkennen. Ich möchte euch ermutigen, neue unbekannte Wege zu gehen, um euch selbst weiterzuentwickeln und euch von den eigenen Ängsten, Zweifeln und Bedenken immer mehr zu befreien. Das heißt, sich selbst und andere verstehen, annehmen und wertschätzen zu wollen, damit der sozialpädagogische Lebensraum mit Freude, Genuss und einer aus sich selbst kommenden Motivation erfahren werden kann.

Allein durch das Lesen und Nachsinnen über die Inhalte besteht die Möglichkeit, sich sein eigenes Denken, Fühlen und Handeln bewusster zu machen, es zu verstehen und Gedankenprozesse zu beginnen, die der erste Schritt für Veränderungen sein können. Die verschiedenen Übungen und Beispiele tragen dazu bei, sich intensiv mit Persönlichkeitsmerkmalen auseinanderzusetzen, die eigenen und die von anderen Menschen unter die Lupe zu nehmen – sie zu entdecken, weiterzuentwickeln und nutzen zu können. Mögen die Gestaltung, die Bilder, die Zitate ... auch zum Entspannen und Wohlfühlen beitragen.

Die Handhabung kann ganz individuell sein. Natürlich bauen die einzelnen Kapitel aufeinander auf, aber jedes Kapitel steht auch für sich selbst. Ein Querlesen ist also gut möglich. Im Einzelnen wird es sogar themenbezogene Wiederholungen geben, die für das prozesshafte Vertiefen, Verstehen und Begreifen hilfreich sind. Da es um die Persönlichkeit geht, habe ich mich für die persönliche, direkte Ansprache und die weibliche und männliche Form entschieden, auch wenn es den Text in die Länge zieht. Einen Anspruch auf Vollständigkeit zu einem Themenbereich habe ich nicht. Ich freue mich, wenn jede Leserin und jeder Leser das für sich Beste in meinen Ausführungen findet und sich dabei nicht scheut, die anstrengenden Themen zu bearbeiten.

Den Schlüssel zum beruflichen und persönlichen Glück hält man selbst in der Hand, man kann Türen aufschließen und öffnen, man kann hindurchgehen und sich auf neue Wege begeben, sich darauf einlassen. Man kann achtsam, vertrauensvoll und zuversichtlich seinem Herzen folgen und Schritt für Schritt alte, hinderliche Lebensmuster und Gefühle loslassen, um mit Mut und Vertrauen zu sich selbst und zu anderen Glück und Erfüllung zu finden. Wenn das gelingt, werden Hindernisse als Herausforderungen und neue Chancen verstanden und dem persönlichen Wachstum sind keine Grenzen gesetzt.

Mögen pädagogische Fachkräfte die Selbstreflexion und Selbstwerdung als Schlüsselerlebnis für die Entwicklung der eigenen Professionalität wertschätzen.

Kapitel 1:
Eigene Ressourcen und Fähigkeiten nutzen

„Zu sein, was wir sind, und zu werden,
was wir werden können,
ist unsere Bestimmung im Leben."

Robert Louis Balfour Stevenson

Die Bedeutung der eigenen Ressourcen und Fähigkeiten

Alles was du brauchst, steckt bereits in dir. Genau darum geht es, wenn wir uns mit unseren eigenen Ressourcen, unseren Fähigkeiten, Eigenschaften, Stärken, Neigungen und Talenten befassen, wenn wir sie als wahre Schätze in uns wiederentdecken und uns ihrer bewusst werden wollen. In uns allen steckt diese bunte, dynamische, wundervolle und persönlichkeitsbereichernde Palette von Ressourcen, die zu einem „erfüllten Menschsein" beiträgt.

Ressourcen sind grundsätzlich etwas Gutes. Es sind Potenziale, die uns innewohnen, und es liegt an uns selbst, ob wir sie nutzen oder nicht. Wie Schätze liegen sie in uns verborgen, und wir haben zu jeder Zeit die Möglichkeit, unsere Schatzkammern zu öffnen: um etwa das Leben genießen zu können, uns mit Freude seinen Aufgaben zuwenden zu können und um Herausforderungen anzunehmen und mutig zu sein. Sie helfen uns, Wagnisse einzugehen, um uns von alten, hinderlichen Mustern zu lösen, nach vorne zu schauen oder uns neugierig auf Neues einzulassen. Mit diesen Schätzen können wir die Gestaltung unseres eigenen Lebens in die Hand nehmen und über uns selbst hinauswachsen.

Es sind Schätze, die uns weiterbringen, wenn wir in der Klemme stecken. Sie helfen uns, auch in schwierigen Situationen und Lebensphasen immer wieder aufzustehen und Kräfte zu entwickeln, um Schritt für Schritt Lösungsmöglichkeiten zu finden, uns aus der Situation zu befreien und dem Leben wieder einen Sinn zu geben. Hier kommt der Begriff der Resilienz (seelische Widerstandskraft) ins Spiel, der gerade im heutigen, handlungsorientierten, pädagogischen Alltag mit einer übergroßen Tragweite bedeutsam wird. Unsere sozialen und emotionalen Ressourcen tragen bei uns selbst, bei den Kindern und den Menschen, mit denen wir verbunden sind, zu einer gesunden Entwicklung und zu einem zufriedenen und glücklichen Leben bei.

Wir sollen dazu beitragen, Kinder seelisch widerstandsfähig zu machen und sie zu stärken, damit sie auch belastende Situationen gut überstehen. Doch wie soll das gehen, wenn wir unsere eigenen Widerstandskräfte nicht erkennen, sie nicht bewusst wahrnehmen und nicht kontinuierlich reflektieren? Was brauchen wir selbst, um in schwierigen Situationen angemessene Lösungen für problematische oder verzwickte Gegebenheiten zu finden?

Eigene Persönlichkeitsmerkmale erkennen

Hier werden nun die eigenen Widerstandskräfte angesprochen, die wir im Laufe unseres Lebens aufgebaut haben und die auch im pädagogischen Alltag bedeutsam sind, um Kinder für das Leben nachhaltig zu stärken, damit sie „resilient" werden können. Folgendermaßen antwortete eine Kollegin vor einigen Jahren während eines Vorstellungsgespräches auf die Frage, was Kinder in ihrer Kindergartenzeit bis zum Schuleintritt lernen sollen:

„Ich möchte die Kinder in ihrer Zeit im Kindergarten so stark machen, dass sie den ‚Schulknast' gut durchlaufen und überstehen können." Diese Aussage hat mich damals in ihrer Härte geradezu wachgerüttelt. Vom Begriff der Resilienz war in den 90er-Jahren noch nicht die Rede, doch genau darum geht es in dieser Aussage: die Kinder seelisch widerstandsfähig zu machen, damit sie in der Schule und auch im späteren Leben aufmerksam, umsichtig, neugierig, verantwortungsvoll und voller Schwung, ohne zu zweifeln, ihre Meinung sagen, sich nicht entmutigen lassen und an sich selbst glauben, auch wenn es schwierige Fächer, anstrengende Lehrerinnen und Lehrer, Mitschülerinnen und Mitschüler und/oder problematische Ereignisse zu überwinden gilt.

Da es in diesem Kapitel um die eigenen Ressourcen geht, werden an dieser Stelle die folgenden Fragen bedeutsam:

1. Was habe ich eigentlich selbst für Persönlichkeitsmerkmale, und welche zeichnen mich besonders aus? Welche sind charakteristisch für mich, und welche fallen mir ohne lange zu überlegen direkt ein?
2. Wie wirken sie sich auf das eigene Leben und im beruflichen Alltag aus? Sind sie hilfreich und gut oder wirken sie sich in manchen Situationen auch negativ aus, weil sie mich z. B. selbst ausbremsen oder andere Menschen nicht damit umgehen können?
3. Welche Persönlichkeitsmerkmale sind für das eigene Leben förderlich, und welche sind hinderlich?

Wenn wir Kinder, Kolleginnen und andere Menschen in die Lage versetzen wollen, personale und soziale Ressourcen und Fähigkeiten aufzubauen, die sie nachhaltig im Leben stärken, brauchen wir auch in uns selbst Schutzfaktoren, wie:

- eine hohe Selbstüberzeugung – „das Gefühl zu haben, das eigene Leben und die beruflichen Herausforderungen selbstverantwortlich steuern zu können"
- innere Sicherheit – „das Gefühl zu haben, sicher und geborgen im Leben zu stehen"
- ein positives Sozialverhalten – „das Gefühl zu haben, mit anderen Menschen gut klarzukommen und angenommen zu werden"
- ein positives Selbstwertgefühl – „das Gefühl, stark zu sein, um seine Bedürfnisse und Anliegen vertreten und verwirklichen zu können"
- eine Selbstwirksamkeitsüberzeugung – „das Gefühl zu haben, ich kann das und ich schaffe das, was ich mir vornehme"
- eine optimistische Lebenseinstellung – „das Gefühl und das Vertrauen zu haben, dass alles gut wird"

- Begeisterungsfähigkeit – „das Gefühl und den Mut zu haben, neuen Aufgaben mit Freude und Zuversicht zu begegnen"
- ein aktives Bewältigungsverhalten – „das Gefühl zu haben, sein Leben zu meistern"

Wesentlich ist es dabei, sich im Leben – in guten wie in schlechten Zeiten – immer wieder selbst zu ermutigen und an sich zu glauben. Das Leben ist ein Wechselspiel aus guten und schwierigen Lebensabschnitten, und gerade in den belastenden und verletzlichen Lebensphasen ist es, neben einem strukturierten Tagesablauf und einem respektvollen Klima, unsere eigene Widerstandskraft, die uns schützt, hält und bestehen lässt.
(vgl. Bensel 2007, S. 187)

Wunsch und Wirklichkeit

Auch das eigene Leben und der berufliche Alltag zeigen, dass wir gut mit entwicklungsförderlichen personalen und sozialen Ressourcen und Fähigkeiten ausgestattet sein sollten. Sie ermöglichen uns, den Anforderungen und Herausforderungen im pädagogischen Alltag gewachsen zu sein, ihn mit Freude zu gestalten und das Wesentliche vom Unwesentlichen unterscheiden zu können.

- Doch sind es nicht wir selbst, unsere Gedanken, unsere Vorstellungen von der Welt und unsere Erwartungen an das Leben, die dazu führen, dass wir das Wesentliche, uns selbst, viel zu sehr in den Hintergrund katapultieren?
- Lassen wir uns nicht allzu oft von den Ereignissen lenken, die von außen auf uns zuströmen, lassen uns in Hektik versetzen und uns unbewusst leiten, ohne auf das zu achten, was unser Herz gerne möchte? Verlieren wir uns dadurch nicht beinahe selbst?
- Bekommen wir mit, was andere uns sagen?
- Können wir gut zuhören oder sind wir mit den Gedanken schon wieder einen Schritt weiter?
- Kriegen wir überhaupt mit, was neben uns passiert?
- Sind immer die anderen schuld, wenn wir uns ärgern?
- Fühlen wir uns oft müde, kaputt oder sind erschöpft?

All dies ist hinderlich für unsere persönliche Entwicklung. Es hemmt, lähmt belastet und schränkt unsere Handlungsfähigkeit ein, weil wir den Kopf nicht frei haben, für das, was gerade ist – etwa für das Kind, das einen gerade jetzt am meisten braucht.

Praxisbeispiel: Das Wesentliche erkennen – Vertrauen

Erst vor Kurzem erlebte ich eine entsprechende Situation mit einem sechsjährigen Mädchen. Mona (Name geändert) hatte Ohrenschmerzen und deshalb meine Nähe gesucht. Wir wollten uns gerade auf unser Sofa setzen, als sich ein anderes Kind meine Hilfe wünschte, das Telefon klingelte und auf dem Flur ein Kind weinte. Ich habe dem Mädchen gesagt, dass es sich schon mal auf dem Sofa gemütlich machen solle und ich dann gleich zu ihr käme, wenn ich nach dem weinenden Kind geschaut hätte. Als ich dann im Flur war, gab es hier und da noch eine Frage von den anderen Kindern. Ich sollte mir etwas anschauen oder mitspielen, sodass ich Mona durch die Geschehnisse fast vergessen hätte. Für Mona, die ein sehr geringes Selbstwertgefühl hat, ängstlich ist und sich kaum etwas zutraut, wäre das einem Beziehungsabbruch gleichgekommen, da sie mir vertraut. Ich bin dann zu ihr gegangen, habe meine Hand auf ihr Ohr gelegt, und so haben wir einfach nur eine ganze Zeit lang dagesessen.

Dann kam eine Lehrerin von der Grundschule für ein gemeinsames Projekt mit mehreren Kindern, das wir regelmäßig zusammen durchführen. Außerdem kamen Kinder angelaufen, um mir mitzuteilen, dass etwas Blaues im Aquarium sei und dass ich sofort kommen müsse, weil ja die Fische sterben könnten. Ich bin nur kurz auf die anderen Kinder eingegangen und so lange bei Mona geblieben, bis ein Impuls sie in das Spiel mit den anderen Kindern zurückgeholt hat. Erst dann habe ich mich um das Aquarium und die anderen Kinder gekümmert. Das Projekt mit den Kindern und der Grundschullehrerin konnte erst mit 20 Minuten Verspätung beginnen.

Da passierten also viele Dinge zur gleichen Zeit, aber ich habe mich für Mona entschieden, weil es ihr nicht gut ging. Ich wäre jedoch fast aufgestanden, um nach dem blauen Etwas im Aquarium zu schauen – dabei wäre ich allerdings einer unbewussten Vorstellung gefolgt und hätte dem Aquarium einen größeren Wert gegeben als Mona, die in diesem Moment meine Nähe brauchte.

Die zur Verfügung stehende Ruhefähigkeit ist es in diesem Beispiel, die klarmacht, wie bedeutsam unsere eigenen Ressourcen für Kinder sein können. Mona hat durch das empathische Verhalten, durch die Zeit und Nähe, die ihr gegeben wurde, gespürt: Da ist jemand, dem ich vertrauen kann.

Zur Resilienzunterstützung brauchen Kinder Erwachsene, die selbst zu einem großen Teil über die im Text benannten Schutzfaktoren verfügen, die ihr Verhalten und ihre Ausdrucksformen reflektieren und denen das Interesse innewohnt, Kinder wirklich zu verstehen.

Deshalb benötigen Kinder Bezugspersonen, die ...

- ☐ wertfrei auf die Individualität der Kinder eingehen.
- ☐ Sicherheit geben und eine positive Grundeinstellung mitbringen.
- ☐ eine Befriedigung der ungesättigten Grundbedürfnisse ermöglichen.
- ☐ sie bedingungslos annehmen, wertschätzen und akzeptieren.
- ☐ sich einfühlen und mitfühlen können.
- ☐ ihnen ihr Vertrauen schenken, verlässlich, vorhersehbar und authentisch sind.
- ☐ ihnen mit Achtsamkeit, Respekt und Liebe begegnen.
- ☐ loslassen können, sie aber im Blick behalten.
- ☐ sie ernst nehmen und sie ermutigen, positiv und konstruktiv zu denken.
- ☐ ihnen Möglichkeiten geben, Basiskompetenzen aufzubauen.
- ☐ ihnen Möglichkeiten bieten, lebenspraktische Kompetenzen aufzubauen.
- ☐ sie verstehen wollen und auf ihre Interessen und Bedürfnisse eingehen.

- sie ermutigen, ihre Gefühle zu benennen und auszudrücken.
- konstruktiv loben und kritisieren.
- ihnen keine vorgefertigten Lösungen und keine vorschnellen Hilfestellungen anbieten.
- Aufmerksamkeit schenken.
- ihnen ein echtes Interesse an ihren Aktivitäten entgegenbringen.
- ihnen, die Zeit geben, die sie brauchen.
- ihnen helfen, eigene Stärken und Schwächen zu erkennen.
- ihnen Verantwortung übertragen.
- ihnen helfen, soziale Beziehungen aufzubauen.
- ihnen helfen, sich erreichbare Ziele zu setzen.
- sie nicht über- und auch nicht unterfordern.
- sie in Entscheidungsprozesse einbeziehen.
- eine anregungsreiche Umgebung anbieten.
- sie nicht vor Anstrengungssituationen bewahren.
- ihnen helfen, neue Interessen und Hobbys zu entwickeln.
- den Kindern das KINDSEIN ermöglichen und sich dafür einsetzen.
  (vgl. Wustmann 2012, S.134 f.)

Die eigenen Ressourcen und Fähigkeiten entdecken

Die eigenen Ressourcen sind für uns Menschen wie eine Schutzhülle. Sie sind Kraftquellen, auf die wir in belastenden Situationen, wenn viel auf uns einströmt, wir uns überfordert fühlen und schnell eine Entscheidung brauchen, zurückgreifen können. Sie schützen uns sowohl vor körperlichen Erkrankungen wie z. B. Rücken-, Nacken-, Kopf- und Bauchschmerzen wie auch vor psychischen Erkrankungen wie z. B. Erschöpfungszuständen, Burn-out, Depressionen oder gar Angstzuständen. Unsere Ressourcen und Fähigkeiten sind es, die uns gesund halten.

Übung: 100 Ressourcen aufschreiben

„Die Erinnerung an die eigenen Ressourcen ist der einfachste Weg, um in einen besseren Zustand zu kommen. Eine sehr einfache und doch kraftvolle Übung ist es, ein Blatt zu nehmen und 100 der wichtigsten eigenen Ressourcen aufzuschreiben. Jeder besitzt einen Schatz davon – und er ist jederzeit in der Lage, etwas von diesen Schatz zu heben."

(Ulsamer, S. 180 f.)

Bei dieser Übung geht es darum, seine eigene Wahrheit zu finden, seine Einzigartigkeit zu entdecken, sich selbst anzunehmen und damit einen Anfang zu finden und die Entwicklung der eigenen Persönlichkeit als Grundprinzip für eine Verbesserung der pädagogischen Arbeit und für das eigene Leben anzuerkennen.

Nun, 100 eigene Ressourcen aufschreiben! Da kommt man ins Stocken, es verschlägt einem die Sprache, man fängt an, über sich selbst zu zweifeln.

Oder man sagt sich: Was für eine schöne Aufgabe, sich mit den eigenen Ressourcen auseinanderzusetzen und sich ihrer bewusst zu werden!

Ich fange damit an, indem ich so viele Ressourcen aufschreibe, wie mir einfallen. Lasse mir Zeit, besinne mich und fülle meine Ressourcensammlung immer weiter auf. Genieße es, ganz langsam, ohne Hektik und Anstrengung. Entdecke nach und nach, was alles in mir steckt. Vielleicht fallen mir sogar Erlebnisse ein, wo ich mir selbst in großer Freude begegnet bin, mich gut gefühlt habe, entspannt und ganz zufrieden bei mir war.

Anzufangen ist nicht immer leicht. Ist es aber nicht so, wie es einst der großartige Dichter Hermann Hesse in seinem Gedicht „Stufen" beschrieben hat?

„... Und jedem Anfang wohnt ein Zauber inne,
der uns beschützt und der uns hilft, zu leben ..."

Mit Mut und Vertrauen zu dir selbst, wirst du – auch wenn jeder Anfang schwer ist – einen Anfang finden. Es kann natürlich auch wundervoll sein, diese Übung gemeinsam mit einem vertrauten, lieben Menschen zu beginnen und so die Zauberkraft der eigenen Ressourcen gemeinsam zu entdecken.

Am Anfang steht *jetzt* die Entscheidung: Ja, ich mache es! Ich lasse mich auf mich selbst ein, möchte mich spüren und in Bewegung kommen – die eigene Entwicklung genießen, um über mich selbst hinauszuwachsen.

Die im Folgenden aufgeführten Ressourcen können dir helfen, deine eigenen Ressourcen zu erkennen, sie weiterzuentwickeln und zu nutzen.

Mögest du deine Ressourcen erkennen, entwickeln und nutzen!

Ressourcen und Fähigkeiten – Schätze für ein Leben in Fülle

1. Soziale Ressourcen:

ACHTSAMKEIT

„Die Ewigkeit der Jugend besteht aus Augenblicken!"

Ernst Ferstl

Achtsamkeit in sich zu tragen ist ein hohes Gut und eine grundlegende Fähigkeit des menschlichen Geistes. Wer achtsam ist, nimmt sich selbst und seine Gegenwart bewusst wahr – ist ganz im Hier und Jetzt. Jemandem Achtung erweisen oder zollen, Achtung genießen, Achtung hervorrufen, Hochachtung haben, achtungsvoll oder andächtig sein, etwas mit Bedacht auswählen, sich ganz sachte auf jemanden zubewegen, achtsam im Umgang mit anderen Menschen sein, achtsam mit sich selbst sein, achtsam die Schätze der Natur bewundern, achtsam innehalten ... da schwingt das Leise, Sorgsame und Sanfte mit. Allein durch diese Wortspielerei wird deutlich, wie viele Möglichkeiten sich für die eigene Persönlichkeitsentwicklung ableiten lassen.

Achtsam mit sich selbst zu sein bedeutet Selbstachtung zu haben, gut mit sich selbst umzugehen und gut für sich selbst sorgen zu können. Die Selbstachtung ist die Voraussetzung für einen achtsamen Umgang mit anderen Menschen, vor allen Dingen mit Kindern, sowie mit der Natur, allen anderen Lebewesen und der dinglichen Umwelt. „Achtsam sein" heißt, den gegenwärtigen Augenblick sorgfältig, hingebungsvoll und ganz bewusst in allen Einzelheiten anzunehmen.

„Wenn wir uns liebevoll um Einzelheiten kümmern, die uns so leicht entfallen, während wir uns auf die scheinbar großen Dinge konzentrieren, dann entsteht eine Haltung von Sorgsamkeit und Zärtlichkeit. Wir müssen ohnehin kochen und putzen, also können wir es genauso gut liebevoll und sorgsam tun." (Steindl-Rast 2010, S. 12)

Ein Mensch, der achtsam ist, kann sich auf die Geschenke und überraschenden Augenblicke des Lebens einlassen, z. B. sich über das Lächeln oder die Geste eines Kindes freuen oder wenn ein weinendes Kind sich gar nicht mehr beruhigt, man schon alles versucht hat, man meint, es weine aus Trotz oder um seinen Willen durchzusetzen – auch dann mit sanfter Zuneigung beim Kind zu bleiben, bis es den Schritt in eine andere Gefühlslage geschafft hat – das wäre achtsam.

Praxisbeispiel: Geschenke, die auf uns warten, wenn man sich achtsam auf das Hier und Jetzt einlässt

Bei einer Gartenaktion im Kindergarten mit Eltern, Kindern und Kolleginnen hatte ich ein wundervolles Erlebnis mit Annika (6 Jahre). Wir hatten draußen am Haupteingang gemeinsam die Rosen und den Lavendel geschnitten, uns unterhalten und das gemeinsame Tun genossen. Dann wurden wir zur Mittagspause geholt und wir wollten danach direkt weitermachen. Annika, ein außergewöhnlich neugieriges, wahrnehmungsoffenes und handlungsaktives Mädchen, war schon viel früher fertig und wollte zusammen mit mir wieder raus. Ich sagte, sie solle schon mal vorgehen, ich käme gleich nach. Dann kam sie wieder rein und bat mich in freudiger Aufregung darum, schnell mitzukommen, weil ein Vogel im Beet säße. Ich ging mit. Langsam, leise, auf Zehenspitzen schlichen wir uns an. Der Vogel war nicht mehr da. Wir überlegten, wo er sein könnte. Annika meinte flüsternd: „Bestimmt ist er im Busch dahinten." Wir schlichen auch dorthin, waren wieder ganz behutsam und setzten uns dann vor dem Busch auf die Knie, um zu sehen, ob sich der Vogel dort versteckte. Ich glaubte schon, er sei längst weg, aber Annika hatte ein Rascheln gehört, oder doch nicht? In dem Moment, als wir gehen wollten, flog der Vogel über uns hinweg. Dieser Moment war von einer ganz besonders tiefen, gemeinsamen Freude erfüllt, und ich werde ihn für immer in meinem Herzen tragen. Was für ein Geschenk an einem Samstag im Kindergarten!

„Wenn wir unser Herz öffnen, um etwas Überraschendes hineinzulassen, wird es uns immer klarer, wie viele Überraschungen jeder Tag enthält, und mit der Zeit erkennen wir, dass wir in einem Universum leben, das irgendwie zu uns spricht. Wenn wir das erst einmal erkannt haben, hören wir ganz selbstverständlich hin, weil wir die Botschaft hören wollen." (Steindl-Rast 2010, S.13)

Im Umgang mit Kindern bedeutet Achtsamkeit,

- Kinder in ihrer Einzigartigkeit Schritt für Schritt entdecken zu wollen.
- Kindern Zeit zu schenken.
- liebevoll, aufmerksam und sorgsam zu sein.
- sich auf die Bedürfnisse und Interessen der Kinder einzulassen.
- Kinder aufmerksam zu beobachten, ihr Verhalten entschlüsseln, erkennen und verstehen zu wollen und Entwicklungsprozesse wahrzunehmen.
- aufmerksam zu sein, wenn Kinder erzählen, ihnen zuzuhören und sie sprachlich zu begleiten.
- sich auf das Kind in der gegenwärtigen Situation voll und ganz einlassen zu können.

Doch die Voraussetzung für einen achtsamen Umgang mit anderen Menschen ist ein achtsamer Umgang mit uns selbst. Achtsam mit anderen Menschen zu sein setzt voraus, dass wir uns selbst steuern können, dass uns unsere eigenen Persönlichkeitsmerkmale stützen, wir unsere eigenen Grenzen kennen, seelisch gesund sind und eine positive Lebenseinstellung haben. Die eigene Achtsamkeit ist es dann, die uns hilft, aus negativen Gedankenströmen und belastenden Situationen schnell wieder herauszukommen. (vgl. Goleman 2011, S. 69)

Mögest du die kleinen Dinge des Lebens bestaunen können!

EMPATHIE

„Der Mensch wird am Du zum Ich."

Martin Buber

Empathie, übersetzt auch Einfühlungsvermögen genannt, ist ein wichtiger Aspekt für das Zusammenleben mit anderen Menschen. Gemeint ist, die Fähigkeit und das Verständnis zu haben, sich in die Lage, in die Gedankenwelt und das emotionale Befinden eines anderen Menschen fühlend und mit Nachsicht hineinzuversetzen. Dabei geht es nicht nur um das kognitive Verstehen der Befindlichkeit und darum, gute Ratschläge geben zu können. Vielmehr geht es um das Einfühlen mit Herz und Gespür, das viel Feingefühl, Achtsamkeit, Geduld und Zeit für den anderen verlangt und wertfrei ist. Es geht um das Wahrnehmen versteckter Signale, das Begleiten durch Nähe, einfühlende und beschreibende Worte und um das Nachempfinden der Situation des anderen – um das Erspüren dessen, was er braucht oder wünscht.

In einem Vortrag von Marcus Stück (Uni Leipzig) wurde angesprochen, dass immer weniger pädagogische Fachkräfte eine fühlende Empathiefähigkeit besitzen. Stattdessen reagieren sie auf Kinder mit einer kognitiven, erwachsenen Empathiefähigkeit. Kinder werden dadurch von ihrem Fühlen und von ihrem Kindsein getrennt und können damit auch keine fühlende Empathiefähigkeit aufbauen. Das führt zu großen Irritationen im Verhalten von Kindern und demzufolge auch im Zusammenleben in der Gemeinschaft.

„Als Empathie [...] bezeichnet man die Fähigkeit eines Menschen, sich kognitiv in ein anderes Lebewesen hineinzuversetzen, dessen Gefühle zu teilen und sich damit über sein Verstehen und Handeln klar zu werden (Einfühlungsvermögen)." (Stück 2011, S. 11)

Bereits in den ersten Lebensjahren werden die Grundsteine für empathisches Verhalten (Blickkontakte, gegenseitiges Lächeln, gegenseitiges Wahrnehmen von Gefühlen etc.) gelegt und immer weiter aufgebaut. Dabei wird davon ausgegangen, dass vor allen Dingen die zwischenmenschlichen Beziehungen für die seelische Entwicklung dienlich sind und zu Veränderungen der persönlichen Entwicklung führen und wir durch andere viel über uns selbst begreifen. Doch immer gibt es auch Lebensphasen (z. B. Trennungen in der Familie, Verluste) in denen die persönliche Entwicklung gebremst wird und nicht voranschreitet. Dann ist es wichtig, einen vertrauten Menschen zu haben, der den Entwicklungsprozess wieder in Gang setzt.

Empathie setzt zunächst auch die emotionale Auseinandersetzung mit sich selbst voraus. Nur wer sein eigenes Fühlen und Denken versteht und annimmt, kann es auch in eine empathische Beziehung einbringen. (vgl. Krenz in Pousset, 2011, S. 105 f.)

Praxisbeispiel: Entwicklungsbegleitung mit Spiegelung – Kinder verstehen, sich einfühlen, andere einbeziehen, ihnen vertrauen und nah sein

Entwicklungsbegleitung:

Aus einem Spielgeschehen mit mehreren Kindern entwickelte sich die folgende Geschichte zwischen dem 4-jährigen Martin und mir. Auf dem Spielteppich wurden aus Legosteinen Häuser gebaut. Die Kinder agierten konzentriert und bauten gemeinsam oder alleine. Ich beobachtete die Kinder dabei, während ich zwei anderen ein Buch vorlas, als sie mich darum baten. Clara hatte ein Haus gebaut. Sie war nur kurz weg, als Martin sich zu uns gesellte und fragte, was wir machten. Ein Kind sagte: „Wir bauen Häuser." Ich wiederholte und ergänzte diesen Satz für Martin: „Wir sind alle Architekten und bauen ganz verschiedene Häuser." Martin war neugierig und nahm das Haus von Clara. Er fing an, es wieder auseinanderzubauen. Clara sah dies und rief: „Martin, das ist mein Haus, gib es wieder her." Martin erklärte, was er vorhatte. Er würde es nur anders machen, weil noch einige Dinge an dem Haus fehlten. Er wollte noch Stromleitungen, eine Heizung etc. einbauen... Clara ließ sich nicht darauf ein. Sie wollte das Haus wiederhaben. Das Geschehen zwischen den beiden wurde lauter und aggressiver. Beide rebellierten und wollten ihren Willen durchsetzen. Dann sagte ich: „Clara möchte ihr Haus so haben, wie es ist. Es gibt aber noch viele Baumaterialien, sodass sich jeder sein eigenes Haus bauen kann." Martin griff dennoch nach dem Haus von Clara und nahm es ihr weg. Ich sagte zu Martin: „Man kann nicht einfach das Haus von anderen umbauen, weil es dann Ärger gibt. Clara ist schon sehr ärgerlich, deshalb wäre es gut, wenn du ihr das Haus zurückgibst." Martin wollte es behalten, und Clara wollte es wiederhaben. Ich sorgte dann dafür, dass Clara ihr Haus zurückbekam. Daraufhin wurde Martin wütend, er beschimpfte Clara und mich und rief: „Ihr seid doof!" Dann verließ er wütend den Raum und versteckte sich. Ich besprach mit Clara und den Kindern, denen ich vorgelesen hatte, dass ich nach Martin schauen würde und dass man, wenn man wütend ist, vielleicht nicht alleine sein möchte. Dann ging ich zu Martin, er hatte sich unter einer Bank versteckt. Als er mich sah, rief er: „Geh weg, lass mich in Ruhe!" Ich sagte, dass ich nur schauen wollte, wie es ihm ginge, befolgte dann aber seinen Wunsch, ging in die Gruppe und las das Buch weiter. Nach einer Weile schaute ich wieder nach Martin. Er lag immer noch unter der Bank. Als er mich sah, lief er in den Waschraum und legte sich dort unter eine Bank. Ich fragte, ob er wütend sei. Er sagte, dass er allein sein wolle, und rief wieder: „Lass mich in Ruhe!" Ich blieb aber in der Nähe und sagte ihm, dass ich die Post nur in die Fächer verteilen und dann wieder zurück in die Gruppe gehen würde. In der Garderobe bei den Postfächern fragten mich zwei Mädchen, was denn mit Martin los sei. Ich sagte, er sei wütend, traurig oder verärgert und dass es schön wäre, wenn sie mal nach Martin schauen würden, weil er mit mir nicht sprechen wolle. Das taten sie. Eine Weile beobachtete ich die Kinder, die Mädchen fanden einen Zugang zu Martin, und ich ging wieder in die Gruppe und las den Kindern nun das Buch bis zum Ende vor. Danach sah ich wieder in den Waschraum. Martin und die beiden Mädchen waren gerade dabei, den Raum zu putzen. Ich dachte: „Oh, nein!", ließ mir aber nichts anmerken und fragte neugierig, was sie machten. Sie antworteten, dass sie alles sauber machen würden. Ich erklärte daraufhin, dass Manuela jeden Nachmittag den Waschraum reinigt und sie auch spielen könnten. Sie wollten den Waschraum fertig putzen, damit Manuela nicht mehr so viel machen muss. Dann antwortete ich, dass sich Manuela sicher sehr darüber freue und dass sie nach dem Putzen des Waschraums in den Gruppenraum kommen sollten. Nach einigen Minuten kamen die Mädchen in die Gruppe, Martin aber nicht. Ich ging zum Waschraum. Martin war nicht mehr dort. Bis auf die Handtücher hatten die Kinder alles ordentlich hinterlassen. Ich suchte Martin und fand ihn im Waschraum der anderen Gruppe. Er war gerade dabei, die Spiegel einzuseifen, als er mich sah und mir zuversichtlich und stolz erzählte, dass Manuela heute gar nicht sauber machen bräuchte. Ich sagte, dass er sehr fleißig sei, gut für Manuela sorge und sie ganz sicher dankbar für seine Hilfe sein würde. Dann teilte ich ihm mit, dass wir jetzt alle nach draußen gehen würden und es schön wäre, wenn er die Spiegel abtrocknen und wie alle Kinder mit in den Garten kommen würde, was er dann auch tat.

Spiegelung:

Im Garten sah ich Martin alleine in der Nestschaukel. Ich ging zur Schaukel. Er fragte, ob ich ihm Anschwung geben könnte. Ich schaukelte ihn an, aber dann wollte er raus. Ich sagte, dass ich selbst auch gerne etwas schaukeln würde, dass Schaukeln guttue, wenn man sich gerade geärgert hat und traurig ist. Er fragte mich, warum ich traurig sei. Ich tat so, als würde ich schmollen, und sagte, dass ich darüber nicht sprechen möchte. Dann schlug er vor, dass er mir Anschwung geben könnte. Ich nahm sein Angebot an, wollte aber nur leicht und nicht so hoch schaukeln. Nach einer Weile sagte er, dass er jetzt mit den anderen Kindern spielen möchte. Ich bedankte mich bei ihm und sagte, dass es mir schon besser gehe und ich noch ein bisschen in der Schaukel verweilen würde und dass man ja auch gerne alleine ist, wenn man sich über etwas geärgert hat. Er sah mich mit großen Augen an, und ich spürte richtig, wie gut er mich verstand. Er ging ungefähr drei Meter weiter bis zu den angrenzenden Steinen, setzte sich hin, schaute zu mir rüber und sagte ernst, dass er lieber noch ein bisschen in meiner Nähe bleibe. Ich antwortete, dass das sehr freundlich von ihm sei. Ich schaukelte ein wenig und erzählte dabei: wie schön es ist, beim Schaukeln in das Grün der Blätter der Stieleiche zu schauen, sich vorzustellen, dass die Sonne dahinter bald durch die Wolken schaut, dass man die Vögel hören und im Baum entdecken kann ... Währenddessen beobachtete ich, dass er mir sehr aufmerksam zuhörte. Sein Blick folgte meinen Worten. Dann sah ich, dass er sich einen dünnen Stock als Zigarette nahm und anzündete. Ich fragte, ob er rauche. Er grinste und bestätigte meine Frage. Ich war neugierig und wollte wissen, ob er Menschen kennt, die „richtige" Zigaretten rauchen. Er sagte: „Mama und Papa." Daraufhin sagte ich, wie gut so eine „Stockzigarette" doch sei, dass sie nicht stinke und man keinen ekligen Rauch auszupusten brauche ... Daraufhin fragte Martin mich, ob ich auch eine Zigarette haben wolle. Das wollte ich gerne, und so brachte er mir auch einen Stock, tat so, als ob er mir Feuer geben würde, ging zurück zum Stein, und zusammen rauchten wir unsere Stockzigaretten.

Im Folgenden einige Beispiele von empathischen Persönlichkeitsmerkmalen, die helfen, Kinder entwicklungsförderlich zu begleiten:

„**Kognitive Fähigkeiten:**

Eigene Verantwortlichkeiten entdecken und erkennen; vom Wert einer Beziehungsnähe im Sinne der Förderung von Bildungsprozessen tief überzeugt sein; Entschlossenheit zeigen; alle Wahrnehmungen und Beobachtungen an sich und der anderen Person auf der Basis von Erfahrungen verstehen und deuten können; Interesse an philosophischen Auseinandersetzungen „über Gott und die Welt" haben; [...] klare Vorstellungen über die eigenen Entwicklungsmöglichkeiten haben; Feindseligkeiten gegenüber anderen Menschen als eigene Abwehrmechanismen erkennen, deuten und in selbstexplorative Aufgabenstellungen an sich wandeln; Wahrnehmungsoffenheit für eigene Empfindungen und die Gefühle der anderen Person besitzen; auf die Synchronisation von Verbalität und Körpersprache achten, dabei Unstimmigkeiten erkennen und verändern.

Emotionale Fähigkeiten:

[...] Gefühle der anderen Person intensiv nachempfinden können; Sensibilität für Gefühlsempfindungen aufbringen und sich auch dann auf die eigene und fremde Gefühlswelt einlassen, wenn sie Unsicherheit und Ängste aufkommen lassen; persönliche Wärme und Nähe in die Beziehung einbringen; persönliche Belastungen entdecken und die eigene Belastbarkeit durch gefühlsorientierte Auseinandersetzungen mit sich selbst erweitern und ausbauen; persönliche Verbitterungen erkennen und analysieren können, um Schritt für Schritt innerlich frei von belastenden Spannungen zu werden.

Soziale Fähigkeiten:

Empfindsames und genaues Zuhören, ohne den anderen zu unterbrechen; auf persönliche Bewertungen [...] verzichten; sich intensiv um den anderen sorgen und ein Interesse daran haben, dass bedeutsame Entwicklungen geschehen können; unterschiedliche Wirklichkeiten nebeneinander stehen lassen, ohne die eigene Wirklichkeit als einzig richtige in den Vordergrund zu stellen; sich in den unterschiedlichen Interaktionssituationen auf sich selbst und die andere Person konzentrieren können; in der Beziehung unmittelbar zugegen sein und sich ganz auf den Augenblick der Beziehung einlassen; der anderen Person in ihrer Welt entgegenkommen, ohne darauf zu warten, dass der erste Schritt stets vom anderen ausgehen muss; auf Macht oder Herrschaft über den anderen verzichten; das Gegenüber als eine Person akzeptieren, die ebenso auf dem Weg der Entwicklung ist wie man selbst; die Selbstverantwortung der anderen Person sehen und damit die Selbstständigkeit des anderen aktiv unterstützen; echtes Interesse an der anderen Person erleben und zum Ausdruck bringen können; präzise Formulierung von Ereignissen und Empfindungen [...]; die Gegenwart – das aktuelle Geschehen – als Ausgangspunkt der Beziehungs- und Bildungsarbeit aufgreifen; persönlich erlebte Grenzen in der Beziehung mit sich und zu anderen Menschen als Herausforderung aufgreifen und selbstaktiv Veränderungen in Gang setzen."

(Krenz in Pousset 2014, S. 113 f.)

Es wird deutlich, dass die Auseinandersetzung mit der eigenen Persönlichkeit immer eine Voraussetzung für eine entwicklungsförderliche, empathische Begleitung von Kindern ist. Wenn wir unseren Beruf zur Berufung machen wollen, ist dementsprechend die Bereitschaft zur Selbstbildung eine Voraussetzung für die Arbeit in Krippen, Kindertagesstätten, Schulen und anderen sozialpädagogischen Einrichtungen.

Möge stets Einfühlungsvermögen von deinem Herzen kommen!

2. Emotionale Ressourcen

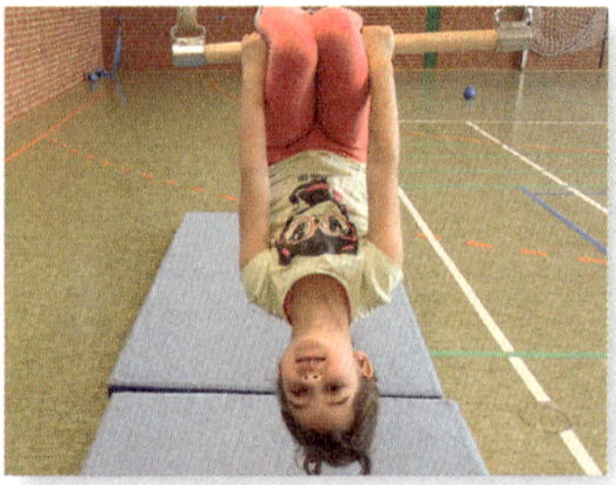

LEBENSFREUDE

„Die Fröhlichkeit ist ein Affekt, welcher des Körpers Macht zu handeln vermehrt und unterstützt."

Baruch de Spinoza

Lebensfreude in sich zu haben ist ein großes Glück. Viel Lebensfreude in sich zu haben ist ein riesengroßes Glück. Es ist doch die Freude, die uns in einen Zustand der Leichtigkeit versetzt. Ja, mit Freude geht alles leichter, weil sie uns ein gutes Lebensgefühl gibt, uns zufrieden macht und gesund erhält. Freude zu teilen bedeutet, Freude zu vermehren – selbst glücklich zu sein und andere Menschen glücklich zu machen. Die wahren Wunder liegen direkt vor uns, wenn wir uns mit ganzem Herzen auf das Hier und Jetzt einlassen und die wundervollen kleinen und großen Geschenke des Lebens annehmen. Das kann z. B. das Lächeln eines Kindes sein, eine sanfte Berührung, eine herzliche Umarmung, ein Wort, eine Geste, eine Erinnerung, der Mond, die Sonne, ein Stern am Himmel oder der Gesang eines Vogels am Morgen. Es können Rituale, Begegnungen, Erlebnisse, Blickkontakte sein – sich einfach gegenseitig wahrzunehmen, tief berührt voneinander zu sein, diesen Augenblick zu genießen und dabei eine große Dankbarkeit zu empfinden. Ist es nicht die Dankbarkeit, die Freude und Glück in uns auslöst? Dankbar zu sein für den heutigen Tag, ohne an das, was folgt, ohne an das Morgen zu denken, mal die Zeit zu vergessen, sich fallen zu lassen und einfach das Sein mit allen Sinnen bewusst zu erleben? Wahrnehmungsoffen in der Gegenwart zu sein, ermöglicht uns eine große Chance für ein Leben in Freude und Fülle. Auch in kritischen und schwierigen Lebensphasen stärkt eine tief verwurzelte, innere Lebensfreude das Lebensgefühl, gibt uns Antrieb und die Kraft, sich aus Belastungen zu lösen, wieder aufzustehen und sein Leben neu zu gestalten. Schon das Spüren eines warmen Sonnenstrahls auf der Haut kann in uns ein freudiges Gefühl auslösen und der Impuls für einen ersten Schritt in eine andere Richtung sein.

Menschen, die Freude in sich tragen, gehen offen und neugierig auf andere Menschen zu, sie haben ein angemessenes Gespür im Umgang mit ihnen und können sich auf Neues einlassen. Sie sind wahrnehmungsoffen, optimistisch, lächeln oft und haben ein klares Herz und einen starken Willen. Lebensfreude ist ein wesentliches Persönlichkeitsmerkmal für die Arbeit mit Kindern, Jugendlichen und Erwachsenen.

Praxisbeispiel: Freude im Rollenspiel erleben

Dieses Alltagsbeispiel aus der Kita zeigt, wie ansteckend Freude sein kann. In diesem Fall waren zwei 3-jährige Mädchen Ausgangspunkt für eine sehr fröhliche, herzliche und offene Spielsituation, an der viele Kinder Freude miteinander geteilt haben. Marie und Lina kamen voller Freude auf mich zu gerannt. Sie wollten, dass ich mit ins Schwimmbad käme. Ich antwortete, dass es mir noch zu früh sei und ich vielleicht später mitkommen würde. Sie ließen nicht locker – nach etwa zwei Minuten standen sie wieder vor mir: „Kommst du jetzt mit ins Schwimmbad?" Ich vertröstete sie noch einmal, weil ich mit anderen Dingen beschäftigt war. Es dauerte nicht lange, da waren die beiden Mädchen wieder da und fragten mich vor Freude hüpfend ein drittes Mal. Ich fragte nach, wo denn das Schwimmbad sei, und sie gaben zur Antwort: „Beim Bällebad." Ich antwortete, dass ich in wenigen Minuten zum Schwimmbad kommen würde, was ich dann auch tat. Die beiden Mädchen hatten schon auf mich gewartet. Sie riefen: „Komm rein, komm rein!" Und auch das tat ich, legte mich in eine Ecke und ließ mich auf das Spiel der Kinder voll und ganz ein. Ich schilderte, wie erfrischend das Wasser sei, dass man die Sonne so richtig genießen könne, und schon ging eine Wasserschlacht mit Bällen los und es kamen noch viele Kinder dazu. Ich gab weitere Spielimpulse, wie z. B. dass es auch Spaß machen würde, vom Beckenrand oder vom Sprungturm zu springen, sodass ein lebhaftes Spiel in Gang gesetzt wurde, an dem sich viele Kinder mit ihren eigenen Ideen beteiligten. Einige fingen an, sich auszuziehen, zunächst nur die Socken und schon wenig später zogen die ersten ihre Pullover, T-Shirts und Unterhemden aus. Ein buntes, fröhliches und intensives Treiben spielte sich um mich ab und weil die erste Abholzeit nahte, überlegte ich, wie ich das Spiel nach und nach beenden könnte. Ich kletterte hinaus, holte mir eine Pappröhre, spielte die Bademeisterin und kündigte ein nahendes Gewitter an und war erstaunt, wie viele Kinder tatsächlich aus dem Bällebad herausgeklettert kamen. Dann sah ich die Kleidung der Kinder (die überall verteilt war) und überlegte, wie ich sie dazu bringen könnte, sich wieder anzuziehen. Ich holte ein großes Handtuch und bot an, dass ich sie trocken rubbeln würde. Nach und nach kamen die Kinder zum Trockenrubbeln. Ich glaube, das war für einige Kinder das allerschönste Erlebnis in diesem Spiel, sie riefen: „Ich springe noch mal rein, dann kannst du mich wieder abtrocknen ..." Die Kinder zogen sich nach und nach wieder an und gingen dann zufrieden in den Garten. Einige Tage später hatten wir ein Entwicklungsgespräch mit der Mutter eines 3-jährigen Jungen, als wir über das Spiel des Jungen redeten, fragte die Mutter uns, ob wir mit den Kindern im Schwimmbad gewesen wären. An das Rollenspiel im Bällebad hatten weder meine Kollegin noch ich gedacht, und so verneinten wir ihre Frage. Dann fing sie an, über die Erlebnisse, die ihr Sohn ihr erzählt hatte, zu berichten und dass es sich so angehört hätte, als wären wir wirklich im Schwimmbad gewesen. Sie beschrieb einzelne Details, die er ihr erzählt hatte, und erst als sie das Abrubbeln mit dem Handtuch erwähnte, dämmerte es uns. Er hatte seiner Mutter von den Erlebnissen im Rollenspiel berichtet. Das war ein besonders berührender Moment, zumal an dieser Stelle die Bedeutung des Spiels für das Kind von der Mutter besonders hervorgehoben und als besonders wertvoll erlebt wurde.

Wie wundervoll, wenn wir im Alltag mit den Kindern gemeinsam ins Fließen kommen und eine tiefe Entspannung erleben können. So lernen Kinder, ohne es zu merken. Wenn es ins Fließen kommt, „signalisiert [dies], dass ein Kind sich mit einer Aufgabe beschäftigt, die ihm entspricht." (Goleman, 2011, S. 124)

Wenn Kinder mit Freude in einer Beschäftigung stecken, für die sie sich interessieren, von der sie sich angezogen fühlen und die sie fesselt, sind sie motiviert weiterzumachen, dann üben sie und wollen die Grenzen der eigenen Fähigkeiten immer weiter vorantreiben, weil es sie glücklich macht, immer besser zu werden. (vgl. ebd.)

Mögest du jeden Tag die Freude in dir spüren!

LIEBE

„Den Sinn erhält das Leben einzig durch die Liebe; die, die wir empfangen, und die, die wir schenken."

Hermann Hesse

Liebe ist das tiefe Empfinden, dass jemand dich vollkommen macht, Liebe ist Hingabe, Liebe kommt vom Herzen, Liebe ist ehrliche Anteilnahme, Liebe ist mächtig, Liebe ist bedingungslose Annahme, Liebe bereichert die inneren Gedanken, Liebe macht uns mutig, Liebe macht uns leicht, Liebe ist Leben, Liebe macht stark, Liebe ist grenzenlos, Liebe erfüllt das Herz mit Freude, Liebe ist ein Geschenk, Liebe ist göttlich, Liebe hat tausend Sprachen, Liebe ist die Sehnsucht nach Liebe, und die Selbstliebe ist die Grundlage für die Liebe zu anderen Menschen und zu der Welt. Die Liebe zu uns selbst ist die größte Kraft, die uns glücklich und gesund sein lässt. Entdecke die Liebe in dir und übe dich darin, sie anzunehmen – *sei bereit, die Liebe in dein Leben fließen zu lassen!*

Liebe ist eine Ressource, mit der jeder Mensch auf die Welt kommt. Sie ist das höchste Gut, was uns innewohnt. Zu lieben und geliebt zu werden macht uns aus dem tiefsten Inneren glücklich, stark, leicht, gesund, dankbar und zufrieden. Die Liebe hat unendlich viele Gesichter. Erich Fromm beschreibt in seinem Buch „Die Kunst zu lieben" verschiedene Formen der Liebe, wie z. B. die Liebe zwischen Eltern und Kind, die Nächstenliebe, die mütterliche Liebe, die Selbstliebe, die Liebe zu Gott. Und auch Wissenschaftler, Philosophen, Dichter und Autoren haben sich seit Jahrtausenden und bis heute mit der Liebe, dem Lieben und Geliebtwerden befasst: philosophiert, recherchiert, geforscht, diskutiert und in einer Reihe von Schriften, Büchern, Hörbüchern und Gedichten etc. festgehalten. Es gibt Lieder über die Liebe, Liebesfilme, Symbole der Liebe, Feste der Liebe und vieles mehr – überall begegnet sie uns und nichts bewegt uns mehr als die Liebe. Sie ist in aller Munde und löst, wenn man sie fühlt, etwas wundervoll Leichtes in uns aus. Sie macht uns stark, lässt uns durch die Welt tanzen und erfüllt uns mit einer unerschöpflichen Freude und Hingabe.

Erich Fromm schreibt, dass es eine Kunst ist zu lieben (in seinem Buch „Die Kunst des Liebens"). Er vergleicht verschiedene Künste miteinander und beschreibt die notwendigen Schritte, um eine Kunst zu erlernen. Man muss sowohl die Theorie als auch die Praxis beherrschen. Wenn wir Kinder begleiten, ist es erforderlich, sich ein möglichst großes Fachwissen aus der Hirnforschung, der Entwicklungspsychologie, der Neurobiologie, den Rechten und Gesetzen für Kinder etc. anzueignen, zu studieren und einen starken Willen zu entwickeln, um Kinder in ihrer Einmaligkeit erkennen und verstehen zu wollen und sie mit Liebe (bedingungslos) so anzunehmen, wie sie sind. Kompetent wird man allerdings erst, wenn das theoretische Wissen mit den langjährigen Erfahrungen aus dem gelebten pädagogischen Alltag verschmilzt und man eine Intuition erlangt, die dann das Wesen der pädagogischen Kunst – Kinder liebevoll, achtsam und wertschätzend zu begleiten – ausmacht. Hier kommt eine wesentliche Eigenschaft dazu: Die Begleitung der Kinder muss eine Herzensangelegenheit sein. Sie muss uns mehr als alles andere bedeuten. Das gilt für alle Anforderungen, die dieser Beruf an uns stellt. Doch trotz unserer großen Sehnsucht nach Liebe, stellen wir unsere eigenen Interessen und Bedürfnisse, die Wünsche von Eltern, einseitige Förderziele und das Streben nach Geld, Erfolg und Ansehen in den Vordergrund. Dann fließt die Energie nicht mehr zu den Kindern, sondern in die Erreichung dieser Bestrebungen, und so bleibt die Kunst des Liebens – die Liebe selbst und die Liebe zu den Kindern – auf der Strecke. (vgl. Fromm 1980, S. 15 f.)

Bei der Geburt kommen Kinder mit einer Liebesfähigkeit auf die Welt. Diese Liebe der Kinder ist sichtbar und spürbar. Kinder lieben leidenschaftlich und mit Hingabe. Sie lieben ihre Eltern, auch dann, wenn sie nicht gut behandelt werden und z. B. geschlagen oder sexuell genötigt werden. Selbst dann verteidigen und entschuldigen sie ihre Eltern. Die Liebe der Kinder bleibt. Sie lässt sich auch durch schlimme Erfahrungen nicht gänzlich zerstören, sodass auch im Erwachsenenalter ein Rest der kindlichen Liebe vorhanden bleibt. Dies ist ein Zeichen der Kraft von Liebe und der Bedingungslosigkeit, die unser Leben begleitet.

In der Interaktion mit uns Erwachsenen sind Kinder in der Lage, unsere Empfindungen zu erspüren und sich in uns hineinzuversetzen. Einerseits reagieren sie, indem sie unsere Erwartungen erfüllen und ihr Verhalten darauf einstellen – sich z. B. zurücknehmen, anpassen und leise werden. Andererseits fordern sie uns immer wieder, und wir gelangen an unsere eigenen Grenzen, z. B. durch pausenloses Fragen, indem sie unsere Ruhe stören, laut sind, ein „unmögliches“ Verhalten an den Tag legen, Grenzen überschreiten und beharrlich ihre Ziele verfolgen. All das machen sie, weil sie uns vertrauen und sie so sein können, wie sie sind. Deshalb braucht die Liebe von Kindern viel Beachtung, Respekt, Anerkennung und Würdigung. Kinder, die geliebt werden, können ihre Potenziale entfalten und Fähigkeiten aufbauen, die sie nachhaltig durch ihr ganzes Leben tragen werden. (vgl. Baer 2012, S. 15 f.)

Bedingungslose Liebe befreit. Sie ermöglicht es, selbst so zu sein, wie man ist, und andere bedingungslos und wertfrei so zu lassen und anzunehmen, wie sie sind. Diese Liebe kommt aus unserem Herzen und zeigt sich in unserem ganzen Sein – in unserem Denken, Fühlen und Handeln. So ist die Selbstliebe der Schlüssel zu unserem Glück, zu unserem Wohlbefinden und zu unserer Zufriedenheit. Sie ist dementsprechend die Grundlage für die Liebe zu anderen Menschen – insbesondere für die Liebe zu Kindern.

Kindern Liebe zu schenken bedeutet liebevolle Begleitung und bedingungslose Annahme. Das heißt z. B., dass Kinder mit ihren gegenwärtigen Interessen, Bedürfnissen und Angelegenheiten in den Mittelpunkt der alltäglichen Erfahrungswelt gestellt werden. Kinder haben Grundbedürfnisse, und die Sättigung ihrer Grundbedürfnisse ist das Bedeutsamste, was wir ihnen für den Aufbau von Selbstliebe und dauerhafter, lebenslanger Liebe mit auf den Weg geben können. Über das Bedürfnis nach Liebe wird beispielsweise die Fähigkeit der Selbstannahme aufgebaut.

Mögest du das Leben lieben.

3. Kognitive Ressourcen

NEUGIERDE

Ich möchte etwas erfahren, was ich noch nicht kenne.

Neugierde ist die Grundlage für das gesamte Lernen. Wer mit Neugierde durch das Leben geht, wird immer auf der Suche sein. Auf der Suche nach Antworten auf noch offene Fragen, auf der Suche nach neuen Entdeckungen, auf der Suche nach neuen Themen, auf der Suche nach neuen Zielen, auf der Suche nach Geheimnissen, auf der Suche nach neuen Hobbys, auf der Suche nach neuen Kontakten mit unbekannten Menschen, auf der Suche nach neuen Herausforderungen, auf der Suche, um sich mit Neuem vertraut zu machen, auf der Suche nach sich selbst – ja, auf der Suche nach dem Leben. Erkennen, was noch im Verborgenen liegt, Grenzen überschreiten, mutig sein und etwas zu wagen, was sich vielleicht sogar noch keiner vorher getraut hat – all das zeugt von einer stark ausgeprägten Neugierde.

Der Grad der Neugierde ist bei uns Menschen unterschiedlich hoch und hängt davon ab, wie bewusst wir das Leben wahrnehmen, ob wir offen für Neues sind und wie stark unser Selbstwertgefühl ist. Dabei ist auch entscheidend, mit welcher Haltung wir z. B. Überraschungen oder unvorhersehbaren Ereignissen begegnen:

- Bin ich eher ein Mensch, der sich offenherzig, mit Freude und Gelassenheit auf die unerwartete Situation einlassen kann? Oder bin ich jemand, der erst überlegt, zweifelt, sich Hilfe holt und eher unsicher reagiert?
- Ist es mir wichtig, was die anderen denken oder kann ich mich frei und ungezwungen auf neue Aufgaben einlassen?

In der Begleitung von Kindern ist es stets wichtig, dass sie all ihre positiven Eigenschaften entdecken können, dass sie ihren Interessen und Bedürfnissen nachgehen können, dass wir Impulse geben und sie begleiten, damit die Kinder sich auf den Weg machen, sich auszuprobieren und Antworten auf ihre Fragen zu finden. Bedeutsam ist dabei eine sichere und vertrauensvolle Beziehung zum Kind, dass wir ein echtes Interesse an seinen Entdeckungen zeigen, unsere eigenen Interessen zurückstellen und darauf achten, dass das Kind selbst im Mittelpunkt steht.

„Für Kinder ist eine stabile, feste und verlässliche Bindung zu einem vertrauten Menschen die Grundvoraussetzung, um sich neugierig und offen auf den Weg zu machen. Wenn Kinder sich wohl- und sicher fühlen, sind ihrer Entdeckerfreude keine Grenzen gesetzt. Mit allen Sinnen nehmen sie ihre Umgebung wahr und lassen sich auf die Vielfalt ihrer Umgebung ein. Das Kind erlebt die Welt wie ein großes Rätselbuch; Alles was ein Kind hört, schmeckt, riecht, sieht, fühlt, muss einen Namen und gleichzeitig einen Sinn haben, der in vielen Fällen mit der eigenen Einschätzung nicht in eine Übereinstimmung gebracht werden kann. Neugierde und die damit verbundenen Fragen lassen Dialoge entstehen: mit anderen Menschen und sich selbst, mit Tieren und Gegenständen, lebenden Dingen und totem Material. So wird das ‚eigene Wörterbuch des Lebens' immer umfangreicher und endet nie! Kinderfragen kennen keinen Anfang und kein Ende – und das ist gut so, machen Kinder doch damit deutlich, dass sie an Erkenntnissen interessiert sind, die sie für ihre Handlungsvorhaben verwerten möchten/können." (Krenz 2011, S. 188 f.)

Es ist wichtig, dafür zu sorgen, dass die Fähigkeit, neugierig zu sein, sowohl bei Kindern als auch bei uns selbst erhalten bleibt, weil sie der Motor für ein lebenslanges Lernen ist.

Dem gegenüber stehen verschiedene Fragen, die darüber Aufschluss geben, warum die kindliche Neugierde bei vielen Menschen mit zunehmendem Alter abnimmt:

1) Woran liegt es also, dass die große Neugierde vieler Kinder mit zunehmendem Alter entschwindet?
2) Wer und was bremst diese wunderbare Fähigkeit, die für das Lernen so wichtig ist?
3) Reagieren wir Erwachsenen kindgemäß, wenn Kinder sich staunend auf den Weg machen?
4) Begegnen wir den Kindern wirklich auf Augenhöhe?
5) Oder bremsen wir Kinder mit unserer Art, die Dinge zu sehen, gar aus?
6) Welche Rolle spielt dabei unsere eigene Bildungsgeschichte?
7) Reagieren wir nicht viel zu häufig unter Zeitdruck und antworten wir nicht zu objektiv und/oder zu vernünftig?

Übung: „Neugierig sein auf …"

Beantworte die folgenden Fragen schriftlich.

1. Was hat mich als Kind angetrieben, motiviert und neugierig gemacht?
2. Welche Themen und Interessen wecken meine Neugierde, und wie gehe ich mit dieser Neugierde um?
3. Welche Menschen sind es, die mich neugierig machen? Warum ist das so, und was macht diese Menschen interessant?

Für die pädagogische Arbeit ist es bedeutsam, darauf zu achten, die kindliche Neugierde nicht zu bremsen. Die unten aufgeführten Aspekte sind dienlich, wenn wir die Entwicklung der Kinder in ihrer unerschöpflichen Neugierde anregen wollen:

- achtsam sein, für das, was Kinder interessiert
- Kinder nicht belehren, ihre Entdeckungen nicht bewerten und auf keinen Fall abwerten
- die Interessen, Ideen und Individualität der Kinder wertschätzen
- das Kind mit seiner Einzigartigkeit in den Mittelpunkt stellen
- eigene Interessen zurückstellen
- die Fragen der Kinder nicht beantworten, lediglich Impulse geben, damit sich Kinder ihre Fragen selbst beantworten können
- mit Kindern philosophieren – über ihre Interessen und Bedürfnisse, über das, was sich im Alltag und im gemeinsamen Miteinander ergibt, über die großen Themen des Lebens, die für Kinder eine hohe Bedeutung haben wie z. B. Freundschaft, Zugehörigkeit, der Sinn des Lebens
- sich auf den gegenwärtigen Augenblick einlassen, ihn als einmalige Gelegenheit verstehen, annehmen und genießen können
- den Kindern vielfältige Möglichkeiten für das freie Spielen und das Wahrnehmen mit allen Sinnen zur Verfügung stellen
- kindorientierte Projekte gemeinsam mit den Kindern planen und ganzheitlich erleben
- eine einladende, wohltuende Atmosphäre gestalten
- die Entdeckerfreude der Kinder als Geschenk für eigene Entdeckungen anerkennen
- etc.

Neugierde ist auch bei der Entdeckung der eigenen Persönlichkeit eine bedeutsame Ressource. Ja, auch auf dem Weg zu uns selbst geht es immer wieder darum, sich neugierig Fragen zu beantworten und sich immer besser kennenzulernen: Wer bin ich? Was kann ich? Was habe ich? Was ist der Sinn des Lebens – meines Lebens?

Mögest du neugierig auf dein Leben sein!

LERNINTERESSE

„Lernen ist die Vorfreude auf mich selbst.“

Janusz Korczak

Ein Lerninteresse zeigt sich, wenn wir jeden Tag bereit sind, etwas Neues zu lernen. Wenn wir offen bleiben für das, was ist, und Lernfreude, Lernoffenheit und Lernbereitschaft mitbringen. Es zeigt sich auch, wenn Interesse an den Themen, Menschen und Ereignissen unseres Lebens besteht, wenn wir wahrnehmungsoffen sind und etwas wissen wollen, von dem wir noch gar keine Ahnung haben. Es zeigt sich, indem wir nachfragen, beobachten und zuhören, und es setzt voraus, dass wir wertfrei sind und auf das Beurteilen verzichten, weil wir dann frei und offen sind und uns auf das, was vor uns liegt, mit ganzem Herzen einlassen können.

Das ist leichter gesagt als getan. Die Welt ist viel komplizierter geworden. Hektik, Hetze und Stress bestimmen größtenteils unseren Alltag: Wir kommen nicht mehr zur Ruhe, nehmen uns kaum noch Zeit, um neue Dinge zu erfahren, auszuprobieren, zu bestaunen und uns möglicherweise sogar dafür zu begeistern.

1) Woran liegt es, dass die meisten Kinder spätestens nach der Grundschule die Lust am Lernen verlieren?
2) Welche Erlebnisse haben uns die Freude am Lernen und den Mut, etwas Neues zu wagen, genommen?
3) Gab es sogar Menschen, die uns mit ihrem Verhalten Angst und Furcht eingeflößt haben?
4) Wozu haben wir gelernt und haben wir wirklich für uns selbst gelernt?
5) Für unsere Eltern?
6) Für die Lehrenden?
7) Um Anerkennung und/oder eine Belohnung zu bekommen?
8) Um nicht getadelt, sanktioniert oder beschimpft zu werden und keine Verbote zu erhalten?

Einer meiner Lehrer hat mir in der vierten Klasse der Grundschule Folgendes in mein Poesiealbum geschrieben: „Nicht für die Schule, sondern für das Leben lernen wir.“ Dieser Spruch hat mich schon als 9-Jährige sehr beeindruckt. Einerseits weil ich den Lehrer gerne mochte und andererseits weil ich es bis dahin noch nie so gesehen hatte. Verstanden habe ich es damals allerdings nicht. Wenn ich heute darüber nachdenke, liegt in diesem Satz große Wahrheit. Wir lernen für unser ganzes Leben. Dass wir das tun, ist plausibel, aber wie Lernen gelingen kann und wie sich ein Lerninteresse entwickelt, spielte damals weniger eine Rolle. Das Lernen war ausschließlich auf das Unterrichtsfach ausgerichtet, und die Bedürfnisse und Interessen von 9-jährigen Kindern spielten nur am Rande eine Rolle.

Nach den Erkenntnissen aus der Hirnforschung sind es unsere eigenen Ressourcen – unsere Fähigkeiten und Fertigkeiten, unser Wissen und Können, unsere Einstellungen, Haltungen und Werte – die zur Entwicklung von Lerninteresse beitragen. All das, was wir gelernt haben, als wir selbst noch Kinder waren, und was wir im Laufe unseres Lebens dazugewonnen haben, hilft Kindern dabei, ein Lerninteresse zu entwickeln. So ist z. B. Lebensfreude eine Grundlage für Lernfreude. Es ist wichtig, in der Kita ein nachhaltiges Lerninteresse zu fördern, weil die Erfahrungen aus der Kindheit über die gesamte Lebensspanne hinweg bedeutsam bleiben. Kindliches Lernen passiert im Alltag und während des Spiels nebenbei, wenn das, was die Kinder tun, nicht laufend unterbrochen wird und sie in ihrem Tatendrang Unterstützung finden. Positive Entwicklungen zu unterstützen ist in den ersten sieben Lebensjahren einfacher als zu einem späteren Zeitpunkt. In der heutigen Zeit wird das Lernen allerdings zum Problem, weil viele Erwachsene glauben, dass Kinder möglichst früh viel Wissen aufbauen müssen, um im späteren Leben besondere Leistungen erbringen zu können und Erfolg zu haben. Die Frage, wie Kinder lernen, und die Erkenntnis, dass ihre besonderen Talente und der Aufbau von Fähigkeiten dafür bedeutsam sind, rücken aufgrund eines Förderwahns und eines Lernens in einzelnen Bereichen mehr und mehr in den Hintergrund. Als Begleiterinnen und Begleiter von Kindern haben wir deshalb dafür Sorge zu tragen, dass Kinder Lerninteresse aufbauen können. Dazu brauchen Kinder einen Raum, in dem sie sich geschützt fühlen und sich nicht rechtfertigen müssen, in dem sie z. B. nicht gemaßregelt oder bloßgestellt werden, sondern sich wohlfühlen können und sich mit ihren Interessen, Bedürfnissen und in ihrer Einmaligkeit als bedeutsam erleben und einen Bezug zu dem herstellen können, was sie machen.
(vgl. Hüther 2012, S. 83 f.)

In der Zeitschrift „kinderleicht“ hat Stefan Pinter Prinzipien des Lernens vorgestellt, die er bei der Beobachtung seines Sohnes selbst aufgestellt hat. In abgewandelter Form können sie als Reflexionshilfe für unser eigenes Lernen angewendet werden:

1) Ich versuche alles erst einmal allein – ich kann das selbst.
2) Ich gebe nicht auf und versuche alles, um eine Lösung für mein Vorhaben zu finden.
3) Ich tue alles von ganzem Herzen.
4) Ich mache mein Ding. Ich lasse mich nicht von anderen und meinen eigenen Zweifeln, Ängsten und Grenzen unterkriegen. Es sind meine eigenen Erfahrungen, auf die ich aufbaue.
5) Ich lasse mich auf die Gegenwart ein; ich sehe sie als Lernquelle, baue sie in mein Leben ein und verfolge meinen persönlichen Lebensplan.
6) Ich lerne mit Körper, Geist und Seele. Lernen passiert nicht nur über die Kognition. Mein Denken, Fühlen und Handeln sind für meine Lernerfolge verantwortlich.
7) Aus Lebensfreude entsteht Lernfreude. Mit Freude lernen heißt auch fließend lernen. Mich auf das zu konzentrieren, was ich tue, erzeugt in mir eine tiefe Entspannung.
8) Ich feiere meine Erfolge. Ich kann Stolz empfinden und genießen, dass ich mein Ziel erreicht habe.

(vgl. Pinter, S. 8 f.)

Übung: Eigene Lernprinzipien erkennen

Wähle ein Prinzip aus und beobachte dein Lernverhalten für drei Tage ganz bewusst. Stelle heraus: 1) Was lerne ich? 2) Was lerne ich über mich? 3) Was lerne ich dabei über das Lernen?

Hier geht es nicht darum, sich von anderen abzuheben und in Konkurrenz zu treten, sondern zu erkennen, wie man selbst lernt, und dass man eine Bereitschaft zum Lernen hat, dass man selbst die Verantwortung trägt und diese selbst steuern kann. Die eigene Lernmotivation hat für das Lernen in der Gemeinschaft eine ebenso hohe Bedeutung, und die Auseinandersetzung mit den eigenen Lernprinzipien wirkt sich nachhaltig auch auf die Lernerfolge im gemeinsamen Miteinander aus. Wer sein eigenes Lernverhalten kennt, kann seine „Schätze" der Gruppe zur Verfügung stellen und mit geballten Ressourcen können dann maximale Ziele oder sogar echte Wunder erreicht werden. (vgl. Pinter, S. 8 f.)

Mögest du das Leben jeden Tag neu begreifen wollen!

4. Motorische Ressourcen

LÖSUNGSORIENTIERTES HANDELN

„Fange an, dir das, was du sagst, anzuhören. Sage nichts, was zu hören du dir nicht wünscht."

Louise L. Hay

Im Alltag werden immer wieder neue Anforderungen an uns gestellt und/oder wir werden von unerwarteten Ereignissen überrascht, die wir möglichst schnell in die Hand nehmen und klären sollen. Manchmal sind die Ereignisse angenehm, und wir können ihnen mit Freude begegnen, dann fällt es uns leicht, eine Lösung zu finden. Manchmal gibt es aber auch Aufgaben und Ereignisse, die unangenehm sind, und dann fällt es uns schwer, überhaupt zu handeln. Zuallererst ist unsere innere Haltung der Motor für ein lösungsorientiertes Handeln. Bin ich sicher oder unsicher? Bin ich optimistisch oder pessimistisch? Sehe ich die Aufgabe als Herausforderung oder als Belastung an? Bin ich entspannt oder stehe ich unter Druck? Geht es gut oder geht es schief? Habe ich genug Kraft und Energie oder erschöpfen mich die Anforderungen? Reichen meine Fähigkeiten überhaupt aus, um eine gute Lösung für mich selbst und für alle Mitbeteiligten zu finden?

Um Aufgaben anzugehen und Schwierigkeiten aus dem Weg zu räumen, ist es zunächst wichtig, sich bewusst zu machen, dass es viele verschiedene Möglichkeiten gibt, Dinge zu sehen und Dinge zu tun. Es gibt nicht nur die eine perfekte Lösung. Was können wir also tun, damit wir tatkräftig, zuversichtlich und gelassen beginnen zu handeln?

Da Selbstzweifel für ein lösungsorientiertes Handeln hinderlich sind, ist es notwendig, nach vorne zu schauen, Schritt für Schritt zu überlegen und sich zu fragen, welche Vorgehensweise uns eine Orientierung gibt, um eine möglichst effektive Lösung herbeizuführen. Folgende Fragen können uns dabei helfen:

- Wie kann ich es schaffen?
- Was macht es mir möglich, die Aufgabe/das Problem zu lösen?
- Was brauche ich ganz konkret, um die Aufgabe/das Problem zu lösen?
- Wer oder was könnte mir dabei helfen?
- Was könnte der erste Schritt sein, die Aufgabe/diese Schwierigkeiten zu überwinden?

Diese Fragen bieten uns die Möglichkeit zu handeln. Ein Beispiel aus dem pädagogischen Alltag zeigt, dass bereits Kinder in der Lage sind, lösungsorientiert zu handeln.

Praxisbeispiel: Lösungsorientiertes Handeln

Benni (5 Jahre) kam mit dem durchgebrochenen Holzstiel eines Kinderspatens ziemlich beschämt auf mich zu. Er sagte, dass der Stiel beim Graben durchgebrochen sein. Da der Stiel aus Hartholz war, vermutete ich, dass dies nicht der wirkliche Grund war, und ließ mir den Ort zeigen, wo er mit seinen Freunden gegraben hatte. Dort waren seine beiden Freunde noch am Buddeln. Ich sagte, dass der Spaten so nicht mehr genutzt werden könne, und fragte, was wir nun mit dem Spaten machen könnten. Gemeinsam wurde überlegt. Einer der drei Jungen hatte eine Lösung parat und erklärte mit dem zerbrochenen Spaten in der Hand Schritt für Schritt, wie man den Spaten reparieren könne. Die Schraube, mit welcher der Stiel mit dem Metallteil verbunden war, könne man lösen. Den Stiel könne man an der gebrochenen Stelle absägen, danach mit der Feile glatt feilen, den Stiel wieder in das Metallteil stecken und festschrauben. Der Spaten sei hinterher nicht mehr so groß, aber dann könnten auch die kleineren Kinder gut mit dem Spaten buddeln. Der Junge hatte schon einmal gesehen, wie man das macht. Ich sagte, das sei wirklich eine gute Idee, und Benni fand das auch und war bereit, den Spaten zu reparieren. Gemeinsam wurde überlegt, welche Dinge wir dafür benötigen würden, suchten sie zusammen, und dann ging es los. Benni probierte mehrere Schraubenzieher aus, bis endlich einer passte, und schraubte die winzige Schraube selbstständig ab, dann wurde die kaputte Stelle des Stiels an der Werkbank abgesägt, Benni im Wechsel mit Lisa, die auch dazugekommen war und ihn unterstützte. Danach ging es ans Feilen. Es war schwer, die Schraube anschließend wieder am Stiel zu befestigen, weil der Stiel so hart war. Der Anfang wurde mit einem Nagel gemacht, und dann konnte Benni die Schraube eindrehen, sodass der Spaten zwar kürzer, aber wieder heile war. Eine gute Lösung für ein blödes Missgeschick, wie immer es auch dazu gekommen sein mag. Benni ist durch diese lösungsorientierte Handlung in seiner Entwicklung gewachsen: zum einen weil er stolz über sein eigenes handwerkliches Können (schrauben, sägen, feilen ...) war, und zum anderen, weil er für seine Tat die Verantwortung übernommen und sich dem Problem gestellt hat (Ich bin einer, der bereit ist, ein Problem in die Hand zu nehmen).

Eine Grundvoraussetzung für das lösungsorientierte Handeln von Kindern ist das lösungsorientierte Handeln von Erwachsenen. Der Gedanke, dass es für alles eine Lösung gibt, kann uns helfen, mutiger zu werden und Aufgaben und Probleme als Herausforderungen für die persönliche Entwicklung anzunehmen und wertzuschätzen – an sich selbst zu glauben, selbst zu denken, seinen Gefühlen zu vertrauen und selbstständig und lösungsorientiert zu handeln. So birgt der Prozess des lösungsorientierten Handelns immer auch eine gewisse Begeisterungsfähigkeit in sich. Wenn man im Lösungsprozess auch die harten und schweren Zeiten genießt, schöpft man Kraft und Freude für neue Herausforderungen und findet Vertrauen in seine eigenen, persönlichen Entwicklungspotenziale.

Mögest du für deine Aufgaben gute und einfache Lösungen finden!

MUTIGES HANDELN

„Geliebt zu werden macht uns stark, zu lieben macht uns mutig."

Laotse zugeschrieben

Mut tut gut und lässt uns wachsen. Mut ist individuell – jeder Mensch hat seine eigene „Mutgrenze". Was für den einen mutig ist, kann für jemand anderen eine ganz normale Handlung sein. Für manche ist es mutig, in ein Flugzeug zu steigen, für andere ist ein Spaziergang im Dunkeln eine Herausforderung. Würde man verschiedene Menschen dazu befragen, würde man sicherlich viele verschiedene Antworten bekommen. Mut lässt sich nicht so einfach definieren. Wichtig ist zu wissen, dass wir durch mutiges Handeln uns selbst etwas Gutes tun. Wenn man etwas schafft, was man noch nie zuvor getan hat, wächst unser Selbstwertgefühl. Es entstehen gute Gefühle: Erleichterung, Stolz, Freude und Selbstvertrauen machen das Herz weit, und es entsteht eine Kraft, die uns für neue Herausforderungen stark macht. Auch hier tauchen wieder Fragen auf, die uns helfen können, etwas über unseren eigenen Mut zu erfahren:

1) Was heißt es eigentlich, Mut zu haben?
2) Wozu brauchen wir Mut?
3) Was finden wir mutig?
4) Wann waren wir zuletzt mutig?
5) Was war die mutigste Handlung in unserem Leben?

Das Mutigsein hängt ganz stark von unserem Selbstwertgefühl ab und ob es in unserem Leben Situationen gab, in denen uns andere Menschen einen individuellen Wert gegeben haben. Unser Selbstwertgefühl hat wiederum einen starken Einfluss auf unsere Handlungsabläufe. Menschen mit einem stark ausgeprägten Selbstwertgefühl zeigen dementsprechend eine größere Bereitschaft für mutiges Handeln. Sie sind bereit, ihre eigenen Ängste, Zweifel und Grenzen zu überwinden und neue Wege zu gehen. Sie haben Vertrauen zu sich selbst, sind authentisch und haben feste Standpunkte für ihr Leben. Ihnen wohnt ein tiefer Optimismus inne, der ihnen hilft, das Leben zu meistern und persönlich zu wachsen. Hindernisse und Probleme werden auch wenn sie anstrengend und lästig sind als Herausforderungen angenommen. Sie rufen in ihnen die eigenen Stärken und ein mutiges Handeln hervor.

Was das Gute ist: Menschen, die sich nur einen geringen Wert geben, können jederzeit das eigene Selbstwertgefühl aufbauen. Schon kleine mutige Handlungen, wie beispielsweise jeden Tag einen kleinen Teil der gewohnten Wegstrecke anders zu fahren oder zu gehen, jeden Tag einer Kollegin eine besondere Frage zu stellen, jeden Tag mit einem anderen Kind zu frühstücken, sich so oft wie möglich etwas zu trauen, was man noch nie gemacht hat, können einen Veränderungsprozess einleiten. All diese kleinen Erfolgserlebnisse können der eigenen Persönlichkeit einen höheren Wert geben und so zu Wachstum in der persönlichen Entwicklung führen. Dabei sind der Fantasie keine Grenzen gesetzt.

Auch Seligmann beschreibt in seinen Ausführungen zur positiven Psychologie, wie bedeutsam es ist, mutig voranzuschreiten, um aus negativen Emotionen herauszukommen. Dazu gehört es, Risiken einzugehen und Neues zu wagen, sich selbst zu überwinden, Konflikte anzusprechen und zu klären, Durchhaltevermögen zu haben und so lange tapfer zu sein, bis man die eigenen Stärken erkennt, um seine Ziele und Vorhaben erreichen zu können. (vgl. Seligmann 2014, S. 226)

Auch in der pädagogischen Praxis spielt das mutige Handeln eine entscheidende Rolle. Einerseits ist es wichtig, die eigenen und konzeptionellen Standpunkte immer wieder Eltern, Trägervertretern/-innen und der Politik gegenüber zu verdeutlichen. Es geht nämlich nicht darum, die Wünsche von Kindern und Eltern zu erfüllen. Ausgangslage für unser Handeln sind die Konzeption der Einrichtung, der Erziehungs-, Betreuungs- und Bildungsauftrag, das KJHG, die UN-Kinderrechtskonvention, der Schutzauftrag, der Bildungsplan des jeweiligen Bundeslandes und die Ergebnisse aus der Bindungsforschung, der Neurobiologie, der Hirnforschung und der Entwicklungspsychologie.

Andererseits geht es natürlich jeden Tag wieder aufs Neue darum, in welchen Situationen wir jedem einzelnen Kind einen Wert geben können und welche Möglichkeiten wir schaffen, damit Kinder die Fähigkeiten aufbauen können, die für ein mutiges Handeln gebraucht werden (wie z. B. Neugierde, Anstrengungsbereitschaft, Belastbarkeit etc.).

Mögest du den Mut haben, dich zu öffnen und Wagnisse einzugehen.

Kapitel 2:
Verborgene Ressourcen und Fähigkeiten wiederentdecken, erkennen und integrieren

„Wenn du eine Antwort gefunden hast, leite daraus eine neue Frage ab."

Janusz Korczak

Persönliche Ressourcen und Fähigkeiten eines gesunden Menschen

Jeder Mensch trägt den Samen für sein Leben in sich! Wie wir diesen Samen allerdings zum Wachsen bringen – das liegt an uns selbst. Die Verantwortung für unser Leben trägt somit jeder für sich selbst. Wir können uns entscheiden, was wir aus unserem Leben machen: Will ich glücklich sein oder unglücklich, optimistisch oder pessimistisch, zufrieden oder unzufrieden, entspannt oder angespannt ... All das liegt in unserer Hand. Das heißt, wir alle sind verantwortlich für unseren eigenen Wachstumsprozess. Auch wie wir ihn gestalten – uns nähren –, liegt an uns selbst. Das Wunderbare ist, dass wir uns zu jeder Zeit neu entscheiden können, ob wir unseren Samen nähren und ihn zum Wachsen bringen oder ob er tief in unseren Wurzeln verborgen bleibt. Ob wir unsere Möglichkeiten nutzen oder sie anderen überlassen – ob wir leben oder gelebt werden –, liegt ganz bei uns selbst.

Wie wir uns nähren und für uns selbst sorgen, ist auf dem Weg, unsere verborgenen Ressourcen und Fähigkeiten zu entdecken, zu erkennen und in unser Leben zu integrieren, von besonderer Bedeutung. Dabei können die Wachstumsverläufe ganz unterschiedlich sein. Je nachdem, wie unser Leben bislang verlaufen ist, liegt es an unserer unverwechselbaren, einmaligen Persönlichkeit, an unseren Lebenserfahrungen, an unserem biografischen Hintergrund, an unserem Wesen und unseren Charaktermerkmalen, an unseren Einstellungen und Haltungen, an unseren Vorlieben und Abneigungen, an unseren augenblicklichen Lebensumständen und an unseren Interessen, Bedürfnissen, Wünschen und Träumen.

Wollen wir unsere Ressourcen und Fähigkeiten wiederentdecken, erkennen und integrieren, ist es zunächst bedeutsam, ehrlich mit sich selbst zu sein. Wir müssen auch das annehmen, was wir nicht so gerne an uns mögen, und uns bewusst werden, wer wir sind.

Ein Buch von Richard David Precht heißt: „Wer bin ich und wenn ja, wie viele?" Fakt ist, dass in uns viele Teilpersönlichkeiten stecken, die nicht immer miteinander, sondern auch gegeneinander wirken, sodass es zu inneren Konflikten kommen kann. Gerade in diesen Situationen ist es gut, wenn wir auf unsere persönlichen Ressourcen und entwicklungsförderlichen Fähigkeiten zurückgreifen können.

Um zu erkennen, was uns stützt, wenn unser Gleichgewicht ins Wanken gerät, ist es gut zu wissen, welche personalen Ressourcen uns Kraft geben und uns seelisch stabil machen, damit wir den anstrengenden pädagogischen Alltag mit allen Herausforderungen und Belastungen gesund, zufrieden und mit Gelassenheit erleben können. Im Folgenden werden die Persönlichkeitsmerkmale eines seelisch stabilen und sich selbst entdecken wollenden Menschen aufgezeigt und erläutert.

Personale Ressourcen eines seelisch stabilen und selbstbildungsbereiten Menschen:

1. Positives Selbstkonzept
2. Selbstwirksamkeitsüberzeugungen
3. Ein gut ausgeprägtes Selbstwertgefühl
4. Freude auf Selbstentwicklung und ausstehende Erfolge
5. Eine zuversichtliche Lebenseinstellung
6. Explorationslust (Entdeckerfreude)
7. Besitz von Entspannungsfähigkeiten
8. Verantwortungsübernahme

- Menschen, die ein positives Selbstkonzept haben, fühlen sich vom Leben angenommen und respektiert. Sie können gut für sich selbst und andere sorgen. Sie sind weitestgehend mit sich und ihrem Leben zufrieden, ausgeglichen und gestalten ihren persönlichen und beruflichen Alltag voller Tatendrang und mit Freude.
- Menschen, die Selbstwirksamkeitsüberzeugungen in sich tragen, können klar und deutlich ihre Meinung äußern. Sie nehmen selbst starken Einfluss darauf, was in ihrem Lebensumfeld passiert, sie steuern ihr Leben selbst und verleihen diesem angemessen Ausdruck.
- Menschen mit einem gesunden Selbstwertgefühl haben eine Grundsicherheit in sich und sind davon überzeugt, dass es für jedes Problem eine Lösung gibt. Sie unterscheiden Wesentliches von Unwesentlichem. Sie verlassen sich bei ihren Vorhaben auf ihre eigenen Ressourcen. Sie sind stolz auf ihre eigenen Leistungen und nicht auf Anerkennung von außen bedacht.
- Menschen, die Lebensfreude haben, können andere Menschen glücklich machen, sie lächeln viel und sind zufrieden. Sie übernehmen die Verantwortung für ihr Leben und ihre Lebensgestaltung selbst.
- Menschen, die eine zuversichtliche Lebenseinstellung haben, sind belastbar, anstrengungsbereit und fallen nicht so schnell aus dem Gleichgewicht, wenn überraschend Anforderungen an sie gestellt werden. Zuversichtliche Menschen schauen optimistisch in die Zukunft.
- Menschen, die Explorationslust haben, sind neugierig und lernfreudig, sie sind offen, mutig und bereit, sich auf Neues einzulassen. Sie haben die Bereitschaft, sich zu verändern, wenn sie etwas entdecken, das ihr Leben verbessert und erfüllter macht.
- Menschen, die Entspannungsfähigkeit besitzen, sind ruhig und gelassen, können sich gut konzentrieren und ihre Verhaltensweisen und Gefühle angemessen steuern. Sie sind wahrnehmungsoffen und zeigen Interesse an neuen Herausforderungen, nehmen sie an und verfolgen sie zielorientiert, engagiert und mit viel Geduld.

- Menschen, die Verantwortungsbewusstsein haben, können Verantwortung für sich und andere übernehmen, Verantwortung abgeben und sich zurücknehmen, sie sind achtsam, wertschätzend und einfühlsam und haben einen Überblick über ihr Leben. Auf verantwortungsvolle Menschen kann man sich verlassen.
  (in Anlehnung an A. Krenz und C. Wustmann, Fachtagung kindorientiert, Wolfsburg, 28.09.2012)

Nicht alle Menschen tragen all diese Merkmale in sich. Das ist normal, und es gibt große Unterschiede. Wenn wir nun etwa an ein stark ausgeprägtes Selbstwertgefühl denken – welche Menschen fallen uns da ein? Welche Charaktereigenschaften hat jemand, von dem wir glauben, dass dieser Mensch ein stark ausgeprägtes Selbstwertgefühl hat? Stimmt das denn auch?

Sind es Menschen, die sich ständig und immer artikulieren müssen und alles besser wissen? Menschen, die sich lauthals behaupten, mit allen Mitteln ihre Ziele durchsetzen wollen und erfolgreich sind? Sind es Menschen, die durch ihr äußeres Erscheinungsbild stark auf sich aufmerksam machen, sich abgrenzen oder sich immer den neuesten Modeartikeln bedienen? Nein, ganz gewiss nicht! Häufig glauben wir dies, weil solche Menschen eine besondere Wirkung auf uns haben und auffallen. Menschen mit Selbstwertgefühl brauchen diese „Mittel zum Zweck" nicht.

Menschen, die ein gesundes Selbstwertgefühl haben, befinden sich im gegenseitigen Dialog. Sie zeigen Interesse an den Lebensumständen von anderen Menschen und gehen einfühlsam mit ihnen um, ohne auf ihren eigenen Standpunkten zu beharren. Auch bei der Durchsetzung ihrer Ziele sind sie ausgeglichen, sprechen sich ggf. mit anderen ab und benennen die Schritte, die zu tun sind, um das Ziel zu erreichen. Menschen mit Selbstwertgefühl sagen bei wichtigen Themen klar und deutlich ihre Meinung, nehmen Stellung und wirken mit. Außerdem sind sie herzlich, neugierig und voller Freude. Sie achten zwar auf ihr Aussehen, stellen es aber nicht in den Vordergrund. Sie haben einen eigenen Stil und sind nicht von den neuesten Modekampagnen abhängig.

Es gibt verschiedene Gründe, warum wir so sind, wie wir sind. Wir alle haben unsere eigene Geschichte und sind in sehr unterschiedlichen Bezugsrahmen aufgewachsen, die im Erwachsenenalter ihre Spuren hinterlassen. Wer die grundlegenden personalen Ressourcen in den ersten sieben Lebensjahren aufbauen konnte, wird ein Leben lang durch diese gestärkt. Einmal aufgebaute Ressourcen bleiben für immer. In schwierigen Situationen und Lebenskrisen greifen wir automatisch darauf zurück.

Bezogen auf die Beispiele in diesem Kapitel, können sich Menschen, die Selbstwertgefühl haben, auch in schwierigen Situationen, z. B. im beruflichen Alltag, in der Auseinandersetzung mit jemandem, der alles besser weiß, abgrenzen und ihre eigenen Werte und Standpunkte zum Ausdruck bringen. Sie können, wenn sie ein Ziel nicht erreichen, mit Niederlagen umgehen und sich auf neue Herausforderungen einlassen, ohne lange Trübsal zu blasen. Sie greifen achtsam ein, wenn Konflikte nicht friedlich gelöst oder Kinder bloßgestellt werden, und sind bereit, sich mit der Situation auseinanderzusetzen, auch wenn es anstrengend ist. In Zeiten finanzieller Engpässe suchen sie nach Lösungen, sind mit dem, was sie haben, zufrieden und können auf Neues verzichten.

Ja, schön wäre es, wenn wir so gut mit personalen Ressourcen ausgestattet wären – das wäre geradezu perfekt. Was lösen diese Beispiele in uns aus? Wie würden wir selbst in ähnlichen Situationen handeln? Was trauen wir uns zu? Wann werden wir laut, unruhig oder sind verärgert? Was macht uns unsicher, unzufrieden und traurig? Wann gehen wir Problemen aus dem Weg? Warum reagieren wir so, wie wir reagieren?

Da gibt es ganz unterschiedliche Gründe. Vielleicht kennen wir diese Gründe sogar. Wer hat nicht schon einmal etwas von dem inneren Antreiber oder Kritiker gehört? Da wirkt etwas in uns, das wir schon lange kennen, aber nicht loswerden können. Wir wollen anders reagieren, schaffen es aber nicht. Manchmal kaum auszuhalten, und trotzdem geht es nicht. Es sind Muster aus der Vergangenheit, die wir zu unserem eigenen Schutz aufgebaut haben. Sie wirken in uns und bestimmen unser Handeln. Sie sind da, ob wir wollen oder nicht. Sie sind abhängig von unserem Selbstbild, von unserem Selbstkonzept und dem Wert, den wir uns selbst geben. Unsere eigenen Wertmaßstäbe sind es, die unser Denken, Fühlen und Handeln ausmachen. Sie sind nicht angeboren, sondern erlernt.

Mit unseren angeborenen Mustern und den Erfahrungen aus unserem familiären und sozialen Bezugsrahmen entwickeln wir Strategien für unser Leben. Frei nach dem Motto: So müssen wir uns verhalten, um ein „gutes Kind" zu sein. Da geht es um kritisierende Normen, die wir durch die Ausdrucksweisen und Muster unserer Bezugspersonen übernehmen und abspeichern, sodass sie uns nachhaltig begleiten. Bestimmte Menschen und Situationen lösen genau diese, mit negativen Gefühlen besetzten, eigenen Muster, wie z.B. die Angst, Fehler zu machen, abgelehnt oder ausgelacht zu werden, Trauer, Scham, Neid, Unsicherheit, Überforderung, Zurücknahme etc. in uns aus, die auf Erlebnisse aus Kindheitstagen zurückzuführen sind und noch nicht erkannt, verarbeitet und angenommen werden konnten. (vgl. Stavemann 2011)

Wie wir aus der Bindungsforschung und der Entwicklungspsychologie wissen, ist der individuelle Aufbau von personalen Ressourcen das Spiegelbild einer sicheren oder unsicheren Bindung in der frühen Kindheit. So spielen die Einstellungen und Persönlichkeitsmuster der ersten Bezugspersonen von Kindern eine wesentliche Rolle.

Hier zeigt sich, dass die Persönlichkeitsentwicklung der pädagogischen Fachkräfte ein Grundprinzip im pädagogischen Alltag sein muss und die Selbstreflexion ein Schwerpunkt im beruflichen Alltag sowie für die Ausbildung im Elementarbereich.

Übung: Mein Haus

1. Du brauchst bunte Malstifte und Papier.
2. Male ein Bild von dem Haus, in dem du als Kind gelebt hast, und beantworte die folgenden Fragen: Wie war die Wohn- und Familiensituation? Fühle ich mich beim Ansehen des Hauses frei oder beengt? Wo gibt es Parallelen und Unterschiede zu der Wohn- und Familiensituation einzelner Kinder aus der Einrichtung (in der du beschäftigt bist)?
3. Schreibe auf, welche Menschen, Dinge, Erlebnisse, Rituale, Gespräche etc. dir gut getan haben und mit welchen es dir nicht gut gegangen ist. Wie wirken sie sich auf dein heutiges Leben noch immer aus? Was möchtest du ändern?

   (vgl. Cantzler 2015, S. 57)

Persönliche Ressourcen wiederentdecken und erkennen

Aus der Selbsterfahrungspraxis ist bekannt, dass wir alte, hinderliche Muster nicht lebenslang befolgen müssen. Einstellungen, Haltungen, Verhaltensweisen und Blockaden lassen sich verwandeln und auflösen, wenn wir unsere Ressourcen erkennen und nutzen. Angenehme Erlebnisse können den negativen Erfahrungen, die wir in uns tragen, eine neue Bedeutung geben. Dabei ist es eine Grundvoraussetzung, uns bewusst zu machen, wer wir sind. In diesem Kapitel lade ich dazu ein, die eigenen Ressourcen wiederzuentdecken, sie zu erkennen und zu nutzen.

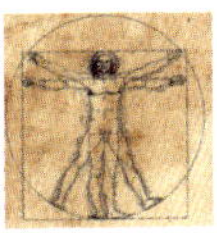

Übung: Wer bin ich in diesem Moment?

1. Nimm dir Papier und einen Stift, Buntstifte oder andere Farben.
2. Beschreibe dich selbst in einem kurzen Text (max. eine halbe Seite).
3. Beschreibe dich selbst mit einem Satz.
4. Beschreibe dich selbst mit einem Wort und male zu dem Wort ein Symbol, ein Bild oder Ähnliches.

Tipp: *Tausche dich mit einer vertrauten Person über alle drei Aufzeichnungen aus. Ist dein Selbstbild authentisch? Finde Beispiele dafür.*

Beispiel: Frau, 47 Jahre

Ich liebe das Leben, ganz besonders Kinder. Ich trage viel Freude in mir und lache viel, manchmal bin ich auch traurig. Ich arbeite gerne und engagiert. Ich liebe meine beiden Kinder sehr und mag die Menschen und gehe offen auf sie zu. Ich bin gerne mit meinen Freundinnen und Freunden zusammen. Ich bin ein sportlicher, natürlicher Typ, spiele Tennis, tanze sehr gerne und gehe jeden Tag spazieren oder laufen. Ich liebe die Natur, besonders das Meer und den Wald, dort kann ich am besten Energie tanken. Unser Garten ist mir eine Herzensangelegenheit. Ich höre sehr gerne Musik, lese gerne, mag Kunstausstellungen und Theater.

Satz: Ich bin neugierig auf das Leben.

Wort: Lebendigkeit

(vgl. Ramsay 2010, S. 26)

Diese Übung war die erste Aufgabe, die mir bei meiner ersten Selbsterfahrungswoche mit Marlies Wagner und Armin Krenz gestellt wurde. Ich war das erste Mal dabei und kannte niemanden aus der recht großen Gruppe. Ich war neugierig und gleichzeitig auch angespannt, weil ich nicht wirklich wusste, was auf mich zukommt. An die Aufgabenstellung bin ich ganz unbefangen, offen und ehrlich herangegangen. Nicht im Geringsten hätte ich damit gerechnet, dass eine einzige Frage (Wer bin ich heute?) mich zu einer so tiefen und intensiven Auseinandersetzung mit mir selbst anregen würde. Das war vor vier Jahren. Es fiel mir schwer, und es brauchte einige Zeit, bis ich für mich ein passendes Wort gefunden hatte. Am Ende hieß mein Wort: die Hin- und Hergerissene.

- Hin- und hergerissen sein zwischen dem, was mein Herz möchte und dem, was meine Gedanken mir sagen.
- Hin- und hergerissen sein zwischen familiären Pflichten und eigenen Bedürfnissen, Interessen und Wünschen.
- Hin- und hergerissen sein zwischen dem Bedürfnis nach Freiheit und dem Bedürfnis nach Sicherheit.
- Hin- und hergerissen sein zwischen dem, was ich selbst möchte, und dem, was andere von mir erwarten und denken.
- Hin- und hergerissen sein zwischen Werten und Normen – was mein Sein ausmacht und was „man" im Allgemeinen macht.
- Hin- und hergerissen sein zwischen meinen eigenen Vorstellungen, Ideen und Träumen und den Vorstellungen, Ängsten und Grenzen anderer.
- Hin- und hergerissen sein zwischen meinem Inneren Kind und der erwachsenen Frau, die ich inzwischen war.

Allein diese Übung hat einiges in meinem Leben verändert. Mir war das Hin- und Hergerissensein ja vorher gar nicht aufgefallen. Ich hielt es für ganz normal und konnte ohne große Probleme damit leben. Heute weiß ich, dass es die eigenen Erfahrungen, Erlebnisse, Ängste und Grenzen sind, die das Leben bestimmen. Veränderung ist möglich, wenn wir die Bereitschaft und den Mut haben, den Kern unserer inneren Probleme Schritt für Schritt und mit Zeit zu lösen.

Aus verschiedenen Definitionen des „Selbst" geht hervor, dass das Selbst ist, was wir wirklich sind. Man differenziert dabei zwischen der relativen und der absoluten Existenz.

Das Selbst hat verschiedene Gesichter. Da gibt es die vielen Anteile und Facetten, die wir nach außen hin zeigen, und es gibt Anteile, die tief in unserem Inneren schlummern. Manche sind uns bewusst, und manche liegen noch tiefer und sind in unserem Bewusstsein noch gar nicht vorhanden. Nur unsere Träume erzählen von diesen Anteilen in uns.

Die unten aufgereihten Selbst-Wörter veranschaulichen, welche Deutungen und Prägungen das „Selbst" haben kann.

Übung: Selbstentdeckung

1. Lese und betrachte die Selbst-Wörter.
2. Wähle eins dieser Selbst-Wörter aus, das dich besonders berührt, das jetzt gerade zu dir passt, und schreibe es auf.
3. Schreibe alle Gedanken, die dir zu diesem Wort einfallen, um das Wort herum.
4. Warum passt dieser Begriff zu dir? Stelle diesen Begriff dar, z. B. als Symbol, als Gedicht, als Lied, in einem Bild etc.
5. Schreibe Beispiele aus deinem Leben auf, die sich mit dem ausgewählten Begriff decken.

Tipp: *Auch diese Übung lässt sich gut im Dialog oder in einer kleinen Gruppe oder mit einem vertrauten Menschen durchführen.*

Selbstentdeckung – Selbsterkenntnis – Selbstbetrachtung – Selbstbestimmung – Selbstbesinnung – Selbstversunkenheit – Selbstbezogenheit – Selbstgerechtigkeit – Selbstgefälligkeit – Selbstbeschränkung – Selbstdisziplin – Selbstschutz – Selbstbefreiung – Selbstentfaltung – Selbstbeschuldigung – Selbstbestrafung – Selbstzweifel – Selbstlüge – Selbstbeherrschung – Selbstbewusstsein – Selbstüberwindung – Selbstgefühl – Selbstwertgefühl – Selbsttäuschung – Selbstentfremdung – Selbstbefriedigung – Selbstaufgabe – Selbststeuerung – Selbstdisziplin – Selbstsuche – Selbstvergessenheit – Selbstzerstörung – Selbsterhaltungstrieb – Selbstvertrauen – Selbstzufriedenheit – Selbstbild – Selbstsorge – Selbstentschlossenheit – Selbstbekenntnis – Selbstbewertung – Selbstverwirklichung – Selbstlosigkeit – Selbstständigkeit – Selbstsicherheit – Selbstwahrnehmung – Selbstzweck – Selbstkontrolle – Selbstbehauptung – Selbstisolierung – Selbstvernichtung – Selbstbefangenheit – Selbstbeobachtung – Selbstenthüllung – Selbsterniedrigung – Selbstvorwurf – Selbstbefangenheit – Selbstdarstellung – Selbstideal – Selbsthass – Selbstkritik – Selbstmitleid – Selbstverstümmelung – Selbst-betrug – Selbstoffenbarung – Selbstbesinnung – Selbstliebe – Selbstverständnis – Selbstbejahung – Selbstnot – Selbstbeweihräucherung – Selbstironie – Selbstheilung – Selbstmut – Selbstmitleid – Selbstverleugnung – Selbstachtung – Selbstsucht – Selbstlob – Selbsterfahrung – Selbstgenügsamkeit – Selbstgespräch – Selbstnotwendigkeit – Selbstverteidigung – Selbsteinschätzung – Selbstsicherheit – Selbstkonzept – Selbstwert – Selbstbeständigkeit – Selbstsein – Selbsthilfe

Diese Übung zur Selbsterfahrung wurde in einer Supervision mit verschiedenen Kita-Leiterinnen unter Begleitung von Marlies Wagner erprobt. Jede hatte für sich ein Wort gefunden, sich damit vertraut gemacht, abgewogen, nachgefühlt, nach innen geschaut und es dann der Gruppe vorgestellt. Es war für mich ein berührendes Erlebnis, die Kolleginnen einmal von einer ganz anderen Seite zu erleben. Da kamen Gefühle und unsere weichen Seiten zum Ausdruck, da gab es Verständnis, Vertrauen und eine große Offenheit. Da kamen die Belastungen und Anstrengungen, die unser Beruf mit sich bringt, und auch ganz persönliche Dinge aus dem Alltagsleben, über unsere Gefühle an die Oberfläche. Das war authentisch, ehrlich, achtsam und ein mutiger Schritt für die Gruppe und für die Entwicklung der eigenen Persönlichkeit. Es ist bestimmt auch eine gute Übung für die selbstreflexive Arbeit im eigenen Team.

Die folgenden Übungen bieten eine Möglichkeit, sich selbst zu erfahren, sich selbst zu erkennen, sich selbst zu entdecken, sich selbst zu entwickeln und so anzunehmen und zu lieben, wie man ist. Wachstum beginnt mit dem Glauben an sich selbst.

„An sich selbst glauben ist ein Mittel zum Wachsen. Denn der Mensch wird, was er glaubt. Wenn ich mir andauernd vorsage, ich könnte dieses oder jenes nicht, dann werde ich in der Tat unfähig dazu. Wenn ich dagegen fest glaube, ich werde es können, dann bekomme ich sicher die Fähigkeit dazu, selbst wenn ich sie anfangs nicht hatte."

Mahatma Gandhi

Die nachfolgenden Übungen sind eine Auswahl für die Anregung von Selbstbildungsprozessen und für die eigene Persönlichkeitsentwicklung. Es ist eine kleine Auswahl, die ich aus eigenen Selbsterfahrungsseminaren, aus der Fachliteratur, von Hörbüchern zur Selbsterfahrung und aus meinen persönlichen und beruflichen Lebenserfahrungen zusammengestellt habe. Es gibt natürlich viele gute Bücher und auch andere Möglichkeiten zur Persönlichkeitsentwicklung, die den Rahmen dieses Buches allerdings sprengen würde. Im Anhang gibt es eine Empfehlungsliste mit weiteren Möglichkeiten zur Selbstreflexion. Nun geht es mit verschiedenen Übungen weiter.

Übung: Das Gute in mir entdecken!

Du brauchst Papier und etwas zu schreiben.

1. Schreibe zu jedem Wort ein bis drei Dinge auf, die dir spontan dazu einfallen!
2. Nun bring die Wörter mit deiner beruflichen Tätigkeit in Verbindung. Schreibe wieder zu jedem Begriff ein bis drei Dinge auf, die dir spontan einfallen. Auch wenn es zu Widersprüchen kommt. Das ist möglich.

FREUDE?	TALENTE?	SEELE BAUMELN LASSEN?
GLÜCK?	VORBILDER?	LIEBE?
BEGEISTERUNG?	WERTE?	FREIHEIT?
SEHNSUCHT?	WÜNSCHE?	GELASSENHEIT?
HOBBYS?	INTUITION?	STÄRKEN?
WERTSCHÄTZUNG?	TRÄUME?	ZIELE?

3. Nun genieße all das Gute, was bereits in dir steckt – alle diese guten Schätze!
4. Was glaubst du, passiert, wenn du all diese Persönlichkeitsmerkmale im pädagogischen Alltag mit den Kindern, Eltern und im Team zum Leben erweckst? Wie reagieren sie auf dich? Schreibe es auf.
5. Wie wirkt es sich auf die Entwicklung von Kindern aus?
6. Welche Gründe gibt es, die dich daran hindern, all diese Potenziale zu zeigen?
7. Was brauchst du, damit sie dir zur Verfügung stehen?
8. Schaue zunächst bei dir. Was kannst du selbst steuern? Wofür könntest du Verantwortung übernehmen? Wie kannst du deine Talente einbringen? Leite weitere Fragen daraus ab.

Sich seiner eigenen Ressourcen bewusst zu werden, ist ein guter Anfang, um Veränderungsprozesse in die Wege zu leiten. Wenn wir die guten und gesunden Potenziale anregend nutzen, geht es fast von allein. Angenehme Erlebnisse können negativen Erfahrungen eine neue Bedeutung geben, weil dadurch die Lebensfreude in den Mittelpunkt tritt. Dennoch ist es wichtig, auch die schmerzvollen Erfahrungen zu erspüren, sich ihnen zu stellen und so bisher Abgelehntes anzunehmen und sich auf diese Weise von alten Pfaden zu verabschieden und auf neuen Wegen weiterzugehen. Die nächste Übung braucht Zeit und den Mut, sich auf sich selbst einzulassen.

Übung: Finde dein Selbst!

Diese Übung braucht Zeit und einen schönen Platz zum Wohlfühlen, wo dich niemand stört. Du kannst dich im Vorfeld auch inspirieren lassen und dich einstimmen, indem du dir Fotos aus deinen verschiedenen Lebensphasen anschaust, dich an Rituale oder besonders schöne, nicht so schöne, berührende, einmalige oder sehr tief gehende Erlebnisse erinnerst.

1. Gehe in die Stille. Nimm dir Zeit, nichts zu tun.
2. Sinne über dein Leben nach (bedeutsame Menschen: Eltern, Familie, Lehrer, Verwandte, Nachbarn, Hobbys etc.). Atme, lausche und schaue nach allem, was da ist. Gedanken, Bilder, Gefühle, Impulse, Stimmen, Geräusche, Gerüche etc.
3. Lass deine Gedanken und Gefühle zu. Sie gehören zu dir. Gutes und Schmerzliches ist in allen Menschen – auch in dir. Es sind Teile von deinem Selbst, und sie wollen gewürdigt und angenommen werden. Erst wenn das gelingt, kannst du etwas verändern.
4. Nimm dir mehrere Blätter und einen Stift. Schreibe alles auf, was in dir ist. Wenn du fertig bist, lese es dir selbst laut vor.
5. Lass es einfach nur sein – einfach wirken. Gefühle sind zum Fühlen da. Du musst gar nichts mehr tun.

Sicher sind nun auch schmerzliche Erfahrungen ans Licht gekommen. Das lässt sich nicht vermeiden. Sie sind es, die uns im Umgang mit anderen Menschen – auch im Umgang mit Kindern – zu einen entwicklungshinderlichen Vorgehen verleiten. Man kommt mit den kritisierenden, negativen Botschaften, die wir als Kind selbst erfahren haben, in Berührung. Es sind die Urteile der Erwachsenen, der Eltern, der pädagogischen Fachkräfte, Lehrkräfte etc., die wir übernommen haben, weil wir dachten, dass sie recht hätten. Es ist gut, wenn sie uns bewusst werden. Die Bewusstwerdung ist die Grundlage für die Veränderung des eigenen Verhaltens. Die folgende Übung trägt dazu bei, die negativen und hinderlichen alten Muster aus der Kindheit zu entschlüsseln.

Übung: Erinnere dich – Verurteilungen aus der eigenen Kindheit (in Ahnlehnung an Betz 2007)

1. Nimm dir Papier und Stift zur Hand und beantworte die folgenden Fragen.
   - Was haben meine Eltern an mir kritisiert? Wie sollte/durfte ich nicht sein?
   - Wofür wurde ich bestraft?
   - Welche Sprüche bekam ich in meiner Kindheit und Jugend zu hören?
   - Was denke ich über mich selbst?
   - Was verurteile ich an mir selbst?
   - Wie oft beschimpfe und kritisiere ich mich selbst?
   - Was möchte ich davon abstellen?
2. Erforsche die Mahnungen, Verurteilungen, Sprüche, Gedanken deines inneren Kritikers, Antreibers, „Runterziehers" und Denkers.
   - Welche Urteile haben andere über mich getroffen?
   - Welche Urteile habe ich deshalb über mich selbst getroffen?
   - Möchte ich weiterhin so über mich denken?
3. Nimm an, was ist, und vertraue dir selbst. Öffne dich und dein Denken für ein neues Bild von dir selbst. Fang an, dir selbst zu verzeihen, und verzeihe den Erwachsenen deiner Kindheit für ihre Verurteilungen, indem du z. B. deine Gedanken dazu aufschreibst und sie laut vorliest, durch Meditationen, indem du das Gespräch mit ihnen suchst oder eine weitere Übung machst (z. B. *Zustimmen statt kämpfen* auf der nächsten Seite).

   Wichtig: *Nimm dir dafür die entsprechende Zeit. Gehe Schritt für Schritt voran, mit Bedacht und setze dir erreichbare Ziele, ohne dich selbst zu überfordern.*
4. Überlege anhand der folgenden Fragen und schreibe auf.
   - Was will ich über mich denken?
   - Wer will ich sein?
   - Wozu will ich leben?

Unser Lebensglück hängt von dem Bild ab, das wir selbst von uns haben. Es bestimmt unser Grundlebensgefühl und unser Leben. Über die Selbstannahme, die Selbstliebe und die Selbstachtung werden das Selbstgefühl verwandelt und das Selbstwertgefühl gestärkt. Wir alle haben die Chance, unser Leben selbstständig und zielgerichtet zu steuern und uns aus einer Opferrolle zu befreien. Wenn wir dankbar für unser Leben und das, was ist, sind, es schätzen und achten, werden unsere Ansprüche und Erwartungen an das Leben kleiner. Dies bietet uns die Möglichkeit, nach innen zu schauen und nicht im Strom der Masse mitzuschwimmen. Dann sind es nicht die Äußerlichkeiten, die dem Leben einen Wert geben. Dann sind es die Schätze, die in uns wohnen, die unser Leben bereichern. Unsere eigene Würde ist unabhängig von den äußeren Umständen. Sie wächst aus der bejahenden Annahme, dessen, was ist. Dazu gehören auch die Anteile in uns, die sich wehren, beklagen, lästern, sich ärgern und kämpfen. Deshalb ist eine Verwandlung oder Transformation, das Abschiednehmen von alten Mustern auch nicht leicht. Wenn wir jedoch loslassen, was uns nicht guttut und nicht zu ändern ist, können wir uns öffnen und etwas Neues in unser Leben lassen. (vgl. B. Ulsamer, München 2011) So passiert das Leben, während du eifrig dabei bist, andere Pläne zu schmieden (nach John Lennon). Lebe, liebe lache – bejahe das Leben, dein Leben!

Übung: Zustimmen statt kämpfen

- Gibt es etwas, das du bekämpfst und wogegen du dich wehrst? Das kann etwas in der Gegenwart sein oder etwas aus der Vergangenheit.
- Spüre deinen inneren Widerstand. Sitz dabei gerade und mache den Nacken steif. Hörst du, dein inneres „Nein"?
- Jetzt gib ganz langsam, fast unmerklich, deinem Nacken nach. Lass zu, wie der Kopf allmählich nach vorne unten sinkt, während der Oberkörper gerade bleibt.
- Lass den Kopf hängen, bis ein tiefer Atemzug kommt.
- Spüre nach, wie etwas in dir aufgibt.

(vgl. Ulsamer 2011, S. 193)

„Wenn wir unseren Kopf sinken lassen, ist das wie ein Verneigen vor dem Leben. Niemand muss verstehen und begreifen, was geschehen ist. Irgendwann ist die Zeit des Kämpfens vorbei. Dann ist es gut, loszulassen und in Frieden zu kommen." (ebd.)

„Wer zufrieden mit sich und seiner Welt ist, trägt einen besonders großen Schatz in sich. Zufriedenheit ist ein innerer Zustand, der nicht durch Äußerlichkeiten aufgewertet werden braucht. Wer zufrieden ist, steht mit sich selbst, seiner Umgebung und dem Leben im Einklang. Denn man ist glücklich, wenn man mit sich selbst, seinem Herzen und seinem Gewissen zufrieden ist." (August Strindberg, aus: Der Sohn einer Magd, 1886)

Sich fallen lassen oder loslassen können fällt oft schwer, gerade dann, wenn es im Leben nicht so läuft, wie man es sich vorstellt. Die Übung „Zustimmen statt kämpfen" hilft, sich immer mehr nachzugeben, zu verzeihen und sich mit all seinen „Macken" annehmen zu können. Lass dich darauf ein, lass einfach los und spüre, wie du von der Anspannung in eine tiefe Entspannung gelangst. So entspringen gerade unsere besten Erkenntnisse und unsere genialsten kreativen Ideen den Zeiten der Ruhe und Entspannung, in denen wir ganz bei uns selbst und ohne Erwartungen sind (z. B. in der Badewanne, auf Spaziergängen, im Urlaub etc.). Genau dies sind die Momente, in denen uns Flügel wachsen und die uns ein Gefühl vom Fliegen geben.

Ausklang:

Zum Auklang habe ich eine Geschichte von Jorge Bucay aus seinem Buch „Komm, ich erzähl dir eine Geschichte" ausgewählt:

FLÜGEL SIND ZUM FLIEGEN DA

An diesem Tag erwartete mich Jorge bereits mit einer Geschichte.

ALS ER ALLMÄHLICH erwachsen wurde, nahm der Vater seinen Sohn beiseite und sagte zu ihm: „Hör mal, mein Junge, nicht jeder von uns ist wie du mit Flügeln auf die Welt gekommen. Natürlich kann dich niemand dazu zwingen zu fliegen, aber es wäre doch jammerschade, wenn du die Flügel, die dir der liebe Gott geschenkt hat, nicht benutzen würdest und dein Leben lang ein Fußgänger bliebest."
„Aber ich kann doch gar nicht fliegen", antwortete der Sohn.
„Das stimmt ...", sagte der Vater und nahm ihn mit auf einen Berg, von dessen Gipfel sie in die Tiefe schauten.
„Siehst du, mein Sohn, das ist die Leere. Wenn du fliegen willst, kommst du hier-

her, holst tief Luft, springst in den Abgrund, breitest deine Flügel aus, und du wirst fliegen."
Der Sohn hatte Zweifel.
„Und wenn ich abstürze?"
„Selbst wenn du abstürzt, wirst du nicht sterben. Du wirst höchstens ein paar Schrammen abbekommen und für den nächsten Versuch gestärkt sein", antwortete der Vater.
Der Sohn ging ins Dorf zurück, um seine Freunde zu treffen, die Kameraden, mit denen er sein ganzes Leben lang zu Fuß umhergezogen war.
Die Kleingeistigen unter ihnen sagten zu ihm: „Bist du verrückt? Wozu das ganze? Dein Vater hat sie doch nicht mehr alle ... Warum willst du fliegen? Laß doch den Blödsinn! Wer will schon fliegen?"
Die besten Freunde rieten ihm: „Vielleicht hat er ja recht? Aber ist das nicht gefährlich? Warum gehst du die Sache nicht langsam an? Versuch doch erst mal von einem Treppenabsatz zu springen oder von einer Baumkrone. Aber gleich von einem Berg?"
Der junge Mann nahm sich die Ratschläge der Menschen zu Herzen, denen er etwas bedeutete. Er kletterte auf einen Baum, faßte allen Mut zusammen und sprang. Er breitete die Flügel aus, schlug sie mit aller Kraft auf und ab, sauste aber viel zu schnell zu Boden.
Mit einer riesigen Beule auf der Stirn begegnete er seinem Vater.
„Du hast mich angelogen! Ich kann gar nicht fliegen. Ich hab es ausprobiert, und schau, was passiert ist! Ich bin nicht wie du. Meine Flügel sind nur zur Verzierung da."
„Hör mal, mein Sohn", sagte der Vater. „Um fliegen zu können, muß man erst den nötigen Freiraum schaffen, damit sich die Flügel ausbreiten können. Es ist wie beim Fallschirmspringen: Vor dem Absprung brauchst du eine bestimmte Höhe. Um fliegen zu können, muß man ein paar Risiken auf sich nehmen. Wenn du das nicht willst, läßt du es am besten sein und bleibst dein Leben lang Fußgänger."
(Bucay 2010, S. 115 – 117)

Mögest du dir Freiraum schaffen und deine Flügel ausbreiten können.

Kapitel 3:
Stärken stärken und Schwächen schwächen

Eigene Stärken und Schwächen erkennen

Stärkende Adjektive:

Schwächende Adjektive:

traurig, verschlossen, angepasst, ärgerlich, aggressiv, frustriert, unzufrieden, distanziert, sprachlos, gehemmt, aufbrausend, unfreundlich, unruhig, ziellos, träge, besserwisserisch, weinerlich, abwertend, kleinmachend, neidisch, egozentrisch, achtlos, aufdringlich, gemein, moralisch, tyrannisch, autoritär, lieblos, lustlos, zickig, ängstlich, faul, albern, unberechenbar, mutlos, listig, launisch, stur, unmotiviert, gefühllos, herablassend, habgierig, hysterisch, kraftlos, inkonsequent, müde, einfallslos, selbstsüchtig, ironisch, hochmütig, hoffnungslos, korrupt, eifersüchtig, angetrieben ...

Sich seiner eigenen Stärken und Schwächen bewusst zu werden, sie zu erkennen und sich mit ihnen zu befassen, ist eine positive Grundvoraussetzung für die Arbeit in sozialpädagogischen Einrichtungen. So sind es doch immer die starken Persönlichkeitsmerkmale, die uns nachhaltig durch unser Leben tragen und uns stützen, wenn wir etwas Neues beginnen, Herausforderungen annehmen oder eine schwierige Lebensphase bewältigen. In jedem Menschen gibt es aber auch passive Persönlichkeitsmerkmale, die uns lähmen und ein Weiterkommen verhindern.

Wer kennt das nicht? Eine Aufgabe kommt auf uns zu, die wir annehmen und so schnell wie möglich erledigen wollen, und dann hakt es. Im nächsten Schritt geht man der Aufgabe aus dem Weg, indem man erst Aufgaben, die einem leichterfallen, bearbeitet. Oder man möchte die Aufgabe bearbeiten und lenkt sich mit anderen Dingen ab: mit Telefonaten, Gesprächen mit Kolleginnen/Kollegen, mit dem Bearbeiten von Post und E-Mails oder indem man sich aus irgendwelchen Gründen selbst vertröstet, ablenkt, bestraft und sich total verzettelt, sodass gar nichts mehr so richtig gelingt. Man möchte gerne und kann nicht so, wie man es sich vorgenommen hat. Da hat jeder so seine „Schwächen", um nicht oder nur sehr widerwillig aktiv zu werden. Irgendetwas blockiert uns und verhindert ein zielstrebiges und effektives Weiterkommen. So gibt es viele Möglichkeiten zur Ablenkung und zum Hinauszögern, die wir nutzen, um die für uns anstrengenden, lästigen und unangenehmen Aufgaben zu vernachlässigen und in die Ferne zu schieben. Darum ist es ja so wichtig, dass wir auch die eigenen Schwächen erkennen und annehmen. Es geht nicht darum, perfekt zu sein, sondern darum, die eigenen Schwächen und Formen der Passivität zu erkennen, sie sich einzugestehen, mit ihnen umzugehen und sie als Herausforderung für persönliche Veränderungsprozesse wertzuschätzen. Wer seine eigenen Fähigkeiten, Stärken und Ressourcen entdecken will, braucht die Bereitschaft, seine eigenen passiven Muster zu erkennen, seine eigenen Grenzen und Ängste aufzuspüren und den Mut, diese zu überwinden. Erst dann können persönliche Wachstumsprozesse stattfinden.

Zum passiven Denken und Verhalten gehören alle Formen der Abwertung, sowohl bei sich selbst wie auch bei anderen Menschen. Weitere Zeichen von passivem Verhalten sind Überanpassung (es allen recht machen) und jede Form von destruktivem Verhalten (ohnmächtig sein, Gewalt ausüben etc.). Passives Verhalten sollte demnach nicht hingenommen oder unterstützt werden, da es weder entwicklungsförderlich noch problemlösend ist. Eine Grundvoraussetzung ist einerseits, zu erkennen, dass man selbst im Bereich der Passivität ein Problem hat, und andererseits, zu erkennen, wie man auf passives Verhalten von anderen reagiert.

Wir Menschen sind da sehr unterschiedlich. Es gibt Menschen, für die es einfach ist, die eigenen Stärken und Schwächen zu benennen, und es gibt Menschen, die ein Problem haben, ihre Stärken zu benennen. Ihnen fällt es leichter über ihre Schwächen zu reden. Es gibt gravierende Unterschiede in der Selbstwahrnehmung. Doch jeder Mensch hat Stärken **und** Schwächen. Das Erkennen und der Umgang mit den eigenen Stärken und Schwächen sind wesentlich, wenn wir etwas an unseren Denk- und Verhaltensmustern verändern wollen. Das Bild, das wir von uns selbst haben, ist handlungsleitend bei den Fragen, ob wir uns „wert-voll" oder „wert-los" fühlen, wie stark unser Selbstwertgefühl ausgeprägt ist und wie wir in den verschiedenen Situationen unseres Lebens reagieren. Wir selbst sind es, die darüber bestimmen, wie unser Leben verläuft. Und wir selbst treffen auch die Entscheidung, ob wir etwas verändern wollen oder nicht. Die folgende Übung kann einen Beitrag leisten, die eigenen Stärken und Schwächen besser zu erkennen und nach Möglichkeiten zu suchen, unsere Stärken zu vermehren und dadurch unsere Schwächen mehr und mehr zu beseitigen.

Übung: Eigene Stärken und Schwächen erkennen

Du brauchst Papier und etwas zum Schreiben. Beantworte die folgenden Fragen:

1) Meine Stärken! Schreibe drei Stärken auf, bei denen du dir wirklich sicher bist, dass sie zu dir gehören. Benenne zu jeder Stärke mindestens ein Alltagsbeispiel, an dem auch andere diese Stärke von dir erkennen können. Welche Bedingungen brauchst du, um deine Stärken zeigen zu können? Was gibt dir Sicherheit?
2) Meine Schwächen! Schreibe eine Schwäche auf und überprüfe, ob sie sich wirklich hinderlich auf dein Leben auswirkt. Finde Beispiele, wo es so war. Keiner ist perfekt, und wenn du deine Stärken und Fähigkeiten erkennst, wirst du deine Schwächen annehmen und verändern können. Das Annehmen ist der erste Schritt, um eine Schwäche verändern zu können. Was kann dir helfen, deine Schwäche zu verwandeln? Was wirst du tun? Welche konkreten Lösungsmöglichkeiten gibt es?

Die folgende ***Geschichte vom Pinguin*** *von Eckhard von Hirschhausen hat mir während meiner Schreibphase eine Freundin zugeschickt. Sie passt wunderbar in dieses Kapitel und macht uns deutlich, dass man durch das Erkennen der eigenen Stärken auch gut mit seinen Schwächen leben kann.*

„Die Pinguin-Geschichte oder: Wie man sich in seinem Element fühlt

Diese Geschichte ist mir tatsächlich passiert. Ich war als Moderator auf einem Kreuzfahrtschiff engagiert. Da denkt jeder: „Mensch toll! Luxus!" Das dachte ich auch. Bis ich auf dem Schiff war. Was das Publikum angeht, war ich auf dem falschen Dampfer. Die Gäste an Bord hatten sicher einen Sinn für Humor, ich hab ihn nur in den zwei Wochen nicht gefunden. Und noch schlimmer: Seekrankheit hat keinen Respekt vor der Approbation. Kurzum: ich war auf der Kreuzfahrt kreuzunglücklich.

Endlich! Nach drei Tagen auf See, fester Boden. „Das ist wahrer Luxus!" Ich ging in einen norwegischen Zoo. Und dort sah ich einen Pinguin auf seinem Felsen stehen. Ich hatte Mitleid: „Musst du auch Smoking tragen? Wo ist eigentlich deine Taille? Und vor allem: hat Gott bei dir die Knie vergessen?" Mein Urteil stand fest: Fehlkonstruktion.

Dann sah ich noch einmal durch eine Glasscheibe in das Schwimmbecken der Pinguine. Und da sprang „mein" Pinguin ins Wasser, schwamm dicht vor mein Gesicht. Wer je Pinguine unter Wasser gesehen hat, dem fällt nix mehr ein. Er war in seinem Element! Ein Pinguin ist zehnmal windschnittiger als ein Porsche! Mit einem Liter Sprit käme der umgerechnet über 2500 km weit! Sie sind hervorragende Schwimmer, Jäger, Wasser-Tänzer! Und ich dachte: „Fehlkonstruktion!"
Diese Begegnung hat mich zwei Dinge gelehrt. Erstens: wie schnell ich oft urteile, und wie ich damit komplett danebenliegen kann. Und zweitens: wie wichtig das Umfeld ist, ob das, was man gut kann, überhaupt zum Tragen kommt.

Wir alle haben unsere Stärken, haben unsere Schwächen. Viele strengen sich ewig an, Macken auszubügeln. Verbessert man seine Schwächen, wird man maximal mittelmäßig.

Stärkt man seine Stärken, wird man einzigartig. Und wer nicht so ist, wie die anderen sei getrost: Andere gibt es schon genug! Immer wieder werde ich gefragt, warum ich das Krankenhaus gegen die Bühne getauscht habe. Meine Stärke und meine Macke ist die Kreativität. Das heißt, nicht alles nach Plan zu machen, zu improvisieren, Dinge immer wieder unerwartet neu zusammen zu fügen. Das ist im Krankenhaus ungünstig. Und ich liebe es, frei zu formulieren, zu dichten, mit Sprache zu spielen. Das ist bei Arztbriefen und Rezepten auch ungünstig. Auf der Bühne nutze ich viel mehr von dem was ich bin, weiß, kann und zu geben habe. Ich habe mehr Spaß, und andere haben mit mir mehr Spaß. Live bin ich in meinem Element, in Flow!

Menschen ändern sich nur selten komplett und grundsätzlich. Wenn du als Pinguin geboren wurdest, machen auch sieben Jahre Psychotherapie aus dir keine Giraffe. Also nicht lange hadern: Bleib als Pinguin nicht in der Steppe. Mach kleine Schritte und finde dein Wasser. Und dann: Spring! Und Schwimm!
Und du wirst wissen, wie es ist, in Deinem Element zu sein."

Dr. Eckart von Hirschhausen, Arzt, Komiker, Autor und Gründer der Stiftung HUMOR HILFT HEILEN
Auszug aus „Glück kommt selten allein... " (Rowohlt Verlag)

Entwicklungsförderliche und -hinderliche Persönlichkeitsmerkmale erkennen

„Du allein bestimmst, ob du wert-voll oder wert-los sein willst."

Gudrun Kropp

Unsere eigenen Stärken zu stärken und unsere eigenen Schwächen zu schwächen heißt in erster Linie, uns bewusst zu machen, welche eigenen Persönlichkeitsmerkmale in Bezug auf uns selbst und auf andere Menschen entwicklungsförderlich und welche entwicklungshinderlich sind. Wenn wir davon ausgehen, dass jedes Verhalten entweder entwicklungsförderlich oder entwicklungshinderlich ist, ist es unabdingbar, sich auf die Auseinandersetzung mit sich selbst einzulassen.

Über die Selbstreflexion können wir erkennen, wie unsere Verhaltensweisen und Ausdrucksformen auf uns selbst und auf andere wirken, welche Gefühle und Gedanken damit einhergehen und ob sie eher ein Klima von Wohlbehagen und Freude oder eine unbehagliche Stimmung auslösen. Stärken zu stärken und Schwächen zu schwächen bedeutet nicht, immer wieder das zu tun, was man sowieso schon gut kann und was guttut; beispielsweise mit den Kindern immer das gleiche Spiel zu spielen oder Fachtagungen zu immer gleichen Themen zu besuchen, weil uns das Sicherheit gibt; Entspannungswochenenden zu buchen; oder sich nur mit fachlichen Praxishilfen zu beschäftigen, anstatt ein pädagogisch wertvolles Fachbuch zu lesen, durch welches wir etwa im Bereich der Entwicklungspsychologie neue Erkenntnisse gewinnen könnten. Wollen wir unsere „Stärken stärken" und unsere „Schwächen schwächen", ist es notwendig, uns neugierig auf Neues einzulassen, regelmäßig etwas zu tun, das wir noch nie gemacht haben, Herausforderungen anzunehmen und Wagnisse einzugehen.

Stärken zu stärken und Schwächen zu schwächen heißt, ...

- an sich selbst zu arbeiten, basale Fähigkeiten aufzubauen und zu festigen, um etwa vom Gefühl der Belastung zur Entlastung zu kommen oder sich von negativen, herunterziehenden Gedanken lösen zu können, um Freude zu empfinden und seine Aufgaben und Herausforderungen genießen zu können.
- sich seiner eigenen Fragen und Probleme bewusst zu werden.
- Verständnis für sich selbst und andere aufzubringen, um somit für sich selbst und für andere (Kinder, Kolleginnen/Kollegen, Eltern etc.) gut sorgen zu können.
- sich mit dem Selbstbild sowie mit dem Bild, das wir von anderen haben, auseinanderzusetzen, um sich selbst und andere besser zu verstehen.
- in Konfliktsituationen nach verschiedenen Lösungsmöglichkeiten zu suchen, um diese im Austausch mit anderen klären zu können.
- hinderliche Kommunikationsmuster zu vermeiden und zu verändern, um konstruktiv agieren zu können und für Klarheit zu sorgen.
- sich selbst zu reflektieren und durch die Verwandlung hinderlicher Anteile selbst Ausgangspunkt für Veränderungsprozesse zu sein.
- sein Leben selbst in die Hand zu nehmen, nach innen zu gehen, seinem Herzen zu folgen und sich nicht von anderen verunsichern und beirren zu lassen.
- bereit und mutig zu sein und sich zielorientiert, selbstbestimmt, motiviert, engagiert und in seinem eigenen Tempo auf den Weg zu sich selbst zu machen.
- seine eigene unverwechselbare Identität zu erkennen.

In diesem Sinne ist Selbstreflexion eine Notwendigkeit, um die eigenen Stärken zu erkennen und sie bewusst einsetzen zu können. Dadurch können wir auch besser mit den eigenen Schwächen umgehen, sie verwandeln und dementsprechend schwächen.

Übung: „Lebensbaum – entwicklungsförderliche und entwicklungshinderliche Charaktereigenschaften erkennen"

Nun siehst du einen gemalten Baum vor dir, der in dieser Übung eine strukturgebende Rolle spielt. Du kannst aber auch einen eigenen Baum für dich entwerfen oder mit dem Ast eines Baumes arbeiten. Du brauchst für die Übung außerdem Papier, einen schwarzen, einen grünen und einen roten Stift

1) Überlege, welche Eigenschaften zu dir gehören und typisch für dich sind (wie würden andere dich beschreiben?), und schreibe sie auf.
2) Unterscheide, welche Eigenschaften davon für dich persönlich im Alltag entwicklungsförderlich (bitte grün markieren) und welche entwicklungshinderlich (bitte rot markieren) sind.
3) Schreibe nun die entwicklungsförderlichen Eigenschaften mit Grün und die entwicklungshinderlichen Eigenschaften mit Rot oben in die Baumkrone.
4) Achte darauf, dass die Auswahl deiner Merkmale auch wirklich authentisch ist, indem du jeweils mindestens zwei Beispiele aus dem persönlichen und beruflichen Alltag findest, die dies bestätigen. Schreibe die Beispiele mit einem schwarzen Stift stichpunktartig neben den Baumstamm.
5) In die Baumwurzel schreibst du nun die innere Haltung/Fähigkeit, die diesem Merkmal zugrunde liegt.
6) Überlege bei den hinderlichen Merkmalen, welche Möglichkeiten es gibt, sie anzunehmen und zu verwandeln. Mögest du diese Möglichkeiten ausschöpfen.

Baumkrone:

- ☐ Fähigkeit, andere zu begeistern
- ☐ Mutlosigkeit

Baumstamm:

- ☐ Ich begeistere Kinder, wenn ich Gitarre spiele. Die Kinder singen, tanzen und spielen mit.
- ☐ Auf einer größeren Fachtagung hält der Veranstalter einen Vortrag, der den Bedürfnissen und Rechten von Kindern nicht gerecht wird. Ich bin verärgert, möchte etwas dazu sagen oder den Saal verlassen, traue mich aber nicht, es zu tun.

Baumwurzel:

- ☐ ein gut ausgeprägtes Selbstwertgefühl haben, Lebensfreude
- ☐ ein geringes Selbstwertgefühl haben

Wandlungsmöglichkeiten:

- ☐ sich jeden Tag ein bis drei Tagesziele setzen, oder:
- ☐ jeden Tag etwas anders machen als gewöhnlich (z. B. sich mit der linken Hand die Zähne putzen etc.)
- ☐ ein neues bby finden
- ☐ jeden Tag mindestens einem Menschen eine Freude machen
- ☐ sich immer wieder selbst Mut zusprechen

Tipp: *Fange zunächst nur mit einem oder zwei Beispielen an! Du kannst deinen Lebensbaum ja jederzeit auffüllen.*

Diese Übung habe ich in einem Selbsterfahrungsseminar in ähnlicher Weise erprobt. Ich brauchte zunächst lange, um die Aufgabe überhaupt richtig zu verstehen, da ich sie immer auf die Kinder im Kindergarten bezogen habe. Dann hatte ich es verstanden und fand für bestimmte Eigenschaften sowohl förderliche wie auch hinderliche Möglichkeiten der Auswertung. Die anderen Teilnehmenden haben mich unterstützt und mir Eigenschaften genannt und wie sie sich bei mir auswirken könnten. Etwa, dass meine Gutmütigkeit bei mir hinderlich wäre und nicht förderlich. Ich brauchte unendlich viel Zeit für diese Aufgabe der Selbstreflexion. Wir sollten die Eigenschaften auf kleine Zettel schreiben und diese dann an einen Baumstamm hängen. Alle waren bereits so gut wie fertig, aber ich brauchte noch viel Zeit, die ich mir dann am Abend genommen habe (jeder braucht seine eigene Zeit). Am nächsten Tag hatten dann drei Teilnehmerinnen Zeit ihren Lebensbaum vorzustellen und ihn vor der Gruppe zu erläutern. Aufgabe war es dabei, authentisch zu sein bzw. so authentisch wie möglich zu bleiben. Dafür hatte ich mich schon gemeldet und wusste bereits, dass ich am nächsten Tag dran sein würde. Was für eine Aufregung! Die ganze Nacht beschäftigte mich diese Aufgabe. Immer wieder ging ich vor meinem inneren Auge die vielen Eigenschaften durch, die auf meinen Zetteln standen und ich hatte noch keine Ahnung, wie ich diese Aufgabe am nächsten Tag bewältigen sollte. Es brodelte in mir; auf was hatte ich mich da eingelassen? Am nächsten Tag habe ich dann meinen Lebensbaum vorgestellt. Als es so weit war, hatte ich noch keinen Plan davon, was ich sagen würde. Und als ich dann loslegen sollte, sprudelte es nur so aus mir heraus. Ich entschied mich, alle Zettel bis auf einen von meinem Stamm zu entfernen und begründete dies, indem ich aus meinem Leben erzählte: von meiner Kindheit auf dem Land, von meinen Eltern, Großeltern und Geschwistern etc. Ich hätte stundenlang davon erzählen können, so viele Erinnerungen hatten sich in dieser Nacht mit den Zetteln angestaut. Ich kam dann zu einem stimmigen Abschluss, indem ich die Eigenschaft auf dem einzigen verbliebenen Zettel, vorstellte: die Verbundenheit mit meinem Inneren Kind – dem Kind, das ich einmal war und das lebendig an meinem Leben teilnimmt. Das ist mir durch diese Auseinandersetzung mit mir bewusst geworden. Ich wollte es erkennen, annehmen und dadurch meinen hinderlichen Mustern auf die Spur kommen.

Die Bewusstmachung und das Annehmen des Inneren Kindes ist eine besondere Qualität, gerade in der Gemeinschaft mit Kindern. Die Verbindung mit dem Inneren Kind ermöglicht es, sich in vielfältigen Situationen gefühlsmäßig in Kinder hineinzuversetzen, sie zu verstehen und sie so anzunehmen, wie sie sind. Das schafft eine enge Verbundenheit mit Kindern und erzeugt eine große Dankbarkeit, mit Kindern arbeiten zu können.

Selbstreflexion mit den Konzepten aus der Transaktionsanalyse

„Jeder Mensch ist verantwortlich für sein Denken, Fühlen und Handeln."

Eric Berne

Die Konzepte aus der Transaktionsanalyse (TA) sind eine wunderbare Grundlage für die Auseinandersetzung mit sich selbst. Sie laden uns regelrecht dazu ein, uns selbst besser kennenzulernen und uns motiviert und beharrlich auf den Weg zu machen, die eigenen Stärken zu stärken und die eigenen Schwächen zu schwächen. Sie geben uns die Chance, unsere eigenen Standpunkte zu erkennen und zu festigen, uns in unserer Einmaligkeit zu entdecken und immer mehr die Verantwortung für unser Denken, Fühlen und Handeln zu übernehmen.

Auf einem Informationsabend zum Thema „Was ist die Transaktionsanalyse?" beim TUT in Hannover 2014 habe ich mich selbst zum ersten Mal intensiv mit den Inhalten der Transaktionsanalyse auseinandergesetzt. An diesem Abend wurden Theorie und Praxis miteinander verbunden. Es ging mit einer theaterpädagogischen Einführung los, und dann gab es einen Vortrag über die wesentlichen Grundlagen der TA. Dieser Abend hatte mich so begeistert, dass ich dann noch an einer dreitägigen Fortbildung (TheaTa – Theater und Transaktionsanalyse) teilgenommen habe, um die Inhalte zu vertiefen. Die theaterpädagogischen Übungen und Aufgaben haben dazu beigetragen, die theoretischen Grundlagen besser zu verstehen, zu erfühlen und zu begreifen. Die Gruppe der Teilnehmerinnen und Teilnehmer war sehr neugierig, offen und aufmerksam, sodass es zu intensiven Erlebnissen und einem berührenden Austausch kam. So konnten wir uns den psychologischen Konzepten aus der TA gut annähern. Die TA bietet vielfältige Möglichkeiten zur Selbstreflexion und zur Entwicklung der eigenen Persönlichkeit im gemeinsamen Beziehungsaustausch. Die Eindrücke aus den verschiedenen Übungen und Rollenspielen waren zutiefst berührend und haben sehr zum Verstehen der verschiedenen Ich-Zustände beigetragen. Auch für die Klärung von Problemen und Konflikten ist die TA eine hilfreiche Methode, um sich und andere besser zu verstehen. Ich beziehe mich auf den nächsten Seiten auf die eigenen Erfahrungen und außerdem vorwiegend auf das Buch „Das konstruktive Gespräch" von Manfred Gührs und Claus Nowak (siehe Literaturverzeichnis). Eine weitere Ausgangslage dieser Ausführungen ist der menschliche Umgang auf der Grundlage von Wertschätzung, Achtsamkeit und Freude.

Der Begründer der TA, Eric Berne (1910 bis 1970), erforschte Mitte des 20. Jahrhunderts das Wesen der menschlichen Persönlichkeit und entwickelte daraus das Modell der TA. Die TA bietet verschiedene Modelle, mit denen wir unser Leben reflektieren, analysieren und verändern können. Die Vorstellung, dass es im Leben eines Menschen eine Ansammlung von Erinnerungen gibt, die in bestimmten Situationen immer wieder aktualisiert werden und einen Zustand aus längst vergangener Zeit hervorrufen, war die Grundlage für ein Modell, in dem jeder Mensch aus drei Personen besteht und drei verschiedene Ich-Zustände in sich trägt: das Eltern-Ich, das Erwachsenen-Ich und das Kindheits-Ich.

Die Transaktionsanalyse bietet uns verschiedene Modelle, mit denen wir unser Leben reflektieren, analysieren und verändern können. Im Folgenden werden drei hilfreiche Konzepte aus der TA aufgeführt.

Zuwendungsformen – im Englischen „Strokes“

Im Grunde genommen gibt es nur drei Dinge, die Kinder zum Wachsen brauchen: Erwachsene, die Kindern das Gefühl geben, jemand zu sein. Erwachsene, die sich auf die gegenwärtigen Themen der Kinder einlassen. Erwachsene, die den Kindern eine Kindheit zur Verfügung stellen, in der sie sich frei- und geliebt fühlen. Jedes Kind hat ein Recht auf Liebe! Wurde es nicht geliebt, wird es auch keine Liebe in die Welt tragen.

„Stroke“ kommt aus dem Englischen und bedeutet bezogen auf die Transaktionen „gestreichelt“ oder „geschlagen“ werden. Kein deutsches Wort drückt diese Ambivalenz zwischenmenschlicher Beziehungen so genau aus. Es geht um Zuwendung, um das Geben und Nehmen im Kontakt mit anderen Menschen. Man kann positive Strokes geben und nehmen, man kann aber auch negative Strokes geben und nehmen. Menschlich gesehen bedeutet „Stroke“, „Hunger zu haben“: Hier ist der Hunger nach Struktur und der Hunger nach Stimulation gemeint. Jeder Mensch hat ein Bedürfnis danach, gesehen und wahrgenommen zu werden. Dabei gibt es bei den „Strokes“ verschiedene Formen der Zuwendung. Es gibt positive und negative Strokes.

Positive Strokes sind ausschließlich positive Zuwendungen, wie ein freundliches Hallo. Negative Strokes sind negative Zuwendungen, wie Vorwürfe, z. B.: „Du warst es! Du hast das Glas runtergeworfen ...“ Daneben spielen noch die „bedingungslosen“ Strokes und die „bedingten“ Strokes eine Rolle. Bedingungslose Strokes sind Zuwendungen, die sich auf die Existenz eines Menschen beziehen. Bedingte Strokes sind Zuwendungen, die sich auf eine Leistung oder ein Verhalten eines Menschen beziehen.

1) Bedingungslose positive Strokes:

Bedingungslose positive Strokes sind erwartungsfreie Zuwendungen, die keine Gegenleistung voraussetzen. Sie sind die Grundlage für eine gesunde seelische und körperliche Entwicklung. Durch sie entwickeln Kinder eine positive Grundeinstellung: „Ich bin gut, so wie ich bin, und ich habe einen Platz in dieser Welt.“ Schon ganz früh, durch Nähe, Streicheln, Lächeln, Halten, liebevolles Sprechen etc. entwickeln Kinder diese Einstellung. Diese körperlichen Zuwendungsarten werden nach und nach durch Gesten und sprachliche Ausdrucksformen erweitert.

Sprachbeispiele für bedingungslose positive Strokes:

Ich liebe dich. Schön, dass es dich gibt. Du bist gut. Ich habe dich lieb, so wie du bist. Du bist wichtig. Ich mag dich. Ich höre dir zu. Ich denke an dich. Ich nehme dich ernst. Ich vertraue dir. Du gefällst mir, so wie du bist. Ich freue mich, dich zu sehen. Du darfst deinen eigenen Willen haben. Du gehörst zu uns. Schön, dass du da bist. (vgl. Friedrich, Berlin 2008, S. 10/22)

Kinder, die keine Fürsorge und Zuwendung bekommen, haben in ihrem späteren Leben schmerzlich damit zu kämpfen, weil Kinder ohne „seelische Nahrung", keine Ressourcen für ein gesundes und glückliches Leben aufbauen können.

2) Bedingungslose negative Strokes:

Diese Form ist sehr problematisch und doch sehr weit verbreitet. Diese Art lässt Kindern keine Chance, eine positive Grundeinstellung zu entwickeln. Sie ist rein destruktiv und fördert die Einstellung: „Ich bin nicht in Ordnung und nichts wert, ich kann nichts und ich habe nichts." Deshalb sollten körperliche Gewalt, Nichtbeachtung und Aussprüche, wie in den unten genannten Beispielen in zwischenmenschlichen Beziehungen überhaupt nicht vorkommen.
Bei Menschen, die nichts anderes in ihrem Leben kennengelernt haben, ist diese Form der Zuwendung allerdings trotzdem lebensnotwendig, weil das Ignorieren – nicht beachtet, gehört, gesehen und berührt zu werden – noch bedrohlicher ist und ernsthafte seelische und körperliche Krankheiten und Verhaltensirritationen zur Folge hat.

Sprachbeispiele für bedingungslose negative Strokes:

Du bist dumm. Ich hasse dich. Wenn du nur nicht geboren wärst. Du bist nicht mehr mein Freund. Geh weg! Ich bin stärker. Du bist gemein. Du siehst komisch aus. Du bist nichts wert. Du bist schlecht. Dich lassen wir nicht mitspielen. Halt's Maul! Du bist immer müde. Guck nicht so! Du bist doof! Blödmann! Du Schwein. Du stinkst. (vgl. ebd., S. 130)

3) Bedingte positive Strokes:

Bedingte positive Strokes beziehen sich auf persönliche Leistungen und Verhaltensweisen. Sie beziehen sich auf die Erwartungen, Vorstellungen und Anforderungen, die andere an uns stellen, auf unsere Talente, Stärken und Eigenschaften. Nicht der Mensch selbst, sondern das, was er kann und macht, bekommt Zuwendung. Wie in der folgenden Aussage: „Ich freue mich, dass du wieder da bist, keiner kann mich bei der Gartenarbeit so gut unterstützen wie du." Hier wird nicht die gemeinsame Freude an der Gartenarbeit zum Ausdruck gebracht, sondern lediglich die zu leistende Tätigkeit.

Deshalb handelt es sich um eine abgestufte Form der positiven Zuwendung, die im Kontext zu einer ganz bestimmten Bedingung steht. Hier wird die Grundüberzeugung genährt: „Ich bin in Ordnung, wenn ich etwas gut kann oder wenn ich das mache, was man von mir verlangt (egal ob ich das auch wirklich möchte)."

Beispiele für bedingte positive Strokes:

Du kannst gut Fahrrad fahren. Wie schön, dass du da bist, jetzt kannst du den Geschirrspüler ausräumen. Du hast ein schönes Bild gemalt. Wie gut du für Ordnung sorgen kannst. Für Mathematik hast du ein besonderes Talent.

4) Bedingte negative Strokes:

Diese Form der Zuwendung bezieht sich auch auf Leistungen und Verhaltensweisen, aber ausschließlich in Form einer geballten negativen Zuwendung. Erwartungen, Wünsche, Bedürfnisse und die Nichtbeachtung gesteckter Normen verursachen eine Grundeinstellung wie: „Ich bin nicht in Ordnung, da ich etwas nicht kann oder nicht das tue, was von mir verlangt wird." Die Anwendung dieser Form ist zum Setzen von Grenzen wichtig. Sollen bestimmten Regeln im Zusammenleben erlernt werden, ist es wichtig und unverzichtbar, bedingt negative Zuwendung zu geben. Hier gibt das Grenzensetzen durch kritische Anmerkungen, Ermahnungen und Aufforderungen Orientierung zum Einhalten allgemein gültiger Regeln, die zu einer gemeinsamen Lebensgestaltung dazugehören. Diese Zuwendungsart sollte allerdings nur eine Ergänzung der vorwiegend positiven Zuwendungsformen sein.

Beispiele für bedingte negative Strokes:

Bist du auch schon da? Wir essen immer um 12.00 Uhr, sei morgen pünktlich. Du hast dein Zimmer nicht aufgeräumt, dafür bekommst du heute keine Nachspeise. Ich habe schon wieder die Hausschuhe gesucht, wenn sie heute Mittag nicht da sind, dann ...

In dieser Übersicht, wird deutlich, dass positive Strokes gute Gefühle in uns auslösen und negative Strokes, uns eher runterziehen oder in dem bestätigen, was wir selbst über uns denken. Menschen, die ein stark ausgeprägtes Selbstwertgefühl haben, zeigen keine Bereitschaft, negative Strokes anzunehmen, und können angemessen reagieren. Im Zusammenspiel von Geben und Nehmen treten allerdings sehr schnell und häufig Störungen auf. Sie treten immer dann auf, wenn im zwischenmenschlichen Kontakt der Stroke, die Zuwendungsart, von einer Seite nicht angenommen wird.

Für Menschen, die in ihrem Leben wenig Wertschätzung und Achtung erfahren haben, die emotional und sozial vernachlässigt wurden, sind negative Strokes besser als gar keine, weil sie einzig auf diese Weise Aufmerksamkeit bekommen haben. Deswegen ist die Bewusstmachung, wie wir Strokes geben und wie wir sie nehmen, bedeutsam. Menschen, die fast ausschließlich negativ genährt wurden, brauchen von außen eine Mischung aus negativen und positiven Strokes. Nur positive Strokes würden sie überfordern und können dementsprechend gar nicht angenommen werden.

Es ist von besonderer Bedeutung im Umgang und in der Kommunikation mit anderen Menschen, sich seiner eigenen Muster bewusst zu werden. Sie sind immer die Ausgangslage für eine entwicklungsförderliche oder eben auch für eine entwicklungshinderliche Begleitung von Kindern.

Wir alle haben diese Arten der Zuwendung in unserer Kindheit kennengelernt und werden auch in Alltagssituationen mit anderen Menschen, mit ihnen konfrontiert. Sicher ist aber auch, dass es eine Form gab, die in unserer Familie eine besondere Gewichtung hatte und die wir als Kind bedient haben, um Zuwendung zu bekommen. Diese Art der Zuwendung wirkt bis heute nach und spielt eine Rolle in der Beziehung zu anderen Menschen.

Übung: Eigene Zuwendungsmuster erkennen

Fragestellungen zur Selbstreflexion:

1. Welche Zuwendung habe ich von meiner Familie erfahren?
2. Wie und wofür habe ich Zuwendung bekommen?
3. Wie gebe ich Kindern und Erwachsenen heute Zuwendung?
4. Wie reagiere ich auf positive und negative Zuwendung von anderen, sowohl im privaten wie auch im beruflichen Bereich?

Das Verstehen der verschiedenen Zuwendungsarten gibt uns im pädagogischen Alltag die Möglichkeit zu erkennen, warum Kinder und Erwachsene in ganz bestimmte Rollen schlüpfen, wie „Schreihals, Angsthase, Schläger, Gruppenclown, ‚Petze', Besserwisser" etc. (vgl. Gührs 2014, S. 29 – 33)

Negative Zuwendung ist immer noch besser als gar keine Zuwendung. Gleichzeitig wird offen gezeigt, welche Zuwendungsformen die Kinder schon kennengelernt haben oder welche Muster sie aufgrund ihrer Erfahrungen zu ihrem eigenen Schutz aufgebaut haben.

Ich-Zustände

„Wer sich an seine Vergangenheit nicht erinnern kann, ist dazu verdammt, sie zu wiederholen."

George Santayana

Bei den Ich-Zuständen gibt es drei Formen: das Eltern-Ich, das Erwachsenen-Ich und das Kindheits-Ich. Bei diesen drei Ich-Zuständen gibt es deutliche Unterschiede im Denken, Fühlen und Handeln eines Menschen. Sie bilden die Grundstruktur unserer Persönlichkeit. Im Folgenden werden einige Merkmale der verschiedenen Ich-Zustände aufgeführt.

Eltern-Ich (EL):

Modelle von früher und von außen. Unser Denken, Fühlen und Handeln richtet sich danach, wie wir es bei unseren Eltern und anderen Autoritätspersonen erfahren haben, als wir noch Kinder waren. Werte, Normen, Standpunkte, Regeln, Verbote etc. haben wir verinnerlicht und gespeichert. Wir wenden sie in verschiedenen Situationen unseres Lebens ganz automatisch an.

Erwachsenen-Ich (ER):

Im Hier und Jetzt sein. Sich auf die Situation, in der ich mich jetzt gerade befinde, angemessen fühlend, denkend und handelnd einlassen und reagieren können.

Vermutungen anstellen, wahrnehmen, abwägen und klären, was ist. Hilfreiche, konstruktive Schlussfolgerungen ziehen und sinnvolle Entscheidungen treffen können.

Kindheits-Ich (K):

Erfahrungen aus der Kindheit und die Schlussfolgerungen, die daraus gezogen werden, spiegeln sich in unserer Sprache, im Verhalten und in unseren Ausdrucksweisen wider. Wir stehen mit den Bedürfnissen und Gefühlen unseres Inneren Kindes im Kontakt. Das Kind, das wir einmal waren, wird lebendig: spielend, beobachtend, neugierig, angepasst, zurückhaltend, still, rücksichtslos, kreativ, bewegungsaktiv, egoistisch, laut etc. – wie immer es auch war.

Bei allen drei Mustern hängt die Intensität unseres Ausdrucks von unserer individuellen Persönlichkeit, der momentanen Befindlichkeit und den jeweiligen Situationen unseres Lebens ab. Durch unser Ausdrucksverhalten wird deutlich, in welchem Ich-Zustand wir uns befinden. Zu diesen drei Grundformen gibt es außerdem noch weitere Unterformen des Kindheits-Ichs und des Eltern-Ichs.

Unterformen des Kindheits-Ichs

Das freie Kindheits-Ich (fK):

Wenn wir uns im freien Kindheits-Ich befinden, orientieren wir uns an den eigenen Bedürfnissen, Gefühlen und Empfindungen. Dann sind wir frei, naiv und offen für das, was wir gerade tun wollen. Wir handeln intuitiv, ohne uns von den Denkmustern und Erwartungen anderer beeinflussen zu lassen.

Das angepasste Kindheits-Ich (aK):

Wenn wir im angepassten Kindheits-Ich agieren, sind wir nicht mehr frei, sondern verhalten uns nach den Regeln, mit denen wir als Kind von unseren Bezugspersonen konfrontiert worden sind. Wir agieren nach den Erwartungen anderer, stellen eigene Wünsche und Ideen zurück, sind gebremst, angepasst und in unserer Schöpferkraft und unserem Verantwortungsbewusstsein gehemmt. Dies wirkt sich auch auf unsere Gefühle und Gedanken aus. Wir reagieren mit Rückzug, Ängstlichkeit, Verwirrtheit, Schuldgefühlen, Scham etc. Wir handeln nicht mehr selbstbestimmt, sondern überlassen den anderen die Initiative. Die echten Bedürfnisse und unsere Kreativität sind eingeschränkt.

Anpassungsfähigkeit wird für das Zusammenleben und die Zusammenarbeit allerdings auch benötigt. Dementsprechend ist auch dieser Teil der Persönlichkeit wichtig, damit wir uns, ohne groß darüber nachzudenken, an die notwendigen gestellten Normen und Regeln anpassen können.

Das rebellische Kindheits-Ich (rK):

Das rebellische Kindheits-Ich steht dem angepassten Kindheits-Ich gegenüber. Es rebelliert gegen die Einschränkungen und Forderungen anderer, z. B. des Eltern-Ichs. Es reagiert mit Kraft und Energie, bringt produktive Prozesse in Gang und setzt sich gegen unangemessene Einschränkungen und abwertende Kritik zur Wehr.

Dadurch verhärten sich die Fronten mit dem Eltern-Ich. Es kann aber auch sein, dass ein rebellisches Kind nicht erkannt wird, weil es passive Aggressivität und andere Widerstände in sich birgt. So blockiert es die Ausbrüche des Gegenübers und vermeidet eine bevorstehende, heftige Auseinandersetzung.

Unterformen des Eltern-Ichs

Das kritisch-normative Eltern-Ich (kEL):

Wenn man sich im kritisch-normativen Eltern-Ich zeigt, werden unsere erlernten und überlieferten Werte und Normen zum Ausdruck gebracht. Es werden Normen und Regeln aufgestellt und Grenzen gesetzt. Dadurch sollen destruktive Verhaltensweisen gestoppt werden. Menschen, die diesen Zustand einnehmen, suchen nach Fehlern, üben Kritik, verurteilen, bewerten, drohen, sanktionieren mit Verboten, nutzen Verallgemeinerungen, halten an Prinzipien fest und sind nicht bereit, sich die Meinungen anderer anzuhören. Sie wollen andere kontrollieren, einschüchtern und von sich fernhalten. Und gerade das ruft beim Gegenüber automatisch entweder das rebellische oder das angepasste Kindheits-Ich hervor. Entweder man setzt sich kräftig zur Wehr und wird laut oder man zieht sich ängstlich und enttäuscht zurück und bleibt still und angepasst. Hinter so einem Erwachsenen-Ich und all seinen Verhaltensweisen verbirgt sich sehr häufig ein ängstliches, angepasstes Kind mit geringem Selbstwertgefühl, das seine eigenen Schwächen nicht zeigen kann und sich so selbst vor Verletzungen von außen schützt.

Das nährend-fürsorgliche Eltern-Ich (nEL):

Wenn wir im nährend-fürsorglichen Eltern-Ich agieren, zeigen wir Fürsorge, Unterstützung, Hilfe, Lob, Ermutigung, Besänftigung, Trost und Schutz – angemessene Verhaltensweisen, die meistens angemessen, positiv und wertschätzend auf andere wirken. Dies ist oftmals kontraproduktiv für die Entwicklung von Autonomie. Ein Zuviel an fürsorglichen Verhaltensweisen neigt dazu, andere kleinzuhalten, von sich abhängig zu machen und zu kontrollieren. Menschen mit einem stark ausgeprägten nährend-fürsorglichen Eltern-Ich neigen zu Vermeidungsverhalten. Sie gehen Konflikten aus dem Weg, sind harmoniebedürftig und trauen sich häufig nicht, ihre eigene Meinung zu vertreten. Auch hinter diesem Ich-Zustand verbirgt sich meistens ein ängstliches, stilles und angepasstes Kindheits-Ich.

Das Modell der Ich-Zuständen kann uns helfen, Kommunikationsstrukturen klarer und bewusster wahrzunehmen und professionell im Alltag einzusetzen. Wichtig ist, dass wir dabei unseren eigenen persönlichen Stil entwickeln. Es bedarf Geduld, einer genauen Beobachtung und Wahrnehmung von sich selbst und anderen Menschen und viel, viel, viel Übung, um wirklich sicher im Umgang mit den Ich-Zuständen zu werden.

Bei der Betrachtung der Ich-Zustände gibt es Vor- und Nachteile sowie problematische und produktive Formen. Wenn wir die produktiven Ich-Zustände stärken, werden wir automatisch die weniger ergiebigen Ich-Zustände, die unser Leben beeinträchtigen, schwächen. Die folgende Tabelle (Gührs, Nowack) gibt einen Überblick über die Vor- und Nachteile der Ich-Zustände.

Vor- und Nachteile der Ich-Zustände

VORTEILE – entwicklungsförderlich	NACHTEILE – entwicklungshinderlich
Das Erwachsenen-Ich ist realitätsorientiert, sucht nach Lösungen, ist kooperativ und hält Absprachen ein, löst Konflikte konstruktiv und klärt die Ursachen.	Es verhält sich distanziert, wirkt kontrolliert, hält die Gefühle zurück, ist nicht zugewandt und nicht offen für den Beziehungsaustausch.
Das kritisch-normative Eltern-Ich sorgt für Disziplin, Struktur und Ordnung, es setzt Normen und Anweisungen zielgerichtet und klar ein, klärt Notsituationen direkt und konsequent.	Es ist nicht offen für Neues, ist bewertend/abwertend, reagiert aggressiv und machtbesessen, kann nicht gut mit Veränderungen umgehen, ist kontrollierend und schafft ein unbehagliches Klima.
Das nährend-fürsorgliche Eltern-Ich schafft ein Klima des Wohlbefindens, ermutigt, unterstützt und akzeptiert andere und fördert den Zusammenhalt.	Es verhindert die Entwicklung anderer, indem es andere an sich bindet, sie kleinhält und von sich abhängig macht, es ist nicht kritik- und konfliktfähig.
Das freie Kindheits-Ich ist offen, neugierig, fröhlich, unbefangen, kreativ und authentisch, es probiert aus und kann andere begeistern, mitzumachen.	Es ist impulsiv, hektisch und egozentrisch, kann ein Klima von Unruhe und Chaos erzeugen und macht sich keine Gedanken um die Folgen.
Das angepasste Kindheits-Ich hält sich an Regeln, Normen, befolgt Anweisungen, ist angepasst und kompromissbereit.	Es stellt seine Bedürfnisse zurück, macht, was verlangt wird, hat Angst, etwas falsch zu machen, ist still, sagt nicht, was es denkt, und agiert hinter dem Rücken der anderen.
Das rebellische Kindheits-Ich wehrt sich gegen Abwertung, Machtausübung und Unterdrückung, lässt sich nicht unterdrücken, hat Mut, seinen Weg zu gehen, bewirkt wichtige Veränderungen.	Es ist wenig kompromissbereit, ist bewertend, neigt zu Unterstellungen, bindet Energie und blockiert ein zielgerichtetes Vorwärtskommen.

(vgl. Gührs 2014, S. 88)

Zu den produktiven Ich-Zuständen gibt es drei Kernfragen, die nützlich bei all unseren Vorhaben sein können:

- Das freie Kind: Habe ich Lust? Macht es mir Freude?
- Das fürsorgliche Eltern-Ich: Tut es mir gut?
- Das Erwachsenen-Ich: Ist es sinnvoll?

(ebd. S. 87)

Es handelt sich um Fragen, die nach innen gehen, die an unser Sein gerichtet sind, die sich auf unsere Intuition beziehen und nur dann stimmig sind, wenn wir sie bejahend beantworten können. Und so sollte es auch sein: dass alles, was wir tun und machen, mit guten Gefühlen geschieht. Es geht um das bewusste Tun, um dessen Sinn und darum, dass wir uns dabei wohlfühlen (auch wenn es sich um eine alltägliche Aufgabe wie das Aufräumen handelt).

In den beschriebenen Ich-Zuständen findet sicher jeder Anteile der eigenen Persönlichkeit, sodass uns die Bedeutsamkeit jeder einzelnen Ich-Form für den Umgang mit anderen Menschen und für uns selbst bewusst wird. Wenn wir die Wirksamkeit der einzelnen Ich-Zustände verstehen, können wir sie angemessen im beruflichen und privaten Alltag anwenden. Dazu ist es zunächst notwendig, sich selbst zu reflektieren, sich selbst so gut durchschauen und verändern zu können, dass man auch in der Lage ist, Konflikte im Umgang mit anderen Menschen durch die Veränderung der Ich-Zustände konstruktiv zu lösen. Das braucht sehr viel Übung und Geduld.

„Die Fähigkeit, mit den Ich-Zuständen bewusst spielen zu können, statt automatisch auf den eingefahrenen Gleisen zu reagieren, ist eine große Hilfe in der Kommunikation mit anderen und sich selbst." (ebd. S. 78)

Übung: Fragen zur Selbstreflexion mit den Ich-Zuständen

1. Kann ich bei mir selbst die verschiedenen Ich-Zustände erkennen?
2. In welchen Ich-Zuständen finde ich mich am meisten wieder?
3. Wie kommuniziere und spreche ich, wie drücke ich mich aus?
4. Stell dir eine Person vor, mit der dir die Kommunikation schwerfällt. Welche Ich-Zustände gebraucht die Person? Welche deiner Ich-Zustände reagieren darauf? Wie geht es dir damit, und welche Erkenntnisse ergeben sich daraus?
5. Wie reagiere ich, wenn andere nicht meiner Meinung sind, Erwartungen an mich stellen oder hohe Anforderungen an mich haben?
6. Nun stelle dir eine Person vor, mit der du dich gut verstehst. Welche Ich-Zustände verwendet diese Person. Und welche verwendest du selbst, wenn ihr zusammen seid?
7. Finde für dich Aspekte und Lösungen, die dir bei der Anwendung der Ich-Zustände helfen. Vergleiche, wann die konstruktiven und wann die hinderlichen Ich-Zustände zu Tage treten. Schreibe deine Antworten auf und leite neue Fragen daraus ab. (vgl. ebd., S. 91)

Dramadreieck

Du und ich: Wir sind eins.

Ich kann dir nicht wehtun, ohne mich zu verletzen.

Mahatma Gandhi

Das Dramadreieck bezieht sich auf die Grundannahmen der Transaktionsanalyse. Es wurde von Stephen Karpman 1968 entwickelt. Es ist ein Instrument, um Probleme und schwierige Konfliktsituationen zu erkennen. Außerdem sorgt es für eine gute Gesprächsbasis und schafft eine positive Ausgangslage für ein kommunikatives und kooperatives Miteinander im zwischenmenschlichen Beziehungsaustausch, damit Probleme gelöst und Konflikte geklärt werden können. Im Dramadreieck unterscheidet man drei Rollenbilder voneinander. Es gibt immer einen Verfolger, ein Opfer und einen Retter.

Rolle des Verfolgers

anklagend, kritisierend

Wert und Würde der anderen werden abgewertet

Rolle des Retters

helfend, tröstend

Kompetenz und Selbständigkeit der anderen werden abgewertet

Rolle des Opfers

hilflos, unterwürfig

eigene Kompetenz wird abgewertet

Verfolger

Ein Verfolger trägt die Grundüberzeugung in sich: „Ich bin okay, du bist nicht okay." Er agiert meistens im kritischen Eltern-Ich. Er zeigt sich durch aggressives Verhalten und Gefühle wie beispielsweise Wut, Ärger, Schuld. Er ist rechthaberisch, will Macht haben und der Beste sein. Er kontrolliert andere und bindet sie an sich. Grundsätzlich bekommt er wenig Zuwendung und glaubt, nur dann welche zu bekommen, wenn er der Beste ist und Macht hat. Um Macht ausüben zu können, konzentriert er sich auf die Schwächen und Fehler anderer Menschen. Er macht sie klein und wertet sie ab. Gerne sucht er sich Opfertypen aus.

Opfer

Ein Opfer trägt die Grundüberzeugung in sich: „Ich bin nicht okay, du bist okay." Es reagiert meistens im angepassten Kindheits-Ich. Es zeigt defensives Verhalten – erträgt und erduldet die demütigenden Situationen. Es wird etwa von Gefühlen wie Angst, Hilflosigkeit und innerer Leere bestimmt. Das Opfer lässt sich von anderen leiten und ist nicht in der Lage, Verantwortung für sich selbst und sein Tun zu übernehmen. Es bekommt sowohl vom Retter (Fürsorge und Hilfe) wie auch vom Verfolger (Zurechtweisung und Bloßstellung) Zuwendung. Wenn ich mich kleinmache und hilflos bin, bekomme ich schon, was ich brauche. Opfer nehmen es hin, dass andere über sie bestimmen und ihre Aufgaben erledigen, ohne sie einzubeziehen.

Retter

Ein Retter trägt die Grundüberzeugung in sich: „Ich bin okay/Ich bin nicht okay, du bist nicht okay." Er agiert im nährenden-fürsorglichen Eltern-Ich. Er zeigt aufopferndes Verhalten, ist emotional frustriert, traurig und erschöpft, weil er sich für die Schwächeren einsetzt. Er vermeidet es, andere in die Selbstwirksamkeit zu bringen, damit er weiterhin gebraucht wird und nicht seine Existenzgrundlage verliert. Retter können erst etwas annehmen, wenn sie vollkommen erschöpft sind und gar nichts mehr geht.

Im Dramadreieck werden diese drei Rollen immer wieder besetzt und untereinander getauscht.

Beispiel: Aufräumen

Agathe – pädagogische Fachkraft – Verfolgerin, verfolgt Tessa:

„Tessa, du hast noch gar nicht aufgeräumt, jeden Tag das Gleiche, die anderen Kinder räumen auf und du versteckst dich."

Tessa – Kind – ist das Opfer:

Tessa schaut beschämt auf den Boden.

Lise – Leiterin der Kita – Retterin, verfolgt Agathe:

„Das kann man doch wohl auch anders sagen, Agathe. Das haben wir schließlich in der Ausbildung gelernt. Schon vergessen?"

Agathe, jetzt Opfer:

Sie ist unangenehm berührt, fühlt sich bloßgestellt und findet keine Worte, weil sie sich nicht traut, der Kitaleiterin zu wiedersprechen.

Tessa, jetzt Retterin, rettet Agathe:

„Morgen räume ich mit auf, so wie Agathe es gesagt hat."

Lise, jetzt Verfolgerin, macht Tessa klein:

„Na, Tessa, dir werde ich nicht mehr helfen, bin gespannt, ob du morgen tatsächlich aufräumst. Das schaffst du ja sowieso nicht."

- Der Verfolger maßregelt das Opfer, das Opfer ist beschämt und wehrt sich nicht.
- Es wird vom Retter gerettet. So wird der Retter zum Verfolger des anfänglichen Verfolgers, der dadurch zum Opfer wird.
- Das anfängliche Opfer schlägt sich auf die Seite des anfänglichen Verfolgers und wird zum Retter.
- Der anfängliche Retter wird nun zum Verfolger des Opfers, das er eigentlich retten wollte ...

An diesem Beispiel wird deutlich, dass die Rollen immer wieder (unbewusst) getauscht werden. Dadurch bleibt das Drama/der Konflikt bestehen, weil die einzelnen Rollen immer besetzt bleiben. In diesen Rollen geht es um das Anklagen, Beschwichtigen und das Leiden. Dies führt immer zu negativen Gefühlen und dadurch auch zu einer Verhärtung der Konfliktsituation. Es findet Zuwendung auf negative Weise statt (negative Zuwendung ist besser als keine Zuwendung). Zu einem Veränderungsprozess kann es nur dann kommen, wenn mindestens eine Person in diesem Kreislauf eine Rolle nicht annimmt und aus dem Erwachsenen-Ich heraus reagiert, wenn sie/er auf einen abwertenden und unangemessenen Umgang in Bezug auf die Stärken und Schwächen aller Beteiligten verzichtet.

Umgang mit dem Dramadreieck

Da der Einstieg ins Dramadreieck immer mit einer vorwurfsvollen, kritisierenden, abwertenden oder übertriebenen Grundaussage beginnt, sollten wir unsere Worte und Aussprüche bedacht auswählen und über Kommunikationsmethoden verfügen, die uns auch bei schwierigen Situationen helfen, eine Lösung zu finden. Durch die Bewusstmachung der drei Rollen und die Rolle, die wir selbst einnehmen, können wir die dramatische Situation verändern, um wieder in eine positive Ausgangslage zu gelangen.

- In erster Linie geht es immer darum zu erkennen, in welcher Rolle man selbst agiert, um dann durch die Nichtannahme einer der drei Rollen (Verfolger, Opfer, Retter) selbst eine Veränderung und Verbesserung der gegenwärtigen Situation zu erzeugen. Auch wenn wir die Rollen der anderen im Dramadreieck erkannt haben, ist es wenig hilfreich, dies den anderen Personen mitzuteilen, da wir sie dadurch nur noch weiter in die Enge treiben und dies nicht zu einer Klärung führt. Die Veränderung des eigenen Verhaltens führt in diesem Fall aus der Sackgasse heraus.
- Außerdem ist es konstruktiv, wenn ein Problem im Raum steht, dies auf der Metaebene zu kommunizieren, das heißt, das Problem zum Thema zu machen, die Inhaltsebene zu verlassen und das Problem auf der persönlichen Ebene zu klären. Wenn man unter Druck steht, sich belastet fühlt oder gedanklich abgelenkt ist, kann man sich nicht mehr auf die ursprüngliche Sache konzentrieren. Das Problem sollte deshalb zunächst auf der persönlichen Ebene gesehen und benannt werden, um dann in einen Klärungsprozess kommen zu können. Dabei ist es wichtig, seine Worte achtsam, bedacht und sinnvoll auszuwählen und sich wertschätzend-respektvoll statt vorwurfsvoll, beschwichtigend oder angepasst zu begegnen.
- Förderlich ist außerdem das Verlassen der Eltern-Ich- und Kindheits-Ich-Rollen. Aus dem Erwachsen-Ich können wir die Stärken und Schwächen aller beteiligten Personen klar und realistisch erkennen. Das trägt dazu bei, standfest und eigenverantwortlich zu handeln und abwertende und kritisierende Äußerungen von sich abweisen zu können und somit den Eintritt in das Dramadreieck zu verhindern. (vgl. Gührs 2014, S. 124)

Übung: Eigene Erfahrungen im Kreislauf des Dramadreiecks

Nimm dir etwas zu schreiben und halte deine Gedanken zu den folgenden Fragen fest:

1. In welchen Rollen und Ich-Zuständen hast du dich beim Lesen des Kapitels am meisten wiederentdeckt? Wie geht es dir damit? Welche Gründe könnte das haben?
2. Welche Menschen in deinem Umfeld erlebst du meistens im
   a) kritischen Eltern-Ich,
   b) nährenden, fürsorglichen Eltern-Ich,
   c) angepassten Kindheits-Ich?
3. Welche Möglichkeiten gibt es, auf diese Menschen entwicklungsförderlich und sachlich zu reagieren, ohne ungute Gefühle zu entwickeln?
4. Erinnere dich an eine konkrete Situation, in der du selbst eine unangenehme Auseinandersetzung hattest. Welche Rollen aus dem Dramadreieck waren in dieser Situation besetzt?
5. Welche Rolle(n) hattest du selbst, welche hatten die anderen?
6. Wie fing es an, was war der Auslöser?
7. Wie wurde das Problem/Drama gelöst?
8. Was wäre in der Situation besser gewesen?
9. Schreibe alle Lösungsmöglichkeiten auf, die dir dazu einfallen.

(vgl. ebd., S. 124)

Ausklang:

Es ist wie es ist – wir alle haben unsere ganz eigenen Lebenserfahrungen gemacht und wir alle bleiben mit unserer Vergangenheit solange verwickelt, bis wir sie geklärt haben. Herbert Grönemeyer wählt in seinem Lied „Wunderbare Leere“ dazu die passenden Worte: *„Jeder Mensch schreibt klammheimlich seine Biographie. Spielt die Hauptrolle in seinem Film und führt dabei Regie. Ort und Handlung sind nicht gleich, aber gleich ist die Magie und die ist reich.“* Wo eine Leere ist, da kann auch etwas aufgefüllt werden. So gesehen ist jeder Mensch selbst Akteur seines Lebensplanes. Die Lebenserfahrungen sind bei jedem Menschen unterschiedlich, doch es gibt in unser aller Leben eine Magie, für die man selbst verantwortlich ist. Die Magie ist da, wir können sie nutzen, wenn wir sie wahrnehmen und uns die Erlaubnis geben, sie in unser Leben zu integrieren. Wenn wir das tun, was wir wirklich wollen und nicht alles so machen, wie wir es von anderen gelernt und wie wir es immer schon gemacht haben. Natürlich gibt es da auch die „inneren Antreiber“, die unserer Intuition und unseren eigentlichen Bedürfnissen immer wieder im Wege stehen, die uns zweifeln und nicht frei sein lassen und die letztendlich doch sehr häufig unser Handeln bestimmen. Sie wirken gegen die Magie. Die Grundlagen dafür werden schon in der Kindheit gelegt. So nimmt das Erwachsenen-Ich des Kindes die Grundmuster des Erwachsenen-Ichs der Eltern und der anderen wichtigen Bezugspersonen mit in sein Leben. (vgl. Kleinewiese, E. Berlin 1980)
Unsere Eltern übermitteln uns als Kinder die Art und Weise, wie wir sein sollen. So sollen wir beispielsweise schon als Kinder stark sein, uns anstrengen, schnell machen, uns so verhalten, dass wir nicht auffallen und außerdem in jeder Lebenslage perfekt reagieren. Funktionieren statt sein, sich mit anderen messen, statt seinen eigenen Weg zu finden, besser sein als andere, möglichst schnell etwas können und das tun, was die anderen erwarten, anstatt darauf zu achten, was einem selbst wichtig und bedeutsam ist. Perfektionismus gehört nicht zum Kindsein, Perfektionismus gehört nicht zum Menschsein. Aus unseren Fehlern lernen wir am besten und wir wiederholen sie so lange, bis wir unsere „Lektion“ gelernt haben. Am besten nur einmal, bzw. je früher desto besser! Denn das, was wir in der Vergangenheit geklärt haben, bleibt uns in der Zukunft erspart und lässt uns sicher und frei sein.

So werden wir auch, oder erst recht, ernst genommen und geschätzt, wenn wir ...

- ☐ unserer Intuition trauen und uns von ihr führen lassen.
- ☐ Verantwortung für unser eigenes Handeln übernehmen und andere darauf aufmerksam machen, wenn sie im Umgang mit Kindern, Eltern, Kolleginnen und Kollegen verantwortungslos, unachtsam und egozentrisch agieren.
- ☐ stolz auf unsere Erfolge sein können, uns darüber freuen und Entspannungsmomente genießen können.
- ☐ Hilfe annehmen oder uns welche holen, wenn wir nicht weiterkommen.
- ☐ aus unseren Fehlern lernen und uns selbst verzeihen können.
- ☐ authentisch sind und unserem eigenen Stil treu bleiben.

- ☐ die Zusammenarbeit mit den verschiedenen Menschen wertschätzen und genießen.
- ☐ in unserem eigenen Tempo und auf unsere eigene Art und Weise unsere Aufgaben erarbeiten und lösen.
- ☐ dem Menschen, mit dem wir es gerade zu tun haben, unsere volle Aufmerksamkeit schenken, den Kontakt genießen und uns voll auf die Situation einlassen.
- ☐ uns selbst ernst nehmen und in uns aufspüren, was wir selbst wollen.
- ☐ uns Zeit für unsere eigenen Gedanken und Gefühle nehmen, bevor wir handeln.
- ☐ unsere eigene Meinung angemessen kundgeben.
- ☐ uns neben unseren Stärken auch unsere Schwächen und Bedürfnisse eingestehen.

(vgl. Gührs 2014, S.115)

Mögest du deine Stärken und deine Schwächen erkennen und offen für Veränderungsprozesse sein.

Kapitel 4:
Werte und Normen differenzieren

„Im Grunde sind es immer die Verbindungen zu den Menschen, die dem Leben einen Wert geben."

Wilhelm von Humboldt

Werte und Normen als Orientierung im sozialen und persönlichen Entwicklungsprozess differenzieren

Werte dienen der Gesellschaft, aber auch jedem einzelnen Menschen, als Orientierung für die eigenen Einstellungen und Verhaltensweisen im Umgang mit Menschen, Dingen und der Natur. „Werte sind Maßstäbe. Wie Leuchttürme für Schiffe zeigen sie Menschen die Richtung für ihr Handeln an." (Stanjek 2010, S. 471)
Sie entstehen bereits im Sozialisationsprozess der frühen Kindheit (Elternhaus, Familie, Krippe, Kindergarten, Schule etc.) und werden in unserem Denken, Fühlen und Handeln sichtbar. Werte entwickeln sich sowohl über die eigene soziale und materielle Umwelt als auch über die innerpsychischen und physischen Merkmale der eigenen Persönlichkeit. Je nachdem ob man als Kind anerkannt, bestätigt und wertgeschätzt worden ist, entwickelt sich die Ausprägung unseres Selbstwertgefühls. Es entwickelt und verstärkt oder schwächt sich immer auf der Grundlage unserer persönlichen Lebenserfahrungen und ist davon abhängig, welchen Wert wir uns selbst als Person geben. Was macht mich und mein Leben „wert-voll"? Oder warum fühle ich mich wertlos und klein? Es sind unsere Werte und Wertvorstellungen, die sich auf alle unsere Lebensbereiche auswirken und eine wesentliche Bedeutung für die Gestaltung unseres Lebens haben und die sich im Zusammenleben mit anderen Menschen – insbesondere mit Kindern – widerspiegeln. Gerade in kritischen, krisenhaften und schweren Lebensphasen wird deutlich, welche Werte für uns bedeutsam sind und unser Leben nachhaltig leiten. Ob wir gesund und stark genug sind, auch in schwierigen Situationen an unsere eigene Stärke zu glauben, Verantwortung zu übernehmen, Lösungen zu finden und darauf zu vertrauen, dass sich alles gut entwickeln wird. Oder ob wir eher misstrauisch sind, viel grübeln, uns selbst runterziehen und die Verantwortung für unser Leben anderen überlassen.
Es gibt unterschiedliche Wertearten (die Unterscheidung der Wertearten soll einen Überblick geben, eine Vermischung der Beispiele ist denkbar und möglich):

- sittliche Werte (Aufrichtigkeit, Verlässlichkeit, Freundlichkeit)
- religiöse Werte (Nächstenliebe, Vergebung, Hilfsbereitschaft)
- politische Werte (Freiheit, Gleichheit, Solidarität)
- ästhetisch-kulturelle Werte (Faszination für Musik, Kunst, Literatur)
- wissenschaftliche Werte (Wissen, Erkenntnisse, Forschung)
- spirituelle Werte (Ganzheitlichkeit, Wahrheit, dem Weg des Herzens folgen)

Es sind unsere Werte, die sich in allem zeigen, was wir tun und was wir sind. Welche Sitten und Gebräuche uns wichtig sind, woran wir glauben, welche politische Richtung wir befürworten, wie wir mit uns selbst und anderen Menschen umgehen, was wir schön finden und welchen Wert Ästhetik für uns hat, wie wissbegierig und neugierig wir darauf sind, uns neuen Herausforderungen zu stellen, und wie verbunden wir mit dem großen Ganzen sind. Unsere Werte zeigen sich schon in ganz kleinen Dingen. Es sind die kleinen Gesten, Worte, Zeichen und Wahrnehmungen, die aus unserem Herzen kommen, die eine große Wirkung haben können, die einer zuversichtlichen Einstellung zugrunde liegen und uns zu notwendigen und guten Taten bewegen, die auf unser eigenes Leben einen positiven Einfluss haben. Das können z. B. Sichtweisen sein wie:

- Ich kann mein Leben so gestalten, dass ich lebe und nicht gelebt werde.
- Aus allem kann der Mensch etwas lernen.
- Alles im Leben hat einen Sinn – es gibt keine Zufälle.
- Werte entstehen aus einer liebevollen, gleichwürdigen, authentischen, ehrlichen, offenen und zugewandten Beziehung.
- Hass und Missgunst führen zu Ärger, Konflikten und Krieg.
- Ich habe unendlich viele verschiedene Möglichkeiten Dinge zu sehen, zu tun und Probleme zu lösen.
- Ich bin bereit, Wagnisse einzugehen und mich anzustrengen, um mich persönlich zu entwickeln.

Die Werte, die wir in uns tragen, haben sich nach und nach, über die Beziehungen zu den Menschen in unserem Leben, entwickelt (wie mit uns umgegangen wurde, wie wir begleitet wurden, wer uns geholfen hat, wer uns wie gesehen, gehört und berührt hat etc.). Sie sind die Ergebnisse für die Maxime unseres Lebens. Unsere Werte sind die wahren Schätze unserer Persönlichkeit und die Grundlage für ein rundum erfülltes Leben. Im Zusammenleben mit anderen Menschen im persönlichen und beruflichen Alltag sind sie grundlegend für Beziehungsaufbau und -erhalt und für die Wertevermittlung, die im gemeinsamen Umgang ganz automatisch über die Art und Weise, wie wir selbst mit anderen Menschen umgehen und wie wir über sie denken, stattfindet. Ob wir z. B. offen, herzlich und aufmerksam auf sie zugehen oder dazu neigen, den Kontakt auf das Nötigste zu beschränken und nur wenige Worte zu wechseln.

Im engen Zusammenhang mit den gesellschaftlichen und individuellen Werten haben aber auch die von der Gesellschaft auferlegten **Normen** für die Orientierung im Leben eine grundlegende Bedeutung. „Normen [...] konkretisieren allgemein anerkannte Werte und gewährleisten damit das Funktionieren einer Gruppe (z. B. Familie, Team) oder Organisation (Kindertagesstätte, ...)". (ebd.)
Im Unterschied zu den persönlichen Werten versteht man unter einer Norm ein von der Gesellschaft gewünschtes und erwartetes Verhalten, das im sozialen Umgang mit anderen Menschen vorausgesetzt wird – das Verhalten soll der Norm entsprechen. Normen geben uns somit auch eine Orientierung, entspringen aber eher dem, was üblich, vorschriftsmäßig und normal ist. Sie können sich wandeln und sie können auch einschränkend sein. Unsere Werte hingegen

kommen aus der Tiefe unseres Herzens und entsprechen unseren eigenen Vorstellungen von der Welt.

In diesem Zwiespalt zwischen Werten und Normen spielt sich unser alltägliches Leben ab, sodass wir uns sehr häufig entscheiden müssen zwischen Pflichtbewusstsein und dem, was wir wirklich wollen, was aber nicht der Norm, sondern unseren inneren Werten entspricht.

Während Werte einen allgemeingültigen Charakter haben, sind Normen immer auch mit Erwartungshaltungen verbunden, die nach Möglichkeit eingehalten werden soll(t)en. Je nachdem ob Normen eingehalten werden oder nicht, werden wir entweder positiv (Belohnung) oder negativ (Bestrafung) gemaßregelt. Dementsprechend sind Normen Richtlinien für soziales Verhalten, das einer Kontrolle unterliegt, aber dennoch einen sicheren Rahmen für persönliche Handlungsprozesse schafft, die sich wiederum an den eigenen Werten orientieren.

Es gibt unterschiedliche Arten von Normen:

- statische Normen: Gesetze und Verordnungen, die feststehen und dauerhaft geregelt sind (Kindertagesstättengesetz, Verkehrsregeln etc.)
- relative Normen: Sitten und Gebräuche (Sommerfest zum Ende oder zum Anfang eines Kindergartenjahres, Osterfeuer, eine besondere Form der Begrüßung etc.)
- Idealnormen: festgelegte Idealzustände, die durch bestimmte Verhaltensweisen erreicht werden sollen (Wachstum, Gesundheit, Schönheit etc.)
- funktionale Normen: Regeln in zwischenmenschlichen Beziehungen und im Zusammenleben (Kommunikationsstrukturen, Sitzordnung, Strukturen im Tagesablauf etc.)
- persönliche Normen: Regeln und Ziele, die man persönlich einhalten/erreichen möchte, z.B. keine Süßigkeiten mehr essen, eine bestimmte Fortbildung besuchen, jeden Tag einen Spaziergang machen, Kindern auf Augenhöhe begegnen etc.

Für Kinder sind Werte und Normen als solche aber nicht offensichtlich. Werte können – im Unterschied zu Normen – nicht „anerzogen" werden. Sie können nur durch eine bewusste Werteerziehung in der Familie, in der Kindertagesstätte etc. im Sinne eines Vorlebens im sozialen Zusammenleben mit anderen Menschen angenommen und verinnerlicht werden. Bei jedem Menschen findet sozusagen ein individueller Wertebildungsprozess statt, der sich aus seinen sämtlichen sozialen Lebenserfahrungen speist. Welche Werte ein Kind verinnerlicht hat, können wir dann wiederum nur in den Verhaltensweisen des Kindes im Umgang mit anderen Kindern, Erwachsenen, Gegenständen oder der Natur erkennen. Wenn sich das Kind dann selbst gut, zufrieden und glücklich fühlt, ist die Wahrscheinlichkeit groß, dass es sich weiterhin an diesen Werten orientieren wird.

Genau wie bei den Werten sind auch Normen für Kinder nicht mitteilbar. Um Normen zu erkennen, brauchen Kinder Regeln. Regeln werden von Kindern im direkten Zusammenleben wahrgenommen, erfahren und unmittelbar begriffen. Die Norm wird erst dann deutlich, wenn das Kind auf Widerstand stößt und die Norm, die sich hinter einer Regel verbirgt, erkennt. Dadurch gewinnt es einen Spielraum, der das Streben nach Autonomie freisetzt.
(vgl. Giesecke 2010, S.31)

Praxisbeispiel: Spielen und schaukeln in der Hängematte

Regel: *Nur ein Kind darf/kann in der Hängematte schaukeln.* Norm: *Kinder sollen sich entspannen können.* Wert: *Ruhe erleben*

Am frühen Morgen schaukelt die dreijährige Lilli bereits in der Hängematte. Leni kommt dazu, und sie schaukeln gemeinsam weiter. Obwohl es in der Gruppe die Regel (= Norm!) gibt, dass nur ein Kind in der Hängematte schaukeln kann, greift die Erzieherin nicht ein und lässt die beiden Mädchen schaukeln. Erst als ein drittes Kind auch schaukeln möchte, wird die Situation unruhig. Joschka möchte auch schaukeln und bemerkt, dass nur ein Kind schaukeln darf und dass man sich abwechseln muss. Die Erzieherin beobachtet die Situation, greift aber noch nicht ein. Die beiden Mädchen hören aber nicht auf die Worte des Jungen und schaukeln gemeinsam weiter. Joschka wiederholt sein Bestreben, dieses Mal wird er laut und rüttelt an der Hängematte. Die Mädchen reagieren ärgerlich, rufen „Spielstopp, Ärgerstopp!" Aber auch davon lässt sich Joschka nicht abhalten. Er will in die Hängematte. Die Erzieherin kommt dazu und klärt mit den Kindern die Situation.

Übung: Wertorientierte Klärung der Situation

1. Versetze dich in die Lage der Erzieherin. Finde verschiedene Lösungsmöglichkeiten, sodass die Kinder die Norm (siehe oben), die hinter der Regel liegt, erkennen.
2. Analysiere die unterschiedlichen Lösungsmöglichkeiten. Welche Verhaltensweisen sind den Kindern gegenüber wertschätzend, wertorientiert, achtsam und respektvoll? Welche Mitsprachemöglichkeiten gibt es für die Kinder?
3. Schreibe spontan einige Regeln auf, die dir aus der pädagogischen Arbeit einfallen. Benenne jeweils die Werte und die Normen, die hinter diesen Regeln stehen.

So stehen die eigenen Werte und Normen in Wechselwirkung mit unseren Gedanken, Einstellungen und Verhaltensweisen. Unsere Werte fußen auf den Normen, die wir in unserem Entwicklungsprozess verinnerlicht haben, und Normen wirken wiederum auf der Grundlage unserer Werte.

In der folgenden Tabelle werden Werte benannt, die zu einem erfüllten Leben beitragen. (vgl. Altmann 2010, S. 76 f.) Demgegenüber stehen aber auch immer normative Gedanken- und Glaubenssätze, die uns in verschiedenen Lebenssituationen daran hindern oder daran zweifeln lassen, selbstbewusst eigene Wertvorstellungen zu leben und für unsere Standpunkte einzutreten:

Werte, die im Leben bedeutsam sind:	**Normative Glaubenssätze, die uns einschränken, aber verwandelt werden können:**
Aufrichtigkeit	Du sollst die Wahrheit sagen und ehrlich sein! Du sollst nicht lügen!
Achtsamkeit	Ach, das ist doch nicht so schlimm, du brauchst nicht traurig zu sein. Du sollst aufpassen ... Das ist jetzt nicht so wichtig ...
Vertrauen und Zuverlässigkeit	Ich muss dir vertrauen können, sonst kann ich mich nicht auf dich verlassen. Das kannst du noch nicht ... Wenn du nicht kommst, darfst du kein Fernsehen mehr schauen.
Wertschätzung	Du bist nicht mehr wert als ... Sei jetzt endlich ruhig! Wenn ich das schon höre ...
Liebe	Ein kleiner Klaps auf dem Po hat noch keinem geschadet ... Du sollst dich zusammenreißen! Mach, dass du ins Bett kommst ... Du sollst/musst der Beste sein!
Gerechtigkeit	Die Brötchen sind nur für die Erwachsenen. Ich habe es dir zwar versprochen, aber wir können es ja auch morgen noch machen ...
Zufriedenheit/Frieden	Du sollst die anderen nicht ärgern! Du bist auch mit gar nichts zufrieden! Immer müsst ihr euch streiten!
Gesundheit	Iss nicht so viel Süßes! Putz dir die Zähne! Es wird aufgegessen!
Lebensfreude	Erst die Arbeit und dann das Vergnügen. Das Leben ist kein Ponyhof ...
Mut	Sei vorsichtig! Pass auf!
Dankbarkeit	Wie heißt das Zauberwort? Kannst du nicht danke sagen?

Übung: Bedeutung einzelner Werte im Beziehungsaustausch und wie man sie üben kann.

Beispiel Wertschätzung:

- vorurteilsfrei auf andere zugehen
- Stärken wahrnehmen, nicht auf Schwächen konzentrieren
- jeden zu Wort kommen lassen
- jede Meinung unvoreingenommen hören
- Leistungen und persönliche Entwicklung des anderen anerkennen
- ...

Wie übe ich Wertschätzung?

- Bemühe dich, anderen zuzuhören und ihren Standpunkt zu verstehen.
- Versuche, nicht über die Köpfe der anderen hinweg Entscheidungen durchzudrücken, jede Meinung kann für eine Entscheidung wertvoll sein.
- Achte auf die positiven Seiten an deinen Mitmenschen und versuche, den ganzen Menschen zu sehen. Lass dir den Blick nicht von negativen Gefühlen versperren.
  (vgl. ebd.)

Übung:

Wähle weitere Werte aus der Tabelle oder Werte, die dir persönlich wichtig sind, aus. Bearbeite sie nach dem Muster des Beispiels in schriftlicher Form.

(vgl. auch Altmann 2010, S. 16)

In unserem Leben sind die verinnerlichten Werte und Normen, die sich an vielen verschiedenen sozialen Orten und in vielen verschiedenen Situationen mit unterschiedlichen Menschen entwickelt haben, der Maßstab für unser persönliches Denken, Fühlen und Handeln. Auch im lebendigen Alltag einer pädagogischen Einrichtung sind sie die Ausgangslage für die gelebten Umgangsformen und das gemeinsame Zusammenleben. Kinder lernen und verinnerlichen neben den Werten, die in ihrem Leben von Bestand sind, auch die Bedeutung der Normen, die in ihrem Lebensumfeld Gültigkeit besitzen. So wie wir in der eigenen Kindheit durch unsere Lebenserfahrungen mit anderen Menschen und in unterschiedlich sozialen Kontexten geprägt worden sind, ist es auch für die Kinder heute.

Deshalb ist es für pädagogische Fachkräfte und für Eltern außerordentlich wichtig, sich ein bewusstes Bild vom eigenen Werteverständnis und von den eigenen normativen, ethischen und moralischen Vorstellungen zu machen, diese zu reflektieren und im beruflichen Alltag Konsens über die Werte und Normen zu finden. Dazu gehört auch das Aushandeln, Aufstellen und Variieren von Regeln, die im gemeinsam gestalteten Alltag von Kindern und Erwachsenen eine wesentliche Rolle spielen und die entscheidend zu der Werte- und Normenbildung beitragen. Regeln können an den verschiedenen sozialen Orten des Zusammenlebens (Familie, Kindergarten, Schule, in der Fußball-, Turn-, Tanz oder Feuerwehrgruppe) sehr andersartig sein.

Auch die Menschen an diesen Orten sind anders und haben differente Rollen. Ähnlich ist es dabei auch mit den im Alltag gelebten Ritualen und Traditionen. Wenn man die Rolle der Eltern in der Familie und die Rolle der pädagogischen Fachkräfte im Kindergarten vergleicht, wird man sehr schnell feststellen, dass das Miteinander an beiden Orten sehr voneinander abweicht. So sind es grundsätzlich andere Bedingungen, Werte, Normen und Regeln, die Kinder lernen und voneinander unterscheiden müssen. Dafür braucht jedes Kind seinen eigenen Zeitraum, und oft ist dieser Prozess am Anfang schwer. (vgl. Giesecke 2010, S. 20 ff.)

Vergleich zwischen der Sozialisation in der Familie und im Kindergarten

Familie – Eltern:	**Kindergarten – pädagogische Fachkräfte:**
☐ Die Eltern sind die wichtigsten Menschen für ihr Kind und tragen die Verantwortung (in der Regel zwei Erwachsene und ein Kind + Geschwister). Hier spielen sowohl das soziale Gefüge in der Familie als auch die Biografien der Eltern eine wichtige Rolle. ☐ Sie legen die Struktur und die Bedingungen für das gemeinsame Familienleben fest (Tagesablauf, Werte, Normen, Mahlzeiten, Regeln, Rituale, Religion, Umgangsformen, Kommunikation etc.). ☐ Die Bindung an die Mutter und den Vater (oder andere Bezugspersonen) ist die Basis für das Kind (Urvertrauen oder Urmisstrauen). ☐ Die gelebten Werte, Normen, Regeln, Rituale und Erziehungsmethoden im Familienleben geben dem Kind eine Orientierung für die Entwicklung und den Aufbau basaler Fähigkeiten. ☐ Da jede Familie andere soziale Werte und biografische Hintergründe hat, sind die Erziehungsziele, Werte, Normen, Regeln und Formen des Zusammenlebens in den einzelnen Familien einzigartig. ☐ Die Familie kann für die Kinder ein sicherer Hafen für ein erfülltes, gesundes und zufriedenes Leben sein, aber auch ein Ort sein, an dem Kinder, die Probleme der Familie auf ihr eigenes Leben übertragen.	☐ Die pädagogischen Fachkräfte sind während der Betreuungszeit familienunterstützend für die Kinder verantwortlich (2 päd. Fachkräfte + 25 Kinder). Die Einzigartigkeit jedes Kindes und jeder Familie im sozialen Kontext ist die Ausgangslage für das Zusammenleben im Kindergarten. ☐ Sie haben ein fundiertes pädagogisches Fachwissen und sind für die Persönlichkeitsentwicklung und die Bildungsprozesse des einzelnen Kindes und die Kinder in der Gruppe verantwortlich. Hier spielen die biografischen Hintergründe der pädagogischen Fachkräfte eine bedeutende Rolle. ☐ Sie sind für die Umgangsformen, die Streitkultur und die soziale Verantwortungsbereitschaft der Kinder untereinander zuständig sowie für den Dialog mit einzelnen Kindern und für die Prozesse in der Gruppe. ☐ Die gelebten Werte, Normen, Rituale, Regeln, Umgangsformen und Projektthemen im lebendigen Alltag richten sich nach den Bedürfnissen und Interessen der meisten Kinder, nach den rechtlichen Grundlagen, den Menschenrechten und den Rechten der Kinder. Hier spielt das sozial-emotionale Zusammenleben in der Gruppe, die Erziehung zur Selbstständigkeit und sozialen Verantwortungsübernahme, wie z. B. Empathie, Hilfsbereitschaft und Regelverständnis, eine besonders wichtige Rolle.

Kinder bemerken und erkennen die gelebten Regeln und Werte der verschiedenen Alltagssituationen von ganz allein und lernen sie zu unterscheiden. Obwohl es auch Gemeinsamkeiten gibt, lernen die Kinder, dass im Kindergarten, bei Verabredungen mit anderen Kindern, beim Kinderturnen oder im Fußballverein, später auch in der Schule, ein anderer Wind weht als zu Hause in der Familie. Aus all diesen Lebenserfahrungen machen sich Kinder ihr eigenes Bild und ihre eigenen Vorstellungen von der Welt und entwickeln daraus ein noch unbewusstes Verständnis über Werte und Normen und: „Je mehr sich ein Kind rechtzeitig an unterschiedlichen sozialen Orten zu bewegen lernt, umso souveräner kann es die unterschiedlichen Regeln handhaben. Das könnte man die Kompetenz der unterschiedlichen sozialen Differenzierung nennen." (Giesecke 2005, S. 25)

Dabei brauchen die Kinder Erwachsene, die Entwicklungsschritte aushalten können, ohne einzugreifen. Sie brauchen viel mehr Freiraum zum unbeobachteten Spielen und zum Erfahrungsaustausch mit älteren und jüngeren Kindern: zum Ausprobieren, zum Spielen, zum Verhandeln, für Abenteuer. Sie brauchen Streitereien, in denen sie sowohl Anerkennung als auch Zurückweisung, Macht und Ohnmacht, Glück und Unglück, Freude, Wut, Trauer, Angst sowie Augenblicke der Berührung und des Staunens erleben. Heute entschwinden diese wunderbaren Möglichkeiten zum erlebnisreichen und abenteuerlichen „Kindsein" immer mehr – sowohl durch die Sorgen und Ängste vieler Eltern als auch durch Konsum, Medien, Straßenverkehr, vielfältige Freizeitangebote wie Ballet, Reiten, Schwimmen, Musikschule, Fußball etc. Aber auch durch die voranschreitende Domestizierung sozialer Einrichtungen, in denen die Hygiene- und Sicherheitsvorschriften über einem würdevollen, natürlichen und unbeschwerten Zusammenleben stehen, wodurch die Kindertagesstätten langsam, aber sicher zu Krankenhäusern werden. Was den Kindern dadurch an sozialen, motorischen und lebenspraktischen Lernerfahrungen verloren geht, lässt sich auch nicht durch Pädagogisierung ersetzen. (vgl. ebd., S. 26)

Auch wenn es bei den ganzen Vorgaben, Auflagen, Erwartungen und Wünschen von außen nicht immer leicht ist, sind es die pädagogischen Fachkräfte, die Verantwortung übernehmen müssen, um Kindern einen Erfahrungsraum zu schenken, in dem sie unbekümmert Kind sein können, in dem ihre Bedürfnisse und Interessen gesehen, verstanden und gesättigt werden, Regeln gemeinsam ausgehandelt werden und Werte zum Tragen kommen, die im Leben wirklich zählen. Das bedeutet für die pädagogischen Fachkräfte, dass sie Standfestigkeit, Durchsetzungsvermögen und Zivilcourage entwickeln müssen, um Wege zu finden, einen solchen Ort für Kinder zu schaffen.

Natürlich dürfen in dieser Hinsicht die politischen und gesellschaftlichen Veränderungen und der damit verbundene Wertewandel nicht außer Acht gelassen werden. Auch der sogenannte Werteverlust kommt in nicht zu übersehender Weise in menschlichen Verhaltensweisen und im Sprachgebrauch zum Ausdruck. Die Werte, die in der eigenen Kindheit Bestand hatten, haben sich in der heutigen Zeit eklatant verändert. Das, was früher wichtig war, verliert an Bedeutung. So haben in vielen Lebensbereichen nicht mehr die inneren Werte (wie z. B. Fürsorge und Vertrauen, Verantwortungsbewusstsein, Verlässlichkeit etc.) und Grundbedürfnisse (wie z. B. Ruhe, Zeit, Neugierde etc.) der Menschen Priorität. Heute sind stattdessen von hoher Bedeutung: die kaum zu erfüllenden, zukunfts- und leistungsorientierten Erwartungshaltungen, die vielen verschiedenen Auflagen der unterschiedlichen Ämter und die hohen materiellen Lebensstandards, welche von Politik und Wirtschaft an die Gesellschaft und von Erwachsenen an die Kinder herangetragen werden. Diese modernen Anforderungen haben einen erheblichen Einfluss auf die Bildung von Werten und Normen, welche dadurch nicht mehr zu einem erfüllten Leben beitragen können. Zum Glücklichsein und Wohlfühlen brauchen Kinder viel mehr das Wenige und Einfache und viel weniger die vielen wirtschaftlichen und leistungsorientierten Förderprogramme, die eine spielerische, situationsorientierte, prozesshafte und mit allen Sinnen erfahrbare Entwicklung verhindern.

Dennoch ist es nicht die Schuld der Gesellschaft, wenn es in einer pädagogischen Einrichtung nicht rund läuft. Hier liegt es fast immer an der unreflektierten Haltung und den unangemessenen Fähigkeiten der Personen, die die Verantwortung für die gelebten Werte und für die möglicherweise „zementierten" Regeln in der Einrichtung tragen. Die pädagogischen Fachkräfte selbst sind die Ausgangslage für die Gestaltung des pädagogischen Alltags, für einen freundlichen Umgang, für die Werteerziehung und somit auch für das Klima, das in der Einrichtung überwiegend gelebt wird.

Werteerziehung heißt in diesem Sinne für pädagogische Fachkräfte, die Bereitschaft zu haben, ...

- sich immer wieder mit dem Berufs- und Rollenbild der pädagogischen Fachkraft/Erzieherin auseinanderzusetzen.
- die eigenen Wertvorstellungen und normativen Verhaltensweisen und den Umgang mit Regeln zu reflektieren, zu überprüfen und mit den Kolleginnen und Kollegen auf einen gemeinsamen Nenner zu bringen.
- die gesellschaftlichen Veränderungen und die vielen neuen pädagogischen Ansprüche zu hinterfragen, zu reflektieren, die eigenen Standpunkte zu festigen und zu vertreten.
- sich dennoch motiviert auf Veränderungsprozesse und neue Herausforderungen einzulassen und darauf zu bauen, dass ein wertorientiertes Handeln dabei die Veränderungsprozesse (unter-)stützt.

Übung: Auseinandersetzung mit dem Berufsbild der pädagogischen Fachkraft/Erzieherin

Finde Antworten auf die folgenden drei Fragen, und schreibe sie auf. Versuche, am Ende herauszufinden, welche drei Werte, für dein Leben „wirklich" am Bedeutsamsten sind.

1. Schreibe auf, warum du deinen Beruf, trotz der vielen Widrigkeiten, magst/liebst?
2. Wie wirkt sich das im beruflichen Alltag aus? Welche Werthaltungen erkennst du in deinen Ausführungen zur ersten Frage, und welche sind für dich im pädagogischen Alltag am Bedeutsamsten?
3. Schreibe drei Beispiele zu den Werten auf: Woran erkennt man, dass du sie im Alltag:
   a) mit den Kindern
   b) mit den Eltern;
   c) im Team
   d) mit dem Träger umsetzt? Gibt es bei diesen Personengruppen Unterschiede? Wenn ja, welche Gründe gibt es dafür?

Die pädagogische Fachkraft als Wertevermittlerin

„Man sieht nur mit dem Herzen gut", heißt es in „Der kleine Prinz" von Antoine de Saint-Exupéry. Das Wesentliche kommt aus unserem Herzen, und es wohnt dem Menschen inne – es ist da. Werte sind etwas Gutes und können nicht durch bloßes Wissen darum, dass es sie gibt, vermittelt werden. Selbst wenn wir uns dazu verpflichten würden, z. B. nach dem „Sokratischen Eid" von Hartmut von Hentig (siehe unten) zu arbeiten, heißt es noch nicht, dass es uns auch gelingt und wir im lebendigen Alltag mit den Kindern, den Eltern, den Kolleginnen und Kollegen danach handeln (können). Dazu bedarf es einer intensiven, regelmäßigen und oftmals sehr anstrengenden Selbstreflexion. Was heißt dies im Zusammenhang mit der Grundannahme, dass unser Verhalten entweder nur entwicklungsförderlich oder entwicklungshinderlich sein kann, z. B. bezogen auf die folgende Aussage: „Ich verpflichte mich, die Eigenart eines Kindes zu achten, es ernst zu nehmen und das Gesetz seiner Entwicklung zum Guten auszulegen."

Was hat das alles mit uns selbst zu tun? Wie wurden wir selbst geachtet, als wir Kinder waren? Wurden wir ernst genommen? Und inwieweit waren die Verhaltensweisen von Erwachsenen gut für uns?

Der Sokratische Eid

„Als Lehrer/in und Erzieher/in verpflichte ich mich,

- die Eigenart eines jeden Kindes zu achten und gegen jedermann zu verteidigen;
- für seine körperliche und seelische Unversehrtheit einzustehen;
- auf seine Regungen zu achten, ihm zuzuhören, es ernst zu nehmen;
- zu allem, was ich seiner Person antue, seine Zustimmung zu suchen, wie ich es bei einem Erwachsenen täte;
- das Gesetz seiner Entwicklung, soweit es erkennbar ist, zum Guten auszulegen und dem Kind zu ermöglichen, dieses Gesetz anzunehmen;
- seine Anlagen herauszufordern und zu fördern;
- es zu schützen, wo es schwach ist, ihm bei der Überwindung von Angst und Schuld, Bosheit und Lüge, Zweifel und Misstrauen, Wehleidigkeit und Selbstsucht beizustehen, wo es das braucht;
- seinen Willen nicht zu brechen – auch nicht, wo er unsinnig erscheint; ihm vielmehr dabei zu helfen, seinen Willen in die Herrschaft seiner Vernunft zu nehmen; es also den mündigen Verstandesgebrauch und die Kunst der Verständigung wie des Verstehens zu lehren;
- es bereit zu machen, Verantwortung in der Gemeinschaft und für diese zu übernehmen;
- es die Welt erfahren zu lassen, wie sie ist, ohne es der Welt zu unterwerfen, wie sie ist;
- es erfahren zu lassen, was und wie das gemeinte gute Leben ist;
- ihm eine Vision von der besseren Welt zu geben und Zuversicht, dass sie erreichbar ist;
- es Wahrhaftigkeit zu lehren, nicht die Wahrheit, denn ‚die ist bei Gott allein.'

Damit verpflichte ich mich,

- so gut ich kann, selbst vorzuleben, wie man mit den Schwierigkeiten, den Anfechtungen und Chancen unserer Welt und mit den eigenen begrenzten Gaben, mit der eigenen immer gegebenen Schuld zurechtkommt,

- nach meinen Kräften dafür zu sorgen, dass die kommende Generation eine Welt vorfindet, in der es sich zu leben lohnt und in der die ererbten Lasten und Schwierigkeiten nicht Ideen, Hoffnungen und Kräfte erdrücken; [...]
- Ich bekräftige diese Verpflichtung durch die Bereitschaft, mich jederzeit an den ihr enthaltenen Maßstäben messen zu lassen."

(Aus: Hentig 1993, S. 258 – 259)

Bei der „Vermittlung" von Werten ist die Güte, die in uns steckt, eine wesentliche Voraussetzung und wichtiger als unser Wissen. Werte sind im Zusammenleben wie Mittel, Anregungen oder Anstöße, die uns selbst und andere in ein inneres Gleichgewicht bringen (können). Sie tun uns gut und lassen uns wachsen: wie der Dünger der einer Pflanze eine unglaubliche Stärke gibt, der ihr auf dem Weg des Wachsens eine magische Kraft verleiht, damit sie in der Vielfältigkeit des Lebens aufrecht, strahlend, gesund und aufmerksam bei jeder Wetterlage Standfestigkeit bewahrt. Dies steckte in unserer damaligen Berufsbezeichnung der Kindergärtnerin und des Kindergärtners viel mehr (Kinder nähren) als in der heutigen Bezeichnung einer Erzieherin und eines Erziehers („Kinder erziehen zu ...").

Ein Grundprinzip für eine wertorientierte Bildung, Erziehung und Betreuung im pädagogischen Alltag ist die Persönlichkeit der pädagogischen Fachkraft. Auch das KJHG (Kinder- und Jugendhilfegesetz § 22 Absatz 3) schließt eine wertorientierte Arbeitsweise von pädagogischen Fachkräften ein: *„(3) Der Förderungsauftrag umfasst Erziehung, Bildung und Betreuung des Kindes und bezieht sich auf die soziale, emotionale, körperliche und geistige Entwicklung des Kindes. Er schließt die Vermittlung orientierender Werte und Regeln ein. Die Förderung soll sich am Alter und Entwicklungsstand, den sprachlichen und sonstigen Fähigkeiten, der Lebenssituation sowie den Interessen und Bedürfnissen des einzelnen Kindes orientieren und seine ethnische Herkunft berücksichtigen."*

Damit trägt der Gesetzgeber dazu bei, dass in sozialpädagogischen Einrichtungen, wie Kindertagesstätten, eine Werteerziehung als Orientierung für die Kinder unausweichlich und wichtig ist. Ein Grund mehr, um sich mit der Werteerziehung in der eigenen Biografie auseinanderzusetzen, um im Rahmen des pädagogischen Handelns Bedingungen für Kinder zu schaffen, in denen Werte und Regeln für Kinder ein Anker sind, an dem sie sich orientieren und etwas Gutes für ihre Entwicklung erleben und verinnerlichen können.

Übung: Die eigenen Werte erkennen und reflektieren – Differenzierung zwischen persönlichen und beruflichen Werten

Du brauchst Papier und etwas zum Schreiben. Nimm dir Zeit, die folgenden Fragen nach und nach zu beantworten.

1. Welche Werte sind dir in deinem Leben heute wichtig? Schreibe drei bis sieben Werte auf, die dir am wichtigsten sind, und begründe, warum. Nun schreibe alle Werte auf verschiedenfarbige Karteikarten o. Ä. und lege sie dann in einer hierarchischen Reihenfolge (von 1 bis 3, 4, 5, 6 oder 7) nebeneinander. Links die persönlichen und rechts die beruflichen Werte. Reflektiere anschließend das Ergebnis. Gibt es in der Hierarchie Unterschie-

de? Warum ist es so? Finde Gründe! Am besten im Austausch mit einem dir vertrauten Menschen, sodass deine Gedanken in eine Ordnung kommen können.
(vgl. Franz, M.; München 2010, S. 142)

2. Auf welche Werte und Verhaltensweisen wurde a) in deinem Elternhaus; b) während deiner Kindergartenzeit; c) in der Schulzeit Wert gelegt, und wie wurden sie vermittelt/ vorgelebt? Finde Beispiele.
3. Welche Verhaltensweisen, normativen Erwartungen und Umgangsformen der Eltern, Erzieherinnen, Lehrerinnen haben dir nicht gefallen, was haben sie in dir ausgelöst, und wie bist du damit umgegangen? Erinnerst du dich an Situationen? Welches waren typische Sätze oder Aussagen?
4. Welche Werte, Verhaltensweisen, normativen Erwartungen und Umgangsformen hast du verinnerlicht? Welche zeichnen dich heute in der sozialen Interaktion mit anderen Menschen aus? Welche Umgangsformen sind dir wichtig und welche lehnst du ab?

Wenn einem die eigene Haltung gegenüber Werten und Umgangsformen bewusst wird, kommt man seinen eigenen Standpunkten und Sichtweisen immer näher und weiß, was man möchte und was man nicht (mehr) möchte. Das befähigt uns dazu, unsere eigenen Standpunkte und Sichtweisen im Umgang mit anderen Menschen zu vertreten und zu kommunizieren, warum uns bestimmte Dinge wichtig sind und welche Dinge uns eher belasten oder nicht bedeutsam für uns sind. Man zeigt die Bereitschaft, Verantwortung für seine Standpunkte zu übernehmen und sich dafür einzusetzen.

Aber auch im beruflichen Alltag ist es essenziell, Verantwortung für die Werteerziehung der Kinder im pädagogischen Alltag zu übernehmen, sich selbst als Bildungs- und Werteträger/in zu verstehen und dementsprechend die Selbstbildung als unabdingbare Aufgabe im Wertebildungsprozess zu akzeptieren. Nur wenn wir die Werte, die wir den Kindern beibringen möchten ,auch selbst begreifen und als eigene Ziele verstehen, kann die Werteerziehung erfolgreich sein. (vgl. Krenz 2007b, S. 84)

Ziele für Kinder sollten gleichzeitig Merkmale sein, die der eigenen Identität innewohnen:

- Wer Kindern dabei helfen möchte, mit Wut, Traurigkeit, Ärger und Angst umzugehen, wird es am ehesten können, wenn er selbst in die schwierige Arbeit einsteigt, sich den eigenen Gefühlen zu stellen, sich mit ihnen intensiv auseinanderzusetzen und in die Tiefe der Gefühlswelt einzusteigen.
- Wer bei Kindern eine Wahrnehmungsoffenheit erreichen möchte, wird dies am ehesten schaffen, wenn er selbst die eigenen Blicke schweifen lässt und die Vielfalt der Ereignisse um sich herum sieht und zu verstehen weiß.
- Wer Kindern helfen möchte, ihr Selbstwertgefühl aufzubauen, wird dabei erfolgreicher sein, wenn er selbst ohne Angst auf schwierige Situationen zugeht, sich immer wieder anstrengt, Ziele zu erreichen und mit Stolz auf eigene Erfolge zurückblickt.
- Wer die Aufmerksamkeit und Konzentration von Kindern aufbauen möchte, dem wird dies am besten gelingen, wenn er selbst den ungezählten kleinen Ereignissen um sich herum mit großer Aufmerksamkeit begegnet und die Sinnzusammenhänge ganz unterschiedlicher Situationen und Ereignisse zu begreifen sucht.

- Wer die Kritikfähigkeit von Kindern unterstützen möchte, wird dies sicherlich am besten erreichen, indem er selbst Kritik sucht, sich selbstkritisch betrachtet und Fremdkritik als eine grundsätzliche, persönliche Lernmöglichkeit akzeptiert.
- Wer den sozialen Umgang der Kinder untereinander stärken möchte, wird dies am ehesten können, wenn er seine eigenen sozialen Fähigkeiten einer kritischen Betrachtung unterzieht und seine eigene Sozialkompetenz täglich Stück für Stück ausbaut.

(Aus: Krenz 2007b, S. 96)

Auch die Basis für die Zusammenarbeit mit den Kolleginnen und Kollegen, den Eltern und anderen Menschen, die am Alltagsgeschehen teilhaben, sind wertorientiertes Verhalten und wertorientierte Kommunikation. Diese verbinden die Menschen miteinander, anstatt Unterschiede sichtbar zu machen. Die eigenen Persönlichkeitsmerkmale haben immer Einfluss auf unser berufliches und professionelles Handeln. Gerade deshalb ist es wichtig, sich immer wieder mit seiner eigenen Bildungs- und Erziehungsgeschichte zu befassen und mithilfe von selbstreflexiven Aufgabenstellungen, Fortbildungen und Selbsterfahrungsseminaren die eigenen Kompetenzen zu erweitern, sich von hinderlichen Verhaltensweisen und Denkmustern zu trennen und die eigene Persönlichkeitsentwicklung selbstverantwortlich, kontinuierlich und kritisch zu steuern und gegebenenfalls zu intensivieren. Dazu bieten uns der lebendige Arbeitsalltag in der Einrichtung und die unterschiedlichen Erwartungshaltungen der Kinder und Erwachsenen vielfältige Handlungs- und Entwicklungsmöglichkeiten. Dabei ist es unerlässlich und entscheidend, sich regelmäßig Zeit zu nehmen (am besten jeden Tag) und aufrichtig und ehrlich mit sich selbst und anderen zu sein.

Reflexionsfragen zum Ausklang eines Arbeitstages:

1. Wie war mein heutiger Tag mit den Kindern, den Eltern, den Kolleginnen und Kollegen?
2. Habe ich meine mir gesteckten Tagesziele erreicht? Wenn nicht, warum?
3. Mit welchen Kindern hatte ich Kontakt, was ist mir aufgefallen, und welches waren heute wichtige Themen bei den Kindern?
4. Was hat mich heute beseelt und zufrieden gemacht?
5. Was war anstrengend, hat mich gefordert oder sogar überfordert, und wie bin ich damit umgegangen? Was könnte ich in einer ähnlichen Situation besser machen?
6. Was sind meine Ziele für den morgigen Tag?
7. Mit welchem Gefühl verlasse ich die Einrichtung heute?

Gerade im Hinblick auf die Erweiterung der eigenen Kompetenzen ist es wichtig, sich seiner eigenen wertorientierten oder doch eher normorientierten Verhaltensmerkmale bewusst zu werden und zu hinterfragen, welche davon für einen selbst, für die Kinder, die Eltern, die Kolleginnen und Kollegen entwicklungsförderlich und welche davon entwicklungshinderlich sind. Es ist sinnvoll, sich dabei ganz nah an der Basis – am Kindergartenalltag – zu orientieren, sich wesentliche Erkenntnisse aus der Selbstbeobachtung und der Selbstwahrnehmung, Erkenntnisse über die eigenen Gedanken, Gefühle und Handlungen im sozialen Gefüge der Einrichtung bewusst zu machen, sie miteinander zu verknüpfen und daraus wichtige Zielformulierungen zu den eigenen Werten und Kompetenzen abzuleiten, die eine persönliche Entwicklung in Gang setzen.

Übung: Mein Wertehaus – erkenne deine Werte!

Du brauchst ein großes Papier oder Plakat (mind. A3) und Stifte, mit denen du gerne malst.

1. Male auf das Plakat ein Haus: dein Wertehaus, wie es deiner Fantasie entspringt und in dem du sehr gerne wohnen würdest. Vielleicht hat es auch einen Garten, Garage, Auto, Schuppen etc. ... Alles ist möglich! Lass dir für das Malen, Nachsinnen und Schreiben genügend Zeit. Planungs-, Bau- und Gestaltungsphasen haben beim Hausbau ihre eigene Zeit, wenn am Ende alles gut sein soll.
2. Wenn du damit fertig bist, schreibe auf, aus welchen Werten das Fundament besteht. Welches sind die grundlegenden Werte, auf denen das Haus sich gründet? Auf welchen Grundmauern steht es? Schreib die Grundwerte, die dein Haus standhaft machen, an die tragenden Wände. Was steht auf der Haustür für ein Spruch, Wert oder Satz? Was steht auf den Fenstern der Küche, des Wohnzimmers, des Bads ... der Werkstatt, des Kellers etc. Was auf dem Dach? Gibt es einen Kamin? Einen dampfenden Schornstein? Terrassen? Balkone? Ein Haus hat seine ganz eigene Sprache ...
3. Erzähle einem dir vertrauten Menschen von deinem Haus, seiner Geschichte und den Werten, die darin einen Platz haben, und reflektiere. Was liegt noch im Keller verborgen?
(vgl. Franz 2010, S. 144/145)

„Am Ende ist alles gut. Wenn es nicht gut ist, ist es noch nicht das Ende."

Oscar Wilde

Ausklang:

Auf einer Selbsterfahrungswoche habe ich eine ähnliche Übung („Ein Dorf bauen") in Gruppenarbeit erprobt. Dabei haben zwei Gruppen (je 6 Personen) zusammengearbeitet. Zunächst sollten die zusammenarbeitenden Gruppen einen Platz finden und sich in einem Abstand von ca. 5 bis 10 Metern gegenübersetzen. Die Gruppen hatten die Aufgabe, sich gegenseitig zu beobachten und zu überlegen, wie das Dorf aussehen könnte, das die jeweils andere Gruppe darstellen würde, und welche Häuser einen Platz in dem Dorf bekommen würden. In diesen zwei Dörfern sollte jeder Einzelne von uns symbolisch als Haus dargestellt und gedeutet werden. Jede Kleingruppe überlegte also, was die gegenübersitzenden Menschen symbolisch für Häuser sein könnten und was das Dorf, das entstehen würde, zu bieten hätte. Während der Beobachtung wurde schon gemeinsam überlegt, und so gab es viele verschiedene Ideen, wer was für ein Gebäude sein könnte und warum (reetgedecktes Fachwerkhaus, Tanzschule, Kirche, Kindergarten, Schloss, Bibliothek, Turm u. v. a.). Die Gruppen mussten sich entscheiden, und dann wurde gemalt, und jede Gruppe erstellte auf einem großen Plakat ein Dorf. Es wurde darauf geachtet, wo welches Gebäude seinen Platz im Dorf bekam, damit es sich zu einem stimmigen Gesamtbild zusammenfügen würde. Die Gruppen sollten sich die Plakate noch nicht ansehen. Erst am nächsten Tag wurden die einzelnen Häuser gegenseitig vorgestellt. Alle waren auf unterschiedliche Weise (an-)gespannt und neugierig, als welches Haus sie selbst wohl symbolisiert wurden und welche

Begründungen es dafür geben würde und natürlich auch darauf, wie alle anderen gedeutet wurden. Zunächst wurden die Plakate nur gezeigt, es sollte noch nichts dazu gesagt werden. Nun sah man ein Dorf und wusste immer noch nicht, welches Haus einem selbst zugedacht war. Als ich das Plakat für meine Gruppe sah, war ich sehr überrascht und konnte mich in keinem dieser Häuser erkennen. Es gab ein Fachwerkhaus in der Umbauphase, ein Schloss, mit Rosen umrankt, ein abgelegenes kleines Häuschen im tiefen Wald, ein Fachwerkhaus, in dem sich vieles angesammelt hatte, und einen Kiosk mitten auf dem Marktplatz. Ich brauchte einige Zeit, um mich in einem dieser Häuser zu entdecken und hätte mir vorstellen können, der Kiosk auf dem Marktplatz zu sein: mal etwas ganz anderes machen, den Kontakt zu Menschen haben, mit den Menschen kommunizieren, sie glücklich machen, einen zentralen Ort haben ... Schließlich war ich, in meiner eigenen gedanklichen Zuordnung, die letzte in unserer Gruppe, die noch kein Haus hatte, und es blieb für mich nur der Kiosk. Die Vorstellung, dass ich nicht der Kiosk sein würde, gab es in meinem Kopf gar nicht mehr, und so sprudelte ich vor Freude über, da ich mich mit diesem Bild nun schon angefreundet hatte. Am Ende war der Kiosk dann gar nicht mir zugedacht, sondern einer anderen lieben Frau, die darauf emotional ganz anders reagierte, weil sie etwas ganz anderes damit verband. Mein Haus war das Fachwerkhaus in der Umbauphase, zu dem es für mich eine wunderbare, gut überlegte, aufschlussreiche und absolut stimmige Begründung gab, die ich allerdings erst so richtig verstand und aufnehmen konnte, als sich meine Aufregung im Anschluss an die Gruppenarbeit gelegt hatte. Es war eine intensive, nachhaltige und gute Erfahrung, die noch lange in mir nachgewirkt hat und aus der ich viele Erkenntnisse für mich und mein Leben gewonnen habe. Sie hat mir auch gezeigt, wie Menschen sich schon nach kurzer Zeit der Begegnung und Beobachtung gegenseitig sehr treffend, stimmig und realistisch einschätzen können. In diesem Sinne möchte ich dazu aufmuntern, sich über das eigene Wertehaus mit jemand anderem auszutauschen und/oder sich selbst einmal von jemand anderem (als Haus) malen zu lassen und sich dann darüber auszutauschen. Die Ergebnisse spiegeln einem das eigene Leben auf erstaunlich Art und Weise wider.

Möge in deinem Haus das Gute wohnen.

Kapitel 5:
Das Innere Kind (wieder-)entdecken

„Wenn wir ein Kind vor uns haben,
haben wir es immer mit zwei Kindern zu tun.
Dem Kind, das vor uns steht, und
dem Kind, das man selbst einmal war."

Janusz Korczak

Ausblick

Dieses Kapitel möchte ich mit einem kurzen Ausblick einleiten. Ich habe mir viele Gedanken gemacht und überlegt, wie man diesen Schwerpunkt integriert und sich dabei auf das Wesentliche konzentriert, damit niemand durch die inhaltliche Auseinandersetzung (die auch schmerzvoll sein kann) überrollt wird und/oder sich unter Umständen unwohl fühlt. Jedoch findet Entwicklung immer in einem Spannungsfeld statt, und deswegen ist es notwendig, sich mit bestimmten Fragestellungen auseinanderzusetzen. Das geht nur, wenn man sich auch mit seinen Schattenseiten und den schmerzvollen Bildern der eigenen Biografie beschäftigt. Dabei geht es darum, hinderliche und belastende Muster nicht zu akzeptieren, sondern die eigenen Grenzen des Unwohlseins zu überschreiten. Möge sich jede Leserin und jeder Leser die Zeit nehmen, sich dieser Aufgabe behutsam und in kleinen Schritten zu stellen und sich auf das Wagnis der Selbsterkundung einzulassen. Es ist mir lediglich ein Bedürfnis, zu ermutigen, sich an das Kind, das jeder von uns einmal war, zu erinnern, sich seiner Gefühle und Erfahrungen (wieder) bewusst zu werden, die gerade im beruflichen Alltag im Umgang mit den Kindern mitschwingen und bedeutsam für eine einfühlende Entwicklungsbegleitung der Kinder sind. Wenn wir unsere alten Wunden heilen und unsere einschränkenden, hinderlichen, schmerzvollen und abwertenden Erfahrungen aus der Kindheit hinter uns lassen wollen, ist es bedeutsam, sich mit seinem Inneren Kind zu verbinden, die Verletzungen aus der Kindheitsvergangenheit zu erkennen, wahrzunehmen, uns innerlich aufzuräumen und Frieden, mit dem, was war, zu schließen. Erst wenn wir etwas Altes loslassen, kann etwas Neues kommen und uns mit unseren unerschöpflichen, kreativen und einzigartigen Ressourcen, Talenten und Fähigkeiten in Kontakt bringen. Wer seinen Lebenstraum verwirklichen möchte, sollte da ansetzen, wo er/sie als Kind aufgehört hat zu träumen und zu spielen. Wenn wir darauf hören, was unser eigenes Herz mit Freude erfüllt und dies voller Tatendrang in unser Leben integrieren, können wir uns und andere davon begeistern. Das Leben will gelebt werden, und wie man es lebt, das liegt an jedem Menschen selbst. Dabei ist unser Glück nicht davon abhängig, was wir tun, sondern wie wir etwas tun. Ob wir das, was wir tun, gerne und mit Freude tun oder ob wir es mehr als eine Pflicht ansehen und tun, weil es einer Erwartungshaltung entspricht oder ein notwendiges Übel ist.

„Wenn du ein Schiff bauen willst, dann rufe nicht die Menschen zusammen, um Holz zu sammeln, Aufgaben zu verteilen und die Arbeit einzuteilen, sondern lehre die Sehnsucht nach dem großen weiten Meer."

Antoine de Saint-Exupéry, Die Stadt in der Wüste

Ich möchte dieses Kapitel mit einer Übung beginnen, die uns mit den Träumen, Visionen und dem Sinn des eigenen Lebens verbindet.

Übung: Seinen eigenen Lebenssinn erspüren – Träume und Visionen verwirklichen!

1. Du brauchst Stifte zum Malen und Schreiben und Papier. Die Papiergröße sollte deinen kreativen Vorstellungen entsprechen.
2. Male ein Bild davon, wie und wo du dich selbst in drei Jahren siehst. Welches sind deine Träume, Visionen und Lebensziele? Erinnere dich dabei auch an die Träume und Wünsche aus deiner Kinder- und Jugendzeit. Womit hast du dich viel beschäftigt? Was hast du leidenschaftlich gerne und voller Freude gemacht? Was hat deinem Leben einen Sinn gegeben, und was gibt deinem Leben heute einen Sinn? Welches ist dein größter Traum?
3. Betrachte nun dein Bild und beantworte die folgenden Fragen schriftlich:
   - Welches ist dein größter Traum?
   - Welche Veränderungen werden deutlich (Kindheit, heute, Zukunft)?
   - Was begeistert dich daran?
   - Was bedeutet die Veränderung für dich, und was bedeutet sie für den Partner, die Familie, die Kollegen und Kolleginnen etc.?
   - Was kannst du tun und was brauchst du, um deinen Traum/deine Vision zu verwirklichen?
   - Schreibe auf, welche Ressourcen und Fähigkeiten du dafür hast/brauchst, und überlege, wen du bei der Umsetzung deines Zieles miteinbeziehen kannst.
   - Welchen Sinn leitest du für dein Leben aus dieser Aufgabenstellung ab?
   - Schreibe ein Gedicht über den Sinn deines Lebens. Nimm dir dafür 15 bis 20 Minuten Zeit – es geht!

Eine Kollegin hat während eines Selbsterfahrungsseminares nach intensiver Auseinandersetzung mit sich selbst, das folgende Gedicht geschrieben:

Der Sinn meines Lebens

„Das Wundervollste in meinem Leben war,
mich der Leichtigkeit hinzugeben!
Ich hüpfte von Stein zu Stein
und kletterte in den höchsten Baum,
angenehmer und freier ging es kaum!
Doch irgendetwas geschah in meinem Leben
und hat mich daran gehindert,
mich der Leichtigkeit hinzugeben!
Drum bin ich auf der Suche,
nach dem Sinn in meinem Leben,
um meinem Leben wieder diesen Sinn zu geben!"

Maria S.

Das Innere Kind

Was ist das Innere Kind eigentlich?

Jedem Menschen wohnt (s)ein Inneres Kind inne. Es ist das kleine Mädchen/der kleine Junge, das/der in allem, was wir sind, mitschwingt. In unserem Inneren Kind schlummert die Welt unserer inneren Bilder, Gefühle, Erinnerungen und Erfahrungen, die wir während unserer Kindheit entwickelt und im Gehirn abgespeichert haben. Es steht für unsere instinktive Seite, für die Gefühle, die aus dem Bauch kommen und die in jedem Augenblick unseres Lebens wirken. Je nachdem ob wir das Innere Kind in uns annehmen und lieben oder es ablehnen, zeigt es sich auch im Erwachsenenalter in unserem ganzen Sein.

Das geliebte Innere Kind ist die lebendige Seite in uns und drückt sich besonders durch Persönlichkeitsmerkmale wie Freude, Spontanität, Offenheit, Neugierde, Begeisterungsfähigkeit und Verantwortungsübernahme für das eigene Tun aus.

Das ungeliebte und abgelehnte Innere Kind drückt sich besonders durch Persönlichkeitsmerkmale wie Traurigkeit, Angst, Frustration, Ärger, Neid, Scham etc. aus und zeigt sich in der Suche nach Anerkennung und Bestätigung, durch Abhängigkeit von Personen oder Suchtmitteln oder in stark ausgeprägtem Konsumverhalten.

Wer in seiner Kindheit einen Mangel an Zuwendung und Liebe erlebt hat, kann, durch die eigene, tiefe Auseinandersetzung und die Herstellung einer Verbindung zu seinem Inneren Kind, alte Wunden heilen und nachträglich, durch den Aufbau von grundlegenden Fähigkeiten, seine Wurzeln festigen und damit für mehr Fülle in seinem eigenen Leben sorgen.

Durch das (Wieder-)Entdecken unseres Inneren Kindes wird unser Herz berührt. Da kommt das Ursprüngliche hervor, das jedes Kind mit seiner Geburt mit auf die Welt bekommt: die ganze Natürlichkeit unseres Wesens, unsere Sanftheit, unsere Hingabe, unser Lächeln, unser Schreien, unser Staunen, unsere einmalige und besondere Persönlichkeit, all unsere Talente, unsere Kreativität, unsere Neugierde, unsere Freude, Spontanität und Intuition, eine besondere Empfindsamkeit, die Liebe und Sinnlichkeit, die uns ausmacht, und der Glaube daran, dass alles gut ist.

(vgl. Chopich 2013, S. 12)

Übung: Das Innere Kind in sich entdecken

1. Schreibe drei Persönlichkeitsmerkmale und drei Dinge auf, die für dich als Kind eine große Bedeutung hatten.
2. Überlege: Gibt es sie noch oder nicht? Schreibe auf, welche Rolle diese Merkmale und Dinge heute noch in deinem Leben spielen. Wozu sind sie für dich wichtig?
3. Schreibe ein schönes, dich berührendes Erlebnis aus deiner Kindheit auf. Welches Gefühl löst die Erinnerung an das Erlebnis in dir aus?

Warum ist die (Wieder-)Entdeckung und Annahme des Inneren Kindes für unsere Persönlichkeit entwicklungsförderlich?

- ☐ Weil eine Bewusstheit und ein Empfinden über das Wirken der eigenen Gefühlswelt entsteht.
- ☐ Weil man lernt, Gefühle anzunehmen, sie zuzulassen und somit eine Verarbeitung der eigenen Gefühlswelt geschieht.
- ☐ Weil durch die Verarbeitung der unguten Gefühle alte Wunden und Verletzungen aus der Kindheit geheilt werden können.
- ☐ Weil durch die Verarbeitung der unguten Gefühle, das Gute in uns zum Vorschein kommt und wir unsere eigenen Bedürfnisse, Träume, Ressourcen und Fähigkeiten wiedererkennen und nutzen können.
- ☐ Weil wir durch die (Wieder-)Entdeckung ganz werden und somit besser für uns selbst und für andere sorgen können.
- ☐ Weil wir dadurch immer besser bei uns selbst ankommen und die Verantwortung für die Bereiche unseres Lebens übernehmen können.

(vgl. Missildine 2012, S. 21 – 25)

„Nicht das Auge sieht, nicht das Ohr hört,
nicht die Hand handelt, nicht das Gehirn denkt und lernt,
sondern der ganze Mensch ist es, der jeweils durch das entsprechende Organ
sieht, hört, handelt, denkt, lernt."

Hugo Kükelhaus

Mensch werde, wer du bist. Mensch erkenne dich selbst. Mensch: Sei!

Sich mit dem Inneren Kind verbinden

„Was man als Kind geliebt hat, bleibt im Besitz des Herzens bis ins hohe Alter."

Khalil Gibran

Es sind die Erfahrungen der ersten sieben Lebensjahre, die grundlegend darüber entscheiden, welchen Verlauf unser Leben nimmt, zu welcher einmaligen Persönlichkeit wir heranwachsen, wer wir werden und wer wir heute in diesem gegenwärtigen Augenblick sind. Es sind die inneren Bilder, die Gedanken- und Verhaltensmuster und die Grundstimmungen der frühen Kindheit, die wir in uns tragen, die uns prägen und die heute über unser Denken, Fühlen und Handeln mitbestimmen. Deshalb ist es wichtig, dass wir uns an das Kind, das wir einmal waren, erinnern und eine Verbindung zu ihm aufbauen. Es lebt beständig in uns weiter, und alles, was wir erlebt haben, spielt in unserem Leben eine Rolle. Insbesondere dann, wenn uns etwas in besonderem Maße berührt hat und auf Resonanz gestoßen ist. Das heißt, alles „was mich ‚trifft' – ‚betrifft' mich auch" (Robert Betz)!

Dabei ist die Gegenwart immer auch eine Wiederholung der Vergangenheit. Ein Rückblick auf Vergangenes bewirkt häufig einen Einblick in unser Leben, der uns auf bedeutsame Lebensfragen hinweisen und Veränderungsprozesse in Gang setzen kann. So gibt es immer noch viele Fragen, die in unserem Leben nach einer Antwort suchen. Wenn wir bereit und mutig sind, uns selbst zu reflektieren, wir uns an das eigene Kind in uns erinnern, Brücken zu ihm bauen und es erkennen, entwächst daraus die große Chance, sich von alten hinderlichen Verhaltens- und Gedankenmustern zu verabschieden und sich für Neues zu öffnen.

Das belegen die wissenschaftlichen Erkenntnisse aus der Entwicklungspsychologie, der Bindungsforschung und der Neurobiologie. So beschreibt der Hirnforscher Gerald Hüther unser Gehirn als ein „sozial-emotionales Konstrukt" und meint damit, dass alles, was wir empfinden, wahrnehmen, denken und tun ganz eng mit dem verknüpft ist, was wir seit unserer Kindheit an Bildern, Erlebnissen und Gedanken in unserem Inneren abgespeichert haben und was immer dann aktualisiert wird, wenn wir im Hier und Jetzt bewusst oder unbewusst daran erinnert werden. Dann kommen unsere ganzen Sorgen, Ängste, unsere Traurigkeit und natürlich auch unsere freudvollen und liebevollen Lebenserfahrungen zum Ausdruck. Die erfüllten und unerfüllten Bedürfnisse genauso wie die erwünschten und unerwünschten Gefühle, die uns auf einmal zutiefst berühren und etwas in uns auslösen. (vgl. Hüther 2011)

Dies habe ich während eines Gottesdienstes in der Leeser Kirche gemeinsam mit vielen anderen Menschen erlebt. Es war der erste Gottesdienst der noch jungen und mutigen Pastorin Andrea Schridde in der Leeser Gemeinde. Obwohl es schon einige Jahre her ist, fiel mir dieser Abend ein, als ich nach einem Beispiel dafür gesucht habe, was uns mit unserem Inneren Kind verbindet. Die Pastorin begleitete uns mit einer geführten Traumreise zu den Heiligabenden unserer Kindheit zurück. Sie bat alle Menschen in der Kirche darum, ihre Augen zu schließen. Es war ein sehr berührendes und intensives Erleben: Schon nach wenigen Minuten hörte man die ersten Kirchengäste leise schluchzen, es herrschte eine wundervolle Stille, nur die Worte der Pastorin schwebten durch die ergreifende Atmosphäre der, bis zum letzten Platz belegten, Kirche, und als ich meine Augen wieder öffnete, sah ich meine Tochter, eine Freundin und viele andere Frauen und Männer, die ergriffen waren, und manche rieben auch noch unauffällig einige Tränen aus ihren Augen. So etwas hatte es in der Kirche von Leese bis dahin nicht gegeben. Es war wirklich ein ganz besonderes Erlebnis. Frau Schridde hat mir ihren einfühlsamen Text zur Verfügung gestellt, und ich glaube, dass man auch durch das Lesen oder Vorlesenlassen dieses Textes an Heiligabend, wie er in der eigenen Kindheit war, berührend erinnert wird.

Traumreise: Erinnerung an Heiligabend in der Kindheit

Der Text und die Worte von Andrea Schridde sind die Grundlage für die nun folgende Traumreise, die ich ein bisschen ergänzt und verändert habe. Du kannst sie dir vorlesen lassen und dabei deine Augen schließen und deinen inneren Bildern nachspüren. Wenn du sie für dich lesen möchtest, halte nach jedem Abschnitt inne und lass dich von deinen inneren Bildern berühren.

Eine Reise in deine Weihnachtsvergangenheit

Wie viele Weihnachten hast du schon erlebt? Weißt du noch, was du geschenkt bekommen hast? Wie riecht Weihnachten? Etwa nach Plätzchen oder Kerzen? Welches Bild kommt dir als Erstes in den Sinn, wenn du an die Weihnachten deiner Kindheit denkst?

- Erinnere dich daran, wie Heiligabend für dich als Kind war! Vielleicht taucht vor deinem inneren Auge der Weihnachtsbaum auf oder ein Geschenk, über das die Freude riesig war.
- Vielleicht sind da die Menschen zu sehen, mit denen du viele Heiligabende verbracht hast. Deine Eltern? Geschwister? Großeltern? Verwandte?

- Wer war alles da? Mit wem war es schön? Mit wem war es anstrengend?
- Worüber hast du dich gefreut? Gab es etwas, wovor du Angst hattest? Vielleicht taucht vor deinem inneren Auge auch ein Streit auf. Beispielsweise bei der Auswahl des Tannenbaumschmucks oder weil ein Wunsch nicht erfüllt wurde. Oder weil sich die Eltern gestritten haben.
- Und wonach roch es Heiligabend? Nach Bockwürstchen oder nach Fisch? Nach Gans oder auch nach Pizza oder gab es einfach ganz normal Brot wie sonst abends auch?
- Was waren besonders schöne Rituale? Vielleicht ein Lied, das dir gut gefallen hat? Der Tannenbaum oder das gemeinsame Singen mit den Lichtern des Adventskranzes? Das Krippenspiel in der Kirche? Besondere Geschenke? Oder wurde ein Paket von Verwandten geöffnet? Oder waren es die Erinnerungen an die Helden und Geschichten deiner Kindheit, die das lange Warten bis zur Bescherung überbrückt haben? Pippi Langstrumpf, Michel aus Lönneberga, Tom Sawyer und Huckleberry Finn, Jim Hawkins, Winnetou und Old Shatterhand, Sissi ...?
- Das waren viele Fragen, und vermutlich sind so einige Bilder vor deinem inneren Auge entstanden. Nun komme wieder im Hier und Jetzt an.
- Mit Weihnachten verbinden die meisten Menschen ganz viel, und so haben wir viele Bilder dazu in uns. Bilder von Weihnachten, an denen wir Schönes erlebt haben, aber auch Trauriges.
- Weihnachten, das Fest mit hohen Erwartungen. Da soll geschehen, was wir im Alltag oft nicht schaffen: Alle sollen beisammen sein und Zeit füreinander haben und gut miteinander auskommen. Da soll ein wenig der Frieden sichtbar werden. Der Frieden in uns und im Beisammensein mit anderen Menschen und der Frieden, der uns mit dem Höheren verbindet und uns von unseren Ängsten befreit.
- Schenk dir nun eine kleine Pause, um den Eindrücken, Bildern und Gedanken einen Raum zu geben. Wenn du magst, kannst du deine Gedanken dazu aufschreiben. Wo gab es Erinnerungen, die dich berührt haben? Was war daran schön? Was hat in dir ein Gefühl von Freude, Zugehörigkeit, Trauer oder Ärger etc. ausgelöst?

Weihnachten: das Fest der Liebe und der inneren Einkehr – Liebe, Frieden, Glück! Warum nur an Weihnachten? Warum nicht jeden Tag Liebe, Frieden und Glück in sich selbst finden und mit anderen teilen? Es mag absurd erscheinen, aber es sind oft gerade die kleinen Augenblicke des Lebens, die uns Frieden, Glück und Freude bescheren: ein aufmerksamer Blick, ein Lächeln, eine sanfte Berührung, ein liebevolles Wort, ein freundlicher Satz, eine warme Stimme, eine herzliche Geste, ein Spaziergang zu zweit, ein Sonnenaufgang etc. All diese Dinge verändern etwas in uns Menschen, sie vertreiben Ärger, Wut und Angst. Sie machen uns weicher, einfühlsamer, umgänglicher und zufriedener im Umgang mit uns selbst und mit anderen. Wenn wir uns darauf besinnen, haben wir jeden Tag (nicht nur an Weihnachten) die Chance, Zufriedenheit und Frieden in uns selbst und in der Begegnung mit anderen Menschen zu finden.

Mögen wir den Frieden (ein Stück weit) jeden Tag in uns selbst finden und daraus eine innere Stärke entwickeln, die uns die Kraft und den Mut gibt, Kindern das zu geben, was sie brauchen, damit sie sich gesund entwickeln können: Zeit, Zuverlässigkeit und Liebe. Mit der Traumreise hat man die Möglichkeit, sich an das Kind, das man einmal war, zu erinnern, durch ein Bild, die Erinnerung an ein Gesicht, eine Stimme, einen Geruch, ein Geräusch etc. Da entsteht eine Verbindung zum Inneren Kind, die etwas Gutes oder etwas Ungutes auslöst, das man im selben Moment spüren kann. Die Verbindung mit dem Inneren Kind ist also da, und man kann sie fühlen. So ist es auch in unserem gelebten Alltag im Umgang mit Menschen und Ereignissen: in der Familie, mit Freunden und Freundinnen, mit Kolleginnen und Kollegen und mit Kindern. Je nachdem ob und welche Wurzeln (basalen Fähigkeiten) wir als Kind mitbekommen haben, wirkt unser Inneres Kind in uns weiter.

Ja, schon als Kind brauchen wir Wurzeln und einen festen Boden unter den Füßen, damit wir eine Grundsicherheit entwickeln können, die uns nachhaltig in ein freies und selbstbestimmtes Leben führen kann. So kommt dem Aufbau von gesunden und stabilen Wurzeln in der frühen Kindheit eine ganz besondere Bedeutung zu. Stabile und standfeste Wurzeln sind das höchste Gut, das wir besitzen können. Sie sind unerlässlich für ein zufriedenes, gesundes und glückliches Leben. Menschen, die in ihrer Kindheit feste Wurzeln entwickeln konnten/können, sind meistens glücklich, gesund und zufrieden, und sie schaffen es leichter, anstrengende Aufgaben und belastende, schwere Lebenskrisen (z. B. den Verlust von nahen Angehörigen, schwere Erkrankungen) zu überwinden und zu ihrem inneren Gleichgewicht zurückzufinden.

Dies sind Menschen, die in ihrer gesamten Persönlichkeitsstruktur gefestigt sind, die eine gute Verbindung zu sich selbst und dementsprechend auch zu dem Kind, das sie einmal waren, aufbauen konnten. Es sind Menschen, die so in und mit sich im Reinen sind, dass sie viele Dinge aus Kindheitstagen geklärt haben und kaum Aktualisierungstendenzen zeigen. Menschen, die sich selbst mögen und sich selbst zum Freund oder zur Freundin machen und die mit sich selbst, mit anderen Menschen und ihrer Umwelt im Einklang stehen. Es sind Menschen, die ein gut ausgeprägtes Selbstwertgefühl haben, die neugierig, verlässlich und lebensbejahend sind, die viele ihrer Lebensfragen geklärt haben, die gut für sich selbst und für andere sorgen können und die Verantwortung für ihr eigenes Leben und das ihrer Mitmenschen übernehmen können. Es sind Menschen, die wissen, warum sie auf der Welt sind, und den Sinn und die Bedeutung ihres Lebens kennen und die ihre eigenen Lebensziele und Herzenswünsche verfolgen und in ihrem eigenen Tempo mit Beharrlichkeit umsetzen.

Genau diese Lebensbalance können wir erreichen und festigen, wenn wir zu dem Kind, das wir einmal waren, eine liebevolle Verbindung schaffen. Jeder Mensch trägt einen Erwachsenen und ein Kind in sich. Nur wenn beide Teile in Kontakt stehen, haben wir ein Gefühl von Ganzheit. (vgl. Chopich 2013, S. 19)

So ist es in jeder Phase unseres Lebens bedeutsam, ob wir das Kind in uns annehmen, einfühlsam ihm gegenüber sind und es lieben oder ob wir es kritisch betrachten, zweifeln, es kleinmachen und vernachlässigen. Nur ein kleiner Moment reicht aus, um mit einer Erfahrung, einem Bild oder einem Gefühl aus der Kindheit in Kontakt zu kommen. Es kann uns in ein altes Verhaltensmuster hineinfallen lassen, das uns aus dem Gleichgewicht wirft und uns der Situation entsprechend in diesem (alten) Muster reagieren lässt. Deshalb ist es vorteilhaft und förderlich, diese Muster und Situationen zu (er-)kennen, um bewusst und angemessen mit unseren beiden Persönlichkeitsaspekten reagieren zu können.

Diese Momente kennen wir wahrscheinlich alle: Wenn uns z. B. etwas wie ein Schlag trifft, uns etwas ergreift, uns beglückt, berührt, bedrückt, ärgert, wütend macht, beschämt, verletzt, beängstigt, nachdenklich und traurig macht etc., dann steigt plötzlich ein Gefühl in uns auf, von dem wir oft nicht wissen, wo es herkommt. Es wird etwas aktualisiert, was wir bereits kennen, aber verdrängt oder vergessen haben, weil es keine guten Erinnerungen daran gibt. Dann wenden wir uns den Überlebensstrategien aus Kindheitstagen zu: manche passen sich an, sind lieb und brav, manche rebellieren und schreien laut oder ziehen sich zurück, verstecken oder verweigern sich, manche reden sich auch um Kopf und Kragen und lenken von dem Eigentlichen ab, manche schmollen, weinen, geben anderen die Schuld, machen sich über andere lustig, sind unzufrieden, unsicher und blockiert. In solchen Situationen reagieren wir unkontrolliert aus einem unguten Gefühl heraus, und das führt in der Regel zu keinem guten Ergebnis. Deshalb ist es ja so bedeutsam, sich damit auseinanderzusetzen, was für ein Kind wir früher waren, damit wir im Alltag mit Kindern, Eltern und den Kollegen und Kolleginnen sachlich, ruhig, lösungsorientiert und angemessen reagieren können und nicht von dem einst dagewesenen Gefühl bestimmt werden. Mit der folgenden Übung ist es möglich, sich mit dem Kind, das wir einmal waren, wieder vertraut zu machen.

Übung 2: Brief an das Innere Kind

Lass die Gedanken und Aufzeichnungen auf dich wirken (die Zeit bestimmst du selbst) und schreibe anschließend einen Brief an das Kind, das du einmal warst. Schreibe, wie du es selbst erlebt hast und welches deine Wünsche sind.

(vgl. Chopich, E., und Paul, M., Berlin 2013, S. 20)

Beispielbrief:

Hallo kleine ...,

ich freue mich, nach so vielen Jahren einen Brief an dich zu schreiben. Es ist schön, dass es dich gibt und wir miteinander verbunden sind. Ich weiß und spüre, dass du dich zurzeit mit einem Erlebnis auseinandersetzt, das du hattest, als du drei Jahre alt warst. Du warst ca. zwei Wochen im Krankenhaus, und deine Eltern durften dich nicht besuchen. Sie waren zwar oft da, aber du konntest sie nicht sehen, weil sie nur durch ein Fenster zu dir hereinschauen durften. Du hattest in dieser Zeit große Angst, dass deine Eltern nicht mehr wiederkommen. Obwohl dort auch andere Kinder ganz allein waren, hast du dich sehr einsam gefühlt, warst traurig, und das hat einen Schmerz in dir ausgelöst, der tief unter die Haut ging – so als würde sich ein Hund in deinem Arm festbeißen. Ich kenne diesen Schmerz selbst auch, er kommt immer dann, wenn ich von lieben Menschen für längere Zeit oder für immer Abschied nehmen muss. Diese Trennung löst dann den gleichen Schmerz aus, den du gefühlt hast, als du gerade mal drei Jahre alt warst. Du warst damals sehr tapfer und hast alles gut gemacht. Du hast mit den anderen Kindern gespielt und dich gefreut, wenn die Erwachsenen dich versorgt haben. Sicher gab es eine sehr liebe Krankenschwester, die dich gut versorgt hat. Als deine Eltern dich wieder abgeholt haben, hast du vor Freude geweint und warst sehr froh. Du sollst wissen, dass ich von nun an gut auf dich aufpasse, bei dir bin, wenn du mich brauchst, und dir helfe, diese alte Wunde zu heilen ...

Bilder und Vorstellungen über das Kind(sein)

„Jedes Kind kommt auf die Welt, um zu wachsen, sich zu entfalten, zu leben, zu lieben und seine Bedürfnisse und seine Gefühle zu seinem Schutze zu artikulieren."

Alice Miller

Im pädagogischen Alltag zeigen sich unsere eigenen Persönlichkeitsaspekte in vielen Situationen in all unseren Ausdrucksweisen, in unseren Handlungen und Taten genauso wie in unserer Mimik, Gestik und Körperhaltung. Auch wie wir mit Kindern sprechen, sie annehmen, uns ihnen zuwenden, ihnen zuhören und mit welchem Bild vom Kind wir uns ihnen gegenüber öffnen und sie verstehen (wollen), ist ein Ausdruck unserer inneren Einstellungen und Betrachtungsweisen. Dabei schwingen die Erfahrungen und Eindrücke, die wir selbst als Kind mit unseren Bezugspersonen verinnerlicht haben, wirksam und lebendig mit. Es entwickeln sich Bilder und Vorstellungen über das Kind(sein). Unser Bild vom Kind ist es, das die Beziehung und den Umgang mit Kindern prägt. Dabei sind die Kinder wie Seismografen, die unsere Schwingungen, Gefühlslagen und unsere Befindlichkeiten erkennen, wahrnehmen und dementsprechend mit uns in Kontakt treten und uns widerspiegeln.

„Es ist das Bild vom Kind, das unseren Umgang mit ihm prägt," hat Anna Tardos aus dem Pikler-Institut in Budapest immer wieder betont. Und es macht einen gravierenden Unterschied, ob wir in einem Säugling bei seiner Geburt einen Menschen sehen, den wir als verständig und empfindsam betrachten, oder ob wir ihn als noch nicht fertigen Menschen ansehen. Dementsprechend werden wir ihn auch behandeln."

(Pichler-Bogner in Textor)

Übung: Meine Einstellung und Haltung zu Kindern

Du brauchst Papier und etwas zu schreiben. Vervollständige die folgenden Satzanfänge.

1. Kinder sind ...
2. Kinder wollen und brauchen ...
3. Im Zusammenleben mit Kindern ist es wichtig, ...

Jedes Kind, das auf die Welt kommt, ist wertvoll, einzigartig und will wachsen und sich in seinem eigenen Rhythmus und seiner eigenen Individualität entwickeln. Dabei ist es von seinen Bezugspersonen abhängig. Es sendet Signale aus, und je nachdem wie die ausgesendeten Signale wahrgenommen und die Bedürfnisse des Kindes erkannt und gesättigt werden, wird es sich förderlich oder hinderlich entwickeln.

Mit dem Persönlichkeitsaspekt, wachsen zu wollen, kommen alle Menschenkinder auf die Welt. Andere Persönlichkeitsaspekte im sozial-emotionalen, kognitiven, sprachlichen, motorischen und kreativen Bereich werden erst während der Entwicklung ausgebildet. Dabei hat jedes Kind/jeder Mensch seine eigenen einzigartigen Fähigkeiten, Ressourcen, Stärken und Besonderheiten angelegt, die sich im Laufe seines Lebens entwickeln und auf- bzw. ausbauen (können). Sie können aber auch verkümmern. Verletzende, moralisierende und angstmachende Erfahrungen (Gewalt, Ohnmacht, Ablehnung etc.) tragen dazu bei, Selbstschutzmethoden zu entwickeln, die eine gesunde Weiterentwicklung blockieren und dementsprechend den Entwicklungsprozess behindern.

Dabei prägen uns die Erfahrungen der ersten sieben Lebensjahre am wesentlichsten. Besonders bedeutsam für die Entwicklung unserer inneren Persönlichkeitsmuster sind die Bindungserfahrungen, die wir in unserem ersten Lebensjahr machen. Wenn wir als Kind eine sichere Bindung erlebt haben auf der Basis von Zuwendung und Geborgenheit und wir Eltern und/oder andere Bindungspartner erleben konnten, die mit Feingefühl verlässlich und vorhersehbar für uns da waren, haben wir für den anstrengenden, Kraft kostenden Weg der Entwicklung eine gute Lebensgrundlage bekommen. Es kann ein Urvertrauen aufgebaut werden, das uns nachhaltig und entwicklungsförderlich durch unser Leben trägt und sich positiv auf unsere inneren Haltungen und Einstellungen und im Umgang mit anderen Menschen auswirkt.

Wenn unsere Bindungserfahrungen als Kind von Unsicherheit geprägt sind und die kindlichen Bedürfnisse nach Nähe, Geborgenheit, Liebe, Vertrauen, Pflege, Nahrung etc. nicht gestillt werden, entwickeln sich Bedrohtheitsgefühle und Ängste. Es entsteht das Gefühl, der Welt hilflos ausgeliefert zu sein, und die Gefahr der Entwicklung eines Urmisstrauens ist groß. Bei Vernachlässigung der kindlichen Bedürfnisse zeigen Kinder ihre Verletzlichkeit durch ganz unterschiedliche Gefühlslagen und Ausdrucksweisen (insbesondere bei Trennungserlebnissen): Sie sind unsicher, weinen, laufen zur Tür, hauen, schreien und lassen sich kaum beruhigen, fühlen sich einsam, sind verschlossen, sind laut und distanzlos, verletzen sich häufig, drehen sich im Kreis, schaukeln und machen andere stereotype Bewegungen, sie sind erwachsenenorientiert und können sich nicht auf das Spielen konzentrieren oder sie spielen viel alleine und/oder können sich nicht von ihren Bindungspersonen lösen etc. Eine unsichere Bindung trägt zum Aufbau von entwicklungshinderlichen Verhaltensmerkmalen (Respektlosigkeit, Aggressionen, Unfreundlichkeit, Besserwisserei etc.) und negativen Gedankenmustern (ständiges zweifeln, ob man etwas richtig oder falsch gemacht hat, ob man gut genug ist, ob man perfekt sein muss und keine Fehler machen darf etc.) bei. Es entstehen belastende Persönlichkeitsmuster, die unsere Entwicklung behindern und Krankheiten auslösen können.

In dieser Entwicklungsspirale des Lebens gibt es keine Grauzone zwischen Urvertrauen und Urmisstrauen, und auch die Erfahrungen im weiteren Lebensprozess haben Einfluss auf unsere Persönlichkeitsentwicklung und auf unsere Lebenshaltungen und Lebenseinstellungen im Erwachsenenalter. So können unsere frühen Bindungserfahrungen mit unserer späteren Beziehungsfähigkeit in Verbindung gebracht werden. Wer als Kind eine sichere, verlässliche und vertrauensvolle Bindung genossen hat, wird sich auch im späteren Leben – aufgrund seiner Erfahrungen in der frühen Kindheit – leichter auf Beziehungen mit anderen Menschen einlassen können. Man sieht im anderen Menschen das Gute und in der Beziehung zu ihm eine Quelle des Glücks, der Anerkennung und der liebevollen Zuwendung. (vgl. Stück 2011, S. 11)

Somit liegt in unseren ersten Bindungserfahrungen eine grundlegende Bedeutung. Sie geben uns entweder ein Gefühl der Sicherheit oder ein Gefühl der Ängstlichkeit und Vorsicht als ersten Eindruck von der Welt und für die eigene Entwicklung mit.

Die seelischen Erfahrungen aus der Vergangenheit und aus der Gegenwart wirken ständig auf unsere sozialen Kontakte ein. Selbst auf die eigenen Kinder wirken unsere frühen Bindungserfahrungen ein. Wer selbst keine sichere Bindung erlebt hat, kann häufig auch keine sichere Bindung bei den eigenen Kindern aufbauen. Doch man kann auch im Erwachsenenalter ein bestehendes Urmisstrauen durch das Aufarbeiten und Reflektieren der eigenen Kindheit bewusst machen und hinderliche Verhaltensmuster, wie Selbstschutzfaktoren, erkennen und verwandeln. Dennoch ist es in hoch emotionalen Situationen äußerst schwer, nicht wieder in das alte Misstrauensmuster zurückzufallen. Das kann passieren, aber wenn wir eine Bewusstheit über diese Muster entwickelt haben, fällt es uns nicht mehr so schwer, unser eigenes Verhalten zu reflektieren, Gefühlsausbrüche zu kontrollieren und uns ggf. für unangemessene Verhaltensweisen zu entschuldigen.

Hier kommen wir wieder zurück zum Bild vom Kind. Zu dem Bild, das wir von unserem eigenen Inneren Kind haben, und zu den Kindern, die uns im privaten und beruflichen Alltag mit ihren ganzen Ausdrucksweisen begegnen. Auch hier spielen die Erfahrungen der eigenen erlebten Kindheit neben den Erfahrungen der weiteren Persönlichkeitsentwicklung eine bedeutsame Rolle, welche Einstellung und Haltung wir gegenüber Kindern haben.

Wie wir über Kinder denken, wie wir mit Kindern umgehen und sie behandeln, wie verlässlich und gelassen wir sind und ob wir im Umgang mit Kindern in den verschiedenen Alltagssituationen ruhig und entspannt agieren können – diese Aspekte zu bedenken kann uns Aufschluss darüber geben, welches Bild vom Kind in uns selbst steckt. Die nachfolgende Übung schafft eine Bewusstheit über die eigene innere Haltung, Einstellung und die Gedanken, die unseren Umgang mit Kindern bestimmen. Es ist wichtig, sich mit sich selbst auseinanderzusetzen, sich über die eigenen inneren Einstellungen und eventuellen Vorurteile, Ängste, Hoffnungen, Erwartungen Klarheit zu verschaffen.

Übung: Mein Bild vom Kind

Stelle dir vor deinem inneren Auge ein Kind vor, das du begleitest/begleitet hast. Vielleicht kannst du sogar eine Fotografie von diesem Kind zur Hand nehmen, das macht die Übung einfacher. Achte auf verschiedene Merkmale: Gesichtsausdruck, Körperhaltung, häufige Gefühlslage, Sprache, Essverhalten, Kleidung, häusliche Umgebung etc.

Beantworte nun die folgenden Fragen:

- ☐ Welche Gefühle und welche Erinnerungen löst dieses Kind bei mir aus?
- ☐ Welchen Eindruck vermittelt es mir?
- ☐ Ist es mir sympathisch und warum?

- Kenne ich Kinder, die diesem Kind ähnlich sind? Ist es dem Kind, das ich einmal selbst war, ähnlich? Wenn ja, welche Gemeinsamkeiten gibt es?
- Welche Kinder fallen mir ein, die ganz anders sind?
- Welche Kinder finde ich persönlich interessant?
- Werde dir deiner Eindrücke bewusst. Schreibe auf, welche Merkmale und Persönlichkeitsaspekte dir für das Bild, das du von diesem Kind hast, wichtig sind.
- Du kannst die Übung wiederholen. Wähle Kinder mit anderen Persönlichkeitsmerkmalen aus und ziehe daraus Schlussfolgerungen mit dem Blick auf dein Bild vom Kind.

(vgl. Bertelsmann, Gütersloh, 2008, Grundmodul S. 16)

Das Bild vom Kind hat sich im Laufe der Geschichte der Pädagogik immer wieder sehr stark verändert. Auch in der heutigen Zeit gibt es gravierend unterschiedliche Haltungen bei der Frage, wie der pädagogische Umgang mit den Kindern sein sollte. Dazu fallen mir Begriffe wie Förderung, Erziehung, Schutz, Leistung, Vernunft, Perfektionismus bis hin zum Förderwahn ein. Obwohl aus der Entwicklungspsychologie, der Hirn- und Bindungsforschung bekannt ist, dass Kinder mit allen Sinnen, im Spiel, über Bewegung und intrinsisch motiviert lernen, was ihnen wichtig ist, gibt es in vielen Kindertageseinrichtungen bereits ein Programm, das dem Unterricht in Schulen gleicht und mit „Kind sein dürfen" nicht mehr viel zu tun hat. Und doch gibt es im Strom der unterschiedlichen pädagogischen Ansätze beständige, bewährte und am Kind orientierte Leitbilder, die das Gute im Menschen sehen und bei denen das Kind mit seiner gesamten Persönlichkeitsentwicklung und mit seinen Bedürfnissen und Interessen im Mittelpunkt steht, so wie es auch der Bildungs-, Betreuungs- und Erziehungsauftrag vorsieht. Ebenso sind die Bedürfnisse und Rechte der Kinder bezogen auf ihre persönliche Entwicklung in der UN-Kinderrechtskonvention fest verankert. Deshalb ist es eine unabdingbare Notwendigkeit, dass alle Menschen, die Kinder auf dem anstrengenden Weg ihrer emotionalen, sozialen, kognitiven und motorischen Entwicklung partnerschaftlich und kompetent begleiten wollen, sich darüber im klaren sind, welches Bild vom Kind die Ausgangslage für das eigene Verhalten und die eigenen Einstellungen gegenüber Kindern ist.

In diesem Sinne ist es für eine gesunde, lebendige, offenherzige und förderliche Entwicklung von Kindern entscheidend, dass wir *unser Bild vom Kind* unter Berücksichtigung der unten aufgeführten Kernsätze, die einem humanistischen Menschenbild entspringen, kontinuierlich reflektieren. Erst dann können wir verhindern, dass wir unsere selbst erlernten entwicklungshemmenden Erziehungsmuster aus der eigenen Kindheit nicht auf die uns anvertrauten Kinder übertragen.

Die im nachfolgenden aufgeführten Kernsätze zum Bild vom Kind entsprechen einer wertschätzenden, achtsamen und am Kind orientierten Pädagogik. Sie sind die Grundlage für ein vertrautes und entwicklungsförderliches Zusammenleben im Alltag mit Kindern.

- Das Kind ist bereits ein vollwertiger Mensch.
- Das Kind ist einzigartig und eine eigenständige Persönlichkeit.
- Das Kind ist von Geburt an mit wertvollen Fähigkeiten, Ressourcen, Talenten und Begabungen ausgestattet.

- Das Kind ist mit seinen Bedürfnissen und Interessen der Mittelpunkt seiner alltäglichen Erfahrungswelt.
- Das Kind ist selbstbestimmt und bildet sich aus sich selbst heraus.
- Das Kind hat seelische Grundbedürfnisse, und die Sättigung dieser Bedürfnisse ist eine Grundbedingung für eine gesunde Entwicklung.
- Das Kind entwickelt sich aus der Sicherheit in die Freiheit.
- Das Kind entwickelt sich durch stabile, verlässliche und authentische Bindungspartnerinnen und Bindungspartner.
- Das Kind entwickelt sich im respektvollen und achtsamen Dialog.
- Das Kind entwickelt sich, wenn es Liebe, Zuwendung und Zeit bekommt.
- Das Kind will liebevoll behandelt werden.
- Das Kind will sich bewegen und sich entfalten.
- Das Kind will spielen.
- Das Kind will seine Gefühle zeigen und artikulieren.
- Das Kind will neugierig und lebendig sein.
- Das Kind will bedingungslos geliebt und angenommen werden.
- Das Kind will gesehen, gehört und berührt werden.
- Das Kind will Kind sein können und dürfen.
- Das Kind will wachsen und sich entwickeln.
- Das Kind will seine Welt entdecken, erforschen und gestalten.
- Das Kind will sich als bedeutsam erleben.
- Das Kind will Geheimnisse haben.
- Das Kind will partizipieren: mitentscheiden und mitbestimmen.

Um Kinder zu verstehen, müssen wir uns selbst, unsere durch das Kind provozierten Reaktionen und vor allem das gezeigte Verhalten des Kindes verstehen und uns fragen, welchen Zweck ihr Verhalten und ihre Ausdrucksweisen erfüllen. Das Signal, das ein Kind aussendet, was es von sich zeigt, hat immer einen Hintergrund. Wenn Kinder Auffälligkeiten zeigen, erfüllen diese einen Zweck. Deshalb ist es wichtig zu erkennen, welchen Zweck ein Kind mit einem bestimmten Verhalten verfolgt. Es geht darum, zu überlegen, wie man das Interesse eines Kindes weckt und wie man es mit Kontinuität und Beharrlichkeit in der Entwicklung unterstützt. Es geht darum, angemessene Alltagserlebnisse zu schaffen, in denen die Bedürfnisse des Kindes Befriedigung finden. Und es geht darum, welche partnerschaftliche, entwicklungsförderliche Begleitung und Fürsorge das Kind braucht, um entsprechende Fähigkeiten aufbauen zu können, die ihm den nächsten Entwicklungsschritt ermöglichen. Mit Bestrafung, Druck und Mitleid helfen wir einem Kind in keiner Situation.

„Niemals Gewalt" war der Titel von Astrid Lindgrens Dankesrede, als ihr 1978 der Friedenspreis des Deutschen Buchhandels verliehen wurde. Dies ist auch das grundlegende Erziehungsgebot, wenn wir Kindern die freie Entwicklung und Entfaltung und ihr Selbstwirksamwerden ermöglichen wollen. (vgl. Krenz 2012, S. 46)

Das Innere Kind (wieder-)entdecken

Es braucht eine Menge Mut, Selbstvertrauen, Motivation, Neugierde, Zeit, Durchhaltevermögen, Belastbarkeit und Freude an der Kommunikation mit sich selbst, um das eigene Innere Kind (wieder) zu entdecken. Das ist die härteste und aufwendigste Arbeit im Rahmen der eigenen Entwicklung. Dabei handelt es sich um das Erkennen unserer in Vergessenheit geratenen, verborgenen Persönlichkeitsanteile. Sie können aus der Dunkelheit wieder ans Licht gebracht werden. Alles, was wir brauchen, steckt ja schon in uns, und die Annahme des Inneren Kindes ist eine Chance, das Ursprüngliche, Leichte und Gute in uns wiederzufinden, das wir zum Teil durch schmerzvolle Erfahrungen während unserer Entwicklung in die Dunkelheit katapultiert haben. Dafür gab es Gründe, und gerade in der frühen Kindheit ist jeder Mensch verletzlich und ungeschützt, wenn Gewalt, Kritik und Macht walten. Wenn Kummer und Schmerz uns jedoch ständig begleiten und hemmen, ist es ratsam (und im Sinne einer humanistisch geprägten sowie professionell verantwortlichen Pädagogik), etwas dagegen zu tun. Das Integrieren unseres kindlichen Anteils wird es uns ermöglichen, unsere Verletzungen aus Kindheitstagen fühlend anzunehmen, zu verarbeiten und zu bewältigen, sodass sie uns im lebendigen Alltag nicht mehr belasten. Das macht den Weg frei für ein selbstbestimmtes, gesundes und offenherziges Leben mit Freude und Begeisterung und dem Glauben daran, dass wir das Gute in uns selbst und in anderen Menschen finden.

Zu diesem thematischen Schwerpunkt gibt es eine Vielfalt guter Fachliteratur, und außerdem ist auch die Teilnahme an Selbsterfahrungsseminaren hilfreich, wenn man sich auf das große Abenteuer, sich selbst jeden Tag ein bisschen besser kennenzulernen, einlassen möchte. Aus eigener Erfahrung weiß ich, dass uns die Verbundenheit mit unserem Inneren Kind gesund werden lässt und dass sie zu mehr Lebensfreude, Zufriedenheit und Standfestigkeit führt. Dass sich die Sorgen unseres Lebens verringern, dass die Bereitschaft größer wird, das eigene Leben selbst zu steuern, dass man die Grenzen, Probleme und Ängste von anderen hinter sich lassen kann und durch eine immer größer werdende innere Freiheit die eigene Schöpferkraft zum Ausgangspunkt seines Lebens werden lässt. Nimm das Gute in dir an, sei offen und achtsam für das Kind in dir, habe Vertrauen in das Leben und folge dem Weg deines Herzens.

Ausklang:

In „Morgen kommt ein neuer Himmel" von Lori Nelson Spielman wird eine Geschichte von einem alten Mann erzählt. Auf der Suche nach dem Glück wandert der Mann durch die ganze Welt und fragt die Menschen, die er trifft, ob sie ihm das Geheimnis eines glücklichen Lebens verraten können. Nachdem er lange erfolglos umhergewandert ist, trifft er eines Tages einen weisen Mönch, der bereit ist, ihm eine Antwort auf seine Frage zu geben: „Tue nichts Schlechtes, tue immer Gutes."
Der Mann ist fassungslos. „Aber das ist doch zu einfach, das wusste ich schon mit drei Jahren!" „Ja", sagte der Mönch, „mit drei Jahren, wissen wir das alle. Aber mit achtzig haben wir es vergessen." (vgl. Spielman 2014, S. 170)

In diesem Sinne sind es die guten Taten und Sichtweisen, die uns glücklich und zufrieden machen:

- Eine gute Einstellung zum Leben; die Fähigkeit, Begegnungen und Erlebnisse zu schätzen, die auf uns zukommen.
- Das Gefühl zu haben und zu spüren, dass man für andere wichtig und nützlich ist.
- Eine Tätigkeit zu finden und Dinge zu tun, die man liebt.
- Loslassen, was man nicht ändern kann, und ändern, was man nicht mehr aushalten kann.
- Freundschaft mit seinem Inneren Kind schließen und auf das Gute in uns vertrauen, es annehmen und wahrhaftig sein.

Mögest du das Kind, das du einmal warst, (wieder-)entdecken, erkennen, achten und liebevoll annehmen (können).

Kapitel 6:
Standpunkte erkennen, Fähigkeiten aufbauen, festigen und vertreten können

„Erkenne dich selbst! ... heißt ganz einfach: Gib einigermaßen acht auf dich selbst, nimm Notiz von dir selbst, damit du gewahr werdest, wie du zu deinesgleichen und der Welt zu stehen kommst!"

Johann Wolfgang von Goethe

Selbstreflexion und Persönlichkeitsentwicklung

Durch die Selbstreflexion kommt man sich selbst sehr viel näher und gewinnt dadurch einen Überblick über das eigene Leben. Es erfüllt mich heute mit einer großen Dankbarkeit, dass ich mich auf die Selbsterfahrungsseminare und die damit verbundene Selbstreflexion eingelassen habe. Dadurch habe ich an Selbstvertrauen gewonnen und konnte meine Fähigkeiten, Ressourcen und Potenziale erweitern und meine Standpunkte festigen. Die Auseinandersetzung mit sich selbst, vor allen Dingen auch in der Gruppe, ist sehr intensiv, oft auch schmerzvoll, ernst, anstrengend und schon gar nicht immer einfach. Dafür macht man aber auch immer wieder viele wertvolle Erfahrungen mit unerwarteten, erstaunlichen und bereichernden Erkenntnissen über die eigenen Persönlichkeitsmerkmale, Standpunkte und Fähigkeiten. Eine ganz besondere Möglichkeit, die uns die Selbsterfahrung schenkt, ist es, zu entdecken, dass wir selbst eine Tür aufmachen können – es ist die Tür zu uns selbst! Die Tür zu unserer inneren und ureigensten Wahrheit. Ein wichtiger Schritt nach vorne, der zu einer klärenden Zeitreise werden kann, die den Mut und das Abenteuer in sich birgt, auch noch weitere Türen zu öffnen, um sein verborgenes Selbst hinter jeder verschlossenen Tür ein bisschen mehr aufzuspüren, zu reflektieren und zu integrieren. Als meine Tochter Carlotta acht Jahre alt war und wir über das Leben und den Tod gesprochen haben, sagte sie: „Das Leben ist wie ein Labyrinth, nach jedem Lebensjahr geht eine neue Tür auf, und wenn keine Tür mehr aufgeht, ist das Leben zu Ende." Eine kluge Vorstellung eines achtjährigen Mädchens. Nun bleibt die Frage, an was aus diesen Lebensjahren können wir uns noch erinnern? Sind es nur die schönen Erlebnisse oder auch die Erlebnisse, die uns Kummer und Sorgen gemacht haben und uns zum Zweifeln und Grübeln gebracht haben. Handelt es sich um Wut, Angst, Trauer, Enttäuschung, Ärger, Neid, Schmerz etc.? Warum ist vieles wie weggepustet und nicht mehr in unserem Bewusstsein vorhanden? Verloren, verdrängt, verachtet, verboten, verschlossen – verborgen in unserem Inneren, hinter den noch nicht geöffneten Türen.

Oft sind es eben die weniger schönen Erlebnisse, an die wir uns nicht erinnern möchten. Es sind unsere Schattenseiten, unsere inneren abgespeicherten Muster, die auch wenn sie im Verborgenen liegen, zu uns gehören und im täglichen Alltag in uns weiter wirken (ob wir es wollen oder nicht) und Einfluss auf unsere gegenwärtigen Gedanken, Gefühle und unser gegenwärtiges Verhalten haben. Um unsere Fähigkeiten und Ressourcen aufbauen zu können, ist es nötig, manche „Lebensjahrtüren" noch einmal zu öffnen, damit wir erkennen, welche Muster aufgrund längst vergangener Lebenserfahrungen noch in uns wirken und welche davon wir verwandeln und ablegen möchten. Dabei geht es nicht darum, die Lebenserfahrungen und Verhaltensmerkmale aus der Vergangenheit zu verurteilen, sondern vielmehr darum, sie als sinnvolle Lebensaufgaben und Herausforderungen zu verstehen, um mit der eigenen Lebensgeschichte zu wachsen. Dafür braucht jeder Mensch seinen eigenen individuellen Zeitraum. Je nachdem welche Steine wann auf unserem Weg liegen, können die Lebensabschnitte von Menschen sehr unterschiedlich verlaufen. Steine stehen symbolisch für unsere Probleme.

Da gibt es winzige, kleine, mittlere und riesige Steine, ganze Steinhaufen, sogar richtige Felsbrocken oder ganze Berge zu überwinden. Mal geht es leicht voran, mal ist es schwer und anstrengend, mal geht es eine lange Zeit nicht weiter, weil wir die Steine nicht sehen, oder wenn wir sie sehen, umgehen wir die Steine oder suchen uns einen anderen Weg. Mal kommen sie unverhofft und manchmal blockiert ein riesiger Berg das Weiterkommen. Selbst dann gibt es Möglichkeiten, die schwer auf uns lastenden Probleme und Ängste zu überwinden (ggf. mit Hilfe) und mit neuem Mut das eigene Leben zu gestalten.

Übung: Das eigene Leben klären

Du brauchst etwas zu schreiben und Papier oder dein persönliches Tagebuch.

1. Lies die oben aufgeführten Punkte noch einmal sorgfältig durch, beziehe sie auf dein Leben heute und lausche in dich hinein, welche Aussagen dabei mit dir in Resonanz gehen. Welche Aussagen dich berühren, dich treffen und betreffen.
2. Brainstorming: mein Leben heute! Halte unter dieser Überschrift die ersten Gedanken, die dir dazu in den Sinn kommen, stichpunktartig auf einem Blatt Papier fest. Bearbeite nach und nach möglichst viele Punkte auf diese Weise. Sei möglichst ehrlich und aufrichtig mit dir selbst.
3. Die Bestandsaufnahme wird dazu beitragen, einen Überblick und eine Klarheit über die eigene Lebenssituation zu bekommen.

40 ml

Die Welt der Gefühle

Gefühle entstehen ganz plötzlich.
Sie umgeben dein Herz, deine Seele,
bestimmen dein Leben.
Nicht immer ist es leicht, sie zu deuten.
Sie helfen dir, dich selbst zu entdecken,
zeigen, was du magst und was dich kränkt.
Deine Gefühle, das bist du.
Doch manchmal wünschst du dir,
es gäbe sie nicht, so gäbe es keine Tränen, kein Leid.
Doch dann gäbe es auch nicht dich!
Gefühle sind da. Sie helfen den Menschen, sich zu erkennen.
Sich zu zeigen, sich zu klären.
Schwächen zu akzeptieren, Stärken zu honorieren.
Viele Gefühle sind tief in einem verborgen.
Es braucht Geduld und Liebe, sie zu ergründen.

basierend auf einem Text
eines unbekannten Verfassers

Wenn es um die Bestandsaufnahme und Klärung unseres Lebens geht, ist dabei auch unser persönliches „Gefühlskarussell" von besonderer Bedeutung. Unsere Gefühle sind ein fundamentaler Teil unserer Persönlichkeit. Es sind persönliche Empfindungen, die in den verschiedenen Situationen unseres Lebens in uns hervorgerufen werden. Sie können angenehm oder unangenehm sein, Freude und Zuneigung in uns auslösen, aber sie können uns auch belasten, Anspannung erzeugen und uns im Wege stehen. Die Welt unserer Gefühle wird durch die Erfahrungen und emotionalen Lektionen, die wir als Kind zu Hause, im Kindergarten, in der Schule etc. gemacht und erlebt haben, geprägt. Sie sind die Ausgangslage unserer heutigen Gefühlsreaktionen, die unser Leben grundlegend beeinflussen. (vgl. Golemann 2011, S. 108)

Beispiel: Kindheitserinnerung: Ich mag es nicht, wenn ich ausgelacht werde!

Als ich ca. 3 oder 4 Jahre alt war, bin ich mit meinem Vater an einem Sonntagmorgen zur Wahl gegangen. Anschließend hat er mich mit in die hiesige Gaststätte genommen, um noch mit einigen Freunden etwas zu trinken. Ich habe dort gespielt, wollte aber lieber nach Hause. Als mein Vater dann ankündigte, dass wir gleich gehen würden, habe ich mich angezogen und ihn bei der Hand gefasst. Das dachte ich jedenfalls. Es war gar nicht die Hand meines Vaters, sondern die eines anderen Mannes. Ich hatte es selbst nicht bemerkt, erst als dieser etwas zu meinem Vater sagte, ist es mir aufgefallen. Alle haben gelacht. Mir war das sehr unangenehm, mir wurde heiß, ich war starr und habe mich geschämt. Jedenfalls konnte ich nicht mitlachen und war froh, als mein Vater auf mich zukam und mich mit nach Hause nahm. Ich erinnere mich noch heute an das Gesicht, den Blick und den Namen des Mannes. Obwohl der Blick freundlich war und er lächelte, fand ich es beschämend, dass alle über diese Situation – über mich – lachten. Was nicht böse gemeint war, hatte in der Situation einen bitteren Beigeschmack für mich. Eine unangenehme Lebenserfahrung, die lange unbewusst in mir gewirkt hat und immer dann aktualisiert wurde, wenn jemand über mich lachte.

Wichtig ist der Umgang mit unseren Gefühlen. Dass wir auch die unguten Gefühlsreaktionen wie z. B. Trauer, Wut, Angst und Scham (wie im Beispiel) bewusst fühlen und annehmen (können). Denn es sind unsere emotionalen Probleme, die Missstimmungen erzeugen. Je nachdem, wie stark uns ein bestimmtes Gefühl immer wieder aufwühlt, wird es uns auch immer wieder gefangen nehmen, und wenn wir nicht bereit sind, uns auf Veränderungsprozesse einzulassen, werden sich unsere hinderlichen Gefühlsreaktionen auch immer wieder wiederholen. Nur wenn wir unsere emotionalen Probleme (die es bei jedem Menschen gibt) bearbeiten, können sie bewältigt und gelöst werden. Dadurch wird der Weg frei, die unangenehmen, ungünstigen und hinderlichen Denk- und Verhaltensmuster zu beseitigen und fehlende Fähigkeiten bei sich selbst zu entdecken bzw. aufzubauen. Außerdem führt der Abbau von belastenden Gefühlen zum Aufbau des Selbstwertgefühls.

Hier kommen wir wieder zurück zu den eigenen Wertmaßstäben und zu den verinnerlichten Normen, die es oft schwer machen, die alten Muster zu verändern, da sie die Grundlage für unsere häufig auftretenden hinderlichen Gedankengänge und Gefühle sind. So sind es nicht die Dinge, die uns beunruhigen, sondern unsere negativen Gedankengänge und Gefühle machen uns die Probleme. (vgl. Stavemann 2010, S. 13, 16) Wir brauchen die Gründe für unsere Missstimmungen und unguten Gefühle also nicht im Außen zu suchen, indem wir andere Menschen, Ereignisse, das Wetter oder die Bedingungen verurteilen und dafür verantwortlich machen. Es sind die eigenen Glaubenssätze, die diese Gefühle in uns auslösen. Die uns in die Enge treiben, uns verletzen, beschämen, enttäuschen, traurig oder unzufrieden machen, uns niederschlagen, Kummer bereiten und Angst in uns auslösen können. Gefühle, die uns durch Erfahrungen in verschiedenen Situationen mit unterschiedlichen Menschen immer wieder beschert werden, wenn wir uns ihnen nicht stellen. Es sind Botschaften dafür, dass es Dinge in unserem Leben gibt, die wir nicht mögen und daher nicht akzeptieren wollen. Botschaften aus der Vergangenheit, die etwas aktualisieren, was oftmals lange zurückliegt und unbewusst oder bewusst in uns weiterwirkt. Das Gute ist, dass wir die erlernten und verinnerlichten Gefühls- und Verhaltensmuster verändern können. „Der Veränderungsprozess besteht in erster Linie aus dem

Erlernen angemessener oder dem Umlernen unangemessener Denkweisen und Strategien." (Stavemann 2010, S. 30) Leidvolle Gefühle kennt wohl jeder Mensch. Sie sind da, aber sie sind veränderbar. Die Verantwortung und die Entscheidung, die leidvollen – negativ wirkenden – Gefühle abzubauen, kann allerdings jeder Mensch nur für sich selbst übernehmen.

Übung: Mein persönliches Gefühlskarussell!

Ziel: sich seiner häufig gefühlten Gefühle bewusst werden!

Du brauchst etwas zu schreiben und Papier.

1. Schreibe drei bis fünf Gefühle auf, die du in deinem Leben häufig empfindest.
2. Finde für jedes Gefühl ein Beispiel aus deinem persönlichen oder beruflichen Lebensalltag und finde heraus, welche Glaubenssätze und Gedanken für dieses Gefühl tragend sind/sein könnten.
3. Woher kommen diese Glaubenssätze und Gefühle? An was und wen erinnern sie dich? Und welche Möglichkeiten gibt es, um in ähnlichen, aktualisierenden Situationen (selbst-)wirksam reagieren zu können?

Außerordentlich wichtig ist es dabei, sich von kritisierenden, belastenden Gedanken, von Verurteilung, Negativität und Konkurrenzdenken zu verabschieden und stattdessen gut für sich selbst zu sorgen, die eigenen Gefühle wahrzunehmen, sie zu erkennen, sie zu reflektieren und das eigene Selbstwertgefühl aufzubauen.

Selbstwertprobleme

„Sich selbst nicht zu mögen ist das Schlimmste, was einem Menschen zustoßen kann."
Johann Wolfgang von Goethe

Die häufigste Ursache für emotionale Probleme sind die Selbstwertprobleme. (vgl. Stavemann 2010) Der Wert, den wir uns als Person selbst geben, hat einen erheblichen Einfluss auf unsere Gefühls- und Gedankenwelt. Genau wie bei den Gefühlen wird der Grundstein für den Wert, den wir uns selbst beimessen – der Selbstwert – in der frühen Kindheit gelegt. Der Selbstwert entsteht durch Bewertung. Je nachdem, was wir im Laufe unserer Entwicklung gelernt und erlebt haben, bilden wir uns ein Urteil über uns selbst. Als Kind sind wir dem Umgang der Erwachsenen mit uns oftmals ohnmächtig und hilflos ausgeliefert. Gefühle eines positiven Selbstwerts gedeihen in einer Atmosphäre, in der individuelle Verschiedenheit geschätzt wird, in der Fehler toleriert werden, wo man offen miteinander spricht und dort, wo es bewegliche Regeln gibt.

Kinder, die in einer solchen Umgebung aufwachsen, fühlen sich in der Regel wohl und gut. Kinder, die in einer Umgebung mit vielen Problemen aufwachsen, haben es dagegen schwer und fühlen sich sehr häufig wertlos. Sie erleben die Kehrseite einer wohltuenden Umgebung. Sie erleben eine verschleierte und wechselhafte Kommunikation, starre Regeln, harte persönlichkeitsentwertende Kritik und außerdem viele Strafen und Verbote. Diese Unterschiede finden sich auch unter Erwachsenen. Nur haben Erwachsene die Möglichkeit, etwas an ihrer Situation zu verändern. Sie haben die Möglichkeit, ihre Selbstwertprobleme abzubauen und ihr Selbstwertgefühl aufzubauen. Das ist gerade in der pädagogischen Arbeit mit Kindern außergewöhnlich bedeutsam, denn Erwachsene, die ein gut ausgeprägtes Selbstwertgefühl haben, können Kinder unbelasteter begleiten als Erwachsene mit einem geringen Selbstwertgefühl.
(vgl. Satir 2004, S. 35, 36)

Selbstwertprobleme können verursacht werden durch:

- Gedanken und Gefühle, die den eigenen Selbstwert auf- oder abwerten;
- das Bild, das wir von uns selbst haben;
- unsere Vorstellungen über Moral;
- unsere verinnerlichten Erziehungsnormen;
- unsere sozialen und kulturellen Lebenserfahrungen;
- unsere Ängste z. B. eine erwünschte Leistung nicht zu erbringen, sich nicht zugehörig zu fühlen, keine Anerkennung zu bekommen, nicht gemocht oder geliebt zu werden, nicht gehört und gesehen zu werden, verlassen und abgelehnt zu werden, etwas falsch zu machen und sich zu blamieren etc.;
- unsere Überlebensstrategien (Vermeidung, Harmonisierung, Beschönigung, Besserwisserei, Verurteilung etc.), die wir einsetzen, um uns selbst zu schützen.

Selbstwertprobleme können immer dann entstehen, wenn man den eigenen persönlichen Wert von äußeren Dingen (Kleidung, Auto, Haus, Urlaubsreisen) den Erwartungen anderer Menschen (Anerkennung, Leistung, Perfektionismus) oder eigenen Eigenschaften (Gewicht, Größe, Aussehen) abhängig macht. Solange diese Wertmaßstäbe erfüllt werden, bleibt oder steigert sich die eigene Wertigkeit. Kann man den eigenen Wertmaßstäben jedoch nicht gerecht werden, ist der Selbstwert in Gefahr, und es entstehen Selbstwertprobleme. Dadurch dass man sich selbst herabsetzt, kleinmacht, an sich zweifelt, sich selbst kritisiert und ablehnt, entwickeln sich negative Gefühls-, Gedanken- und Verhaltensmuster. Häufig ist uns die Entstehung unserer Selbstwertprobleme gar nicht bewusst, denn auch sie schleichen sich ganz von selbst durch die verinnerlichten Erfahrungen unseres Lebens ein. Deshalb ist eine selbstreflexive Auseinandersetzung für den Aufbau eines gesunden Selbstwertgefühls, den Aufbau von eigenen Fähigkeiten und die Festigung der eigenen Standpunkte unabdingbar.

„Es ist immer Hoffnung da, dass dein Leben anders werden kann, denn du kannst jederzeit neue Erfahrungen machen und Neues lernen."

Virginia Satir, 2004, S. 36

Selbstwert/Selbstbild

Das Bild, das sich jeder Mensch von sich selbst macht, umfasst alle Fähigkeiten, Stärken und Neigungen, aber auch alle Abneigungen und Schwächen. Es entsteht im Kopf und geht mit einem bestimmten Gefühl einher. Dieses Gefühl kann positiv anerkennend oder negativ ablehnend sein. Positive Gefühle führen zu Selbstannahme, Selbstliebe und zu einem körperlichen Wohlbefinden. Dazu gehören auch die Annahme, Akzeptanz und Bearbeitung der eigenen Schwächen. Man fühlt sich so, wie man ist, in Ordnung und lässt sich aufgrund dessen nicht so leicht aus dem Gleichgewicht bringen. Zeichen für einen positiven Selbstwert sind z. B. Zufriedenheit, Freude, Glück und Dankbarkeit.

Eine negativ abneigende Einstellung hingegen führt zu Selbstzweifeln. Wer sich innerlich für defekt und fehlerhaft hält, geht auch davon aus, dass andere Menschen es tun. Die eigenen Fähigkeiten werden oftmals gar nicht erkannt und die Schwächen übertrieben bewertet. Dies äußert sich in einem unsicheren Auftreten, das sich in ganz unterschiedlichen Verhaltensweisen zeigen kann. Außerdem macht man sich davon abhängig, wie andere Menschen einen bewerten, und Kritik wird dann viel leichter angenommen und pauschal auf sich selbst bezogen. Zeichen für einen geringen Selbstwert zeigen z. B. Menschen, die häufig aggressiv und wütend sind, sich ärgern und viele Ängste haben, die unter Übergewicht leiden, die süchtig nach Alkohol oder Drogen sind, die eifersüchtig und neidisch sind, die leicht verletzbar sind und unter Depressionen leiden.

Es gibt einen inneren Kritiker des Selbstbildes. Häufig weiß man gar nichts von seiner Existenz. Das Selbstbild wird durch kritische Stellungnahmen z. B. hinsichtlich der eigenen Leistungen, Erwartungen und Grenzen beeinträchtigt. Unser Selbstbild und unser innerer Kritiker sind die Grundlage für unser Selbstwertgefühl. Wir besitzen allerdings verschiedene Selbstbilder. Wie in einer inneren Selbstbilder-Bibliothek haben sich hier ganz verschiedene Selbstbilder im Laufe unserer biografischen Entwicklung angesammelt, die je nach gegenwärtiger Situation aktualisiert werden können. Auch Menschen mit einem stark ausgeprägten Selbstwertgefühl haben „wunde Punkte", die ab und zu aktualisiert werden, und Menschen, die einen geringen Selbstwert haben, können trotzdem jederzeit ihren Selbstwert aufbauen. Dabei ist es wichtig, unsere wunden Punkte zu erkennen, indem wir auf unsere starken Gefühlsreaktionen achten, die Resonanz wahrnehmen und uns selbst die Frage stellen, welcher wunde Punkt in diesem Moment gerade berührt wird. In diesen Situationen und Momenten werden Teile unserer negativen Selbstbilder deutlich. Wir verhalten uns z. B. plötzlich wie ein verletztes, kleines Kind. Hier handelt es sich um die sogenannten Selbstwertfallen.

Übung: Das eigene Selbstbild erstellen!

Du brauchst Papier und etwas zum Schreiben.

1. Schreibe auf die linke Seite des Blattes alle Eigenschaften, Fähigkeiten, Ressourcen und Merkmale, die du an dir magst, und auf die rechte Seite alle, die du nicht so gerne an dir magst, und ordne sie anschließend nach ihrer Bedeutsamkeit. (vgl. Stavemann 2011, S. 93)
2. Nun wähle zunächst eine Eigenschaft aus, die du nicht so gerne an dir magst, und überlege, wie du sie verändern kannst. Welche Ressourcen sind dafür nötig? Wie kann der erste Schritt zu einer Veränderung aussehen? Was für eine Struktur brauchst du dafür? Wer könnte dich unterstützen? Was bist du selbst bereit dafür zu tun, und ist es die Mühe wert? (vgl. ebd.)
3. Verändere etwas in deinem Leben, setze dir ein bis zwei Ziele und beobachte, was passiert und wie es dir dabei geht.

Beispiel: Erschöpft sein

- Ressourcen: Energie, Kraft, Entspannung, Zeit
- Erster Schritt: Wo kann ich mir im Tagesablauf Zeit für mich selbst nehmen?
- Struktur: Rituale im Tagesablauf schaffen und Dinge tun, die für Wohlbefinden und Zufriedenheit sorgen (schaue auf die positiven Eigenschaften).
- Wer kann mich im Alltag unterstützend entlasten und mir Aufgaben abnehmen?
- Wert: Dinge, die entspannen und guttun, geben dir Energie und Kraft und wirken dem „Erschöpftsein" entgegen.
- Beispiele für Tagesziele: Nach dem Aufstehen drei Minuten aus dem Fenster schauen und wahrnehmen, was du siehst und fühlst, oder eine Entspannungsübung machen, dir zum Kaffee oder Tee eine Kerze anzünden, beim Kochen schöne Musik oder ein Hörbuch hören, einmal in der Woche eine Stunde spazieren gehen oder schwimmen, meditieren, jeden Tag etwas anders machen als gewohnt, z. B. die Zähne mit der linken Hand putzen (oder umgekehrt) etc.

Den eigenen Selbstwert erkennen und aufbauen

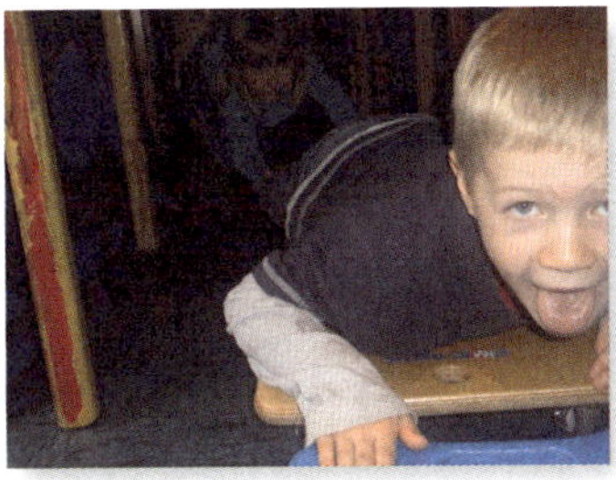

„Ein gutes Selbstwertgefühl funktioniert wie eine psychische Innenabwehr.“

Verfasser unbekannt

Wenn wir bereit sind und wir uns immer stärker dem eigenen Selbstwert zuwenden, haben wir die Möglichkeit, uns ganz neu zu erfahren und unser Leben selbstbestimmt zu gestalten. Immer dann, wenn wir bereit und mutig sind, uns auf etwas Neues einzulassen, wird unser Selbstwert gestärkt. Der Aufbau des Selbstwertgefühls trägt entscheidend dazu bei, sich von hinderlichen Einflüssen zu verabschieden. Dazu ist es allerdings erforderlich, etwas von sich in Erfahrung bringen zu wollen, was man noch nicht kennt und weiß. Das bedeutet Wagnisse einzugehen und sich immer wieder Möglichkeiten einzuräumen, sich selbst neu zu erfahren und Antworten auf noch unbeantwortete Lebensfragen zu finden. Das bedeutet auch, sich selbst, mit allem, was zu uns gehört und in uns steckt, von Kopf bis Fuß anzunehmen. Ja zu sagen, zu sich selbst! Ja zu sagen, zum eigenen Leben! Ja dazu zu sagen, dass man das eigene Leben jederzeit selbst verändern kann. Was hier einfach klingt, ist nicht leicht. Es ist häufig ein schmerzvolles Unterfangen: Alter Schmerz kommt an die Oberfläche, man verliert an Sicherheit und Kontrolle, und das scheinbar Unüberwindbare kommt auf einen zu. In dieser Auseinandersetzung mit dem eigenen Selbstwert können die Erkenntnisse aus dem Kopf in unser Herz und in unseren Körper kommen. Man stößt an die eigenen Ängste, Grenzen und Probleme. Da gibt es Situationen, die uns ganz tief in den Keller führen, dahin wo unsere ganze Hilflosigkeit, unsere ganze Traurigkeit, unsere ganze Wut, unsere ganze Ohnmacht etc. spürbar werden. Der Selbstwert entsteht neu und baut sich auf, wenn man Mut hat und den Weg zurück in die Höhe wagt. Schmerz gehört dazu, er sorgt für Bewegung und Energie und verhilft uns dazu, die eigenen Ängste wirklich zu überwinden und den alten vertrauten Weg – ein Stück des bisherigen Lebens – zu verlassen. Dies ist eine Phase, in der uns das Alte kaum noch Rückhalt spendet und wir das Neue noch nicht ermessen und erkennen können. Man muss darauf vertrauen, dass es eine gute Lösung gibt, auch wenn man das Neue noch nicht „sehen“ kann und uns das Gefühl gefangen nimmt, festzustecken. Durch Akzeptanz, Geduld und Beharrlichkeit führt uns dieses Wagnis über alle Grenzen unseres Vertrauens hinweg und lässt neue Kräfte in uns wachsen, die den eigenen Selbstwert stärken. (vgl. Zurhorst 2011, S. 48 ff.)

Das Selbstwertgefühl lässt sich aufbauen, wenn man gut für sich selbst sorgen und die eigenen Gefühle annehmen und damit umgehen kann. Wenn man die eigenen Fähigkeiten, Stärken und Ressourcen kennt und man sich seiner Schwächen bewusst ist und sie bearbeitet. Das heißt, dass wir immer wieder zurück zu den eigenen Wurzeln kommen. Wer seine Wurzeln kennt, sie immer wieder nährt und möglichst viele Steine aus dem Weg geräumt hat, kann neugierig, frei und mit Freude das eigene Leben gestalten. Dabei ist es jedoch bedeutsam, nicht selbstbezogen nur sich selbst mit seinen Bedürfnissen, Interessen, Wünschen, Vorlieben und Problemen zu sehen, sondern auch den Blick auf die Mitmenschen zu richten und auch ihre Bedürfnisse zu erkennen, zu berücksichtigen und wertzuschätzen. Dann entsteht eine Atmosphäre der Gleichwertigkeit, in der man sich selbst entwickeln kann und andere ebenfalls bei ihrer Entwicklung unterstützen kann. Dies geht nur, wenn man selbst - egal in welchem Bezug - frei von Problemen und Konflikten ist.

Ressourcen, die mit der Entwicklung des eigenen Selbstwertes in Beziehung stehen:

- Zeit, Ruhe und Vertrauen, um nach innen zu gehen und sich selbst wahrzunehmen
- die Wahrnehmung des Augenblicks - ganz im Hier und Jetzt zu sein - dankbar und genussvoll
- das Verstehen von Sinnzusammenhängen z. B. mit anderen Menschen, mit der Natur, mit den eigenen Gefühlen etc.
- Wesentliches vom Unwesentlichen unterscheiden können
- neugierig auf sich selbst zu sein - das eigene Ich immer besser kennenlernen wollen
- sich selbst zu motivieren und sich auch auf anstrengende Auseinandersetzungen mit sich selbst einzulassen
- Mut und Risikobereitschaft und die Bereitschaft, Wagnisse einzugehen
- die Bereitschaft, sich auch mit den eigenen Schattenseiten auseinanderzusetzen, Ängste zu überwinden und sich von Belastungen, Konflikten und Druckgefühlen zu befreien
- Selbstannahme, Selbstliebe und Selbstwertschätzung
- die Erkenntnis, dass man nur selbst die Entscheidung treffen kann, sich selbst und das eigene Leben zu verändern

Auf einem Selbsterfahrungsseminar mit Marlies Wagner und Armin Krenz hat die Gruppe den folgenden Fragebogen zum Selbstwertgefühl bekommen. Die Fragen gehen in die Tiefe und lassen einen an die deutlich spürbaren persönlichen Grenzen kommen. Gleichzeitig geben sie dir aber auch die Möglichkeit, deine eigenen Selbstwertfallen zu erkennen und herauszufinden, warum es immer wieder bestimmte Situationen und Menschen gibt, die dich in eine unangenehme und hinderliche Gefühlslage bringen können. Gib dir für die Fragen Zeit und lass dich auf ihre ganze Intensität ein.

Übung: Fragebogen
Den eigenen Selbstwert erkennen – Fragen zum Selbstwertgefühl!

(ausgearbeitet von Marlies Wagner und Armin Krenz, Selbsterfahrungsseminar, Proitze 2013)

Das Selbstwertgefühl ist die tragende Säule eines selbst erfüllenden und selbst gesteuerten Lebens, in dem Glück und Zufriedenheit, Dankbarkeit und Visionen die Quelle für eine ungestüme Lebensfreude bilden.

Befasse dich bitte – sehr konkret überlegend und tief spürend – mit den folgenden Fragen und beantworte sie schriftlich. Frage 12 bitte wirklich zuletzt beantworten!

1. Wann habe ich mich das letzte Mal so richtig wertvoll gefühlt?
   a) im Beruf b) privat c) überhaupt
2. Wann habe ich mich das letzte Mal sehr intensiv wertlos gefühlt?
3. a) im Beruf b) privat c) überhaupt
4. Wie geht es mir genau, wenn ich glaube, nichts bzw. wenig wert zu sein?
5. Gibt es bestimmte Situationen, in denen ich mich immer wieder wertlos fühle?
6. Gibt es bestimmte Menschen, in deren Gegenwart ich mich wertlos fühle?
7. Gibt es bestimmte Menschen, in deren Gegenwart ich mich besonders wertvoll und wertgeschätzt fühle?
8. Trage ich selbst dazu bei, dass ich mich in bestimmten Situationen wertlos fühle? Wie genau?
9. An welche Situation aus der frühen Kindheit kann ich mich erinnern, in der ich mich gekränkt/gedemütigt/vernachlässigt gefühlt habe?
10. Wofür wurde ich in meiner Familie gemocht und geschätzt?
11. Wofür wurde ich in meiner Familie überhaupt nicht gemocht und gering geschätzt?
12. Wer oder was könnte mir mein Selbstwertgefühl wiedergeben, und was müsste/will ich dafür konkret tun?

Die Selbstreflexion dieser Fragen trägt im hohen Maße dazu bei, seinen eigenen Selbstwert entdecken, einschätzen und aufbauen zu können. Die konkreten Beispiele sind es, die uns weiterbringen. Das Konkrete fordert auf, weiterzugehen, sich zu entwickeln und zu verändern. Rechtfertigungen hingegen tragen meistens dazu bei, das Konkrete und somit auch eine Entwicklung zu verhindern. Gerade wenn wir merken, dass uns ein Problem zerreißt, ist es wichtig, sich etwas zu trauen, die dahintersteckende Angst zu besiegen und den Mut zu haben, sich auf das Wagnis der Selbstauseinandersetzung einzulassen. Egal ob es sich um Gewalterfahrungen, Demütigungen, Nichtbeachtung oder Angsterlebnisse etc. handelt, ist ein Aufbau des Selbstwertgefühls nur dann möglich, wenn wir uns auf den Weg machen und den Kern des Problems knacken.

Mögest du den Mut haben, dich konkret überlegend und tief spürend auf die Auseinandersetzung mit dir selbst einzulassen!

Selbst-, Sach- und Sozialkompetenz

„Erzähle mir und ich vergesse. Zeige mir und ich erinnere. Lass es mich tun und ich verstehe.“

Konfuzius

Grundlegend für die Zusammenarbeit mit Menschen sind immer die personalen Fähigkeiten, die wir im Zuge unseres Lebens selbst aufbauen konnten und aufbauen können: die Selbstkompetenzen, die Sachkompetenzen und die Sozialkompetenzen. Es sind immer die eigenen Lebenserfahrungen, die uns prägen und zu dem machen, wie und was wir sind. Da gab es angenehme und unangenehme Erlebnisse, die Augenblicke der Freude und des Wohlfühlens genauso wie die tiefen inneren Krisen mit all ihren Traurigkeiten, Verletzungen und Enttäuschungen. Die wesentlichste Rolle spielen beim Aufbau unserer Handlungskompetenzen die Erfahrungen mit den Menschen, die uns auf unserem Weg begleitet haben. Dabei gedeiht jeder Mensch anders und einzigartig. Obwohl es viele Ähnlichkeiten gibt, hat jeder seine eigene Wahrheit mit ganz eigenen Ängsten, Problemen und Grenzen, die in vielfältigen Begegnungen entstanden sind und die sich in den Begegnungen mit anderen Menschen widerspiegeln. So gibt es Menschen voller Wärme, Freude, Neugierde und Liebe, die uns gutgetan haben, aber auch Menschen, die uns Wunden zugefügt haben, die uns kritisiert, verbessert, abgelehnt und gedemütigt haben. Menschen, die für uns verlässlich da waren, uns begleitet und unterstützt haben und Menschen, die uns mit unserem Kummer und unseren Sorgen ganz alleine gelassen haben. Die Erinnerungen bleiben als Bilder in unserer Seele. Unser Streben und unsere Sehnsucht richten sich langfristig nur nach den Menschen, die wir gerne haben und hatten. Manche Menschen begleiten uns sehr lange, manche geraten in Vergessenheit, von manchen müssen wir uns verabschieden, und all das hinterlässt Spuren in unserem Herzen. So sind wir alle doch immer auf der Suche nach Menschen, die uns Gutes tun und die uns wachsen lassen. Dafür sind wir bereit, uns anzustrengen und alles zu geben und zu tun. Wir stoßen dabei allerdings auch immer wieder auf Grenzen. Es fällt uns schwer, loszulassen, wir stecken fest und treten auf der Stelle. So gibt es auf unserem Lebensweg immer wieder Kreuzungen, an denen wir eine Entscheidung treffen müssen. Für uns selbst, aber auch für die anderen Menschen, die durch unsere Entscheidungen beeinflusst werden. Hier sind es unsere persönlichen Fähigkeiten, Ressourcen und Potenziale, die den weiteren Weg bestimmen. Jeder Mensch bestimmt selbst, wie es weitergeht (auch wenn er den Weg bestimmen lässt), und macht es dabei so gut wie möglich – so wie er es eben gelernt hat. All das, was wir erlebt haben, spielt dann eine Rolle. Je nachdem, wie wir es gelernt haben, gehen wir mit uns selbst um und können andere begleiten. Bedeutsam ist dabei zu sehen, zu spüren, zu wissen und zu tun, was die eigene Seele verlangt, aber auch was die Seelen der Kinder und Erwachsenen brauchen, die mit uns den Weg bestreiten, um sich entwickeln zu können. Welche Lösungen und Möglichkeiten es zum Handeln gibt, damit wir selbst, aber auch andere, glücklich, zufrieden und gesund wachsen können.

Die Mühe des Wachsens lohnt sich immer: Wer sich seiner personalen Fähigkeiten bewusst ist, sie stärkt und weiterentwickelt, kann sein Leben selbst glücklich und zufrieden gestalten und andere auf ihrem Entwicklungsweg begleiten und unterstützen, sodass auch sie nachhaltig glücklicher und zufrieden werden und sich gesund entwickeln können.

So stellt sich die Frage: Welche Handlungskompetenzen und basalen Fähigkeiten brauchen pädagogische Fachkräfte, um den pädagogischen Alltag entwicklungsförderlich für alle Beteiligten gestalten und leben zu können? Das von Heinrich Roth 1971 eingeführte Kompetenzmodell unterscheidet drei grundlegende Fähigkeiten, die für eine professionelle, entwicklungsförderliche und empathische Entwicklungs- und Bildungsbegleitung von Menschen wie drei gleichsam tragende Säulen sind.

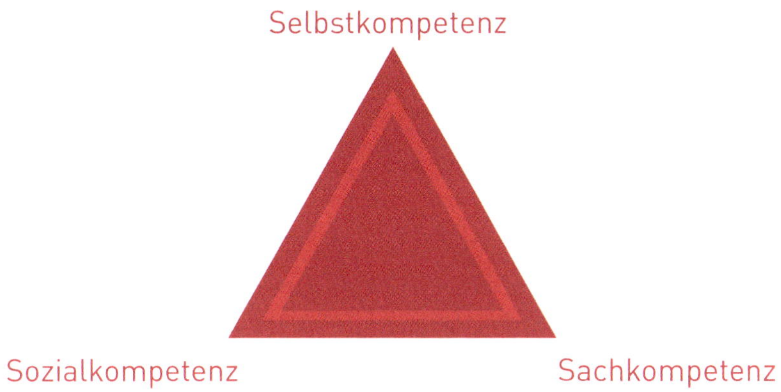

Selbstkompetenz

Selbstvertrauen Optimismus Autonomie
Ich-Stärke Selbstverantwortung Selbstmotivation Ausdauer
Belastbarkeit Neugierde Mut Selbststeuerung Ruhe
Selbstvertrauen Anstrengungsbereitschaft Selbstdisziplin
Entschlossenheit Flexibilität Veränderungsbereitschaft
Selbstwahrnehmung Selbstberuhigung Selbstliebe
Selbstannahme Selbstsorge

Menschen, die eine stark ausgeprägte Selbstkompetenz besitzen,

- haben eine gute Beziehung zu sich selbst;
- verfügen über Persönlichkeitsaspekte, die ihrer inneren Stärke zugrunde liegen;
- haben verlässliche Fähigkeiten und Ressourcen, die es ihnen auch in anstrengenden Lebensphasen oder bei schwierigen und frustrierenden Aufgaben und bei Misserfolgen ermöglichen, sich nicht so leicht aus der Bahn werfen zu lassen, die Hindernisse zu überwinden, mit Kritik konstruktiv umzugehen und durch kreative, lösungsorientierte und zuversichtliche Gefühls-, Denk- und Verhaltensmuster eigenverantwortlich und zielführend zu handeln.

Übung: Wer bin ich? Was kann ich? Was habe ich?

Mache eine Bestandsaufnahme über deine eigene Selbstkompetenz, indem du die Satzanfänge unter Punkt 1 bis 3 ergänzt (siehe Beispiele). Schreibe deine Sätze auf und überprüfe, ob sie der Realität oder deinem Wunschbild („Wie ich gerne wäre ...") entsprechen.

1. Ich bin jemand, die/der ...

Beispiele: Ich bin jemand, die/der ...

- den Umgang mit Menschen, das Leben und die Natur liebt und sich von anderen Menschen angenommen, respektiert und geliebt fühlt;
- mit Freude durch das Leben tanzt, ihr/sein Leben selbst gestaltet und dafür die Verantwortung übernimmt;
- neugierig auf der Suche nach neuen Herausforderungen ist, Vertrauen in die eigenen Fähigkeiten hat und sie optimistisch nutzt;

- sich darüber freut, wenn sie/er andere Menschen begeistern kann und sie glücklich macht;
- Probleme und Sorgen klärt, um möglichst unbelastet und entspannt die Gegenwart genießen zu können;
- achtsam und wahrnehmungsoffen mit sich selbst, anderen Menschen, Tieren, Dingen und der Natur umgehen will.

2. Ich kann ...

Beispiele: Ich kann ...

- mich äußern, meine Bedürfnisse, Interessen und Gefühle zum Ausdruck bringen und meine Standpunkte vertreten;
- meine Gefühle zulassen, sie annehmen und kontrollieren;
- mich abgrenzen und mache die Probleme von anderen nicht zu meinen eigenen Problemen;
- auf meine Leistungen und Erfolge stolz sein, mich darüber freuen, ohne Lob von anderen zu erwarten;
- mir in schwierigen Situationen selbst helfen, für mich sorgen und mich aus belastenden Lebenssituationen handlungsaktiv befreien;

3. Ich habe ...

Beispiele: Ich habe ...

- die Überzeugung, dass mir immer etwas einfällt, wenn ich vor einem Problem stehe;
- die Neugierde und den Mut, mich auf neue Herausforderungen und Wagnisse einzulassen und den Optimismus diesen meinen Möglichkeiten entsprechend gerecht zu werden;
- die Ruhe und Ausdauer, Entwicklungsschritte abzuwarten, ohne einzugreifen;
- das Bewusstsein, dass alles im Leben einen Sinn hat und für meine Entwicklung wichtig ist;
- die Sicherheit, mich den privaten und beruflichen Lebensaufgaben zu stellen und Verantwortung zu tragen, wenn problematische Situationen geklärt werden müssen.
(vgl. Wustmann 2004, S. 118)

Sozialkompetenz

Empathie Wertschätzung Respekt Mitgefühl
Wahrnehmungsoffenheit Offenheit Toleranz positive Grundhaltung
Verantwortungsübernahme Achtung Solidarität Neugierde
Konfliktfähigkeit Kompromissbereitschaft Hilfsbereitschaft
Sprachkompetenz Kritikfähigkeit Regelverständnis
Teamfähigkeit Flexibilität Engagement

Menschen, die eine stark ausgeprägte Sozialkompetenz besitzen,

- haben gute, verlässliche und vertrauensvolle Beziehungen zu anderen Menschen;
- gehen offen, herzlich und unbekümmert auf andere Menschen zu;
- können sich in andere Menschen hineinversetzen, zeigen Mitgefühl und Empathie;
- glauben an das Gute im Menschen und haben eine positive und wertschätzende Grundhaltung;
- tragen Verantwortung für sich und andere und setzen sich für die Bedürfnisse, Interessen und das Wohlbefinden von anderen Menschen engagiert ein (ohne dabei auszubrennen);
- sehen Konflikte und Probleme als Herausforderungen an, betrachten die verschiedenen Perspektiven der Situation und setzen sich konstruktiv respektvoll und zuversichtlich für eine gemeinsame Zielfindung ein.

Übung: Sozialkompetenz im pädagogischen Alltag

Beantworte folgende Fragen schriftlich!

1. Bin ich offen, freundlich und weitestgehend authentisch im Umgang mit anderen Menschen? Woran mache ich das fest?
2. Wie ist mein Konfliktverhalten? Bin ich konstruktiv und lösungsorientiert?
3. Wie ist mein Kooperationsverhalten? Bin ich respektvoll, achtsam und wertschätzend auch bei Meinungsverschiedenheiten, Unstimmigkeiten und unterschiedlichen Erwartungshaltungen? Bin ich ehrlich und spreche betroffene Personen direkt an?
4. Habe ich eine fühlende Empathie oder entspringt sie kognitiven Vorstellungen? Möchte ich die Verschiedenheit der Menschen wirklich verstehen? Nehme ich sie ernst?
5. Wie baue ich Beziehungen zu Menschen auf? Bin ich verlässlich und einschätzbar?

Wie nehmen mich Kinder wahr? Wie nehmen mich Erwachsene (Eltern, Kolleginnen, Freunde etc.) wahr?

6. Habe ich Zivilcourage, wenn Menschen unangemessen bewertet, ausgeschlossen und würdelos behandelt werden?
7. Wie begegne ich Menschen, wenn sie nicht meinen eigenen Wertmaßstäben entsprechen?

(vgl. Döffinger 2010, S. 211 – 212)

Sachkompetenz

Sprachfähigkeit Denkfähigkeit Sachwissen Fachwissen
Urteilsvermögen Handlungsfähigkeit Neugierde
Weltaneignung Lernbereitschaft Bildung
Problemlösefähigkeit kritisches Denken
vernetztes Denken analytisches Denken
theoretisches und praktisches Wissen

Menschen, die eine stark ausgeprägte Sachkompetenz besitzen,

- sind wissbegierig, vor allem wenn sie auf Dinge stoßen, die sie sich nicht erklären können;
- finden auf die Fragen, die sie sich stellen, Antworten und leiten aus den Antworten wiederum neue Fragen ab;
- sind neugierig, sie recherchieren im Netz, im Lexikon, sind belesen und immer auf der Suche nach neuen Erkenntnissen;
- haben eine hohe Lernmotivation, Lernfreude und ein hohes Lerninteresse;
- wollen wissen, wieso etwas so ist, wie es ist – dies bezieht sich sowohl auf das Alltagswissen wie auch auf kulturelle, geschichtliche, sportliche, biologische etc. Hintergründe;
- nutzen alle ihre Wahrnehmungsbereiche und sind neugierig, auf das, was man hört, riecht, schmeckt und fühlt.

Übung: Sachkompetenz im pädagogischen Alltag

Beantworte folgende Fragen schriftlich!

1. Kenne ich die neuesten Erkenntnisse aus der Entwicklungspsychologie, der Bindungs- und Hirnforschung sowie aus der Neurobiologie?
2. Sind mir die rechtlichen Grundlagen aus dem Erziehungs-, Bildungs- und Betreuungsvertrag sowie die UNO-Charta-Rechte der Kinder und die Bildungspläne der einzelnen Bundesländer bekannt?
3. Kenne ich meine eigenen Standpunkte, sind sie gefestigt und kann ich sie auf der Grundlage meines Fachwissens aus den oben genannten Bereichen begründen und vertreten?
4. Kann ich sicher und authentisch die grundlegenden Aussagen der Einrichtungskonzeption erläutern und begründen?

5. Sind mir das Leitbild der Einrichtung und die gelebten Werte bekannt?
6. Lese ich Fachzeitschriften und Fachbücher; sind mir die neuesten pädagogischen Strömungen bekannt und findet ein Austausch darüber statt?
7. Kann ich das Wesentliche vom Unwesentlichen unterscheiden, damit die eigenen und gemeinsamen Ziele erreicht werden können?
8. Kann ich mich den Anforderungen des pädagogischen Alltags stellen und diese selbst und mit anderen reflektieren?

(vgl. ebd., S. 212)

Fähigkeiten aufbauen

„Unter allen Wegen, die du im Leben einschlagen kannst, befindet sich einer, der bedeutsamer ist als alle anderen. Dies ist der Pfad, der dich verändern und zu einem wahren Menschenwesen machen wird.“

Thomas Blake

Wollen wir unsere Fähigkeiten und Stärken bewusst erkennen, entwickeln und aufbauen, ist eine differenzierte, präzise, behutsame und selbstreflexive Auseinandersetzung mit den eigenen Persönlichkeitsmerkmalen, Charaktereigenschaften und deren biografischen Hintergründen ratsam. In verschiedenen Stellenausschreibungen habe ich einige Persönlichkeitsmerkmale und Fähigkeiten gefunden, die von Erzieherinnen, Erziehern und pädagogischen Fachkräften erwartet und erwünscht werden, wenn sie in einer Kindertagesstätte arbeiten (möchten). Davon stelle ich nun einige heraus, um die Anforderungen und Fähigkeiten, die an unsere Persönlichkeit gestellt werden, herauszukristallisieren und sie reflektieren zu können.

So sollte man:

- ☐ über eine staatlich anerkannte Ausbildung oder einen vergleichbaren Abschluss verfügen;
- ☐ hohes Engagement für die Arbeit mit Kindern zeigen;
- ☐ Spaß und Freude an der pädagogischen Arbeit haben;
- ☐ sich mit dem pädagogischen Konzept identifizieren und gleichzeitig selbstbewusst kreative Ideen in das Team einbringen können;
- ☐ flexibel, kreativ und ideenreich sein;
- ☐ fundiertes Fachwissen haben (z. B. situationsorientiertes Arbeiten, Portfolio);
- ☐ über eine gute Kommunikationsfähigkeit verfügen;
- ☐ soziale Kompetenz und eine positive, wertschätzende, empathische und kooperative Grundhaltung haben;

- die Bereitschaft zur Selbstreflexion haben;
- engagiert und offen für Weiterentwicklungen sein;
- eigenverantwortlich, selbstständig und handlungsorientiert sein;
- eigene Stärken und Schwerpunkte einbringen, wie z. B. Musik, Bewegung, Naturerfahrung, Kreativität etc.
- die Bereitschaft für eine vertrauensvolle Zusammenarbeit haben;
- Begeisterungsfähigkeit für Innovation und die konzeptionelle Arbeit zeigen;
- Teamgeist, Offenheit, Kreativität, interkulturelle Sensibilität haben;
- Motivationsbereitschaft, Verantwortungsbewusstsein und Belastbarkeit besitzen;
- Offenheit und Toleranz gegenüber Kindern, Eltern und deren Lebenssituationen zeigen;
- Bereitschaft zur Fort- und Weiterbildung haben;
- mit Engagement, Neugierde und Optimismus die Bildungs-, Betreuungs- und Erziehungsaufgaben von Kindern unterstützen.

Bei Leitungskräften kommen noch weitere Aspekte hinzu:

- die Bereitschaft zur Qualitätsentwicklung;
- Personalführungskompetenzen und Teamfähigkeit;
- Kontaktfreudigkeit, Kooperation mit dem Träger, ein zuverlässiges und verbindliches Auftreten;
- Engagement in der dialogischen Arbeit mit Eltern;
- Durchsetzungsvermögen und Organisationstalent;
- die konstruktive Zusammenarbeit im Team, mit den Eltern, dem Träger, der Schule und anderen öffentlichen Einrichtungen.

In den aufgeführten Erwartungen und Wünschen steckt eine Vielzahl von Persönlichkeitsmerkmalen und Fähigkeiten, die uns bekannt sind und die etwas in uns auslösen. Vielleicht erschlägt uns diese Vielzahl und verursacht eine innere Haltung wie: „Das kann man ja gar nicht alles leisten", oder wir erkennen Merkmale, die wir sofort bei uns entdecken, die wir gut finden und die förderlich sind. Sicher sind aber auch Merkmale dabei, von denen wir wissen, dass es da noch Handlungsbedarf gibt, wenn wir sie aufbauen, entwickeln und verändern wollen.

Unsere Persönlichkeitsmerkmale und Charaktereigenschaften sind entweder entwicklungsförderlich oder entwicklungshinderlich, und sie wirken sich entweder positiv oder negativ auf unser Leben, sowohl im persönlichen wie auch im beruflichen Alltag, aus. Dabei spielen wieder unsere biografischen Hintergründe – unsere eigene Lebens- und Bildungsgeschichte – eine bedeutsame Rolle. Deshalb ist es gut und grundlegend, sich die eigenen Persönlichkeitsmerkmale ganz bewusst zu machen, um zu erkennen,

- was uns auszeichnet, stärkt und sich positiv auf unser Leben auswirkt,
- was uns schwächt und sich negativ auf unser Leben auswirkt,

- wie stark und mit welcher Intensität unsere Persönlichkeitsmerkmale Einfluss auf unser Leben nehmen.

Finde in der folgenden Übung heraus, welche deiner Persönlichkeitsmerkmale sich förderlich oder hinderlich auf dein Leben auswirken und welche biografischen Erfahrungen es gibt, die dafür die Ausgangslage sein könnten/sind. Die benannten Erwartungen und Wünsche können dir bei der Auswahl deiner persönlichen Eigenschaften helfen (überprüfe, welche Aussagen dich berührt haben).

Übung zur Selbsteinschätzung: Wer bin ich? Was kann ich? Was habe ich?

Du brauchst Papier und etwas zu schreiben.

1. Schreibe zunächst Eigenschaften auf, die dir zu dir selbst spontan einfallen.
2. Wähle eine persönliche Eigenschaft aus, die möglichst fast hundertprozentig auf dich zutrifft, die in vielen Situationen deines Lebens für dich aber auch für andere erkennbar ist (z. B. ich bin neugierig, zufrieden, liebevoll, freundlich, kreativ, engagiert etc.).
3. Nun finde Beispiele, wie sich diese Eigenschaft auf dein Handeln auswirkt. Was kannst du aufgrund dieser Eigenschaft tun? Ich kann ...
4. Nun finde heraus, welche grundlegende Fähigkeit du für dein Leben aufgebaut hast. Ich habe ...
5. Finde zu allen Punkten Beispiele und mögliche biografische Hintergründe, warum dich diese Eigenschaft entwicklungsförderlich auszeichnet.

Beispiel: liebevoll sein

Ich bin liebevoll! Biografischer Hintergrund: Meine Eltern, Großeltern, Geschwister und eine Tante waren immer für mich da. Sie haben mir auf sehr unterschiedliche Weise ihre Liebe und ihr Vertrauen geschenkt und mich so angenommen, wie ich war, und mir das Gefühl gegeben, dass ich so, wie ich bin, gut bin ...

Ich kann ... mir selbst und anderen Gutes tun; ich kann Glück und Freude empfinden und andere glücklich machen und Freude auslösen; ich kann mir selbst nah sein und anderen viel geben ...

Ich habe ... Liebe und Freude in mir. Das drückt sich in den Beziehungen mit anderen Menschen aus. Ich spüre es in mir und im Umgang mit anderen Menschen und vor allen Dingen mit den Kindern. Sie spiegeln es mir wider. Dass ich liebevoll bin, sieht man auch an den Dingen, die ich mache und gestalte, und es drückt sich auch in meiner Liebe zur Natur aus ... Ich mag die Menschen, das Leben und die Herausforderungen des Lebens ...

Eine Ergänzung zu dieser Aufgabe wäre es, sich auch negative und entwicklungshinderliche Eigenschaften anzuschauen:

Ich bin nicht liebevoll, ich kann selten Freude und Glück empfinden und habe wenig zu geben oder gebe viel, um selbst geliebt zu werden ...

Auch dafür sollten die Hintergründe aufgespürt werden. So können ungeklärte Fragen ans Licht kommen und je nach Schwere des Problemkerns Schritt für Schritt geklärt und verwandelt werden.

Ja, es braucht eine Menge Mut, sich an die eigenen Unzulänglichkeiten heranzutrauen. Doch wenn wir es wagen, haben wir die Möglichkeit, noch tiefere Wurzeln zu schlagen und noch üppiger und klarer ins Leben hineinzuwachsen. Oft sind es ja gerade die krisenhaften, schweren, lästigen und anstrengenden Lebensaufgaben, durch die wir an Größe gewinnen und über uns selbst hinauswachsen. So gibt es z. B. viele junge Menschen, die nach der Schule das Wagnis eingehen, ein fremdes Land zu besuchen, dort zu reisen, zu arbeiten, die kulturellen Unterschiede kennenzulernen und neue Erfahrungen zu sammeln. Erfahrungen, die man mit sich selbst macht, die mit tiefen Gefühlen verbunden sind, die dazugehören, die Zeit bekommen und angenommen und ausgehalten werden (müssen), um innerlich zu reifen und sich selbst ein Bild von der Welt zu machen und eigene Standpunkte zu festigen. Dies ist nur ein Beispiel für ein Wagnis, mit dem sich viele junge Menschen erproben. Man braucht allerdings nicht gleich ein fremdes Land zu bereisen, wenn man Wagnisse eingehen möchte. Wagnisse sind individuell, und es ist für jeden Menschen zunächst eine Hürde, sich auf sich selbst einzulassen, weil man, obwohl man etwas verändern möchte, an seine persönlichen Grenzen kommt. Man kann auch mit kleinen Wagnissen vorankommen, wenn man sich Schritt für Schritt auf den Weg macht und langsam und stetig seine inneren Blockaden auflöst.

Ein Wagnis ist immer auch ein Experiment oder ein Abenteuer, bei dem der Ausgang nicht klar ist und man nicht weiß, wie es endet. Es ist absolut verständlich, wenn man nicht allzeit bereit ist, sich darauf einzulassen. Die Entscheidung, ein Wagnis einzugehen, liegt also bei uns selbst, und wir können differenziert entscheiden, ob wir ein kleines, ein mittleres, ein großes Wagnis oder gar keins eingehen möchten. Während einer Selbsterfahrungswoche im Jahr 2013 ging es genau um dieses Thema. Die Gruppe aus etwa 28 Teilnehmerinnen und Teilnehmern sollte sich diesen vier Differenzierungsmöglichkeiten zuordnen. So kam es, dass achtzehn der Teilnehmenden ein großes Wagnis eingehen wollten, aber nur zehn Plätze zur Verfügung standen. Wir bekamen die Aufgabe zu begründen, warum es für uns so wichtig war, dieses Wagnis einzugehen, und sollten es selbst abwägen und für unseren Platz kämpfen. Am Ende waren es zwölf Frauen, die eine ausgewählte Aufgabe für ihr persönliches Wagnis bekamen. Das war sehr spannungsgeladen, weil wirklich niemand wusste, was auf uns zukommen würde. So bekam jede von uns eine Aufgabe für ein Improvisationstheaterstück, in dem wir genau das darstellen sollten, was unserer Persönlichkeit so gar nicht nahekam und unserem realen Auftreten völlig widersprach. Das folgende Beispiel spiegelt meine eigenen Erfahrungen wider. Ich hatte die Aufgabe, meine aggressiven, bösen, wutbesessenen Anteile als Gefängniswärterin voll zum Ausdruck zu bringen. Eine Herausforderung, die ungeahnte Energien in mir wachgerufen und selbst die Zuschauenden sprachlos gemacht hat. Drei Teilnehmerinnen, die meine Gefangenen spielten, haben nicht geglaubt, dass es mir gelingen würde, sie auf übelste Weise zu beschämen, kleinzumachen und bis aufs Letzte zu erniedrigen. Die Aufgabenstellung wurde zu einem Prozess, in dem sich gemeinsam in der Gruppe eins aus dem anderen entwickeln konnte.

Selbsterfahrungsbeispiel: Die Gefängniswärterin, die ihre Gefangenen moralisiert und schikaniert

Vorbereitungsphase:

Als ich die Aufgabenstellung bekam und meinen Satz las (siehe Überschrift) war ich nicht erstaunt. Ich hatte schon damit gerechnet, dass ich jemanden spielen sollte, der bösartige, aggressive Verhaltensweisen in sich trägt. Ich überlegte direkt, welche Bilder ich zu einer solchen Person hatte. Mir kam der Film, „Das Experiment" mit Moritz Bleibtreu in den Sinn. Ein Film, der im Gefängnis spielt und in dem die Rollen der Gefängniswärter und der Gefangenen als Experiment vertauscht werden. Dann überlegte ich, welche Teilnehmerinnen meine Gefangenen spielen könnten. Ich wählte Persönlichkeiten aus, die mir die Aufgabe nicht so leicht machen würden und etwas entgegensetzen konnten. Dann überlegten wir in der Kleingruppe weiter, welche Verkleidung und Requisiten mir nützlich sein könnten, um möglichst authentisch in dieser Rolle zu wirken, und suchten sie gemeinsam zusammen. Da wir uns auf einem Seminarhof mit Pferden, Bestallungen, Arbeitsgeräten und einer Großküche befanden, war dies möglich. So hatte ich für die Darstellung einen roten, enggeschnittenen Kunstledermantel, rote Schnürlackstiefel, eine schwarze Schirmmütze, eine schwarze Leggins und passende Schminke. Außerdem folgende Requisiten: drei gusseiserne Gartenstühle als Gefängniszellen und einen als Klo, eine Blechschale, Wasser, Seife, Handtuch, Schrubber, Eimer, eine übergroße Schere, einen Rasierapparat, eine Peitsche, einen Stock, eine Klobürste ... Eine Handlung gab es für mich zu diesem Zeitpunkt noch nicht. In der Gruppe wurden nur Details abgesprochen. Meine Mitspielerinnen glaubten nicht, dass ich es schaffen würde, sie kleinzumachen und zu schikanieren. Ich dachte nur „Euch werde ich es schon zeigen" und nahm mir vor, sie gleich am Anfang so kleinzumachen, dass sie erst gar nicht auf die Idee kämen, sich zu widersetzen. Nur die Musik, die das Ganze unterstützen sollte, war mir von Anfang an klar: „The Wall" von Pink Floyd.

Reifungsphase:

Die Vorführungen gingen los. Ich war innerlich aufgeregt, hoch konzentriert und hatte Lampenfieber. Ich wollte meine Sache überzeugend, realistisch, berührend und gut spielen. Würde es mir gelingen? Ich glaubte ganz fest daran. Während ich den anderen Teilnehmerinnen zuschaute, reifte nach und nach die Handlung zu einem ganzen Stück heran, und kurz bevor es losging, fiel mir erst das Ende ein. Nach kurzer Absprache übernahm die Kursleiterin noch eine wesentliche Rolle zum Ende der Handlung. Eigentlich wollte ich mit unserer Darstellung gerne zuletzt an die Reihe kommen. Das klappte nicht. Stattdessen sprangen meine Gruppe und ich spontan ein, als keiner weitermachen wollte. Ich brauchte noch etwas Vorbereitungszeit, die es aber eigentlich nicht gab. Es musste alles schnell gehen, und bereits während die Kulisse, die Requisiten zusammengetragen wurden und ich den Mantel überzog und zuschnürte, schlüpfte ich wie automatisch in die Rolle der Gefängniswärterin. Dies wurde durch die einsetzende Musik dann auch noch zusätzlich gesteigert.

Die Aufführung:

Zu Beginn nahm ich mir die Peitsche und holte die drei symbolisch angeketteten Gefangenen in den Saal. Ich wollte ihnen gleich beim Einmarsch zeigen, dass ich nicht mit mir spaßen ließ. Ich verängstigte sie, indem ich immer wieder mit der Peitsche neben ihnen auf den Boden schlug und sie laut, aggressiv und zornig schreiend bis zu ihren Zellen (die eisernen Stühle) antrieb und sie dann hineinstieß. Dann holte ich die Blechschüssel mit Wasser. Anstatt sie ihnen zum Trinken hinzustellen, schrie ich sie wieder mit hochaggressiver Stimme und mit bösen Aussprüchen an und goss ihnen das Wasser auf den Leib. Die Spannung, der Druck baute sich immer mehr auf. In dieser Phase reagierten die drei noch und attackierten mich verbal, so, als würden sie sich von mir und meinen Verhalten nicht einschüchtern lassen. Ich rotzte auf den Boden, holte mir die Schere und den Rasierapparat und ging in die erste Zelle. Ich tat so als würde ich der Gefangenen die Haare abschneiden und sie rasieren, dabei drückte ich sie nieder, bis sie sich nicht mehr rührte. Ich verließ die Zelle, atmete tief durch und ging (symbolisch) zum Waschbecken. Ich wusch mich völlig übertrieben ab (Waschzwang), flocht mir Zöpfe, zog den Mantel aus (wurde zu einem „braven" Mädchen) und verließ den Raum. Nach einer Weile kam ich wieder rein, zog mich wieder um, wurde ernst und setzte meine üblen Taten fort. Ich machte die Gefangenen darauf aufmerksam, dass es gleich weitergehen würde, sie waren zwar schon klein, reizten und provozierten mich aber noch. Ich ging zum Klo setzte mich darauf und tat so, als ob ich ... Dann ging ich in die nächste Zelle und nahm die Gefangene, die mich am meisten provoziert hatte, zerrte sie mit dem Kopf über das Klo, nahm die Bürste und ... Während ich das tat, attackierten mich die anderen beiden Gefangenen noch mit Worten, sie wurden aber still, als ich die Gefangene in ihre Zelle zurückzerrte und ihnen drohte, dass sie auch gleich drankommen würden. Ich ging danach aber wieder zum Waschbecken, wusch mich etc., verließ den Raum und kam wieder. Diesmal sah ich auf dem Tisch noch eine Zigarette liegen. Ich nahm die Zigarette, schaute sie an und baute ganz ungeplant eine zusätzliche Szene ein. Ich betrachtete die Zigarette, eine Gefangene schrie verängstigt: „Da kommt sie, ich sehe die roten Stiefel!" Alle drei lagen mit dem Gesicht zum Boden in ihren Zellen und wimmerten vor Angst. Dann ging ich langsam und bedacht in die nächste Zelle. Zündete die Zigarette an (nicht in echt), nahm einen tiefen Zug, nahm den Pullover der Gefangenen hoch und drücke die Zigarette auf ihren Rücken, ich wiederholte das noch einmal und verließ dann von der Aktion (aber nur im Spiel) befriedigt die Zelle, ging wieder aus dem Raum (diesmal ohne mich umzuziehen), holte die vierte Person auf die Bühne und schrie: „So, Alte, jetzt bist du dran!" (sie stellte meine Mutter dar), stieß sie durch den Saal, bis sie kurz vor den Zellen hinfiel und ich sie unter Anstrengung zu den anderen Gefangenen hinter die Gitter schleifte. Dann machte ich die Musik lauter und spielte das Lied „Another Brick in the Wall (Part 2)" von Pink Floyd („We don't need no education"). Nun sah ich die bestürzten und beeindruckten Gesichter im Publikum, es war unfassbar still, ich bedankte mich bei den Zuschauerinnen und Zuschauern mit dem Satz: „Die Gefängniswärterin, die ihre Gefangenen moralisiert und schikaniert.", und dann setzte der für mich überwältigende Beifall ein.(Ich war völlig erschöpft, durchgeschwitzt, erschlagen von dem, was auch noch in mir steckt. Gleichzeitig war ich aber auch stolz und überrascht von meinen darstellerischen Fähigkeiten und dem schauspielerischen Potenzial, welches mir durch den Beifall und die anschließenden Äußerungen zugesprochen wurde. Ein Erlebnis, das bei den Zuschauenden Spuren hinterlassen und sie tief berührt hat. Da wurden eigene Ohnmachtserlebnisse aktualisiert und teilweise kaum ausgehalten. Die Gefangene, bei der ich so getan hatte, als würde ich eine Zigarette auf ihren Rücken drücken, hat mich im Anschluss gefragt, was ich da eigentlich gemacht habe. Sie hatte das Gefühl, als würde ich sie verbrennen ...

Es sind gerade die Ausnahmesituationen im Leben, das Unbekannte und Neue, die Dinge, die wir noch nie getan haben, die unsere Persönlichkeit wachsen und reifen lassen. Sie machen uns durchsetzungsfähiger, belastbarer und selbstbewusster. Sie erwecken das, was in uns steckt, zum Leben; wir bekommen Vertrauen zu uns selbst, nehmen uns bewusst wahr und lernen uns selbst genauer und differenzierter in unserer Einzigartigkeit kennen. Wir können Fähigkeiten, Ressourcen und Potenziale entdecken, erkennen und aufbauen, die uns dann für das weitere Leben bewusst und somit auch förderlich zur Verfügung stehen. „Zum Individuum werden heißt, sich durch die Prozesse der Selbsterkenntnis auszudifferenzieren. Dabei muss die eigene Besonderheit und Einzigartigkeit im Wesentlichen angenommen werden, was auch bedeutet, die mit den Möglichkeiten verbundenen Schwierigkeiten zu akzeptieren."
(Schnocks 2013, S. 25)

Es geht darum, sich selbst zu verwirklichen und herauszufinden, wer man selbst ist, welche Besonderheiten man hat und was einen selbst unverwechselbar und einmalig macht. Sich selbst mit all seinen widersprüchlichen Eigenschaften und Anteilen ernst- und anzunehmen ist eine lebenslange Aufgabe, denn solange man lebt, können unbewusste und bewusste Anteile in uns reifen, die uns vollständiger, vollkommener und ganz werden lassen. Bleibt die Frage, ob diese Aufgabe mit dem Tod abgeschlossen werden kann?

Wollen wir unsere Fähigkeiten, Ressourcen und Potenziale bewusst aufbauen, in unserer Entwicklung wachsen und reifen und unsere Standpunkte festigen, geht es immer wieder darum,

- sich selbst zu erfahren und bewusst wahrzunehmen,
- sich immer wieder neue Ziele zu setzen,
- sich neue Aufgaben und Fragen zu stellen,
- Antworten zu finden und Ergebnisse zu erzielen,
- sich auf den Weg zu machen; das Neue entdecken zu wollen,
- Altes loszulassen,
- Wagnisse einzugehen,
- jeden Tag etwas (Gewöhnliches) anders zu machen,
- seine eigenen Grenzen zu erweitern,
- Probleme oder Fragestellungen aus Kindheitstagen zu klären,
- offen für konstruktive Vorschläge zu sein und sie annehmen zu können,
- sich selbst und die eigene Biografie immer wieder zu reflektieren
- und den eigenen Boden zu finden.

Authentizität ist das, was unsere Einzigartigkeit ausmacht!

Standpunkte festigen

Die eigenen Standpunkte zu erkennen und sich ihrer bewusst zu werden ist eine wesentliche Grundlage, wenn man sein Leben selbst gestalten möchte. Je besser man seine eigenen Standpunkte, Bedürfnisse und Interessen kennt, desto leichter kann man sie anderen Menschen gegenüber vertreten, indem man artikuliert, was einem wichtig ist und warum. Über die selbstreflexive Auseinandersetzung mit unserer Lebensgeschichte können wir unsere Standpunkte festigen, uns selbst stärken, dadurch die eigenen Fähigkeiten und Ressourcen aufbauen und sie selbstbewusster vertreten. Dabei spielen sämtliche Lebens- und Lernerfahrungen während unseres Wachstumsprozesses eine bedeutsame Rolle. Wer sein Leben auf der Grundlage seiner eigenen Überzeugungen und Standpunkte frei, zufrieden und weitestgehend sorglos gestalten möchte, sollte möglichst viele Lebensfragen für sich klären, seine unbewussten, verborgenen Anteile an die Oberfläche bringen und Entscheidungen treffen, die zum eigenen „Selbstwerden" beitragen.

Übung: Werde, wer du sein willst – Standpunkte des Lebens

Diese Übung braucht Zeit und Geduld. Sie ist etwas umfangreicher. Du brauchst für die erste Frage Papier und einen Stift. Danach brauchst du ein großes Blatt Papier, auf das jemand deinen Körperumriss zeichnen soll. Dieser dient dann als Grundlage für deine Lebensstandpunkte. Für diese kannst du alte Zeitschriften, Fotos und alles, was deine Kreativität entfaltet, verwenden.

1. Beantworte die folgende Frage so ausführlich wie möglich: Was verstehst du unter einem erfüllten Leben?
2. Nun brauchst du deinen Körperumriss. Teile ihn mit einer Linie durch die Körpermitte in zwei Körperhälften, sodass du in die linke und die rechte Körperhälfte etwas hineinschreiben, -kleben und/oder -malen kannst.
3. Nun finde heraus, wer du sein willst. Gestalte dazu zunächst die linke Körperhälfte, indem du wie folgt vorgehst:

Die Füße stehen für unsere Standfestigkeit: Hier kommen die Standpunkte deines Lebens hinein, wie z. B. „Die Entscheidungen, die wir treffen, bestimmen das Leben", „Liebe ist die Voraussetzung für inneren Frieden" etc. Was sind wichtige Standpunkte, die dich durch dein Leben tragen?

Die Beine stehen für unser Handeln und Beweglichkeit: Hier kommt alles rein, was du gerne tust und noch gestalten, tun, unternehmen möchtest, wie z. B. Gitarre spielen lernen, den Garten umgraben, Bäume pflanzen, Fußball spielen, Segelfliegen etc. Was möchtest du in deinem Leben noch alles tun?

Die Hüfte steht für unsere Vorstellungen zur Sexualität: Hier kommt alles rein, was du mit Sexualität verbindest, wie z. B. Zärtlichkeit, Vertrauen, Zeit etc. Was ist dir für deine gelebte Sexualität wichtig?

Der Bauch steht für das Fühlen: Hier kommt alles rein, was wir uns für unser Fühlen wünschen, wie z. B. Freude erleben, einfühlsam sein, weinen können, sich sicher und geborgen fühlen etc. Welche Bedeutung hat das Fühlen in deinem Leben? Welche Rolle spielt das Fühlen, wenn du Entscheidungen triffst?

Die Arme und Hände stehen für das Begreifen: Hier kommt alles rein, was wir begreifen und verstehen wollen, z. B.: „dem Sinn des Lebens auf die Spur kommen", „die Naturgesetze erfassen", „lernen, wie man das Leben genießen kann" etc. Was in deinem Leben ist für dich bedeutsam, was möchtest du erfassen und begreifen?

Der Kopf steht für unser Denken: Hier kommt rein, was und wie wir denken, z.B. „mein Optimismus bringt mich ans Ziel", „neugierig sein führt dazu, das Wissen zu erweitern", „ich vertraue darauf, dass alles gut wird" etc. Wie denke ich über mein Leben?

Die Haare stehen für unsere Gedanken: Hier kommt alles rein, was mit unseren Gedanken über das Leben zu tun hat, wie z. B. „es gibt viele verschiedene Möglichkeiten zu Lösungen zu kommen", „alle Gedanken werden von Gefühlen und dem biografischen Hintergrund eines Menschen bestimmt", „jeder Mensch hat die Freiheit, eigene Entscheidungen zu treffen" etc. Welche Gedanken bestimmen dein Leben?

Du kannst die Körperhälfte nun so gestalten, wie es deiner Kreativität entspringt.

4. Schreibe nun in die rechte Seite, wer du bist. Was von dem, wie du gerne sein würdest, hat bereits Gültigkeit in deinem jetzigen Leben? Beispiel: Wenn du viel Lebensfreude hast, schreibe auf, was diese in deinem Leben auslöst, wie z. B. „meine Lebensfreude ist für mich ein großes Geschenk, weil sie mich glücklich macht, weil ich viel lache" etc.

5. Setze dir Ziele, um deinen gewünschten Lebensstandpunkten näherzukommen.
   a) In welchen der sieben Bereiche möchte ich meine Lebensstandpunkte verändern?
   b) Welche Ziele setze ich mir?
   c) Was kann ich tun, um diese Ziele zu erreichen?

Auch diese Übung war eine Aufgabe während einer Selbsterfahrungswoche. Ich weiß noch, wie viel Zeit diese Aufgabe bei mir in Anspruch genommen hat. Ich weiß aber auch noch, wie sehr sie mir eine Bewusstheit über meine Lebensstandpunkte geschenkt hat, wie mir vieles klarer wurde, über das ich mir bis dahin noch gar keine Gedanken gemacht hatte, und mit wie viel Hingabe und Muße ich Schritt für Schritt alle sieben Bereiche bearbeitet habe, um zu erkennen, dass vieles von dem, was meinen Wunschvorstellungen entsprach, bereits zu meinem Leben gehörte. Es ist ein wundervolles Gefühl, die eigenen Standpunkte zu erfassen und zu erkennen. Es schafft Sicherheit, Klarheit und macht zufrieden. Außerdem bekommt man die Möglichkeit, jederzeit etwas zu verändern.

Zum Ausklang eine Geschichte:

„DIE LEHRE"

„Als der Prinz 16 Jahre alt war, wollte er mit dem Schwert kämpfen lernen. Der König ließ ihm ein scharfes Schwert und eine kostbare Rüstung machen, und der Prinz ging in die Einsamkeit zu einem berühmten Meister. Der Prinz verneigte sich. Der Meister sagte: „Hänge dein Schwert und deine Rüstung an den Ast des Mangobaumes, hole Brennholz aus dem Wald, mach Feuer und bereite den Tee." Der Prinz tat alles, was der Meister sagte. Er holte Holz, machte Feuer und Tee, räumte auf, säuberte die Hütte, schüttelte die Betten auf und bereitete die Speisen. Die Zeit verging: ein Jahr, zwei Jahre, fünf und zehn. Nach 25 Jahren kamen dem Prinzen einige Zweifel, ja Misstrauen und Zorn erwachten in seinem Herzen. Er holte das Schwert vom Baum, zog den Damaszenerstahl aus der Scheide und schlich zur Hütte des Meisters, um ihn zu durchbohren. Doch der Meister saß nicht wie sonst in seiner Hütte. Er hatte Holz geholt, ein Feuer gemacht und bereitete den Morgentee. Der Prinz schlich sich von hinten an den Meister heran und stieß mit einem gewaltigen Schrei zu. Der Meister wehrte den Stoß mit dem Kessel ab, stand auf, verneigte sich und sagte: „Deine Lehre ist beendet."
Eine Frau sagte zu dieser Geschichte: Der Prinz hat schnell gelernt. Ich bin jetzt 50 Jahre alt und lebe in weiten Bereichen meines alltäglichen Lebens immer noch so brav und angepasst wie ein kleines Kind. Ich brauche Mut und Unterstützung, um mehr und mehr das zu tun, was für mich und meine Welt gut und richtig ist. Meistens sind es nur Kleinigkeiten, z. B. mich ausruhen, wenn ich müde bin, allein sein und lesen, mein Arbeitspensum nach meinen Kräften einteilen, mit einer Freundin am Wochenende wandern ..."

(aus: Brink, Otto: Vitamine für die Seele, Wuppertal 1999, S. 49 – 50)

Mögest du das tun, was für dich und deine Welt gut und richtig ist.

Kapitel 7:
Ressourcen im Team erkennen und entwickeln

„Behandele andere so, wie du von ihnen behandelt werden möchtest.“

Goldene Regel

Die Schatztruhe eines Teams

Das Team und die gemeinsame Zusammenarbeit zwischen den pädagogischen Fachkräften ist das Kernstück – der eigentliche Schatz – für eine qualitätsorientierte Arbeit auf allen Ebenen einer Einrichtung. Wenn alle Kolleginnen und Kollegen das Boot gemeinsam steuern, erzielen sie die angesteuerten Ziele leichter, wenn alle im gleichen Rhythmus und in die gleiche Richtung rudern. Das ist nicht immer leicht, denn alle sitzen mit ihren eigenen Ressourcen, Stärken, Schwächen und persönlichen Haltungen im Boot. Es bedarf eines hohen Maßes an Verständnis für die Unterschiedlichkeiten, Verantwortungsbewusstsein, Anstrengungsbereitschaft und gegenseitige Feinstabstimmung zwischen allen Mitfahrerinnen und Mitfahrern, um gemeinsam Erfolge zu verbuchen. Wenn alle Schätze (Ressourcen etc.), die an Bord vorhanden sind, erkannt und geachtet werden, ist die Ausgangslage, um die gemeinsame Leistung zu steigern und weitere Erfolge mit dem Team zu erzielen, sehr gut. Dabei ist es für die Zusammenarbeit im Team entscheidend, sich regelmäßig mit den eigenen Persönlichkeitsmerkmalen und denen der anderen Teammitglieder zu befassen. Eine Vertiefung kann über den kollegialen Austausch im Team, aber auch über verschiedene andere Formen und Methoden der Selbstreflexion, geschehen. Selbsterfahrung bedeutet mehr als das Kennenlernen der eigenen Persönlichkeit. Entscheidend ist auch, wie wir im persönlichen und beruflichen Alltag mit anderen Menschen umgehen und zusammenwirken. Wie wir auf sie zugehen, wie wir sie begrüßen, wie wir sie annehmen, wie wir sie achten, wie wir sie sehen, wie wir sie hören, wie wir mit ihnen sprechen, ob wir sie riechen können, ob sie uns sympathisch sind – wir sie mögen, gerne mit ihnen zusammen sind und uns wohlfühlen. Im privaten Bereich kann man sich das selbst aussuchen. Im beruflichen Alltag ist es anders. Da ist es notwendig, miteinander umzugehen, gemeinsame Ziele zu verfolgen und diese zielgerichtet zu verfolgen, damit die Arbeit gut gelingen kann. Im pädagogischen Alltag kommt es also auf das gelungene Zusammenspiel mit den unterschiedlichen Persönlichkeitsmerkmalen vieler Menschen an.

Wie sieht es nun aus, wenn sich unsere eigenen Ressourcen, Fähigkeiten, Bedürfnisse, Neigungen, Einstellungen und Gedanken mit denen von unseren Kolleginnen und Kollegen zu einem Ganzen bündeln? Wenn eine Bündelung von so vielen guten Persönlichkeitsmerkmalen zusammenkommt? Das wäre doch wie eine gefüllte Schatztruhe, gefüllt mit lauter guten Ressourcen und Fähigkeiten und wundervollen Dingen, die wir auspacken könnten, um sie im gegenseitigen Austausch mit Kindern, Eltern, Auszubildenden, der Öffentlichkeit und anderen Menschen zu teilen und glücklich zu sein.

Eine wunderbare Vorstellung, aber der Alltag zeigt sich oft ganz anders. Woran liegt das?

Jedes Schmuckstück in der Schatztruhe ist einmalig und anders geprägt. Da gibt es zwar Ähnlichkeiten, aber wenn man sie sich genau anschaut, kann man die Unterschiedlichkeiten erkennen: lauter verschiedenförmige, in bunten Farben glänzende, glitzernde, große, mittlere, kleine und fein geschliffene Schmuckstücke, zwischen denen sich aber auch die Steine befinden, die noch matt, rau und ungeschliffen sind und nur beim genauen Hinschauen entdeckt werden. Sie können noch entdeckt, geschliffen, bearbeitet und zum Glänzen gebracht werden.

Ja, in der Schatztruhe der wundervollen Ressourcen und Fähigkeiten gibt es auch die weniger geschätzten Persönlichkeitsmerkmale, die verdeckt, verurteilend und bewertend mitwirken und Spuren im gemeinsamen Miteinander hinterlassen.

Da gibt es nach guten Phasen der Zusammenarbeit auch immer wieder anstrengende, schwere Phasen voll nicht geklärter Meinungsverschiedenheiten, Unstimmigkeiten, Kommunikationsprobleme, Konflikte und krankmachender Aspekte.

Darum ist es von hoher Bedeutung, den bunt zusammengewürfelten Schatz zu sichten und seinen einzigartigen Wert zu erkennen. Achtsam danach zu schauen, wo noch Feinschliff und Bearbeitung notwendig sind. Welche Eigenschaften gut zusammenpassen, Freude auslösen, eine wunderbare, kraftvolle Wirksamkeit besitzen und sich gegenseitig unterstützen. Dann kann aus lauter wertvollen Einzelteilen ein wundervolles Kunstwerk entstehen, dessen Teile sich gegenseitig tragen und aus dem viele weitere Kunstwerke wachsen können, die Bestand haben und Spuren in der Welt hinterlassen.

Vom inneren Team zum äußeren Team

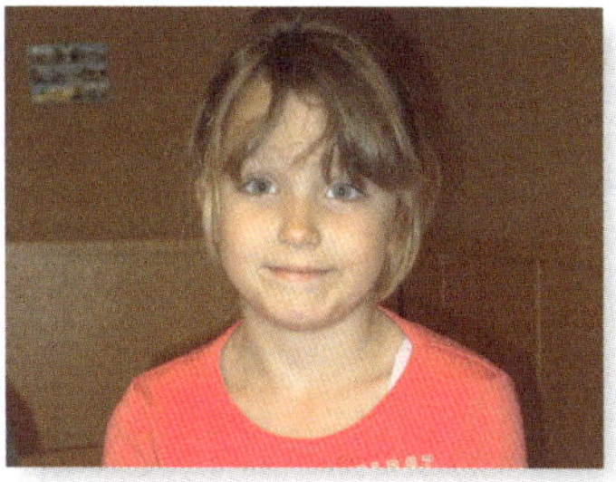

„Das Höchste, wozu der Mensch gelangen kann, ist das Bewusstsein eigener Gesinnungen und Gedanken, das Erkennen seiner selbst, welches ihm die Anleitung gibt, auch fremde Gemütsarten einig zu erkennen."

Johann Wolfgang von Goethe

Friedemann Schulz von Thun spricht von der „inneren Pluralität" und dem „inneren Team" und bezeichnet damit das Seelenleben des Menschen. Er geht davon aus, dass der Mensch sozusagen „mehrere Seelen" in seiner Brust hat. Dies ist auf der einen Seite eine Quelle großen Reichtums und auf der anderen Seite, eine Not, mit der der Mensch fertig werden muss. Die Not beschreibt er als „inneres Durcheinander und Gegeneinander [...] bis hin zur quälenden Zerrissenheit und Lähmung, bis hin zum inneren Bürgerkrieg." (Thun 2004, S. 15).

Als „Tugend" bezeichnet er es dagegen, „die Vielzahl der inneren Stimmen nutzen [zu] können, um die Weisheit und Kraft, die in jeder Einzelstimme enthalten ist, zusammenführen." (ebd).

Beispiel:

Botschaft (Frage) der Leitung an eine Kollegin: Kannst du heute die Reitbegleitung übernehmen? Ilse ist krank.

Innere Reaktionen der verschiedenen „Teammitglieder" der Kollegin:

Die Freiheitsliebende: Oh, nein, jetzt soll ich das auch noch machen!

Die Hilfsbereite: Das werde ich wohl tun müssen, sonst müssen wir absagen, und dann können die Kinder nicht reiten.

Die Skeptische: Warum soll ich das machen und nicht jemand anderes?

Die Ängstliche: Schaffe ich das? Da gibt es viel zu beachten. Wenn ein Kind vom Pferd fällt?

Die Tierliebhaberin: Schön, dann kann ich den Pferden das Brot geben.

Die Optimistin: Wie schön, ich kann mit den Kindern reiten gehen.

Das Gute an diesem Modell ist, dass es uns eine Möglichkeit aufgezeigt, wie wir mit unseren inneren Stimmen (Pluralität) umgehen können, um eine gute Lösung für die eigene innere Auseinandersetzung zu bekommen. Außerdem kann es im wirklichen Team zielführend sein, wenn wir bereit sind, unsere inneren Stimmen offen zu benennen und sie als Aspekte für die Entscheidungsfindung zu einem bestimmten Thema anzuwenden. Bezogen auf die Teamressourcen heißt das, wenn wir uns öffnen, mit allem, was in uns steckt, können Risiken und Chancen bzw. Vor- und Nachteile zu einem Thema vielseitiger abgewogen werden, um zu konstruktiven Lösungen zu gelangen.

Nun gibt es aber auch Rollen, die wir in einem Team spielen. Diese zu erkennen und zu entschlüsseln ist wichtig für die Zusammenarbeit im Team. Die folgende Übung ermöglicht es, sich Klarheit darüber zu verschaffen, welche Rollen wir im Leben spielen, welches dabei unsere Lieblingsrollen sind und welche Rollen wir im pädagogischen Alltag einnehmen.

Übung: Rollen und Funktionen

Du brauchst Papier und einen Stift.

1. Schreibe alle Rollen und Funktionen auf, die dir einfallen.
2. Wähle zwei oder drei aus, die dir gefallen und schreibe dazu einen kleinen Text. Schreibe einfach, was dir dazu einfällt.
3. Nun schreibe alle Rollen und Funktionen auf, die du im beruflichen Alltag einnimmst und schreibe einen Text dazu (ca. eine halbe Seite).
4. Was löst diese Übung in dir aus? Nimm deine Gedanken und Gefühle bewusst war und fasse sie kurz zusammen.

Beispiel: 39-jährige Frau

Meine Rollen und Funktionen: Mutter, Freundin, Patentante, Sozialpädagogin, Kita-Leiterin, Lehrerin, Referentin, Autorin, Fürsprecherin für Kinder, Menschenfreundin, Naturliebhaberin, Tennisspielerin.

Menschenfreundin: Meine soziale Veranlagung und die Fähigkeit, offen und authentisch auf andere Menschen zuzugehen, kommt von den guten Erfahrungen, die ich in meiner Familie gemacht habe. Meine Eltern, Großeltern und meine Brüder waren immer verlässlich für mich da. Es ist mir eine Freude, Menschen nah sein zu können und sie glücklich zu machen. Ich gehe auf Menschen offen und freundlich zu und nehme sie an, so wie sie sind. Auch das verdanke ich den Erlebnissen in meiner Kindheit. In meinem Elternhaus auf dem Lande waren Menschen stets willkommen, und ich verbinde damit in meinem Herzen viele schöne Erlebnisse.

Fürsprecherin für Kinder: Ich mag Kinder sehr, und es ist für mich ein großes Geschenk, sie auf dem anstrengenden Weg ihrer emotionalen, sozialen, kognitiven und motorischen Entwicklung liebevoll, achtsam, wertschätzend und partnerschaftlich zu begleiten. Als Fürsprecherin für Kinder setze ich mich dafür ein, dass ihre Bedürfnisse und Interessen geachtet und gewürdigt werden.

(vgl. Ramsay 2010, S. 28)

Rollen im Team

In der Zusammenarbeit mit unseren Teamkolleginnen und Kollegen nehmen wir unterschiedliche Rollen ein. In jedem Team wirken die Gesetzmäßigkeiten der Gruppendynamik mit den dazugehörigen Rollen. Dabei unterscheidet man grundsätzlich zwischen vier verschiedenen Hauptrollen in einem Team, zu denen es weitere Unterrollen gibt. Die folgenden Ausführungen zu den Rollen im Team können in dem Buch „Teamarbeit und Teamentwicklung" von Armin Krenz (Büsingen, 3. Aufl. 2010; K2-Verlag, S. 39 ff.) vertieft werden.

1) **Die Alpha-Rolle – (Führungsrolle)** muss nicht unbedingt von der offiziellen Leitung besetzt sein. Sie liegt bei der realen Führungskraft. Sie übt starken Einfluss auf die anderen aus. Sie ist Initiatorin, Sprecherin und Integrationsfigur. Es gibt fünf Unterrollen:

   Alpha 1: Die Gruppensprecherin/der Gruppensprecher bündelt die Meinungen aller zu einem Gesamtpaket, sodass fast alle Teammitglieder zustimmen; es wird ein Gefühl von Zusammengehörigkeit vermittelt; spricht im Namen aller.

   Alpha 2: Die Initiatorin/der Initiator von Aktivitäten bringt Bewegung ins Team und in den Gruppenprozess; meistens gehen alle Teammitglieder auf die Vorschläge ein.

   Alpha 3: Die Vertreterin/der Vertreter der Gruppenwerte kümmert sich um den Umgang untereinander und achtet darauf, dass jeder seine Meinung sagen kann, Absprachen und Regeln eingehalten werden und eine konstruktive Zusammenarbeit stattfindet, und dass jede/jeder mit seinen Bedürfnissen ernst genommen wird.

Alpha 4: Die Vertreterin/der Vertreter der Gruppennormen achtet darauf, dass Regeln eingehalten werden, die Umgangskultur ist ihr/ihm weniger wichtig; die Sprache ist klar und deutlich, oft kompromisslos.

Alpha 5: Jemand der/die für Ausgleich und Entspannung sorgt und Wert auf ein harmonisches Teamklima legt; alle sollen sich wohl- und angenommen fühlen können.

2) **Die Beta-Rolle – (Fachfrau/Fachmann)** hat die Person inne, die ihr fundiertes Fachwissen der Arbeitsgruppe zur Verfügung stellt und für eine nachhaltige Qualität sorgt. Sie ist oft Ideenträgerin, Sachverständige und Organisatorin. Es gibt fünf Unterrollen:

Beta 1: Die/der Sachverständige bringt ihr/sein Fachwissen ein, und sorgt so für Professionalität in der Diskussion und der Entscheidungsfindung.

Beta 2: Die Ideenträgerin/der Ideenträger ist neugierig und hat Weitblick. Sie/er gibt in Teamdiskussionen immer wieder Anregungen und Impulse und bringt so Bewegung ins Team und in Entwicklungsprozesse.

Beta 3: Die Organisatorin/der Organisator trägt auf fachlich-sachlicher Ebene und durch strukturiertes Vorgehen zur Verbesserung der Arbeitsqualität bei; sie achtet auf die Umsetzung der konkreten Arbeitsschritte.

Beta 4: Die Realistin/der Realist achtet darauf, dass die Vorhaben im Team realistisch und umsetzbar bleiben. Sie/er gleicht Wunschvorstellungen mit Fakten ab und achtet darau, dass das Team sich nicht überfordert.

Beta 5: Die Kontrolleurin/der Kontrolleur überprüft die fachlichen Aufgaben die sich das Team setzt, damit gesteckte Ziele auch erreicht werden können. Regelmäßige Bestandsaufnahmen dienen der gemeinsamen Entwicklung.

3) **Die Gamma-Rolle – (Mitläuferin/Mitläufer)** nehmen diejenigen ein, die eher unterstützend im Hintergrund tätig sind. Es gibt vier Unterrollen:

Gamma 1: Die Stille/der Stille ist zurückhaltend und ängstlich, zeigt kaum ein eigenes Profil und möchte nicht auffallen. Sogar sachliche Diskussionen werden persönlich genommen und als Abwertungen erlebt. Aggressivität wird allerdings nicht gezeigt.

Gamma 2: Die Treue/der Treue ist gewissenhaft, verlässlich, hört den anderen gerne zu und übernimmt bereitwillig Aufgaben. Anpassung und Zurückhaltung zeichnen diesen Rollentyp aus.

Gamma 3: Die Humorvolle/der Humorvolle hat stets einen Witz auf Lager, um belastende Situationen zu entschärfen. Damit wird eine Konflikt- oder Problemlösung verhindert, und Entwicklung ist nicht möglich.

Gamma 4: Die Helferin/der Helfer ist immer bereit, für die Gruppe einzuspringen, und zusätzliche Aufgaben zu übernehmen. Dieses Verhalten wird ft von den Kollegen unterstützt. Persönliche und fachliche Entwicklung kann so aber nicht stattfinden.

4) **Die Omega-Rolle – (Negativrolle)** trägt die Außenseiterin der Gruppe. Sie kann leicht zur abgelehnten Person werden. Es gibt fünf Unterrollen:

Omega 1: Die Außenseiterin/der Außenseiter hält sich am liebsten außerhalb des Gesamtteams auf, beteiligt sich wenig an Gruppenaktivitäten, wurschtelt alleine vor sich hin, und im ungünstigsten Fall sucht dieser Rollentyp, der mit einem geringen Selbstwertgefühl ausgestattet ist, sich jemanden, um gemeinsam gegen das Team zu agieren.

Omega 2: Das Sündenschaf/der Sündenbock steht stellvertretend für das Team, wenn etwas nicht klappt. Dadurch kommt es zu Verunsicherung und persönlicher Abwertung; dies ist hinderlich für die Teamentwicklung.

Omega 3: Das Prügelmädchen/der Prügelknabe ist wie eine verschärfte Form des Sündenbocks. Da sie/er sich nicht wehrt, wird sie/er besonders aggressiv beschuldigt.

Omega 4: Der Gruppenclown versucht mit Albernheiten Aufmerksamkeit zu erlangenm die Situation zu beeinflussen und eigene Gefühle zu verarbeiten. Er wird oft toleriert, obwohl niemand wirklich wert auf seine Selbstdarstellung legt.

Omega 5: Die Schweigerin/der Schweiger kapselt sich mehr und mehr vom Team ab. Dieser Rollentyp wirkt auf andere gelangweilt und zeigt Abwehrverhalten.

Entscheidend für das Nutzen dieser Rollen ist, dass die Mitglieder eines Teams ihre Rollen kennen und damit umgehen, damit es nicht zu unangemessenen Konflikten oder zur Ausgrenzung Einzelner kommt. Es gibt Teammitglieder, die die eine oder andere Rolle bevorzugt einnehmen und dafür andere so gut wie nie oder gar nicht ausfüllen. Das liegt an dem, was in uns steckt. An der eigenen Persönlichkeitsstruktur und an den Erwartungshaltungen des Teams. Sind uns die Rollen, die wir spielen, bewusst, ist es für die gemeinsame Arbeit sehr vorteilhaft, weil uns die Bewusstheit ermöglicht, uns gegenseitig zu ergänzen und Veränderungsprozesse in Gang zu setzen. (vgl. Krenz 2010, S. 39 ff.)

In der Auseinandersetzung der Rollenbilder im Team können wir reflektieren, welche zu einer bestimmten Rolle gehörigen Persönlichkeitsmerkmale für denjenigen selbst und andere entwicklungsförderlich sind, was an den Rollenbildern eine Entwicklung hemmt und verändert werden kann, um die pädagogische Arbeit in der Einrichtung zu verbessern. Die folgende Übung bietet die Möglichkeit, zwischen Selbstbild und Fremdbild zu unterscheiden und zu schauen, welche Rollen im Team einem selbst liegen und wer im Team welche Rolle übernimmt.

Übung: Rollen in erfolgreichen Teams

1. Schätze anhand der Tabelle (vgl. Möller 2007, S. 66 f.) ein, welche Rollen du an dir selbst schätzt und welche Rollen andere Teammitglieder am besten einnehmen können.

1 **Wer entwickelt Strategien im Team?** **Typische Eigenschaften:** Weitblick, Mut, Tatendrang, Ideenreichtum	**Positive Qualitäten:** über den Tellerrand schauen können, Kraftquellen im Team entdecken, Interesse an der Entwicklung und Verbesserung der pädagogischen Arbeit zeigen **Mögliche Schwächen:** kann sich im Unrealistischen verlieren, Einzelgängertum, Widerstand gegen eingefahrene Routine
Was liegt mir an dieser Rolle und was nicht?	**Wer im Team könnte die Rolle übernehmen?**

2 **Wer gibt Impulse und Anregungen im Team?** **Typische Eigenschaften:** Individualität, Ernsthaftigkeit, vom Herkömmlichen abweichend, Eigenwilligkeit	**Positive Qualitäten:** besitzt die Eigenschaft, Kontakt zu Personen aufzunehmen, möchte alles Neue erforschen, kann Herausforderungen annehmen **Mögliche Schwächen:** schwebt in den Wolken, an praktischen Details nicht interessiert, liebt große Erfolge
Was liegt mir an dieser Rolle und was nicht?	**Wer im Team könnte die Rolle einnehmen?**

3 **Wer aktiviert die Teammitglieder?** **Typische Eigenschaften:** Extrovertiertheit, Enthusiasmus, Neugierde, Wissbegehren, Kommunikationsfähigkeit	**Positive Qualitäten:** Kontaktfreude anderen Personen gegenüber, Neues erforschen wollen, Herausforderungen annehmen können **Mögliche Schwächen:** Gefahr laufen, das Interesse an einer Sache zu verlieren, sobald die anfängliche Faszination vorbei ist
Was liegt mir an dieser Rolle und was nicht?	**Wer im Team könnte die Rolle einnehmen?**

4 **Wer gestaltet und formt die Teammitglieder?** **Typische Eigenschaften:** Nervosität, Erregbarkeit, Dynamik, Zielorientierung, Durchsetzungsvermögen	**Positive Qualitäten:** hat den Willen und die Bereitschaft, die Trägheit, Starrheit, Selbstgefälligkeit und Selbsttäuschung zu bekämpfen **Mögliche Schwächen:** Neigung zu Provokationen, Irritationen, Ärger und Ungeduld
Was liegt mir an dieser Rolle und was nicht?	**Wer im Team könnte die Rolle einnehmen?**

5 **Wer moderiert das Team?** **Typische Eigenschaften:** Ruhe, Selbstsicherheit, Selbstbeherrschung, defensive Steuerung	**Positive Qualitäten:** die Eigenschaft, Kolleginnen und Kollegen mit ihren Werten und Persönlichkeitsmerkmalen anzunehmen, einzubinden und mit ihnen umzugehen, starke Wahrnehmung für objektive Gegebenheiten **Mögliche Schwächen:** nicht mehr als das übliche Maß an Intellekt oder kreativen Fähigkeiten
Was liegt mir an dieser Rolle und was nicht?	**Wer im Team könnte diese Rolle einnehmen?**

6 **Wer kann als Teamworker die Beziehungen im Team pflegen?** **Typische Eigenschaften:** sozial orientiert sein, Freundlichkeit, Einfühlungsvermögen	**Positive Qualitäten:** die Fähigkeit haben, auf Menschen und Situationen eingehen zu können und den Teamgeist zu fördern **Mögliche Schwächen:** Unentschlossenheit in Krisensituationen, Konfliktvermeidung
Was liegt mir an dieser Rolle und was nicht?	**Wer im Team könnte diese Rolle einnehmen?**

7 **Wer sorgt im Team für Qualitätssicherheit?** **Typische Eigenschaften:** Sorgfältigkeit, Gewissenhaftigkeit, Fleiß, Eifer	**Positive Qualitäten:** die Eigenschaft besitzen, Dinge durchzuziehen, Standfestigkeit, Liebe zum Detail **Mögliche Schwächen:** Neigung, sich über kleine Dinge aufzuregen, Dinge einfach laufen lassen
Was liegt mir an dieser Rolle und was nicht?	**Wer im Team könnte diese Rolle einnehmen?**

8 **Wer systematisiert das Team?** **Typische Eigenschaften:** Nüchternheit, Besonnenheit, Vorsicht, Logik	**Positive Qualitäten:** Beurteilung, Diskretion, Nüchternheit, Praxis, Stabilität, Klarheit **Mögliche Schwächen:** fehlende Inspiration und mangelnde Fähigkeit, andere zu motivieren, Starrheit, pedantisch sein
Was liegt mir an dieser Rolle und was nicht?	**Wer im Team könnte diese Rolle einnehmen?**

9 **Wer im Team garantiert Zuverlässigkeit?** **Typische Eigenschaften:** Vertrauen, Verantwortungsübernahme, Pflichtbewusstsein, Einschätzbarkeit, Loyalität	**Positive Qualitäten:** Organisationstalent, gesunder Menschenverstand, Anstrengungsbereitschaft, Selbstdisziplin, Verantwortungsbewusstsein **Mögliche Schwächen:** Mangel an Flexibilität, unsensibel gegenüber ungeprüften Ideen
Was liegt mir an dieser Rolle und was nicht?	**Wer im Team könnte diese Rolle einnehmen?**

Ressourcen im Team erkennen, entwickeln und gemeinsam wachsen

„Das Geheimnis des Erfolgs ist, den Standpunkt des anderen zu verstehen."

Henry Ford

Die Zusammenarbeit im Team ist ein wesentlicher Bestandteil der gemeinsamen Arbeit im beruflichen Alltag. Gemeinsam kann man bekanntlich „Berge versetzen", und im übertragenen Sinne bedeutet das für die Zusammenarbeit im Team, dass Ziele nur erreicht werden, wenn man sich gemeinsam auf den Weg macht. Dabei ist auf der einen Seite eine vertrauensvolle, achtsame, offene und wertschätzende Umgangskultur und auf der anderen Seite auch eine klare, direkte, zugewandte und auch konfrontative Umgangskultur von besonderer Bedeutung. Ziele können nur dann erreicht werden, wenn im Team eine entspannte, ehrliche und offene Teamkultur vorhanden ist. (vgl. Konzeption Kita SIM-SALA-BIM, S. 24)

Zunächst ist es wichtig, sich auch darüber im Klaren zu sein, dass in der Zusammenarbeit mit verschiedenen Menschen sowohl die eigenen Ängste und Unsicherheiten als auch die von anderen eine Bedeutung haben. Ängste und Unsicherheiten verhindern eine Weiterentwicklung. Unklare Hierarchien, Strukturen und Rollenverständnisse können Unsicherheit und Angst auslösen, sodass sich Kolleginnen und Kollegen beim offenen Erfahrungsaustausch unsicher fühlen, zurücknehmen und ein Abwehr- und Selbstschutzverhalten zeigen. Auch die unterschiedlichen Haltungen und Einstellungen über die gemeinsame Zusammenarbeit, über den fachlichen Austausch, die Begleitung der Kinder und inhaltliche Schwerpunkte können auseinanderklaffen und zu schwerwiegenden Problemen werden, wenn sie keine Beachtung finden. Hinzu kommen die Rahmenbedingungen und die geringe Wertschätzung des Berufsbildes in der Gesellschaft, die sich auf die innere Bereitschaft zu einer zuversichtlichen, mutigen, anstrengungsbereiten und engagierten Arbeitsweise auswirken und Resignation und Desinteresse hervorrufen können.

Aus diesen Gründen ist es wichtig, dass alle Kolleginnen und Kollegen mit den gleichen Grundinformationen, konzeptionellen Inhalten, Rahmenbedingungen und Umgangsformen an den Start gehen, aber auch eigenständig darauf achten, dass sie selbst Verantwortung und Sorge dafür tragen, dass zu einer konstruktiven, effizienten und effektiven Arbeit jedes Teammitglied beiträgt.

Für ein gutes Gelingen der Teamarbeit ist es wichtig, die Bedürfnisse und Interessen aller Kolleginnen und Kollegen zu achten, wahr- und ernst zu nehmen, zu thematisieren und auf ihre Bedeutsamkeit für eine professionelle, zielführende und entwicklungsförderliche Arbeit zu überprüfen. Dabei muss klar sein, dass die beruflichen Angelegenheiten während der Arbeitszeit Vorrang haben und Privates zurückgestellt wird.

Es sind grundlegende Ressourcen und Fähigkeiten, die ein Team braucht, um ein Fundament aufzubauen, das auch in Zeiten von Unruhe, Belastbarkeit und bei Konflikten standhält. Eine Grundsicherheit und Respekt untereinander schaffen eine Atmosphäre des Wohlbefindens, die eine Grundvoraussetzung für ein selbstständiges, angstfreies und von Freude erfülltes Arbeiten sind.

Was gibt uns nun aber im beruflichen Alltag eine Grundsicherheit, und was brauchen wir, um mit guten Gefühlen unsere Arbeit zu tun?

Wir brauchen,

- gute Beziehungen untereinander, die getragen werden von Aufmerksamkeit, Achtsamkeit und einem freundlichen Umgang.
- die Bereitschaft, eigene Bedürfnisse und Grenzen zu artikulieren, sich darüber auszutauschen und im Gegenzug die Bedürfnisse und Grenzen der Kolleginnen und Kollegen wahrzunehmen, sie zu verstehen und gleichzeitig klar damit umzugehen.
- das Vertrauen darauf, dass alle inneren und äußeren Einschätzungen, Befürchtungen und Ängste thematisiert werden können, damit die unterschiedlichen Meinungen, Ansichten und Haltungen geklärt und auf einen Nenner gebracht werden können.
- eine wertorientierte, humanistische Haltung und Wissen über die Werte, das Menschenbild und die konzeptionellen Schwerpunkte der Einrichtung, die im gemeinsamen Alltag gelebt werden, allen eine Orientierung geben und Selbstbildungsprozesse in Gang setzen. (vgl. Weber 2000)

So werden durch das Erfahren von Grundsicherheit wichtige personale Ressourcen wie Selbststeuerung, Selbstverantwortung, Selbstständigkeit, Selbstwert, Optimismus und Freude aufgebaut.

Ein weiteres Bedürfnis für eine gute Zusammenarbeit im Team ist dasjenige nach genügend Zeit. Zeit für den gemeinsamen Austausch, Zeit für die Kinder, Zeit für das einzelne Kind, Zeit für die Beobachtung, Zeit für den Austausch mit den Eltern, Zeit für die Vorbereitung von Entwicklungsgesprächen, Zeit für die Entwicklungsgespräche, Zeit für Besprechungen im Kleinteam und im Gesamtteam, Zeit zum Lesen der aktuellen Fachliteratur, Zeit für die verschiedenen Aufgaben und Verantwortlichkeiten, Zeit zur Besinnung, Zeit zum Reflektieren, Zeit für die Auseinandersetzung mit sich selbst. Zeit, Zeit, Zeit – diese Liste ließe sich bis ins Unendliche führen, das kennen wir wohl alle. Dennoch geht es darum, die Zeit, die wir haben, sinnvoll auszufüllen, ohne am Ende des Tages völlig erschöpft nach Hause zu gehen. Geht das überhaupt? Wenn es um zeitliche Ressourcen geht, müssen wir lernen, das Wesentliche vom Unwesentlichen und das Bedeutsame vom Bedeutungslosen zu unterscheiden. Immer und immer wieder ist es notwendig, Entscheidungen zu treffen, um die Herausforderungen des Alltages annehmen zu können. Wenn wir uns Zeit nehmen, können wir gelassen, ruhig und ausgeglichen bleiben, zeigen Geduld, sind wahrnehmungsoffen und können uns selbst und andere wahrnehmen. Eine Grundbedingung für gegenseitiges Verstehen. Nur wenn wir uns im Team gegenseitig unterstützen und Absprachen treffen (z. B. wer was mit wem und bis wann macht) und wir uns gegenseitig entlasten, kann dies gelingen. Es erfordert Rücksichtnahme, Hilfsbereitschaft und das Zurückstellen der eigenen Bedürfnisse und Interessen. Bei der Begleitung von Kindern und den vielseitigen Aufgaben im pädagogischen Alltag ist Zeit ein wichtiges Gut, das wir uns gegenseitig geben können.

Vertrauen, Annahme und Wertschätzung im gemeinsamen Umgang sind bedeutsam für das

Gefühl von Zugehörigkeit, ohne das Teamarbeit nicht gelingen kann. Wir müssen wissen, wie wir bestimmte Fragen für uns beantworten können. Wo ist mein Platz im Team? Wie werde ich von den anderen angenommen, gehört, gesehen, geachtet und wertgeschätzt? Wie ist die Kommunikation untereinander? Wie wirken meine Verhaltensweisen, Blicke, Reaktionen auf die anderen? Wie reagieren sie, und was lösen sie dadurch in mir aus? Was ist uns wichtig? Was brauchen wir voneinander, damit wir uns zufrieden und gut fühlen können, um voller Tatendrang aktiv im beruflichen Geschehen sinnvoll wirksam zu sein? Es ist so, wie Virgina Satir es in folgendem Zitat ausdrückt: „Ich glaube daran, dass das größte Geschenk, das ich von jemandem empfangen kann, ist, gesehen, gehört, verstanden und berührt zu werden. Das größte Geschenk, das ich geben kann, ist, den anderen zu sehen, zu hören, zu verstehen und zu berühren. Wenn das geschieht, entsteht Kontakt." (Satir, 2014) Genau in diesem Kontaktaustausch liegt der Schlüssel, der uns Vertrauen und Autonomie gibt, um uns im Berufsleben kreativ selbst entfalten und selbst verwirklichen zu können.

Für die Selbst- und Fremdwahrnehmung ist es wichtig, auf sich selbst zu achten, sich wahrzunehmen und zu reflektieren. Hier gilt es immer wieder folgende Fragen zu stellen:

- Wer bin ich im Team, und wie möchte ich sein?
- Welche Rolle nehme ich ein?
- Wie unterscheide ich mich von den anderen?
- Welche Haltung habe ich zu meinem Beruf?
- Wie sind meine Einstellungen?
- Wie behandele ich andere und mich selbst?
- Wie ist meine Arbeitsweise?
- Welches sind meine persönlichen Stärken und Schwächen?
- Welche Erwartungen habe ich, und was erwarten andere von mir?
- Habe ich feste Standpunkte und wenn ja, welche?

Die Bereitschaft zur Selbstbildung und zur Selbstreflexion öffnet uns die Möglichkeit zur Selbsterkenntnis – eine notwendige Herausforderung für ein entwicklungsförderliches Handeln im Zusammensein mit Menschen unterschiedlichen Alters, bei dem die Bedürfnisse, Gedanken, Ideen und Vorstellungen aller Beteiligten Beachtung finden, damit wir achtsam mit ihnen umgehen und uns fachlich und professionell entwickeln können.

Bedeutsame Bedürfnisse und Ressourcen für die Persönlichkeitsentwicklung im Team:

Wichtige Bedürfnisse für die Zusammenarbeit im Team	Notwendige Ressourcen eines Teams für den Aufbau von Selbstwirksamkeit im pädagogischen Alltag	Möglichkeiten für die Entwicklung persönlicher Ressourcen in einem qualitätsorientierten Team
Das Bedürfnis nach Sicherheit Respekt Zuwendung	Zuverlässige, wertorientierte, ehrliche Zusammenarbeit; Vertrauen, Wertschätzung, Freundlichkeit, Aufmerksamkeit, Achtsamkeit	Gegenseitige Verbundenheit spüren, Stärkung des Selbstwertgefühls und Aufwertung des Selbstbildes, positive Grundeinstellung im pädagogischen Alltag
Das Bedürfnis, Zeit zu haben	Rücksichtnahme, Hilfsbereitschaft, Akzeptanz, Geduld, konstruktive Kommunikation	Entlastung, die zur Ausgeglichenheit, Wahrnehmungsoffenheit (Selbst- und Fremdwahrnehmung), eigenverantwortlichem Handeln, Lernbereitschaft und Neugierde führt/führen kann
Das Bedürfnis nach Zugehörigkeit	Vertrauen, Annahme, Fürsorge, gewaltfreie und konstruktive Kommunikation	Aufbau von Sicherheit, sich wohl- und verstanden fühlen (können), Stärkung des Selbstbewusstseins, Motivationsbereitschaft und Engagement im Team
Das Bedürfnis, geachtet und angenommen zu werden, so wie man ist (auch in Konfliktsituationen)	Ehrlichkeit, Offenheit, Empathie, Achtsamkeit, Beistand	Schaffung gegenseitigen Vertrauens und die Bereitschaft, sich zu öffnen und sich selbst und die anderen zu verstehen, Neues auszuprobieren, sich selbst zu entdecken, „Ja“ zu sich selbst zu sagen
Das Bedürfnis nach klaren Strukturen und einer fehlertoleranten Umgebung und danach, nicht perfekt sein zu müssen	Zeit und Ruhe, Aufmerksamkeit, lösungsorientiertes Handeln, konstruktive Kommunikation, Verständnis	Orientierung und Sicherheit, Möglichkeit, sich mutig auf anstehende Aufgaben und Ziele einzulassen, selbst mitzugestalten, zu handeln und Ideen zeitnah zu verwirklichen

Wichtige Bedürfnisse für die Zusammenarbeit im Team	Notwendige Ressourcen eines Teams für den Aufbau von Selbstwirksamkeit im pädagogischen Alltag	Möglichkeiten für die Entwicklung persönlicher Ressourcen in einem qualitätsorientierten Team
Das Bedürfnis nach gemeinsamen Erfolgen und Herausforderungen	Bereitschaft, gemeinsame Ziele anzustreben, Einsatz, Engagement, Motivation, Zuversicht, Vertrauen, Absprachen, Mitsprache, Vertrauen, Zuversicht	Möglichkeit, sich selbst als eine wichtige Person im Team anzunehmen und die Qualität der Arbeit verantwortungsvoll, lösungsorientiert und mit Anstrengungsbereitschaft zu verbessern
Das Bedürfnis nach persönlicher Entwicklung und persönlichen Erfolgen	Vertrauen, Bereitschaft zur Selbstbildung durch Selbstreflexion (Supervision, Fortbildung etc.), Mut, gemeinsam Wagnisse einzugehen	Bewusstmachung, dass Selbstbildung und Persönlichkeitsentwicklung Grundlagen für die qualitätsorientierte pädagogische Arbeit sind – Bildung durch Bindung

Übung: Zugehörigkeit empfinden

Das Gefühl, sich zugehörig zu fühlen, begleitet uns ein Leben lang. Auch als Erwachsene wollen wir uns in bestimmten Gruppen zugehörig fühlen, möchten dabei sein, nicht am Rande stehen, ziehen aus der Zugehörigkeit unsere Stärke und entwickeln uns weiter.

1. Nimm dir ein Blatt Papier und ergänze den folgenden Satz: „Zugehörigkeit zu einer Gruppe ist wie ..."
2. Schreibe nun auf, was du selbst brauchst, um dich zugehörig zu fühlen?
3. Und was du in deinem Team brauchst, um dich zugehörig zu fühlen?
4. Schreibe die Menschen auf, die dir ein Gefühl von Zugehörigkeit geben. Was haben sie für Persönlichkeitsmerkmale?

(vgl. Bertelsmann Stiftung 2010)

Werte für eine positive Teamkultur

„Behandle die Menschen so, als wären sie, was sie sein sollten, und du hilfst ihnen zu werden, was sie sein können.“

Johann Wolfgang von Goethe

Wie im vierten Kapitel bereits ausführlich beschrieben, sind unsere Werte, die wir in uns tragen, von besonderer Bedeutung. Sie sind für eine konstruktive, kreative und qualitätsorientierte Arbeit im pädagogischen Alltag die Wurzel, aus der alles entspringt. Sie tragen zu einem positiven, freundlichen, respektvollen und engagierten Alltagsleben bei und geben uns Halt. Unsere Werte leiten unser Leben, und deshalb stehen die Selbstbildung und die Wertebildung eines Teams im engen Zusammenhang. Es bedarf einer intensiven und regelmäßigen Selbstbildungsbereitschaft und Auseinandersetzung im Team, um die im Alltag gelebten Werte zu erkennen und entwickeln zu können.

Wenn wir uns selbst sowohl als Bildungs- und WerteträgerInnen wie auch als Fürsprecherinnen/Fürsprecher von Kindern verstehen, brauchen wir nicht nur eine Klarheit über unser eigenes Wertebewusstsein, sondern auch über das Wertebewusstsein von allen Kolleginnen und Kollegen. Das setzt eine wahrnehmungsoffene, wertfreie und konstruktive Selbstreflexion aller Beteiligten voraus: eigene Bedürfnisse, Grenzen und Handlungsmuster zu erkennen und die Bedürfnisse, Grenzen und Handlungsmuster von anderen wahrzunehmen, anzunehmen und zu verstehen. Es braucht Zeit, Aufmerksamkeit und Respekt untereinander, um einen gemeinsamen Konsens zu entwickeln, der klar und deutlich macht, welche Werte im beruflichen Alltag gelebt werden. Es kann keine wertorientierte Pädagogik erreicht werden, wenn wir sie nicht vorleben. Werte werden nicht direkt vermittelt: Sie sind da, steuern uns und haben eine Auswirkung auf Kinder und Erwachsenen, die am Kita-Leben teilhaben.

Formulierte konzeptionelle Zielsetzungen für Kinder sind somit auch immer persönliche Zielsetzungen. Wir können nur weitergeben, was wir selbst verstanden und begriffen haben und was durch unser Denken, Fühlen und Handeln in Erscheinung tritt. Kinder haben eine besondere Sensibilität und merken, ob das Verhalten von pädagogischen Fachkräften echt ist, ob sie mit Freude agieren, neugierig sind und Interesse an ihren Bedürfnissen zeigen.

Selbstbildung heißt in diesem Sinne, selbst motiviert zu sein, sich neuen Herausforderungen zu stellen, die eigene Rolle angemessen und kritisch zu reflektieren, die eigenen Sozial-, Sach- und Handlungskompetenzen stets weiterzuentwickeln, sich mit seiner eigenen Bildungsgeschichte auseinanderzusetzen, die eigenen Ressourcen und Fähigkeiten zu aktivieren, sich engagiert und mutig auf das Leben in der Kita einzulassen.

Das gibt uns die Möglichkeit, eigene entwicklungshemmende und entwicklungshinderliche Verhaltensmuster zu erkennen und dementsprechend zu verändern. Demgegenüber birgt es die Chance, professionelle und entwicklungsförderliche Verhaltensweisen in die pädagogische und wertorientierte Arbeit zu integrieren.

Dazu benennt Peter Dentler im Buch „Werteentwicklung in der frühkindlichen Bildung und Erziehung" (herausgegeben von Armin Krenz) ganz spezifische Verhaltensmerkmale, die dabei helfen, humanistisch orientierten Werten in einer professionell gestalteten Pädagogik einen Entwicklungsraum zur Verfügung zu stellen:

- „Widersprüche zu entdecken und zu klären
- Rigide Verhaltensmuster zu entdecken und zu verändern
- Auseinandersetzungen mit sich und anderen zu führen und Stellung zu beziehen
- Entscheidungen mitzutragen, bei Bedarf zu korrigieren oder durchzuhalten
- Selbstaktivität und Eigenmotivation zu zeigen
- Persönliche Meinungen in Fachargumente zu wandeln und Standpunkte fachlich begründet zu vertreten
- Lernmöglichkeiten zu suchen, Lernanregungen selbst zu bemerken und Lernräume für sich zu gestalten
- Selbstverantwortung zu übernehmen
- Handlungsalternativen zu finden und neue Handlungsstrategien auszuprobieren
- Vermutungen und Vorurteile zurückzustellen und Wahrnehmungsoffenheit zu entwickeln"

  (Dentler 2007, S. 86)

Sich professionell auf einen Dialog im Team, mit Kindern, Eltern und anderen am Kita-Leben beteiligten Menschen einzulassen, setzt voraus, die eigenen persönlichen Standpunkte und Werte und die Standpunkte und das Werteverständnis der Einrichtung zu kennen und sie im Alltag bejahend, authentisch und achtsam in der Gemeinschaft mit anderen zu leben. Das heißt gleichzeitig, sich von den von außen kommenden Erwartungen, Wünschen und Strömungen nicht überrollen zu lassen, sondern sich zusammen auf den Weg zu machen, sich dem gesellschaftlichen Wertewandel und den Werteverlusten zu stellen und bewusst und zielorientiert das wirklich Bedeutsame zu erkennen und entsprechend zu handeln.

Werte zu leben heißt auch, soziale Verantwortung für sich und andere zu übernehmen und ein wertorientiertes Denken, Fühlen und Handeln zum Ausgangspunkt für ein erfülltes Leben in Dankbarkeit zu machen. Die Bewusstwerdung, dass eine Wertevermittlung im pädagogischen Alltag hoch bedeutsam ist, setzt eine selbstreflexive Zusammenarbeit voraus. Werte können nicht erreicht werden, wenn wir sie nicht vorleben. Wenn wir in der Praxis wertorientiert arbeiten wollen, ist es zunächst wichtig, im Team zu reflektieren, welche Werte für jede/n Einzelne/n bedeutsam sind. Die Bündelung der übereinstimmenden Werte kann dann die Ausgangslage für die pädagogische Arbeit sein. Soll die eigene Kindertagesstätte zu einem Ort werden, an dem Werte an Kinder weitergegeben werden, sind die strukturellen und die personalen Ressourcen im Team von hoher Bedeutung. Denn die pädagogischen Fachkräfte müssen Selbstbildungsbereitschaft zeigen, selbst Verantwortung für ihre Verhaltensmuster übernehmen, gemeinsame Absprachen einhalten und die Weiterentwicklung einer wertorientierten Arbeit im pädagogischen Alltag mit allem, was dazugehört, vorantreiben. Die gelebten Werte der Erwachsenen in der Einrichtung sind die Wurzeln, aus denen alles Weitere entspringt.

Kommunikation – Wirkung von Worten, Blicken und Ausdrucksweisen

„Sage nicht alles, was du weißt, aber wisse alles, was du sagst."

Matthias Claudius

„Sage nicht alles, was du weißt, aber wisse alles, was du sagst." Diesen Spruch von Matthias Claudius hat eine Grundschullehrerin in mein Poesiealbum geschrieben, und er ist bis heute in meinem Gedächtnis. Nun frage ich mich, ob ich den Spruch behalten habe, weil mich die Aussage so beeindruckt hat? Ist es die Lehrerin, die so eine große Bedeutung für mich hatte? Oder liegt in diesem Satz eine Wahrheit, die mich selbst betrifft? Das sind drei Fragen, und alle drei Fragen spielen eine Rolle.

Die Art und Weise, wie wir miteinander kommunizieren – egal in welcher Form –, hinterlässt Spuren. Alles, was eine Resonanz in uns erzeugt oder ein Gefühl auslöst, hat für unser Leben eine bestimmende Bedeutung und wirkt. Diese Wirkung spiegelt sich in unseren Gedanken, Gefühlen und Ausdrucksweisen wider und wird zu einem Teil unseres Selbstbildes. Sprüche, Sätze, Worte und alles, was diese begleitet, haben eine elementare Bedeutung in der sozialen Interaktion und nehmen positiv oder negativ Einfluss auf unsere persönliche Entwicklung.

„Sage nicht alles, was du weißt, aber wisse alles, was du sagst." – Was kann dieser Satz allein alles in einem Menschen auslösen? Welche Reaktionen kann er auslösen? Und wie kann er sich auf unser Sprachverhalten auswirken?

Da gibt es ganz unterschiedliche Möglichkeiten. Was auf der Sachebene einfach erscheint, kann gepaart mit der eigenen Persönlichkeitsstruktur und der vorherrschenden Befindlichkeit auf der emotionalen Ebene ganz schön kompliziert werden.

Verschiedene Kommentare, die ich zu diesem Zitat gefunden habe, zeigen, wie unterschiedlich die Wahrnehmung ist, wenn es um Worte geht:

- eine Weisheit, die heutzutage an Bedeutung gewinnt;
- eine Weisheit, die an Bedeutung verliert, weil viele meinen, über alles und jeden reden und urteilen zu müssen, obwohl sie keine Fakten kennen;

- der hat wohl bei seinen Überlegungen vergessen, dass auf Worte Handlungen folgen sollten, sonst handelt es ich nur um leeres Gerede;
- auch wenn dieser Spruch an Bedeutung gewinnt, es interessiert sich niemand dafür;
- wenn ich nichts sagen soll, schweige ich lieber; man sollte sich genau überlegen, wem man etwas anvertraut ...

Bei mir hat dieser Satz in der Zusammenwirkung mit anderen Persönlichkeitsmustern unbewusst auch etwas ausgelöst, was in meinem Leben lange eine bleibende Bedeutung hatte. Es hat ein Gefühl von Unsicherheit ausgelöst und das Vertrauen in meine eigenen Fähigkeiten gehemmt. Anstatt munter und froh am Unterricht teilzunehmen, wurde ich immer leiser, zurückhaltender und eine eher stille Schülerin.

Die Lehrerin war sehr streng, sie hat so gut wie nie gelacht und ihre freundliche Aufmerksamkeit den Schülerinnen und Schülern geschenkt, die sich erzählfreudig am Unterricht beteiligt haben. Als Kind hat man keine Chance, man wählt für sich eine passende Strategie aus, um mit der Situation umgehen zu können. Das waren für mich die Zurückhaltung im Unterrichtsgeschehen und die sozialen Kontakte zu anderen Kindern.

Erst als ich mir Gedanken zu den verschiedenen Kommunikationsformen gemacht habe, kam mir dieses Zitat in den Sinn, und mir ist etwas bewusst geworden, was lange im Dunkeln lag und nun ans Licht kam: die Macht von Lehrern und Lehrerinnen als Respektspersonen und die Ohnmacht von Schülerinnen und Schülern, die wehrlos sind.

Unbewusste Muster aus der Vergangenheit werden immer dann aktualisiert, wenn sie sich in ähnlicher Form in der Gegenwart wiederholen. Solange uns diese Muster nicht bewusst werden, lassen sie sich nicht verändern. Erst wenn wir sie erkennen, annehmen und integrieren, können wir uns von ihnen verabschieden. Man erinnert sich plötzlich an Bilder, Namen, Gefühle und Erlebnisse, die schon lange zurückliegen. Erst die Selbsterkenntnis eröffnet uns die Chance zu einem veränderten Verhalten. In diesem Fall: Respektspersonen auf Augenhöhe zu begegnen.

So sagte schon Wilhelm Busch: „Wer auf den rechten Weg will, muss durchaus durch sich selbst hindurch."

Wenn man überlegt, welche Sprüche, Sätze und Worte aus der Vergangenheit noch in uns wirken, ist es von höchster Bedeutung, darauf zu achten, wie wir selbst sprechen, um in der lebendigen Kommunikation mit Kindern solche Muster zu vermeiden und nicht zu übernehmen. Dazu einige Beispiele, die man aus der Sozialisation mit den eigenen Eltern und von den pädagogischen Fachkräften aus der Kindergartenzeit noch kennt oder teilweise auch selbst benutzt oder von den Kolleginnen und Kollegen hört, wenn sie mit Kindern sprechen. Daran möchte ich die Notwendigkeit verdeutlichen, dass gerade unsere Kommunikationsmuster gemeinsam mit den Teamkolleginnen und -kollegen thematisiert und reflektiert werden müssen, damit wir Kinder wertorientiert und gewaltfrei sprachlich begleiten und sie sich ohne Angst, Scham und Schuldempfinden entwickeln können.

Sätze, die Eltern und pädagogische Fachkräfte häufig sagen:

Eltern	Pädagogische Fachkräfte
• Es interessiert mich nicht, was die anderen dürfen. • Du brauchst keine Angst zu haben. • Du tust, was ich sage. • Das wird aufgegessen. • Was ist denn das für ein Krikelakrak. • Er braucht morgens immer etwas länger. • Ich komme gleich. • Zieh dich schon mal an. • Komm du mir nach Hause. • Ich musste schon wieder das Bett abziehen. • Ich gehe jetzt, ich muss zur Arbeit. • Enttäusch mich nicht. • Geh sofort in dein Zimmer. • Wir wollen doch nur dein Bestes.	• Jetzt wird aufgeräumt. • Entschuldige dich. • Gib das doch mal ab. • Zieh eine Jacke an, ich friere auch. • Seit nicht so laut. • Was hast du denn schon wieder gemacht? • Wenn du aufisst, scheint morgen die Sonne. • Klettere nicht so hoch. • Kannst du nicht aufpassen? • Nun komm schon. • Wir gehen alle raus. • Frag sie doch selbst. • Hier im Kindergarten ist das so. • Warum haust du sie einfach? • Nun lasst den Hans doch mitspielen. • Wir wollen doch nur dein Bestes.

Übung: Negative, hemmende Aussagen entwicklungsförderlich verwandeln

Du brauchst Papier und etwas zu schreiben.

1. Finde zu den oben aufgeführten Aussagen positive, wertschätzende Sätze.
2. Was passiert dadurch mit den Kindern auf der Beziehungsebene?

Sicher kommen dir einige dieser Aussagen bekannt vor. Es sind die alten Muster, die Sätze und Blicke, die negativ in uns wirken – die matten und ungeschliffenen Steine in der Schatztruhe –, die wenig Beachtung finden, sich aber danach sehnen und ganz behutsam fein geschliffen werden wollen, damit sie im großen Ganzen angenommen und wertgeschätzt werden können.

Eine offene und vertrauensvolle Kommunikationsstruktur im Team ist ein wesentlicher Bestandteil im pädagogischen Alltag. So wie wir untereinander verbal und nonverbal kommunizieren, spiegelt sich das Zusammenleben mit den Kindern und den Eltern im pädagogischen Alltag wider.

Was ein starkes Team ausmacht

„Zusammenkommen ist ein Beginn, zusammenbleiben ein Fortschritt und zusammenarbeiten ein Erfolg."

Henry Ford

Es ist wichtig, eigene Teamprozesse zu erkennen und Regeln oder Checklisten zu entwickeln, die eine konstruktive, motivierte Zusammenarbeit ermöglichen und das Team stärken. Dazu benötigen alle die Bereitschaft, sich mit Empathie und starkem Willen zusammen auf den Weg zu machen und das Bestmögliche für die Gemeinschaft mit den Kindern zu erreichen.

Eigenschaften, die ein ressourcenorientiertes Team stark machen:

- die Bereitschaft, sich lebendig verbunden und professionell gemeinsam auf den Weg zu machen und Kindern einen Zeitraum zu schenken, in dem sie jeden Tag, mit allem, was dazugehört, Kind sein können;
- die Bereitschaft, sich auf die gemeinsam ausgehandelten Kommunikationsformen einzulassen und sie bedürfnisorientiert, achtsam und vertrauensvoll zu leben;
- die Bereitschaft aller, sich im Team mit ihren Ressourcen und Fähigkeiten kreativ, engagiert, motiviert und am Kind orientiert im pädagogischen Alltag einzubringen;
- die Bereitschaft, sich auf der Grundlage der Einrichtungskonzeption, des Erziehungs-, Bildungs- und Betreuungsauftrages, des Kindertagesstättengesetzes, des Kinderschutzauftrages bei Kindeswohlgefährdung, der UNO-Charta-Rechte des Kindes und der Erkenntnisse aus der Bindungsforschung, der Neurobiologie und der Entwicklungspsychologie mit der pädagogischen Arbeit auseinanderzusetzen;
- die Bereitschaft, sich auf Selbstbildungs- und Selbsterfahrungsprozesse gemeinsam und im Einzelnen einzulassen und die für die Kinder formulierten Ziele zu den eigenen Zielen zu machen;
- die Bereitschaft, sich zielorientiert, anstrengungsbereit, optimistisch und mit Freude den belastenden Herausforderungen des Alltages zu stellen;
- die Bereitschaft, die gemeinsam gesetzten Ziele verantwortungsbewusst zu verfolgen und lösungsorientiert zu erreichen;
- die Bereitschaft, Probleme offen und ehrlich anzusprechen und gemeinsam Lösungen zu finden, um Konflikte zu überwinden und gemeinsam zu wachsen;

- die Bereitschaft, gemeinsam und vertrauensvoll auf neue Wagnisse einzugehen und sich gemeinsam zu freuen und Stolz erleben zu können;
- die Bereitschaft, sich für eine offenherzige, warme, achtsame und wertschätzende Teamkultur einzusetzen und Verantwortung dafür zu übernehmen;
- die Bereitschaft, alle benannten Inhalte gemeinsam im pädagogischen Alltag umzusetzen.

Kommunikationsformen und Teamentwicklung

„Denn die Sprache der Liebe ist eine Geheimsprache und in der höchsten Vollendung so schweigsam wie eine Umarmung."

Robert Musil

Es gibt hilfreiche Kommunikationsmodelle und Kommunikationsformen, die wir einüben und anwenden können. Einerseits helfen sie uns konstruktiv, Ziele zu verfolgen und auch Konfliktsituationen lösungsorientiert zu meistern, andererseits ermöglichen sie es uns, die eigenen Masken fallen zu lassen, uns zu öffnen, um eigene Muster zu erkennen und uns dadurch persönlich und gemeinsam weiterzuentwickeln.

Unter Kommunikation versteht man ein wechselseitiges Aussenden und Empfangen von Informationen. Unsere Gedanken, Wünsche, Ideen, Erkenntnisse, Erfahrungen und Erlebnisse nehmen darauf Einfluss. Neben dem sprachlichen Ausdruck spielen auch die nonverbalen Ausdrucksformen wie Gestik, Mimik, Zeichen und Bilder eine wichtige Rolle. Durch das Zusammenspiel von Sprache und Körperausdruck können wir die Echtheit einer Aussage erkennen. Wenn beides übereinstimmt, können wir davon ausgehen, dass die Absicht der Kommunikation dem Denken, Fühlen und Handeln des „Senders" entspricht. Das trägt entscheidend zu einem besseren Verständnis bei.

Aber auch Botschaften, die wir über die technischen Medien (Internet, Radio, Fernseher, Kino etc.), über die Printmedien (Bücher, Zeitschriften, Gedichte etc.) und über kulturelle Veranstaltungen (Theater, Kunst, Konzerte, Vorträge etc.) empfangen, gehören zur Kommunikation.

Alle Botschaften, die wir empfangen, lösen etwas in uns aus. Die Botschaften, die uns berühren und betroffen machen, haben etwas mit uns selbst zu tun. Sie erinnern uns an etwas und lösen ein Gefühl in uns aus. Unser Verhalten, unsere Reaktion auf eine Botschaft, ist eng an ein Gefühl und die damit verbundene Wahrnehmung gekoppelt. So können z. B. zwei Menschen unabhängig voneinander den gleichen Kinofilm gesehen haben, aber die Aussagen, die sie darüber treffen, können so unterschiedlich sein, als hätte jeder einen anderen Film gesehen.

Im Unterricht mit angehenden Erzieherinnen und Erziehern habe ich auch spannende Erfahrungen mit dem Kommunikationsmodell (Sender und Empfänger) gemacht. Eine Schülerin

(Sender) bekam die Aufgabe, ein Bild möglichst genau mit Worten zu beschreiben. Die anderen Schülerinnen und Schüler (Empfänger) bekamen die Aufgabe, nach ihren Formulierungen dieses Bild zu malen. Das Ergebnis: Es lagen am Ende 25 unterschiedliche und einzigartige Bilder nebeneinander.

Wichtig ist also immer das, was beim Empfänger ankommt. Deshalb ist es im wechselseitigen Austausch hoch bedeutsam, wie wir was zu wem sagen, wenn wir sprechen. Aber auch das genaue Zuhören ist hoch bedeutsam. Dazu muss mit beiden Ohren und Augen achtsam gehört und wahrgenommen werden, wer was wie sagt. Zum Zuhören gehört auch das, was wir sehen.

Aspekte des aktiven Zuhörens und Beobachtens:

- einfühlendes Beobachten
- bestätigende Rückmeldungen geben
- zugewandtes Verhalten und Signale durch Gestik, Mimik
- Abwertungen vermeiden
- Wertschätzung, Empathie, Verständnis
- zustimmendes Verhalten, versuchen in die andere Welt einzutauchen, sie sich vorzustellen und die eigene Haltung zurückstellen

(vgl. Weber 2006, S. 6)

Bewährte Kommunikationsformen und Klärungshilfen für die pädagogische Praxis

„Man kann nicht nicht kommunizieren."

Paul Watzlawick

Kommunikation bedarf einer besonderen Sensibilität und Aufmerksamkeit, wenn sie gelingen soll. Es gibt zum Thema Kommunikation eine sehr breite Palette an Klärungshilfen und Modellen, die sich im pädagogischen Alltag bewähren können. Wesentliche und hilfreiche Erläuterungen dazu seien im Weiteren zusammengefasst beschrieben.

„Man kann nicht nicht kommunizieren" lautet das erste Axiom von Paul Watzlawicks Kommunikationstheorie. Demnach hat jedes Verhalten einen Mitteilungscharakter und ist Kommunikation. „Man kann sich nicht nicht verhalten." Auch Schweigen, Untätigkeit, Vermeidung von Verhalten haben einen Informationswert für andere Menschen und sind somit Mitteilungen.

Eine ähnliche Wahrheit liegt ja auch in der Redewendung: Wer schweigt, stimmt zu. Wer schweigt, überlässt die Chance zur Mitbestimmung und Mitgestaltung den anderen, ohne selbst an Entwicklungsprozessen mitzuwirken. Gleichzeitig haben Schweiger und Vermeider die Macht, Lern- und Umsetzungsprozesse zu blockieren bzw. zu verzögern. Das schwingt mit und ist für die Zusammenarbeit im Team kontraproduktiv und massiv entwicklungshinderlich.

Die Themenzentrierte Interaktion (TZI) nach Ruth Cohn führt zu aktiven und schöpferischen Prozessen in der Teamzusammenarbeit. Die Bedürfnisse der Einzelnen und der Gruppe sollen unter Einbeziehung des Arbeitsumfeldes zu einer konstruktiven Zusammenarbeit führen. Dabei helfen das von Ruth Cohn entwickelte Strukturmodell (ES, ICH, WIR, Globe) und die unten beschriebenen Gesprächsregeln, die eine gute und lebendige Kommunikation unterstützen:

Strukturmodell der TZI

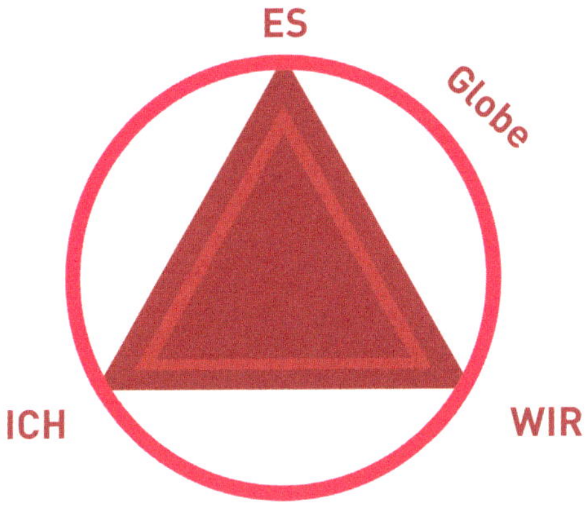

ICH die einzelnen Personen mit ihrer Biografie und im gegenwärtigen Augenblick

WIR die Interaktion – das sich entwickelnde Beziehungsgefüge der Gruppe

ES Aufgaben und Inhalte, die in der Gruppe geklärt werden sollen

Globe das weitere Umfeld, das die Zusammenarbeit der Gruppe bedingt und beeinflusst und umgekehrt

Gesprächsregeln:

1. Sei deine innere Vorsitzende/dein innerer Vorsitzender.
   - Sorge für dich selbst, übernehme die Verantwortung für deine Handlungen, vertrete dich selbst in deinen Aussagen.
   - Sende Ich-Botschaften aus, verzichte auf „wir" und „man" und vermeide es, dich hinter diesen Begriffen zu verstecken.
2. Es spricht nur einer zur selben Zeit.
   - Wenn mehrere sprechen, muss eine Lösung dafür gefunden werden, wie man die Kommunikation strukturiert.
3. Vermeide „immer", „nie", „muss", „ja, aber ...".
   - Sie sind wir ein „Nein" bei der Erreichung eines Zieles.
4. Vermeide Generalisierungen.
   - Sei zurückhaltend mit Verallgemeinerungen, sie verhindern das Weiterkommen.
5. Sei zurückhaltend mit Interpretationen.
   - Wer weiß, ob sie zutreffen ...

6. Störungen haben Vorrang.
   - Sie müssen geklärt werden, bevor man zum eigentlichen Thema übergeht, da sie den Gruppenprozess sonst stören würden.
7. Nimm jede/jeden in ihrer/seiner Absicht ernst, lass sie/ihn ausreden und höre zu.
   - Ein wertschätzender, achtsamer Umgang unterstützt das Weiterkommen.

(vgl. www.osz-ruth-cohn.de/schulportrait/ruth-cohn/themenzentrierte-interaktion-tzi)

Carl Rogers stellt in der personenzentrierten Gesprächsführung drei Aspekte heraus, die in der Kommunikation zusammenwirken und die ein Grundprinzip bei der Suche nach gemeinsamen Lösungen darstellen:

Empathie

- das Mitgefühl oder Mitfühlen mit dem anderen; sich in die Position des anderen einfühlen
- Einfühlen in die subjektive Welt der Gesprächspartnerin
- zeitweiliger Verzicht auf eigene Werte, Einstellungen und Sichtweisen

Akzeptanz

- den anderen so annehmen, wie er ist
- Wertschätzung
- vorurteilsfrei sein

Kongruenz

- Authentizität im Erleben, Ehrlichsein, Stimmigkeit
- keine professionelle Fassade

(vgl. Köck)

Das sind drei wunderbare Ressourcen, die im Alltag angewandt werden können und eine Grundbedingung für eine kollegiale, offene und dynamische Zusammenarbeit sein sollten.

Das Kommunikationsquadrat von Friedemann Schulz von Thun analysiert vier Seiten einer Nachricht. Wenn sich zwei Menschen austauschen, wird etwas vermittelt und empfangen. Das kann eine Auswirkung auf die seelischen Empfindungen haben. In seinem Vier-Seiten-Modell (auch „Vier-Ohren-Modell" genannt) beschreibt er die Sachseite, die Selbsterkundungsseite, die Beziehungsseite und die Appellseite. Obwohl meistens nur eine Seite besonders beansprucht wird, wirkt die Nachricht auch auf den anderen Ebenen. (vgl. Thomann 2004, S. 215)

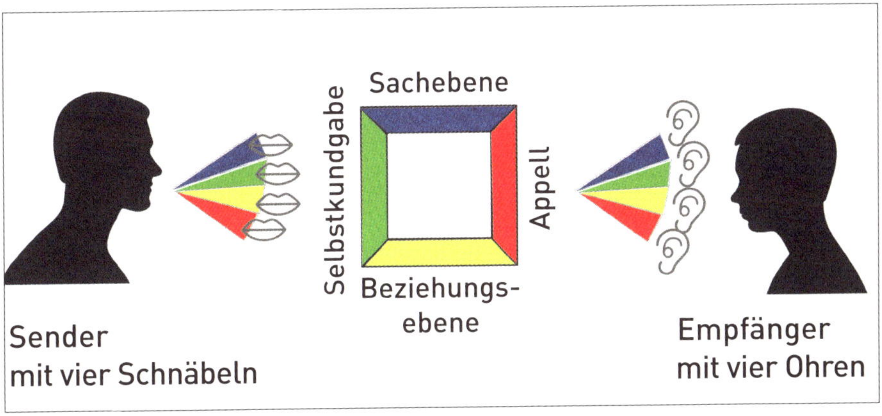

Die Nachricht des Senders enthält immer viele Botschaften. Er sendet immer gleichzeitig auf allen vier Seiten, ob er will oder nicht.

Inhalt und Selbstkundgabe: Worüber informiere ich? Was offenbare ich von mir?

Hier ist es wichtig, sachlich und verständlich zu sprechen und sich in Ich-Botschaften mitzuteilen, seine Meinung zu sagen und die Absichten und Ziele zu klären.

Beziehung und Appell: Was halte ich von dir? Wozu möchte ich dich veranlassen?

Bedeutsam ist das aktive Zuhören und Wahrnehmen, Gefühle sollen direkt angesprochen werden und es soll ein Geben und Nehmen von Feedback stattfinden. Auf der Appellebene, geht es darum, zu überzeugen, Fragen zu stellen und fair zu sein.

Der Empfänger hat prinzipiell die freie Auswahl, auf welche Seite der Nachricht er reagieren will. Die ankommende Nachricht ist ein „Machwerk" des Empfängers. Auf der Sachebene: Wie ist der Sachverhalt zu verstehen?

Selbstoffenbarungsebene: Wie ist mein Gegenüber gestrickt? Was sagt es über sich?

Beziehungsebene: Wie redet der von mir? Wen glaubt er, vor sich zu haben?

Appellebene: Was soll ich aufgrund seiner Mitteilung denken, fühlen, tun?

Es sind all unsere Persönlichkeitsmerkmale und die der anderen, die in einem Team zusammenkommen und miteinander verbunden wirksam werden. Dabei spielen der Wert, den wir uns selbst geben, und der Wert, den wir anderen geben, eine entscheidende Rolle.

Virgina Satir erläutert in ihrem Buch „Selbstwert und Kommunikation", dass es immer darauf ankommt, wie voll oder leer unser eigener „Wertepott" ist und was gerade im „Pott" drin ist. Als sie als Sozialarbeiterin anfing, familientherapeutisch zu arbeiten, berichtete sie den Menschen von einem Topf, der in ihrer eigenen Familie eine Bedeutung hatte. Er wurde sehr unterschiedlich genutzt. Für bestimmte Dinge gab es nur diesen einen Topf, und wenn man ihn brauchte, wurden Fragen gestellt: Was ist gerade im Topf? Wie voll ist der Topf? Diese beiden Fragen wandte sie bei ihrer Arbeit an. Sie erzählte den Menschen von dem Pott aus ihrer Kindheit. Den Menschen in ihrer Praxis fiel es leichter, ihre Gefühle auszudrücken, wenn sie an ihren persönlichen Pott dachten. Er enthielt Gefühle des Selbstwerts oder der Schuld, Scham oder Wertlosigkeit. Wenn ein Vater z. B. davon sprach, dass viel in seinem Topf war, wussten alle, dass es ihm gut geht, er frohen Mutes und voller Energie war und darauf vertraute, dass er seiner Familie etwas bedeutete. Dem Sohn ging es nicht so gut, sein Pott war ziemlich leer. So wussten alle, dass er sich müde, verletzt, traurig und nicht sehr wertvoll fühlte. Vielleicht hatte er sich bis dahin immer angepasst, ohne sich zu beschweren. Virginia Satir merkte, dass es den Menschen gut ging, wenn sie einfach nur sagen konnten, ob ihr Pott leer oder voll war. Nach langjähriger Erfahrung kam sie zu der Überzeugung, dass alles, was sich in einem Menschen abspielt, die Vorstellung von seinem eigenen Wert ist, die jeder mit sich herumträgt – in seinem ganz persönlichen Pott. Die Füllhöhe im Pott ist bei uns Menschen sehr unterschiedlich. Das Gute daran ist: Da wo eine Leere ist, kann immer etwas aufgefüllt werden! Wichtig ist, zunächst zu schauen, wie und womit der eigene Pott gefüllt ist. (vgl. Satir 2004, S. 29 – 32)

Übung: Mein Selbstgefühl

Nimm dir Zeit für dich allein und sorge dafür, dass du nicht gestört wirst. Du brauchst Papier und einen Stift zum Schreiben oder Buntstifte zum Malen.

- ☐ 1. Was ist gerade in meinem Pott?
- ☐ 2. Wie voll ist mein Pott?
- ☐ 3. Was brauche ich, um meinen Pott zu füllen?

Schreibe deine Gefühle und Gedanken zu den Fragen auf.

Die Selbstreflexion ist der Schlüssel für die eigene Persönlichkeitsentwicklung und auch für die Entwicklung im Team. Es gibt vielfältige, gute und unterstützende Methoden, Modelle, Arbeits- und Klärungshilfen für die konstruktive Zusammenarbeit im Team.

Allen hier aufgeführten Vorschlägen und Modellen zur Kommunikation im Team liegt ein humanistisches Menschenbild zugrunde, das eine Ausgangslage und Grundbedingung für pädagogische Einrichtungen sein muss. Es ist mehr als eine Weisheit, dass wir Werte vorleben können. Deshalb sind in unserer Arbeit die Einhaltung von Menschenrechten und die Einhaltung von Kinderrechten zu respektieren, wertzuschätzen und zu achten.

Ausblick:

Die Achtung von Menschen, der Natur, der Dinge und der Welt setzt Selbstachtung voraus. In diesem Sinne möchte ich das Kapitel mit einem Zitat der wundervollen Autorin Virgina Satir beenden.

„Mein Bekenntnis zur Selbstachtung"

„Ich bin ich selbst.
Es gibt auf der ganzen Welt keinen, der mir vollkommen gleicht. Es gibt Menschen, die in manchem sind wie ich, aber niemand ist in allem wie ich. Deshalb ist alles, was von mir kommt, original mein; ich habe es gewählt. Alles, was Teil meines Selbst ist, gehört mir – mein Körper und alles, was er tut, mein Geist und meine Seele mit allen dazugehörigen Gedanken und Ideen, meine Augen und alle Bilder, die sie aufnehmen, meine Gefühle, gleich welcher Art: Ärger, Freude, Frustration, Liebe, Enttäuschung, Erregung; mein Mund und alle Worte, die aus ihm kommen, höflich, liebevoll oder barsch, richtig oder falsch; meine Stimme, laut oder sanft; und alles, was ich tue in Beziehungen zu anderen und zu mir selbst. Mir gehören meine Fantasien, meine Träume, meine Hoffnungen und meine Ängste. Mir gehören all meine Siege und Erfolge, all mein Versagen und meine Fehler. Weil alles, was zu mir gehört, mein Besitz ist, kann ich mit allem zutiefst vertraut werden. Wenn ich das werde, kann ich mich liebhaben und kann mit allem, was zu mir gehört, freundlich umgehen. Und dann kann ich möglich machen, dass alle Teile meiner selbst zu meinem Besten zusammenarbeiten.
Ich weiß, dass es manches an mir gibt, was mich verwirrt, und manches, was mir

gar nicht bewusst ist. Aber solange ich liebevoll und freundlich mit mir selbst umgehe, kann ich mutig und voll Hoffnung darangehen, Wege durch die Wirrnis zu finden und Neues an mir selbst zu entdecken ...
Wie auch immer ich in einem Augenblick aussehe und mich anhöre, was ich sage und tue, das bin ich. Es ist authentisch und zeigt, wo ich in diesem einen Augenblick stehe.
Wenn ich später überdenke, wie ich aussah und mich anhörte, was ich sagte und tat und wie ich gelacht und gefühlt habe, werde ich vielleicht bei manchem feststellen, dass es nicht ganz gepasst hat. Ich kann dann das aufgeben, was nicht passend ist, und behalten, was sich als passend erwiesen hat, und ich erfinde Neues für das, was ich aufgegeben habe.
Ich kann sehen, hören, fühlen, denken, reden, handeln. Ich habe damit das Werkzeug, das mir hilft zu überlegen, anderen Menschen nah zu sein, produktiv zu sein und die Welt mit ihren Menschen und Dingen um mich herum zu begreifen und zu ordnen.
Ich gehöre mir, und deshalb kann ich mich lenken und bestimmen [...]"
(Satir 2004, S. 37, 38)

Mögest du deine Schätze und die von anderen erkennen und behutsam mit ihnen umgehen.

Kapitel 8:

Gemeinsam stark sein – den beruflichen Alltag zusammen meistern

*„Teamwork sollten wir von unseren Zellen und von den Wildgänsen lernen …
Nur wenn die Stärkeren den Schwächeren helfen, erreichen alle das Ziel."*

Rena Lessner ©

Teamprozesse – eine Herausforderung für Entwicklung und Veränderung

Der berufliche Alltag stellt immer wieder neue, unvorhersehbare und hohe Anforderungen an uns pädagogische Fachkräfte. Erwartungen, Ansprüche, Anforderungen, Wünsche und Einstellungen haben sich enorm verändert. Die Stressoren, die unser Berufsstand mit sich bringt, wachsen kontinuierlich, und unsere Belastbarkeit steht auf dem Prüfstand. Die Zusammenarbeit im Team kann uns Kraft geben und uns stärken, um den beruflichen Alltag zusammen zu meistern. Die Bereitschaft und Fähigkeit zur Teamarbeit ist dementsprechend die Basis, um dynamischen Veränderungsprozessen folgen zu können.

Als ich Anfang der 90er-Jahre meine erste Stelle in einem kirchlichen Kindergarten antrat, waren die Bedingungen noch ganz anders. Alle Mitarbeiterinnen hatten eine volle Stelle. Die Kinder wurden nur am Vormittag betreut, und an drei Nachmittagen gab es Projekte, zu denen einige Kinder wiederkamen. Da gab es viel Zeit für die Zusammenarbeit im Team:

- Zeit, sich mit den Interessen und Bedürfnissen der Kinder zu befassen
- Zeit für die Besprechung der Entwicklungsstände der Kinder
- Zeit, um Projekte vorzubereiten
- Zeit für das Vorbereiten des nächsten Tages
- Zeit für ein sorgfältiges Aufräumen der Räume und Materialien
- Zeit zum Ausprobieren verschiedener kreativer Angebote
- Zeit zum Lesen von Fachartikeln und Fachbüchern
- Zeit für den Austausch in kleinen Teams und im Großteam
- Zeit für Teamgespräche
- Zeit für Teamsupervision
- Zeit für interne Teamfortbildungen
- Zeit für die Klärung von Teamkonflikten
- Zeit für die Teampflege
- Zeit für Teamentwicklung

Beispiel: Konstruktive Teamzusammenarbeit

Ich erinnere mich noch sehr gerne an meine erste Stelle im Kindergarten und mein damaliges Team zurück. Die pädagogische Arbeit im Team und mit den Kindern war anregend, interessant und hat mir Freude bereitet. Ich habe mich in der Einrichtung sehr wohlgefühlt und wurde so akzeptiert, wie ich war. Das war sicher nicht ganz einfach, weil ich durch meine unbekümmerte Art manche Dinge einfach gemacht habe, ohne zu fragen oder mich im Team rückzuversichern. Ich hielt es für selbstverständlich, weil ich es in meiner eigenen Kindheit so erlebt hatte und meiner Intuition folgte. Mein eigenwilliges Handeln führte dann zu einem Austausch in den gemeinsamen Teambesprechungen, und das war gut, weil es um die Bedürfnisse und Interessen der Kinder ging. Ein Beispiel habe ich noch sehr genau in Erinnerung. Es war im Sommer, ein wundervoller sonniger Tag. Es gab einige Kinder, die gleich nach ihrer Ankunft in den Garten gehen wollten. Für mich sprach nicht im Geringsten etwas dagegen, und deshalb öffnete ich die Tür und ließ die Kinder raus. Ich informierte meine Kollegin und ging dann mit hinaus. Damals arbeitete ich mit der Kindergartenleiterin zusammen in der Gruppe, sodass sie direkt sagen konnte, wenn ich nicht nach den Bestimmungen der Einrichtung („Wir gehen immer erst nach dem Frühstück gegen 10.30 Uhr raus") gehandelt hatte. Sie mochte mich, und deswegen war die Ausgangslage gut, um Veränderungsprozesse gemeinsam im Team zu besprechen und Lösungen für die Umsetzung im pädagogischen Alltag zu finden. Durch die beschriebene Situation kam es im Team zu einem lösungsorientierten Handeln. Anstatt mein eigenwilliges Handeln zu verurteilen und zu bewerten, wurde die Sache selbst zum Thema in der Teamsitzung gemacht und gemeinsam nach einer Lösung gesucht.

- Es wurden Fragen formuliert (z. B.: Entspricht diese Veränderung den kindlichen Bedürfnissen?).
- Es wurden Meinungen ausgetauscht (z. B. dem Bedürfnis nach Bewegung wird nachgekommen; eine Kollegin sollte immer bei den Kindern sein etc.).
- Es wurde eine Übersicht mit Vor- und Nachteilen erstellt (Bewegung baut Druck ab; mehr Zeit und Möglichkeiten für die Sensibilisierung der Sinne; das Hin und Her bringt Unruhe in den morgendlichen Alltag etc.).
- Es gab eine Auswertung (Welche Argumente überwiegen?).
- Es wurde eine Lösung gefunden (Veränderung der Rausgehzeiten).
- Der Veränderungsprozess wurde in Gang gesetzt.

Nach einem genauen Abwägen dieser pädagogischen und strukturellen Aspekte wurden die Rausgehzeiten – sehr zur Freude der Kinder – erweitert, und an manchen Tagen wurde sogar draußen gefrühstückt.

Neben solchen positiven Beispielen der konstruktiven Zusammenarbeit gibt es aber auch Teamzeiten, die sehr belastend, schwer und destruktiv sind. Nicht immer gibt es Verständnis für das, was wir tun. Neid, Konkurrenzdenken, Machtkämpfe, persönliche Befindlichkeiten etc. sind Auslöser für Probleme in der Zusammenarbeit. Wenn sie nicht offen ausgetragen und geklärt werden, haben sie schwere Folgen.

Beispiel: Konflikte im Team

Im Rahmen meiner langjährigen Kita-Zeit habe ich immer wieder unterschiedliche Konfliktsituationen im Team erlebt. Eine solche sei hier als Beispiel erwähnt: Ich trat eine neue Stelle an und übernahm eine zweigruppige Einrichtung, in der sieben Fachkräfte beschäftigt wurden. Die Einrichtung hatte sich nach einem Umzug in ein anderes Gebäude vergrößert. Dementsprechend gab es neben den Veränderungen der Personalsituation, der Räumlichkeiten, der Arbeitsbedingungen auch pädagogische und konzeptionelle Veränderungen, die vom neuen Team gemeinsam und zielorientiert erarbeitet wurden. Von Beginn an entwickelte sich ganz langsam und schleichend zwischen einem Kollegen und mir ein Machtkampf, in dem persönliche Ansprüche vor die Anforderungen der konzeptionellen Arbeit gestellt wurden. In der Rolle als Leiterin hatte ich es verpasst, dem Kollegen Grenzen zu setzen. Es fing alles damit an, dass der Kollege sich mit den Entscheidungen im Team sehr schwertat, weil er in der vorher kleineren Einrichtung freier und selbstbestimmter arbeiten konnte. Soweit es möglich war, wurde versucht, auf seine Bedürfnisse Rücksicht zu nehmen, sodass er als einziger Mann eine Sonderstellung bekam. Die Probleme waren programmiert, und daraus entstanden schwerwiegende Folgen, die sich auf das ganze Team auswirkten: Kompetenzrangeleien, Konkurrenzdenken, Bevorzugung, Ungerechtigkeitsempfinden, Schwere, Missmut, Ohnmacht. Als der Kollege in einer Notsituation darum gebeten wurde, eine Kollegin zu vertreten, verweigerte er sich und ließ es sich nicht nehmen, seine subjektive Vorstellung von Arbeit egoistisch fortzuführen. Die Befindlichkeiten, Gefühle und Gedanken während dieser Phase waren alles andere als gut und lösten ein großes Unbehagen, Ängste und Krankheitssymptome auf beiden Seiten aus. Die Kolleginnen fühlten eine Zerrissenheit. Wir alle schätzten die Arbeit des Kollegen sehr, doch er hielt sich weder an Teamabsprachen noch an die Anforderungen, die im pädagogischen Alltag notwendig waren. Gespräche waren kaum noch möglich, und die Situation verhärtete sich. Ich verlor an Standfestigkeit und Belastbarkeit und schaltete den Träger ein.

Wir bekamen Unterstützung durch Supervision, um den Konflikt zu klären. Alle waren wieder zuversichtlich und bereit, sich darauf einzulassen. Die gute, professionelle Unterstützung und die Methodenvielfalt unseres Supervisors brachten Klarheit und einen Überblick über die Gesamtsituation: der Rollenkonflikt um die Leitungsposition. Es gab trotz alledem keine Veränderungen hinsichtlich der Arbeitsanforderungen und des Mittragens von Teamentscheidungen bei dem Kollegen. Dennoch hinterließen die Ergebnisse der Supervision Spuren. Dem Kollegen wurde bewusst, dass es notwendig ist, Teamentscheidungen mitzutragen, und dass Sonderstellungen und Alleingänge zu Unstimmigkeiten führen. Da sich an seiner Arbeitshaltung trotzdem nichts verändert hatte, holte ich mir nun auch noch Hilfe von einer Fachberaterin. Sie machte mir Mut, mich durchzusetzen. Daraufhin wurde der Träger wieder eingeschaltet, der ein mahnendes Gespräch mit dem Kollegen führte, das aber vorerst auch nicht zielführend war. Dann erkrankte der Kollege für eine längere Zeit. Die Abwesenheit brachte Entlastung und Erleichterung, wir konnten uns wieder besser auf die pädagogische Arbeit konzentrieren, Kraft schöpfen und gemeinsam unsere Ziele verfolgen. Gleichzeitig machten wir uns Gedanken, ob sich zukünftig etwas verändern oder alles wieder von vorne beginnen würde. Der Kollege traf während seiner Krankheitsphase eine Entscheidung für sich. Er kündigte seinen Vertrag und orientierte sich neu.

Die nachfolgende Tabelle bietet eine gute Möglichkeit zu reflektieren, welche Verhaltensweisen und Aktivitäten für das Team förderlich und welche hinderlich waren.

Entwicklungsförderliche Aspekte	Entwicklungshinderliche Aspekte
gemeinsame Zielorientierung Teamentscheidungen eingehalten klare Ansagen Unterstützung vom Träger Standfestigkeit bei fachlicher Überzeugung Belastbarkeit Durchhaltevermögen bei schwierigen Herausforderungen Beharrlichkeit in der Verfolgung von fachlich begründeten Zielen Supervision Konstruktive Konfliktlösung Methodenvielfalt bei Konfliktlösungsversuchen Wahrnehmung von Hilfen, wenn man nicht alleine weiterkommt für Entlastung sorgen Leichtigkeit Entscheidungsfreiheit sehen und nutzen	persönliche Bedürfnisse vor gemeinsame Absprachen stellen Teamentscheidung nicht respektieren und mittragen Bevorzugungen, Sonderstellung für einzelne Teammitglieder Vermeidungsverhalten Verweigerungsverhalten für Unklarheiten sorgen Machtkämpfe ausfechten Ungerechtigkeitsempfinden Bevorzugung einfordern/in Anspruch nehmen Schwere ausdrücken, ständiges Klagen Missmut Ohnmacht sich in den eigenen Gefühlen verlieren Misstrauen gegen andere hegen Zerrissenheit zum Ausdruck bringen und beibehalten Druck ausüben Krankheitszeiten ausdehnen

An diesem Beispiel wird deutlich, dass ein Team gemeinsam an einem Strang ziehen muss, um in jeder Situation bestehen zu können. Da es für eine Person eine Sonderstellung gab, war die Ausgangslage von Anfang an schwierig und das Entstehen von Problemen nur eine Frage der Zeit. Der Kollege hat eine Mehrheitsentscheidung nicht mitgetragen und war im Notfall nicht bereit, eine bestimmte notwendige Aufgabe zu übernehmen. Da ihm immer noch Zugeständnisse gemacht wurden, verschlimmerte sich die Lage. Als Leitung wäre es meine Aufgabe gewesen, die Situation direkt und konsequent zu klären – sich dem Konflikt zu stellen, anstatt ihm aus dem Weg zu gehen. Möglicherweise wären wir dann früher und effektiver zu einer Lösung gekommen. Die Leistungsfähigkeit eines Teams kann nur im Zusammenwirken der vorhandenen Ressourcen und Fähigkeiten aller Teammitglieder zum Blühen gebracht werden und somit zu mehr Zufriedenheit am Arbeitsplatz führen.

Eine gute Zusammenarbeit im Team ist die Ausgangslage für Teamentwicklung, für Veränderungsprozesse und für das Gelingen der pädagogischen Arbeit einer Einrichtung. Das war früher genauso wichtig wie heute. Auseinandersetzungen, Unstimmigkeiten, Probleme und hin und wieder auch mal dicke Konflikte gehören zu unserem Alltagsleben in der pädagogischen Praxis. Entscheidend ist jedoch, wie damit umgegangen wird. Ob wir sie als Herausforderungen für vertrauensvolle Entwicklungsprozesse sehen oder Verhaltensweisen entwickeln, die ein Klima von Misstrauen, Beklemmung und Starrheit auslösen und die Einrichtung selbst (wie in dem beschriebenen Beispiel) zu einem Ort des Unbehagens machen.

Häufig spürt man das Klima schon beim Eintreten in eine Einrichtung. Da gibt es große Unterschiede. In meiner Rolle als Fachschullehrerin an einer Fachschule für Sozialpädagogik habe ich viele Schülerinnen und Schüler in ganz verschiedenen Einrichtungen besucht. Es gab vier Merkmale, die für mich besonders aufschlussreich waren, um erkennen zu können, wie eine Einrichtung funktioniert:

1) Der erste Eindruck – die Energie, die ich beim Betreten verspüre. Fühle ich mich wohl oder fühle ich mich unwohl?
2) Die Raumgestaltung – ist sie liebevoll und warmherzig oder eintönig und kalt?
3) Die Kinder, Jugendlichen etc. – sind sie offen und kommen auf mich und andere zu oder zeigen sie kaum Interesse und schauen nicht auf?
4) Die Kommunikation der Erwachsenen untereinander und mit den Kindern – ist sie offen und herzlich oder bestimmend, dogmatisch geprägt und ernst?

Allein an diesen Merkmalen lässt sich schon erkennen, ob die Einrichtung ein Ort für eine förderliche oder eine hinderliche Entwicklung ist. Das Team der Einrichtung ist für diesen Ort verantwortlich und somit auch das Spiegelbild der Einrichtung. Dabei kommt es nicht darauf an, wie viel Geld der Träger zur Verfügung stellt. Es gibt immer Mittel und Wege, eine Einrichtung zu einem Ort des Wohlbefindens zu machen.

Nun haben sich die Arbeitsbedingungen in den Einrichtungen in den letzten Jahren stark verändert. Zeit ist bei den vielen Anforderungen, die der berufliche Alltag heute an uns stellt, ein knapp bemessenes Gut, weil sie einfach nicht ausreicht, um alles zufriedenstellend und gut unter einen Hut zu bringen. Es gibt viele Fachkräfte, die nicht vollbeschäftigt und zudem unterbezahlt sind. Viele Kinder werden – in immer jüngeren Jahren – ganztags betreut. Die Betreuung in der Krippe boomt. In den Gruppen sind zu viele Kinder und zu wenig Fachkräfte. Durch den Krippenausbau wird der Spielraum der Kinder kleiner, was wiederum ihre Bewegungsmöglichkeiten einschränkt. Vorbereitungszeiten sind sehr begrenzt und stimmen nicht mit den Anforderungen des beruflichen Alltags überein. Die Aufgabenbereiche haben sich erweitert. Die Ansprüche sind gestiegen. Eltern haben Wünsche, und die Träger möchten, dass die Einrichtungen gut laufen. Aus Erfahrung wissen wir alle, wie unerschöpflich, umfassend und vielseitig die Aufgaben unseres Berufsbildes sind, sodass es sehr schwer ist, mit den Anforderungen und Belastungen fertig zu werden und Kindern Zeit zu schenken, in der sie sicher, geborgen, glücklich, gesund und unbeschwert aufwachsen können. Grund genug, sich gemeinsam im Team stark zu machen, um die vielfältigen Aufgaben im beruflichen Alltag zusammen zu meistern und Kindern eben doch einen Lebensraum zu schenken, in dem sie sich wohlfühlen und wachsen können.

Deshalb ist es notwendig, sich mit dem Gegebenheiten des eigenen Teams vertraut zu machen und ein sicheres und förderndes Fundament aufzubauen, das auch in schwierigen Phasen nicht an Standfestigkeit verliert.

Bestandsaufnahme – wie sieht das eigene Team aus?

„Wenn mehrere Menschen zusammen sind, haben wir nicht einfach eine Ansammlung von Einzelwesen: Es entsteht etwas Neues, anderes, das ganz eigenen Gesetzen gehorcht."

*Elmar Teutsch, TELOS**

Grundvoraussetzung für eine gute Zusammenarbeit ist die eigene positive Befindlichkeit im Gesamtteam der Einrichtung. Wenn wir uns im Team wohlfühlen, einen vertrauensvollen und wertschätzenden Umgang erleben, die Arbeit anregend ist und Freude macht, ist der Weg frei für konstruktive, bejahende und entwicklungsförderliche Teamarbeit.

Übung: Wie sieht mein Team aus?

Mache dir Gedanken zu den folgenden Fragen, beantworte sie mit „Ja" oder mit „Nein" und begründe sie für dich mit praktischen Beispielen aus dem aktuellen Arbeitsalltag.

1. Bin ich gerne in meinem Team?
2. Erlebe ich einen vertrauensvollen und wertschätzenden Umgang im Team?
3. Ist die Arbeit im Team anregend und macht mir Freude?

Wenn diese drei Fragen mit „Ja" beantwortet werden können, steht einer konstruktiven und guten Zusammenarbeit nichts im Wege. Ein „Nein" bedeutet allerdings, dass etwas nicht in Ordnung ist und einer Klärung bedarf.

Die Fragen die mit „Nein", „meistens", „nicht immer" beantwortet werden, sollten Beachtung finden. Überlege, welche Gründe es dafür geben könnte und was du selbst zu einer positiven Veränderung beitragen kannst.

(vgl. Satir 2004, S. 18)

Die Auseinandersetzung mit diesen drei Fragen kann im Team der Anfang eines lebendigen, konstruktiven und offenen Austauschs sein und sowohl persönliche Selbstbildungsprozesse als auch den Prozess der Entwicklung von Teamqualität in die Wege leiten. Damit die Teamqualität verbessert werden kann, sollte der Gruppe klar sein, was man unter einem Team versteht.

** Dr. Elmar Teutsch, Wirtschaftspsychologe, Unternehmenscoach, Psychotherapeut. Quelle: TELOS – Institut für Psychologie und Wirtschaft*

Ein Team ist ...

- eine Gruppe, die an gemeinsamen Aufgaben, Zielen und Idealen arbeitet und Grenzen und Zuständigkeiten definiert, um verantwortungsbewusst handeln zu können;
- eine Gruppe, die Informationen austauscht, um eine vertrauensvolle Ausgangslage zu schaffen, die verantwortungsbewusstes Handeln ermöglicht;
- eine Gruppe, die gemeinsam in Bewegung kommt und sich aktiv für eine Verbesserung der pädagogischen Arbeit einsetzt;
- eine Gruppe, die gerne bereit ist, sich den aktuellen Geschehnissen zu stellen und nicht verzweifelt, wenn etwas anders kommt als geplant;
- eine Gruppe, die Arbeitsprozesse einleitet, die von allen gemeinsam getragen werden, auch wenn Hindernisse und Probleme auftauchen;
- eine Gruppe, die ihre Ressourcen und Fähigkeiten kennt, weiterentwickelt und sie dann einsetzt, wenn sie gebraucht werden, um bedeutungsvolle Ergebnisse zu erzielen;
- eine Gruppe, die auf der Grundlage der unterschiedlichen Persönlichkeiten eine eigene Teamqualität entwickelt und partnerschaftlich zusammenarbeitet;
- eine Gruppe, die auch dann zusammenhält, wenn schwerwiegende Konflikte gelöst werden müssen.

  (vgl. Möller 2007, S. 50 ff.)

Ohne Teamarbeit und Teamentwicklung ist die Arbeit wie eine Schatztruhe ohne Schatz, und ein Vorwärtskommen ist unmöglich. Über die Teamqualität entwickelt sich die Qualität der pädagogischen Arbeit, die eine Einrichtung auszeichnet.

Einrichtungen mit freundlichen und zugewandten Menschen zeichnen sich aus durch:

- Kinder, die offen, lebendig, neugierig und zufrieden die Welt entdecken.
- Eltern, die Interesse an der pädagogischen Arbeit haben, soziale Verantwortung zeigen und nicht nur auf die Entwicklung ihres eigenen Kindes achten.
- Auszubildende, die Lernfreude zeigen und sich entwickeln möchten.
- Pädagogische Fachkräfte, die zufrieden, eigenverantwortlich und mit Freude ihren Beruf zur Berufung machen.
- Träger, die die Qualität der Einrichtung erkennen und wertschätzen.

Eine Bestandsaufnahme der Teamsituation sollte in regelmäßigen Zeitabständen wiederholt werden. Qualitätswachstum ist nur dann möglich, wenn das Team auch ein Team ist (siehe oben) und die Zusammenarbeit zwischen den Kolleginnen und Kollegen aus einem hohen Maß an Vertrauen, Wertschätzung, Authentizität und Verlässlichkeit besteht. Ausschlaggebend sind dabei eine entspanntes Arbeitsklima und ein hoher persönlicher Wohlfühlfaktor.

Folgende reflexive Fragen können eine Bestandsaufnahme der realen Situation im Team vertiefen und zur Entwicklung der Qualität beitragen:

- ☐ Sind alle Kolleginnen und Kollegen bereit zur Selbstreflexion und zum fachorientierten Lernen?
- ☐ Ist jedes Teammitglied bereit, verantwortungsvoll das konzeptionelle Profil der Einrichtung mitzutragen?
- ☐ Besteht Klarheit über die handlungsleitenden Werte, die auf die persönliche und fachliche Weiterentwicklung abzielen? Welche Werte sind das?
- ☐ Ist das Arbeitsklima allgemein von konstruktivem Miteinander bestimmt, oder gibt es destruktive Umgangsformen?
- ☐ Werden Probleme, Unstimmigkeiten und Belastungen angesprochen und auf kollegiale und sachliche Weise geklärt?
- ☐ Werden „Fach- und Handlungskompetenzen" aller Teammitglieder realistisch eingeschätzt, und sind alle bereit, die eigenen Ressourcen und Fähigkeiten sowie die eigene Persönlichkeit weiterzuentwickeln?
- ☐ Werden Selbstbildungsprozesse, Leistungsbereitschaft und ein neugieriges, selbst entdeckendes Lernen als Grundlage für eine förderliche Entwicklung angesehen?
- ☐ Werden Ziele reflektiert und hinderliche Aspekte konstruktiv in neue Handlungsziele verwandelt?
- ☐ Werden in Teamsitzungen, bei Konzeptionstagen und gemeinsamen Fortbildungen von allen Kolleginnen und Kollegen Impulse zur Verbesserung des Arbeitsklimas und der Umgangskultur gegeben?
- ☐ Tragen jede Kollegin und jeder Kollege verantwortungsvoll zu einem Gelingen der pädagogischen Arbeit bei?
- ☐ Glauben alle Kolleginnen und Kollegen daran, dass ein starkes Team, trotz vielfältiger und überraschender Stressoren und Belastungen, den beruflichen Alltag zusammen meistern kann?

(vgl. Krenz 3/2013, S. 17)

Stressoren im beruflichen Alltag erkennen und verstehen

„Die größte Revolution unserer Zeit dürfte die Entdeckung sein, dass die Menschen durch die Änderung ihrer Geisteshaltung die äußeren Umstände ihres Lebens ändern können."

William James

Wir alle haben wohl schon erfahren, dass es im Arbeitsalltag, im täglichen Umgang mit einer Vielzahl an Menschen, immer wieder anders kommt, als wir gedacht oder geplant hatten. Da können ganz verschiedene Faktoren überraschend auf uns einwirken: die Krankheit einer Kollegin oder gleich mehrerer Kolleginnen; unerwartet auftretende Probleme und Konflikte im Team oder mit Eltern; ein Kind mit Fieber oder anderen Beschwerden, das abgeholt werden sollte; starker Regen bei einem geplanten Spaziergang; der Ausfall des Geschirrspülers; schnell zu bearbeitende Aufträge des Trägers, wie z. B. die Bearbeitung von Statistiken, die umgehend zurückerwartet werden; dringende Telefonate; Warenlieferungen; Reparaturen; überraschende Besuche etc. So sind neben den zahlreichen anspruchsvollen Aufgaben und der hohen Verantwortlichkeit unseres Berufsfeldes zugleich eine Vielzahl von arbeitsbedingten Belastungen (Lärm, unzureichender Betreuungsschlüssel, Zeitdruck, ein gereiztes Arbeitsklima etc.) zu bewältigen. Flexibilität, Spontanität und Belastbarkeit sind dann notwendige Ressourcen. Ein schnelles und klares Umstrukturieren des Tagesablaufes wird notwendig, um den Tag auch unter veränderten Bedingungen gut, genussvoll und gelassen meistern zu können. Eine Aufgabe, die es in sich hat. Eine umfangreiche Studie zu den Berufsbelastungen von pädagogischen Fachkräften (vgl. Jungbauer, 2013) weist darauf hin, dass unsere Berufsgruppe extrem Burn-out-gefährdet ist. Deshalb ist eine gute Zusammenarbeit im Team erforderlich, um externen, organisatorischen und internen Stressoren entgegenzuwirken.

Stressoren sind Stressauslöser, die sich aus den Anforderungen im privaten und beruflichen Alltag ergeben und die eine Stressreaktion in uns auslösen. Sie versetzen uns in einen Zustand, der uns nicht guttut und sich negativ auf das körperliche (z. B. Anspannung, Kopfschmerzen, Magendrücken), geistige (z. B. eingeschränkte Wahrnehmung, Konzentrationsmangel) und seelische Wohlbefinden (z. B. Erschöpfungszustände, Müdigkeit, Depression) auswirkt.

Dabei gibt es im beruflichen Kontext verschiedene Stressoren:

1) **Externe Stressoren**, wie z. B. Wünsche von Eltern, Konflikte mit Eltern, Erwartungen an eine bestimmte bzw. permanente Vorschulerziehung, Förderangebote, Arbeitsanweisungen des Arbeitgebers, Rückgang der Kinderzahlen usw.
2) **Organisatorische Stressoren**, wie z. B. die Rahmenbedingungen in der Einrichtung, wie zu große Gruppen und zu wenige Fachkräfte, kleine Räume, kaum Bewegungsmög-

lichkeiten, hoher Lärmpegel, Zeitmangel für den Austausch im Team, Zeitdruck usw.

3) **Interne Stressoren**, wie z. B. ein übersteigertes Verantwortungsgefühl, Perfektionismus, Angst vor Versagen, Überforderung, Konkurrenzgefühle, Missgunst, Neid, Selbstzweifel usw.
(vgl. Ostermann 2011, S. 328 f.)

Stressauslösern kann man entgegenwirken. Der erste und wichtigste Schritt mit ihnen umzugehen ist, sie zu erkennen, zu verstehen und zu thematisieren. Dann kann gemeinsam und konstruktiv überlegt werden, welche Lösungen Entlastung, Ruhe und Entspannung in den Arbeitsalltag bringen.

Übung: Umgang mit Stress

1. Überlege dir drei beispielhafte Situationen aus deinem beruflichen Alltag (eine im Team, eine mit den Eltern, eine mit den Kindern/einem Kind), die in dir ein Gefühl von Stress ausgelöst haben, und schreibe sie auf.
2. Wie hast du dich in der gegebenen Situation verhalten? Beschreibe drei Reaktionen, die für dich typisch sind.
3. Beobachte dich in den nächsten Tagen im Arbeitsalltag und schreibe möglichst viele Stressoren auf. Unterscheide zwischen externen und internen Stressoren.
4. Überlege, was du tun kannst, um Stress abzubauen, und schreibe es auf.
(vgl. Geisselhart 2002, S. 22)

Sicher wird uns relativ schnell bewusst, wie wir meistens reagieren, wenn wir unter Spannung geraten oder uns gestresst fühlen. Virginia Satir unterscheidet vier Reaktionsmuster, die Menschen und Systeme zeigen, wenn sie unter Stress geraten: Beschwichtigen, Anklagen, Rationalisieren und Ablenken. (vgl. Satir 2014, S. 71) Jeder Mensch neigt mehr oder weniger stark dazu, sich eines dieser Reaktionsmuster zu bedienen, um sich zu schützen. Dabei handelt es sich nicht um Charakterstrukturen, sondern um Stressreaktionen.

Beispiel: Ausgangssituation ist der Ärger einer Mutter. Sie beklagt beim Abholen ihres Sohnes, dass seine Straßenschuhe jeden Tag verschwunden sind.

1. **Beschwichtigen** – um Ärger zu vermeiden
   - zustimmende Worte wählen, „alles ist in Ordnung", sich hilflos fühlen, sich einschmeicheln, gefallen wollen, sich entschuldigen, keine eigene Meinung vertreten, allem zustimmen, sich Anerkennung wünschen, dankbar sein, dass überhaupt jemand mit einem spricht
   - fühlt sich wertlos
   - die Stimme ist leise, winselnd, piepsend.

Reaktion der Fachkraft: *„Ach, das tut mir Leid. Wo könnten die denn nur sein? Ich werde mal schauen und sie suchen. Die finde ich bestimmt, da habe ich dummerweise nicht drauf geachtet ..."*

2. **Anklagen** – um als stark angesehen zu werden
   - nicht zustimmen, meckern, schimpfen, Forderungen stellen, überheblich handeln, Fehler (bei anderen) suchen, Schimpfwörter benutzen, alles kritisieren
   - zeigt eine anklagende, bedrohende Körperhaltung
   - fühlt sich einsam und erfolglos
   - Stimme laut, schrill, hart oder fest

Reaktion der Fachkraft: *„Na, da hat der Franz doch wohl selbst Schuld. Mit fünf Jahren müsste er doch wohl selbst dafür sorgen können …"*

3. **Rationalisieren** – um die Ursache des Stresses harmlos wirken zu lassen
   - überaus vernünftig und korrekt sein, keine Gefühle zeigen, ruhig, kühl und gesammelt sein
   - fühlt sich leicht ausgeliefert
   - Stimme trocken und monoton, gebraucht lange Wörter und Sätze, um sich intelligent anzuhören

Reaktion der Fachkraft: *„Die Hausschuhe, die werden hier ja irgendwo sein, sie tauchen schon wieder auf. Kein Grund zur Besorgnis …"*

4. **Ablenken** – so tun als ob es gar keinen Stress gäbe
   - Gebrauch belangloser Worte und Sätze, die keinen Sinn ergeben, keine direkten Antworten auf Fragen, immer in Bewegung mit etwas (Kugelschreiber in der Hand, Bilder aufhängen, Dinge vom Boden aufheben etc.)
   - fühlt sich nicht zugehörig, schwindelig, zwecklos
   - Stimme ist ein Singsang und passt nicht zu den Worten

Reaktion der Fachkraft: *„Da kommt die Mutter von Gregor, die wollte noch etwas mit mir besprechen, außerdem muss ich noch die Gruppe aufräumen …"*

Kongruenz ist die fünfte Reaktionsform, bei der alle Aspekte einer Botschaft zusammenpassen. Aus dieser Verhaltensweise heraus, ist es nicht nötig, sich eines der oben genannten Muster zu bedienen.

5. **Kongruenz** – Kongruentes Verhalten zeigt sich, wenn wir uns nicht gestresst fühlen.

> alle Verhaltens- und Kommunikationsmuster sind fließend, freundlich, ehrlich, wertschätzend, aufmerksam
> fühlt sich ruhig und entspannt
> Stimme, Worte und Körperhaltung passen zueinander und stehen im Einklang
> fühlt sich leicht, frei, ungezwungen; entschuldigt sich, wenn er/sie etwas getan hat, was er/sie nicht wollte

> Eine Person, die kongruent reagiert, ist authentisch, lebendig, offen und voller Energie, man fühlt sich wohl in ihrer Umgebung.

Reaktion der Fachkraft: *„Die Hausschuhe sind weg, ja das kenne ich, das kommt häufiger vor. Wenn die Kinder spielen, denken sie nicht immer an ihre Hausschuhe. Vielleicht weiß der Franz ja, wo sie sind, dann kann er sie holen und denkt beim nächsten Mal vielleicht schon selbst daran, sie an seinen Platz zu stellen ... Wenn er selbst dafür sorgt, lernt er, dass er Verantwortung für seine Sachen übernehmen kann ..."*

Kongruentes Verhalten zeigt Klarheit im Denken, Fühlen und Handeln. Wenn uns in der Zusammenarbeit im Team unsere inneren Ressourcen und Fähigkeiten, unsere inneren Einstellungen, Werte und unsere grundlegenden Überzeugungen bewusst sind, können wir unsere Standpunkte und Arbeitsgrundsätze angemessen, direkt und klar im Dialog mit anderen Menschen zum Ausdruck bringen. Manchmal geht es nicht ohne kritische Auseinandersetzungen und das Überprüfen unserer Verhaltensmuster und Ausdrucksweisen. Doch wenn wir unsere Kritik auf die Handlung und nicht auf die Person beziehen und Alternativen anbieten, ermöglichen wir durch diese ausgleichende Art eine förderliche Entwicklung. Dazu braucht es Mut, Selbstvertrauen und Einfühlungsvermögen. Die Konzeption, der konstruktive Austausch im Team sowie die Motivation dazu, sich selbst alleine und im Team immer besser kennenzulernen, geben uns dabei Sicherheit und Selbstvertrauen. (vgl. Satir 2004)

Wenn wir uns selbst und das Team stärken und die Stressoren im Arbeitsalltag erkennen, können wir dafür sorgen, Belastungen und Stress erst gar nicht aufkommen zu lassen. Auch beim Erkennen der Stressoren hilft uns die Selbstreflexion.

Übung: Stressoren und ihre Ursachen erkennen

Du brauchst wieder Papier und etwas zu schreiben.

1. Brainstorming – schreibe Situationen aus dem Berufsalltag auf, in denen du angespannt warst und unter Stress standest.
2. Ordne nun die Situationen nach der Intensität der Anspannung, so gut es möglich ist.
3. Schreibe auf, was genau dich in der jeweiligen Situationen genervt hat. Wie hätte die Situation entschärft werden können? Was hätte anders sein müssen, damit es dir gut gegangen wäre? Wie hätte das aussehen können?

Mit der Bewusstwerdung der Faktoren, die uns unter Druck setzen, ist der erste Schritt zu einer positiven Veränderung bereits getan. Durch die Verbesserung der Tagesstruktur, das klare Setzen von Zielen und die Stärkung unserer Entspannungsfähigkeit können wir mehr Ruhe und Gelassenheit in den Alltag bringen und so Anspannung und Stress vermeiden. Zeit ist dabei die kraftvollste und kostbarste Ressource. Wichtig ist es, darauf zu achten, dass man nicht mehrere Dinge gleichzeitig macht, sondern sich auf das Wesentliche konzentriert, eine Entscheidung trifft, sich Pausen gönnt und zwischendurch auch entspannt, tief durchatmet, sich nicht mit zu vielen Tagesaufgaben überfordert. Vor allen Dingen ist es wichtig, auch Zeit für den Austausch mit den Kolleginnen und Kollegen und für unvorhersehbare Ereignisse einzuplanen. So gewinnen wir einen Handlungsspielraum, der Entlastung bringt und Vertrauen im Team schafft. Wollen wir unsere Zeit im beruflichen Arbeitsalltag sinnvoll nutzen, ist die Erstellung von Tageszielen bedeutsam. Vorteilhaft ist es, eine Liste anzulegen, mit Aufgaben, die noch erledigt werden müssen, und diese nach Wichtigkeit zu sortieren. Dann können wir unsere Schwerpunkte, Aufgaben und Ziele Schritt für Schritt abarbeiten und von der Liste streichen. Das befreit, schafft Qualität, Energie und Platz für neue Herausforderungen.

Übung: Gedankenflug – mit Freude bei der Arbeit

1. Schließe deine Augen und stelle dir vor deinem inneren Auge ein Bild vor, das dich voller Freude, ruhig und gelassen bei deiner Arbeit zeigt.
2. Wiederhole diese Übung und lasse zunehmend mehr schöne Bilder vor deinem inneren Auge entstehen, in denen du dich bei der Arbeit wohlfühlst und entspannt bist.
3. Nutze diese Bilder für dich, wenn es im Alltag hektisch wird und du Stress spürst.

Unsere Gedanken, inneren Bilder und Einstellungen bestimmen unseren Alltag und unser Handeln. Mit dieser Übung kann durch die Vorstellungskraft auf eine positive Veränderung im beruflichen Alltag hingearbeitet werden. Dabei geht es in erster Linie darum, ein Gleichgewicht zwischen den Polaritäten herzustellen, um zum Beispiel von Belastung zu Entlastung zu gelangen, von Lustlosigkeit zu Motivation, von Anspannung zu Entspannung, von Unklarheit zu Klarheit, von Ohnmacht zu Handlungsfähigkeit (Macht), von Unruhe zu Ruhe, von Ablehnung zu Annahme, von Verschlossenheit zu Öffnung, von Unzufriedenheit zu Zufriedenheit, von Hektik zu Gelassenheit, von Leere zu Fülle und von Überforderung in den Fluss.

Es geht darum, Stress, Anspannung, Ängste und Druck in Freude und Kreativität zu verwandeln, unseren Energie- und Krafthaushalt immer wieder gezielt zu füllen und die eigenen Standpunkte zu festigen, um im beruflichen Alltag stark zu sein und ihn zusammen mit den Kolleginnen und Kollegen zu meistern. (vgl. Geisselhart 2002, S. 109)

Übung: Vertiefung der Bestandsaufnahme im Team

Die folgende Auswahl an Fragestellungen kann selbstreflexiv genutzt, verändert und erweitert werden:

- [ ] Was belastet mich, und wie sieht eine mögliche Lösung aus?
- [ ] Was nervt mich, und wie ist der nervende Zustand zu verändern?
- [ ] Was verstehe ich nicht, und wie gelange ich zu einer Klärung?
- [ ] Was empfinde ich als ungerecht, und wie ist eine Lösung herbeizuführen?
- [ ] Was lähmt mich, und wie komme ich aus der Lähmung heraus?
- [ ] Was überfordert mich, und was ist zu tun, um die Überforderung in Selbstverantwortung umzudeuten?
- [ ] Was trage ich aktiv zu meinem Wohlbefinden bei, und wie kann ich weiterhin mein seelisches Gleichgewicht halten?
- [ ]

Nach einer Bestandsaufnahme zur Befindlichkeit im eigenen Team („Wie sieht mein Team aus?" (siehe Übung am Anfang des Kapitel, Seite 179) tragen die oben genannten Fragen zu einer Differenzierung bei. Selbst Kolleginnen und Kollegen, die alle Fragen mit „Ja" beantworten, werden durch die differenzierten Fragen noch einmal aufmerksam gemacht und können artikulieren, was z. B. im Alltag und im Team als nervig empfunden wird. Da wird es gemeinsame, aber auch ganz unterschiedliche Gründe geben, wie z. B. die Aufräumsituation, die zeitlichen Ressourcen, Wertschätzung und Vertrauen im Team, Arbeitsfreude, festgefahrene Regeln u. v. m. Dadurch dass jede Kollegin und jeder Kollege die Frage zunächst für sich selbst beantworten und Lösungsmöglichkeiten finden kann, kann es zu anregenden Diskussionen und gemeinsamen Zielabstimmungen im Team kommen. Nach einer ca. dreiwöchigen Erprobungsphase sollten dann die gemeinsam aufgestellten Ziele immer auch auf ihre Erreichbarkeit hin überprüft und gegebenenfalls wieder verändert oder verfeinert werden. Sowohl die drei Eingangsfragen wie auch die vertiefenden Fragen können natürlich auch ganz konkret und bewusst auf die verschiedenen Teamsituationen angewendet werden, z. B.:

1) Arbeite ich gerne in meinem Kleinteam?
2) Erlebe ich einen vertrauensvollen und wertschätzenden Umgang bei der Kommunikation im Team?
3) Ist die Arbeit während eines Projektes im Team anregend und macht Freude?

Stressoren annehmen und verändern

Wenn wir Stressoren erkennen und verstehen, können wir sie verändern:

- durch eine gute Struktur und Organisation der Arbeit;
- durch einen ehrlichen, vertrauensvollen und wertschätzenden Umgang im Team;
- durch eine konkrete Zielorientierung (Ziele setzen und überprüfen);
- durch das Vermeiden von Störungen;
- durch das Aufbauen und Verbessern von Ressourcen und Fähigkeiten;
- durch das Anwenden verschiedener Methoden der Stressbewältigung;
- durch die gegenseitige Unterstützung und Verbesserung der Zusammenarbeit im Team, mit dem Träger, den Eltern und anderen Netzwerken;
- durch den Rückblick auf bereits gemeisterte Konflikte und Stresssituationen;
- durch das Erleben von Stolz und Freude, wenn wir etwas geschafft haben;
- durch die Selbstverpflichtung – sich Ziele zu setzen, zu verfolgen und zu erreichen (siehe unten).

Fazit:

Grundsätzlich lässt sich die Qualität einer Einrichtung – die Qualität unserer Arbeit – auf eine gute Zusammenarbeit im Team zurückführen. Teamqualität wiederum ist abhängig von der Personenqualität der einzelnen Teammitglieder. Deshalb ist der Aufbau von entwicklungsförderlichen Persönlichkeitsmerkmalen, wie beispielsweise Anstrengungsbereitschaft (z. B. sich in etwas hineinzubegeben, was außergewöhnlich schwer ist, oder eine Fortbildung zu besuchen, die nicht den Stärken entspricht), bedeutsam, um langfristig eine gute Arbeitsqualität zu gewährleisten. Auch persönliche Merkmale wie z. B. freundlich, ausgeglichen, fachlich, konzentriert und genussfähig zu sein zählen dazu. Grundlage für eine nachhaltige Teamqualität sind jedoch Selbstmotivation, Selbstdisziplin und Lernfreude.

Recht haben zu wollen, etwas besser zu wissen, sich in den Vordergrund zu stellen oder die Meinung anderer zu bewerten ist schädlich für die Zusammenarbeit. Dahinter verbergen sich nur die eigenen Unsicherheiten, Ängste und Kleinheitsgefühle. In einem Team geht es immer um Problemlösungen und gute Umgangskultur. Lernfreudige Menschen sind wahrnehmungsoffen, neugierig und einfühlsam. Sie orientieren sich in der Gemeinschaft mit den Kolleginnen und Kollegen an der Verwirklichung und dem Gelingen der pädagogischen Aufgaben und Ziele. Wer nicht mitmacht, sorgt dafür, dass sich das Team nicht weiterentwickeln kann. Somit findet Teamarbeit wirklich nur dann statt, wenn alle mitmachen und möglichst alle Aufgaben mit allen gemeinsam erledigt werden. Das setzt voraus, dass alle Mitarbeiterinnen nach dem Motto „Gleiches Recht für alle" auch auf dem gleichen Informationsstand sind, um Bewegung in Gang zu setzen und gemeinsam weiterzukommen. Wie können wir es erreichen, dass viel miteinander gesprochen oder auf anderem Wege kommuniziert wird, um möglichst gleichwertig informiert zu sein? Da ist jede(r) für sich selbst und die anderen verantwortlich. Wer Informationen verschweigt, verhindert ein Weiterkommen und erhöht die Wahrscheinlichkeit, dass Probleme auftauchen, die eine konstruktive Zusammenarbeit unmöglich machen. Ja, die Zusammenarbeit im Team setzt wirklich ein hohes Maß an Ehrlichkeit, Vertrauen gegenseitiger Wertschätzung und gutem Willen voraus, damit der Alltag in der Gemeinschaft mit Kolleginnen, Kollegen, Kindern, Eltern und vielen, vielen anderen Menschen gelingen kann.

Als Vorbilder für Kinder tragen wir eine übermäßig große Verantwortung für das, was wir tun. Jedes Verhalten hat entweder eine entwicklungsförderliche oder eine entwicklungshinderliche Bedeutung. Deshalb müssen wir uns immer wieder fragen, ob wir für Kinder ein positives, wertschätzendes Vorbild sind und welche anderen Werte gemeinsam in der Einrichtung gelebt werden (sollen).

Eine Untersuchung zum aggressiven Verhalten von Verena Sommerfeld (vgl. in: „Umgang mit Aggressionen", Luchterhand Verlag, Neuwied 1996) hat ergeben, dass Kinder, wenn sie häufig Langeweile haben, Verhaltensirritationen zeigen (beispielsweise nur rumstehen, nichts machen, schlagen etc.), die Aggressivität und Lethargie damit zu tun hat, wie Kolleginnen und Kollegen miteinander umgehen und kommunizieren. Gibt es Spannungen, können sich Kinder nicht entwickeln. Der Konflikt liegt dann im Team und nicht im Elternhaus. Auch eine Untersuchung von Karl und Karin Grossmann zur Bindung von Kindern zeigt auf, dass in Einrichtungen, in denen Kindern langweilig ist, pädagogische Fachkräfte arbeiten, die keine Lernfreude haben. Daran wird wieder deutlich, wie wichtig es ist, sich Kindern zuzuwenden und das, was man mit ihnen erlebt, in Sprache und Tat umzusetzen, damit sie Annahme und Wertschätzung erleben können. Wir Erwachsenen sind es, die die Basis schaffen dafür, wie Kinder sich entwickeln, und wir schaffen auch die Basis für ihre Verhaltensauffälligkeiten (schlagen, spucken, beißen, Dinge kaputt machen etc.).

Persönlichkeitsentwicklung, Selbstbildung und Veränderungsbereitschaft sind Grundbedingungen im Team. Wenn mir bewusst ist oder mir gesagt wird, dass ich entwicklungshinderliche Merkmale habe, sollte ich natürlich die Bereitschaft zeigen, mich bzw. mein Verhalten zu ändern. Zum Abschluss dieses Kapitels gibt es noch eine Übung, die uns immer dann stärken kann, wenn die eigene Belastbarkeit erreicht ist.

Übung: Energie tanken – Besinnung auf angenehme Situationen

1. Besinne dich und erinnere dich an Situationen, Momente, Tätigkeiten und Begegnungen, die dich motiviert und in deiner Entwicklung gefördert haben.
2. Was hat dir in deinem bisherigen Leben Freude gemacht?
3. Wobei kam dir das Gefühl, zum richtigen Zeitpunkt am richtigen Ort zu sein?
4. Schreibe deine Gedanken dazu auf oder bringe sie auf anderem Wege zum Ausdruck (Bild, Gedicht, Lied etc.).

(vgl. Geisselhart 2002, S. 74)

Mögest du loslassen können, was dir nicht guttut.

Kapitel 9:
Entwicklungsmöglichkeiten im Team – persönlich und gemeinsam wachsen

„Geben und Nehmen,
ein Gesetz aller Entwicklung."

Christian Morgenstern

Möglichkeiten der Teamentwicklung

Die Methoden, Verbesserungsmaßnahmen und Entwicklungsmöglichkeiten die uns zur Verfügung stehen, um persönlich und gemeinsam in einem Team wachsen zu können, sind vielfältig: Teambesprechungen, Mitarbeiterinnen- und Mitarbeitergespräche, Zielvereinbarungen, Evaluationsmaßnahmen, Zeitmanagement, Qualitätsmanagement, Kommunikationstraining, Supervision, gemeinsame Teamfortbildungen, Sichtung von Fachliteratur und Fachmedien, über die wir Wachstumsprozesse im Team und für uns persönlich in Gang setzen können. Wir müssen es nur selbst in die Hand nehmen, Prioritäten setzen und entscheiden, welche Maßnahmen für unser Team und für die Erreichung der gesetzten Ziele geeignet sind.

Grundlegend ist darauf zu achten, was dem Team Sicherheit und eine Struktur gibt und wie eine förderliche und planvolle Entwicklung in der Zusammenarbeit unterstützt werden kann.

Auf einer Teamfortbildung im Januar 2013 haben sich unter der Leitung von Armin Krenz 25 pädagogische Fachkräfte aus einer Samtgemeinde intensiv mit konstruktiven und destruktiven Dimensionen, die in einem Team vorhanden sein können, auseinandergesetzt. Mit der folgenden Übersicht kann herausgefunden werden, welches Klima in der eigenen Einrichtung vorherrscht und welche Dimensionen entwicklungsförderlich oder entwicklungshinderlich für ein Teamklima sind und gegebenenfalls verwandelt werden müssen, damit sich die Innen- und die Außenqualität der Einrichtung entwickeln kann. Auch im weiteren Verlauf beziehe ich mich auf die Inhalte des Fachtages zur Teamarbeit und Teamentwicklung.

Dimensionen für die Organisation im Team

Entwicklungsförderliche Dimensionen

Veränderungsbereitschaft
- Ich bin neugierig ...
- die Sicherheit haben, dass Veränderungen hilfreich sein können

Planvolles Vorgehen
- Was wird angesprochen?
- Was ist das Wichtigste?
- Wie viel Zeit brauchen wir?
- Wer macht das?

Selbstverantwortung
- selbstverantwortliches Handeln
- die eigene Überzeugung: Ich muss selbst aktiv werden
- Eigeninitiative zeigen

Direkte Kommunikation
- ehrlich miteinander und zueinander sprechen

Fairness
- Ich ziehe keinen vor/ich vernachlässige keinen
- Jede(r) hat das gleiche Recht

Vertrauen
- Sicherheit geben
- Schwächen zeigen können
- Fehler machen dürfen/können

Wärme
- sich den anderen zuwenden
- Herzlichkeit ausdrücken
- Zeit haben

Engagiertheit
- Ich übernehme das, rufe da an
- Ich schaue im Internet nach

Achtung
- wertschätzender Umgang
- So wie du bist, nehme ich dich an

Problem- und Konfliktlösungsorientierung
- Wir schaffen das
- Wir finden eine gemeinsame Lösung

Schwung/Elan/Motivation
- sich mit der Einrichtung identifizieren
- sich für die Einrichtung einsetzen
- die Einrichtung kontinuierlich mit Qualität füllen
- zugeben, wenn man sich überfordert fühlt (=> Arbeitsgesundheit und Zufriedenheit)

Solidarität
- Gemeinsam sind wir stark

Kooperation
- sich gegenseitig unterstützen

Entwicklungshinderliche Dimensionen

Starrheit
- Das mache ich nicht/kann ich nicht
- Unsicherheit, Altes unbedingt bewahren zu müssen

Planlosigkeit
- sich ohne Absprachen auf die anderen verlassen
- einfach „irgendwo" im Dschungel der Veränderungsnotwendigkeiten beginnen

Fehlende Fairness
- jemanden bevorzugen
- andere schlecht machen

Misstrauen
- andere verunsichern
- negative Vermutungen anstellen
- Fehler unbedingt vermeiden wollen

Kälte
- nur die eigenen Vorteile sehen
- nicht auf andere eingehen

Verantwortungslosigkeit
- Wieso soll ich das machen?
- Nächste Woche habe ich sowieso Urlaub ...

Indirekte Kommunikation
- übereinander sprechen

Missachtung
- Geringschätzung
- sich lustig machen
- andere nicht ernst nehmen

Problemfixierung/Konfrontationsorientierung
- negatives Denken
- Probleme nicht klären

Trägheit/Unlust
- träge sein
- die Einrichtung ist den Mitarbeiter/innen egal
- das Private geht vor und wird bevorzugt ins Auge gefasst

Desinteresse
- Ich habe keine Zeit
- Ich habe schon so viele Überstunden, dass ich keine Minute mehr länger arbeite

Egozentrismus
- nur an sich selbst denken Abgrenzung
- Ich mache das allein
- Ich ziehe das durch

Teamfähigkeit existiert nur, wenn wenige Anteile von entwicklungshinderlichen Merkmalen in einem Team vorhanden sind und die Bereitschaft besteht, an diesen zu arbeiten. Für die Teamentwicklung, die Teamqualität und eine gute Teamatmosphäre sorgen die entwicklungsförderlichen Merkmale und eine fehlertolerante Zusammenarbeit. Nur über eine sachliche und wertschätzende Ebene (nicht über die persönliche Ebene) kann in problematischen Situationen Klarheit geschaffen werden. Möglicherweise würde es sonst zu Übertragungen kommen, weil Erlebnisse aus der eigenen Kindheit aktualisiert werden (siehe auch Kapitel 3).

Grundsicherheit im Team kann aber auch die gemeinsam erarbeitete Konzeption der Einrichtung geben. Wenn Schwerpunkte, wie beispielsweise die Bedeutung des Spiels, ganzheitlich orientierte Projektarbeit, Naturerfahrung, Partizipation sowie das Leitbild und die gemeinsam gelebten Werte, klar sind und verstanden werden, können sie gemeinsam gelebt werden. Auch Arbeitsplatzbeschreibungen (wie z. B. Verantwortung für die Kinder übernehmen, Aufsichtspflicht, Anleitung der Auszubildenden, Zusammenarbeit mit Eltern etc.), die wir meistens mit dem Arbeitsvertrag erhalten, geben uns eine sichere Grundlage für den Arbeitsalltag. Außerdem kann eine feste Handlungsstruktur – zu wissen, wie ich mich auf etwas vorbereite – für Sicherheit und Entlastung sorgen. Besonders wichtig ist es, sich Zeit zu nehmen, schriftlich entsprechende Arbeitsvorhaben oder einzelne Handlungsschritte bzw. Schlüsselfragen zu sammeln, zu überlegen und zu notieren, wie einzelne Schritte aufeinander folgen können, und sich immer wieder die Frage zu stellen, was man selbst beitragen kann, um die Qualität der Einrichtung zu verbessern. Das können beispielsweise Fragen in Bezug auf die Kinder, die Zusammenarbeit mit den Eltern und im Team, aber auch organisatorische Aspekte sein.

Die folgenden Beispielfragen zu den verschiedenen Aufgabenbereichen können zu mehr Klarheit und Sicherheit im Team führen, wenn sie auf einen gemeinsamen Nenner gebracht werden. Sie können je nach konzeptionellen und aktuellen Aspekten und Aufgabenbereichen erweitert und verändert werden.

Fragen für die Begleitung der Kinder:

1) Wie kann ich den Kindern im Spiel Impulse geben?
2) Was heißt, es mit Kindern auf Augenhöhe zu sein?
3) Was heißt es, Kinder da abzuholen, wo sie sind?
4) Welche Bedeutung hat Zeit für den Umgang mit Kindern?
5) Wie wird den Kindern Mitsprache und Mitbestimmung ermöglicht?
6) Was heißt es, mit Kindern einen fehlerfreundlichen Umgang zu leben?
7) Wie werden Konflikte mit und unter Kindern gelöst?
8) Wie verhelfen wir Kindern zu hoher Selbstwirksamkeit?
9) Welche verbalen und nonverbalen Verhaltensweisen von pädagogischen Fachkräften sind für Kinder entwicklungsförderlich und welche sind entwicklungshinderlich?

Fragen für den Umgang mit Eltern:

1) Wie ist die grundsätzliche Haltung in der Einrichtung gegenüber den Eltern? Wird eine partnerschaftliche Beziehung angestrebt?
2) Wie werden Eltern in den Alltag integriert?
3) Welche Formen der Zusammenarbeit mit Eltern sind uns wichtig, und wie findet der Austausch mit den Eltern statt?
3) Wie können die Fähigkeiten von Eltern eingebracht werden?
4) Wie werden Eltern in den Entwicklungsprozess ihrer Kinder einbezogen?
5) Was heißt es, Eltern da abzuholen, wo sie sind?
6) Wie werden Konflikte mit Eltern gelöst?

Fragen für den Umgang im Team:

1) Welche Ressourcen, Fähigkeiten, Potenziale gibt es im Team, und wie werden sie in den Alltag integriert?
2) Welche Möglichkeiten und Formen zur Teamentwicklung werden genutzt, um gemeinsam zu wachsen?
3) Wie ist die Bereitschaft zur Selbstreflexion, und wie sieht diese konkret aus?
4) Wie ist die grundlegende Haltung und Einstellung zur Arbeit?
5) Wie motiviert ist jedes einzelne Teammitglied, an der Weiterentwicklung der Einrichtung mitzuarbeiten?
6) Wie werden Ziele erarbeitet und umgesetzt?
7) Werden gemeinsame Absprachen von allen eingehalten und verantwortungsbewusst umgesetzt?

Organisatorische Aspekte:

1) Wie ist die Zusammenarbeit mit dem Träger?
2) Welche Erwartungen hat der Träger an die Kolleginnen und Kollegen?
3) Welche Aufgaben und Verantwortlichkeiten gibt es in der Einrichtung, und wer übernimmt diese?
4) Wie werden die Räumlichkeiten in der Einrichtung genutzt? Gibt es genug Platz für die Bedürfnisse der Kinder?
5) Wie wird das Mittagessen in der Einrichtung organisiert? Trägt dies zu einer gesunden und ästhetischen Esskultur bei?
6) Gibt es genügend Rückzugsmöglichkeiten für die Kinder?
7) Wann gibt es Besprechungszeiten für den Austausch im Team?

Im Folgenden werden verschiedene Möglichkeiten, die für die Zusammenarbeit im Team bedeutsam sind, vorgestellt.

Die Teamsitzung/Teambesprechung

Die regelmäßig wiederkehrende Teambesprechung gibt uns die Möglichkeit, viele solcher Fragen zu klären. Sie ist aber auch wichtig für den gemeinsamen Austausch über aktuelle Themen, z. B. über die Beobachtungen an den Kindern für die anstehenden Entwicklungsgespräche mit den Eltern und für die entwicklungsförderliche Begleitung der Kinder im Alltag. Auch die gemeinsamen Aktivitäten, Projekte und wichtigen Aufgaben werden in der Teamsitzung besprochen, strukturiert und geplant.

Neben der großen Fülle dieser wichtigen Aufgaben darf aber auch die Auseinandersetzung mit der eigenen Persönlichkeit – die Selbstreflexion – nicht vergessen werden. Eine regelmäßige ehrliche Bestandsaufnahme der aktuellen Situation und die Beantwortung noch offener Fragen schaffen Klarheit über die gemeinsam festgelegten Vorstellungen über die pädagogische Arbeit, die in der Einrichtung gelebt werden und die für alle verbindlich sind. Außerdem mindern sie die Gefahr von auftauchenden Problemen. So könnte es z. B. in jeder Teamsitzung ein fester Ankerpunkt sein, eine der oben aufgeführten Fragen zu reflektieren und einen gemeinsamen Konsens zu erarbeiten, der für alle gültig ist.

Damit sich alle Teammitglieder gerecht behandelt fühlen, sollte es für alle die Möglichkeit geben, Themen vorzuschlagen und ihre derzeitigen Wünsche und Interessen zum Ausdruck zu bringen. Dazu kann ein Teambuch dienen oder eine Liste, in der Punkte für die nächste Sitzung gesammelt, gesichtet und nach Bedeutsamkeit strukturiert werden. So hat jede(r) die Möglichkeit, sich mitzuteilen, und die Themen und Fragen können gemeinsam besprochen, geklärt und lösungsorientiert bearbeitet werden. Damit man sich nicht verrennt und Ziele erreicht werden können, sollte mit festen Zeitvorgaben geplant werden.

Soll in einer Teamsitzung effizient gearbeitet werden, ist es wichtig, sich bestimmte Strukturen und Abläufe für eine gute Selbstorganisation aufzubauen. So können gesteckte Ziele auch erreicht werden. Zu diesen Strukturen kann der Umgang mit Zeit gehören, mit Regeln für den Ablauf der Teamsitzung, mit Kommunikations- und Feedbackmethoden, der Umgang mit terminlichen Dingen und Sachthemen und mit personellen Aspekten. Wichtig sind natürlich auch Methoden zur konstruktiven Lösungsfindung, wenn Probleme oder auch schwerwiegende Konflikte im Team auftreten.

Für die Selbstmotivation eines Teams ist es auch immer wieder bedeutsam, sich darauf zu besinnen, was bereits gut läuft und funktioniert und was schon alles an gemeinsamen Erfolgen zu verbuchen ist. Ein defizitäres Denken führt nur dazu, sich selbst Druck zu machen und sich somit auch selbst zu überfordern und das Gefühl zu entwickeln, dass alles viel zu viel sei. Das ist für die Teamentwicklung extrem hinderlich. Besser ist es, eine Bestandsaufnahme von den Dingen zu machen, die momentan nicht gut laufen, um dann nach vorne zu schauen und gemeinsam zu überlegen, welche Schritte zeitnah oder langfristig und nachhaltig erforderlich sind, wer welche Aufgaben bis zu einem bestimmten Termin selbstverantwortlich übernimmt, um einen konstruktiven Entwicklungsprozess in die Wege zu leiten und gemeinsam zu wachsen.

Teamentwicklung heißt, die Bereitschaft zu haben, gemeinsam zu wachsen und sich zu verändern. Wachstum und Veränderungen bringen aber auch oft Enttäuschungen und Rückschläge mit sich. Selbst wenn alle Teammitglieder sich einig sind und die Bereitschaft zeigen, kann das Umfeld, z. B. der Träger oder die Eltern, den Prozess zum Stocken bringen. Das ist normal, doch die Überwindung ist notwendig, wenn der Verwandlungsprozess gelingen soll. Deshalb sollten wir Enttäuschungen und Frustrationen als Herausforderungen annehmen und nutzen.

Veränderungen brauchen Zeit, Geduld und eine solide Vertrauensbasis. Was enttäuscht und entmutigt uns also und verhindert ein Vorwärtskommen? Hier können genaues Hinschauen, Zuhören und gegenseitige Aufmerksamkeit hilfreich für das Erkennen der Probleme sein. Gemeinsam kann dann überlegt werden, was zu tun ist, um die Probleme aus dem Weg zu räumen, und wer bei bestimmten Aufgaben bzw. Herausforderungen die Verantwortung für die Erledigung einzelner Teilschritte übernimmt. Das gibt Antrieb und setzt positive Energien frei, die Veränderungsprozesse wieder ins Rollen bringen.

Ursachen für Enttäuschungen sind häufig:

Eine zu hohe Erwartungshaltung

- Eine zu große Euphorie und der Wille, möglichst schnell ans Ziel zu kommen, können zu Frustration führen. Es braucht Zeit, die auftretenden Hindernisse zu beseitigen.

Zweifel am Gelingen haben

- Eine negative Gedankenflut, wie beispielsweise der Gedanke „Das klappt sowieso nicht", kann das Stimmungsbild beeinträchtigen. Bestätigung dieser Gedanken gibt es schon, wenn die kleinste Schwierigkeit auftaucht. Es sollte überlegt werden, was uns in anderen Situationen zum Ziel geführt hat.

Mangelnder Kommunikationsfluss und wenig Verständnis füreinander

- Wenn sich nicht alle Teammitglieder auf gleicher Augenhöhe befinden und Informationen zurückgehalten werden, ist ein Vorwärtskommen nicht möglich.
- Jede(r) trägt gleichermaßen Verantwortung für das Erreichen eines Ziels.

Angst zu versagen

- Wichtig ist es, die eigenen Ängste und Befürchtungen anzusprechen, sich auszutauschen und gemeinsam Lösungen zu finden sowie Strategien zu entwickeln, um die Ängste zu besiegen.
- Ein vertrauensvoller, wertschätzender, offener und achtsamer Umgang miteinander kann die Zusammenarbeit wieder in positive Bahnen lenken und zu Teamerfolgen beitragen. Die Vertrauensbasis ist das Fundament für ein positives Vorankommen und die Verwirklichung von Zielen. Deshalb ist es wichtig, seine Enttäuschungen mitzuteilen und danach zu überlegen und zu fragen, welche Informationen wichtig sind, um wieder handlungsfähig zu werden.

Übung: Enttäuschungen und Zweifel im pädagogischen Alltag erkennen und verwandeln

Du brauchst Papier und etwas zu schreiben. Schreibe all deine Bedenken zu den folgenden Fragen auf:

1. Was enttäuscht mich derzeit in der Teamzusammenarbeit?
2. Woran zweifele ich gerade, und was frustriert mich am meisten?
3. Welche Informationen benötige ich vom Team, damit ich etwas verändern kann, und wie komme ich selbst an die Informationen heran? Was unternehme ich dafür?
4. Welche Vorteile hat es, wenn ich meinen Kolleginnen und Kollegen meine Bedenken mitteile, sie selbst zu einem wichtigen Punkt in der gemeinsamen Teambesprechung mache? Schreibe alle Vorteile auf.

Die Teamsupervision

Supervision ist eine unterstützende, stärkende, bereichernde und professionelle Beratungsmethode, die der Qualitätsentwicklung eines Teams dient und somit auch die Prozess- und Ergebnisqualität der gesamten Einrichtung verbessern kann. Durch die Supervision ergibt sich die Chance, eine bessere und klarere Sicht über das eigene Arbeitsfeld zu bekommen. Supervision unterstützt die Entwicklung von Teamprozessen und hilft bei der Lösung von Konflikten im Team. Feste und eingefahrene Verhaltensmuster können aufgebrochen und in flexiblere Verhaltens- und Ausdrucksweisen umgewandelt werden. Das schafft eine größere Bereitschaft zur kommunikativen Selbstreflexion und erweitert das eigenverantwortliche Handeln. Sie verhilft zu neuen Sichtweisen und schafft damit vielfältige Möglichkeiten für die Entwicklung im Team. Sie stärkt das Selbstwertgefühl, regt die Selbstmotivation und Selbstdisziplin an und fördert Selbststeuerungsprozesse. Supervision ist eine wunderbare Klärungshilfe im pädagogischen Alltag, die die Persönlichkeitsentwicklung aller Teammitglieder anregt, wenn alle für die Themen, Diskussion, Methodik und Auseinandersetzung offen sind und sich beteiligen.

Während meiner Berufspraxis in verschiedenen Arbeitsfeldern waren die Erfahrungen, die ich mit Supervision gemacht, und die Ergebnisse, die ich erzielt habe, stets Meilensteine, sowohl für die persönliche Entwicklung als auch für die Entwicklung von Teamprozessen. Deshalb möchte ich alle Teams ermutigen, sich durch Supervision begleiten zu lassen. Auch die Träger der Einrichtungen seien an dieser Stelle aufgefordert, ihren Mitarbeiterinnen und Mitarbeitern diese überaus hilfreiche und unterstützende Möglichkeit der Teamentwicklung zur Verfügung zu stellen. Gerade in einer Zeit des gesellschaftlichen Wandels werden immer wieder vielfältige und neue Erwartungen, Ansprüche und Forderungen an die pädagogischen Fachkräfte in den verschiedenen sozialpädagogischen Einrichtungen gestellt. Hier bietet die Supervision eine wertvolle, professionelle Möglichkeit, die eigenen Ressourcen und Fähigkeiten und die der anderen Teammitglieder zu entdecken, weiterzuentwickeln und im pädagogischen Alltag zu nutzen. Das sorgt für Entlastung, Druckabbau und Entspannung und schafft die Bereitschaft, den beruflichen Alltag optimistisch, engagiert und mit Freude zu gestalten.

Bei der Auswahl einer Supervisorin/eines Supervisors ist es wichtig, jemanden auszuwählen, der aufgrund der fachlichen und persönlichen Kompetenzen gut für das Team geeignet ist.

Entwicklung braucht in diesem Rahmen ein hohes Maß an Wohlbefinden und Vertrauen im gemeinsamen Miteinander, damit man sich öffnen und miteinander wachsen kann. Die Inhalte bestimmen alle Teilnehmenden in Absprache mit der Supervisorin/dem Supervisor. Wichtig ist es aber auch, die persönlichen Befindlichkeiten jeder/s Einzelnen miteinfließen zu lassen. Wenn man gemeinsam etwas klären möchte, ist es bedeutsam, sich in die Kolleginnen und Kollegen einfühlen zu können und sie zu verstehen. Das, was gerade Thema ist, ist auch immer die Ausgangslage für den gemeinsamen Teamprozess. Hier sind auch das Engagement und die Haltung der Supervisorin/des Supervisors von großer Bedeutung –inwieweit sie/er sich für die biografischen Hintergründe der einzelnen Persönlichkeiten interessiert, sie erkennt, um das Team da abzuholen, wo es gerade steht.

Als ich mich beim Schreiben mit den Inhalten zur Supervision auseinandergesetzt habe, fand ich in meinen Unterlagen Briefe, die ich damals vor jeder Supervisionssitzung an unseren Supervisor geschrieben habe. Er wollte immer von allen im Team einen kurzen Bericht darüber haben, was gerade im beruflichen und privaten Alltag bedeutsam war. So konnte er sich selbst gut vorbereiten und wichtige Themen in die jeweilige Supervisionssitzung angemessen und empathisch einfließen lassen. Durch das Schreiben fiel es uns allen leichter, über unsere Belastungen und Sorgen zu sprechen. Was man einmal aufgeschrieben hat (losgeworden ist), schafft schon Erleichterung und macht den Kopf frei, um in einen konstruktiven Arbeitsprozess zu kommen.

Beispiel: Sorgen ansprechen und loslassen können

Ich erinnere mich noch gut an eine Supervisionssitzung, in der sich eine Auszubildende nicht traute, dem Team ihre familiäre Situation anzuvertrauen. Sie hat sich über das Schreiben dem Supervisor anvertraut. Dass sich die stets zuverlässige, fröhliche und zugewandte junge Frau im beruflichen Alltag immer mehr zurückgezogen hatte, wurde von einer Mitarbeiterin in der Supervisionssitzung zum Thema gemacht. Der Auszubildenden liefen die Tränen über die Wangen, und sie konnte nichts sagen. Der Supervisor fragte sie daraufhin, ob er erzählen dürfe, was ihr so große Sorgen mache. Sie nickte, und dann fragte er uns alle, ob wir wüssten, dass der Vater der Auszubildenden einen Schlaganfall erlitten habe und sie sich neben der Arbeit um ihn kümmern müsse. Die Auszubildende dachte, dass Private hätte im Kindergarten nichts zu suchen, und hat es aus diesem Grund niemanden erzählt. Als sie bemerkte, dass wir alle vollstes Verständnis für ihre Situation hatten, war sie sehr froh und erleichtert, und es wurde eine gute Lösung mit Zugeständnissen an ihre Situation gefunden, die es ihr ermöglichte, noch mehr für ihren Vater da zu sein. Wir alle im Team konnten gar nicht glauben, dass sie uns ihre Sorgen nicht anvertraut hatte, doch ihr kultureller Hintergrund hatte es ihr nicht erlaubt, ihre Sorgen mit uns zu teilen. Wie gut, dass sie es schließlich über den Brief an den Supervisor tat und ihr geholfen werden konnte. Im Vorfeld hatte es eine Menge Vermutungen über die Auszubildende gegeben, die nicht annähernd der Wahrheit entsprachen. Daran wird deutlich, wie wichtig ein vertrauensvoller Umgang ist und dass persönliche Angelegenheiten einer Klärung bedürfen, wenn man den Kopf für den beruflichen Alltag frei haben möchte.

Coaching

Coaching ist genau wie die Supervision eine Beratungsmethode, um persönliche Entwicklungsprozesse zu entfalten. Der Unterschied zur Teamsupervision liegt darin, dass es sich beim Coaching meistens um eine individuelle Einzelberatung handelt. Beim Coaching geht es um zielorientierte und angeleitete Selbstbildung. Persönliche Ressourcen, Fähigkeiten und Potenziale werden analysiert, hinderliche Verhaltensmuster beleuchtet und erfasst und durch verschiedene Beratungs-, Moderations- und Problemlösemethoden konstruktiv bearbeitet. Gemeinsam wird nach Wegen und Möglichkeiten für Veränderungsprozesse gesucht. Im Vordergrund stehen somit die persönliche Entwicklung und ein Herauskommen aus alten, eingefahrenen Mustern, um sich gestärkt, selbstbewusst und mutig im privaten und beruflichen Alltag neu zu orientieren und persönliche Ziele zu verwirklichen. Gerade in Umbruchphasen des Lebens oder bei einer großen Arbeitsunzufriedenheit ist Coaching eine gute Möglichkeit für die Selbstauseinandersetzung und die Gestaltung von persönlichen Entscheidungsprozessen. Im folgenden Beispiel wird deutlich, dass private und berufliche Belange eng miteinander verknüpft sind und es nicht darum geht, diese Bereiche voneinander zu trennen, sondern beide miteinander zu verbinden und nach Möglichkeiten zu suchen, die für die persönliche Lebenssituation angenehm sind. Das folgende Beispiel zeigt, dass durch das Schreiben (an den Coach) selbstreflexive Prozesse in Gang gesetzt werden können und dass eine Einzelberatung zu einer inneren Klärung und Zufriedenheit führen kann. Je zufriedener jede Kollegin und jeder Kollege ist, desto besser sind die Voraussetzungen für eine gute Zusammenarbeit und für die Teamentwicklung.

Beispiel: Persönliche Entwicklung durch Coaching – persönlicher Brief an den Coach

Lieber Herr K.,

Sonntagabend und der Wochenplan weist auf unser nächstes Treffen hin. Ich freue mich, dass es weitergeht. Es ist eine komische Zeit – ich war anderthalb Wochen krank und bin trotzdem noch nicht richtig fit. Mir fehlt nach wie vor Energie – insbesondere für meine berufliche Entwicklung. Am Freitag habe ich eine Absage für einen Hortplatz für meinen Sohn bekommen. Mich macht es wütend, dass der Träger nicht in der Lage ist, für mich eine Ausnahme zu machen, damit er nach der Schule in den Kindergarten kommen kann. So stehe ich zurzeit unter Druck und weiß nicht, wie es nach den Sommerferien für mich weitergehen wird. Ich wälze im Stadtanzeiger den Stellenmarkt, schneide interessante Anzeigen aus – bin aber noch nicht so weit, dass ich einen Schritt weitergehe und anrufe. Gestern stand eine Stelle drin: Motopädagogin in der Einrichtung, in der ich schon mal ausgeholfen habe. Eigentlich genau das, was ich suche. Soll ich mich bewerben? Ich weiß gar nicht, was ich wirklich will. Irgendwie klebe ich noch an diesem Kindergarten. Dort läuft alles im gewohnten Rahmen, aber das reicht mir auch nicht. Ich wünsche mir Entwicklung – eine bessere Qualität der pädagogischen Arbeit. Wie bewege ich mein Team dazu, sich mehr mit den Themen, die im Alltag aktuell sind, auseinanderzusetzen? Wie viel Eigeninitiative kann ich erwarten? Der berufliche Alltag macht mich unzufrieden, da muss sich für mich etwas ändern! Das letzte Treffen hat mich sehr nachdenklich gemacht, doch ich bin froh, dass wir über all die Dinge gesprochen haben: Familiengeheimnisse, Lebensbalance, Zufriedenheit, Lebensplan, Rollenflexibilität etc. Auf die Frage, die sie mir am Ende der letzten Sitzung gestellt haben, gibt es noch keine Antwort. Dafür brauche ich noch Zeit, vor allem mit mir selbst ...

Liebe Grüße von ...

Durch das Schreiben des Briefes gab es schon vor dem gemeinsamen Treffen eine bewusste Auseinandersetzung mit der persönlichen und beruflichen Lebenslage, sodass die Themen bereits zu Beginn der Sitzung feststanden und wir direkt ins Thema einsteigen konnten. Im Brief waren ja bereits wichtige Fragestellungen vorhanden, die aufgegriffen werden konnten, um Antworten für die persönliche Lebensbalance zu finden und Klarheit darüber zu bekommen, welche Anteile dabei eine Rolle spielen, welche im Gleichgewicht sind und welche mehr Beachtung und Aufmerksamkeit brauchen. Wir schauten uns die vier Bereiche der Lebensbalance an:

Bereiche der Lebensbalance

Gesundheit Freizeit Erholung	Ich innere Orientierung Sinn des Lebens
Partner Familie Freundschaften	Beruf Arbeit Herausforderungen

Wenn diese vier Bereiche im Gleichgewicht miteinander sind, fühlen wir uns wohl und sind zufrieden. Unser Leben hat einen roten Faden, wir sind leistungsfähig, belastbar und motiviert, das eigene Leben in die Hand zu nehmen, zu steuern und auch im beruflichen Alltag Verantwortung zu übernehmen. Lebensphasen, in denen einzelne Bereiche vernachlässigt werden und andere eine höhere Bedeutung haben, sind normal, sollten jedoch nicht von längerer Dauer sein. Ein Ungleichgewicht über einen längeren Zeitraum kann zu persönlichen Krisen führen und uns krank machen. Nur wenn wir uns immer wieder selbst reflektieren, können wir erkennen, an welcher Stelle etwas zu klären ist, um unser inneres Gleichgewicht zu erhalten und auch im beruflichen Alltag stark zu sein und sich im gemeinsamen Miteinander im Team gegenseitig zu stärken. Einzelberatung/Coaching ist eine intensivere Methode sich selbst, die eigenen Ressourcen und Fähigkeiten besser zu erkennen und herauszufinden, wieso man mit der eigenen Individualität auch für sein Team bedeutsam und wichtig ist. Bei mir gab es ein Ungleichgewicht sowohl im beruflichen als auch im persönlichen Bereich, sodass für mich in diesen Bereichen Veränderungen anstanden.

Übung: Finde deine Lebensbalance

Ziel: Bewusstheit über die eigene Lebensbalance bekommen.

Du brauchst Papier und etwas zu schreiben.

1. Schaue dir die vier Bereiche der Lebensbalance an und mache eine schriftliche Bestandsaufnahme für jeden Bereich, z. B.:
   1) Bin ich gesund? Welchen Freizeitaktivitäten gehe ich nach? Wie sorge ich für meine Erholung?
   2) Mache ich mich selbst zur Ausgangslage meines Lebens? Was ist der Sinn meines Lebens?
   3) Bin ich meinem Partner/meiner Partnerin, meiner Familie nah und nehme mir Zeit für sie? Pflege ich meine Freundschaften?
2. Gibt es Ausgewogenheit zwischen den Bereichen? Bin ich weitestgehend damit zufrieden? Gibt es Bereiche, die wenig Beachtung finden?
3. Wenn es ein Ungleichgewicht gibt, suche Schritt für Schritt nach Lösungen, um ein Gleichgewicht herzustellen (nicht alles auf einmal, wirklich langsam und Schritt für Schritt).

Weitere Arbeitsmethoden der Teamentwicklung

Mitarbeiterinnen-/Mitarbeitergespräche, Zielvereinbarungen, gemeinsame Teamfortbildungen, Studientage, Zeit- und Qualitätsmanagement sowie Evaluationsmaßnahmen können zu einer entwicklungsförderlichen Teamarbeit beitragen. Voraussetzung für eine offene und ehrliche Zusammenarbeit ist die emotionale Qualität im Team. Vertrauen, Wärme und Achtsamkeit sorgen für einen guten Teamgeist – man sorgt füreinander und geht wertschätzend mit sich und anderen um. Das heißt auch, dass alles, was angesprochen wird, auch im Team bleibt und jedes Teammitglied das Recht auf seine eigene Individualität hat, sich mit seinen eigenen Gedanken, Ressourcen, Fähigkeiten einbringen kann und bereit ist, sich auf neue Entwicklungsprozesse einzulassen und sie mitzutragen, auch wenn sie anstrengend sind. Hier gilt es die Unterschiedlichkeiten im Team unter einen Hut zu bringen und die Gemeinsamkeiten zu bündeln und zu nutzen, um gemeinsam Maximales zu erreichen.

In diesem Zusammenhang möchte ich auch auf die wichtige Aufgabe der Entwicklung von Selbst-, Sozial- und Sachkompetenz von pädagogischen Fachkräften aufmerksam machen. Aufgaben, die sich einem Menschen ein Leben lang stellen. Dabei kommt es darauf an,

- sich seiner eigenen Persönlichkeit immer besser bewusst zu werden und nachahmenswerte Wertüberzeugungen zu haben, an denen man sich orientiert.
- sensibel im Umgang mit anderen Menschen zu sein, ohne allen Wünschen und Forderungen sofort nachzugeben.
- sich fachlich und professionell weiterzubilden.

Für die Arbeit im Team ist es bedeutsam, sich alleine und im Team immer wieder mit dem Leitbild der Einrichtung, mit der Konzeption, mit den gesetzlichen Bedingungen, mit den Kinderrechten, den Grundrechten und mit dem Schutzauftrag für Kinder zu befassen. Sie bilden die Grundaussagen, die für alle Kolleginnen und Kollegen Gültigkeit haben und uns im Spannungsfeld vielfältiger Erwartungen Sicherheit geben. Es ist bedeutsam, sich im Team Klarheit darüber zu verschaffen, welche Erwartungen von außen an das Team gerichtet werden (können), welche Erwartungen das Team erfüllen möchte, welche Erwartungen gerechtfertigt sind und welche Erwartungen man nicht erfüllen möchte. Pädagogisches Handeln geschieht immer im Spannungsfeld von vielfältigen Erwartungen, die ein hohes Maß an Belastbarkeit erfordern. Die Bereitschaft ist nötig, die verschiedenen Erwartungshaltungen auszuhalten und sich lebendig und konstruktiv mit ihnen auseinanderzusetzen. Diese Form der Auseinandersetzung ist unabdingbar, wenn Entwicklung stattfinden soll. Sie fordert von allen Teammitgliedern Neugierde, Mut, die Bereitschaft zur Selbstreflexion, eine optimistische Grundeinstellung und Durchhaltevermögen. Bei allen Erwartungen und Strömungen, die an ein Team herangetragen werden, ist es wesentlich, zu durchleuchten, ob diese den elementaren Bedürfnissen von Kindern entsprechen und zu den Kerngedanken der pädagogischen Konzeption passen.

Teamfähigkeit zu realisieren heißt, gemeinsam an einem Strang zu ziehen, sich mit den anderen auszutauschen und in Konfliktsituationen gemeinsam auf konstruktive Lösungen hinzuarbeiten, sich für die gemeinsam gesteckten Aufgaben und Ziele starkzumachen und dementsprechend zu handeln.

Übung: Das Wunschteam

Du brauchst etwas zu schreiben und Papier.

1. Beantworte folgende Fragen:
   - Wie sieht ein ideales Team aus?
   - Welche Aufgaben gibt es?
   - Wer übernimmt welche Aufgaben?
   - Wie stellst du dir die idealen Beziehungen im Team vor?
   - Welche Grundregeln sind für das gemeinsame Arbeiten notwendig?
2. Nun vergleiche die Wunschteamsituation mit der realen Situation im Team und stelle die Gemeinsamkeiten und Unterschiede heraus.
3. Welche Zielvorstellungen und welche Veränderungsvorschläge ergeben sich daraus? Du kannst in deinem Team von deinen Erkenntnissen berichten und allen Mut machen, die Übung gemeinsam durchzuführen.
   (vgl. Nordt 2007, S. 98)

Immer wieder kommt es bei der pädagogischen Arbeit zu Engpässen, problematischen Situationen, Unstimmigkeiten und Konflikten. Es ist sozusagen Alltag bei der Arbeit in der Kindertagesstätte. Um nicht bei jeder Situation wieder neu überlegen zu müssen, wie Ziele erreicht und Lösungen gefunden werden können, ist es vorteilhaft, im Team Methoden und Regeln zu haben, die uns in allen Situationen weiterbringen.

Gemeinsame Teamregeln können sein:

- Reden ist wichtig, aktives Zuhören fast wichtiger.
- Alle Teammitglieder sind als gleichwertige Partnerinnen/Partner anzusehen.
- Meinungen sollen herausgefordert und geäußert werden.
- Jede(r) hat das Recht, seine Meinung zu ändern.
- Meinungsverschiedenheiten stören nicht, sie werden positiv ausgewertet.
- Konflikte werden nicht verschleiert, sondern aufgedeckt und diskutiert.
- Alle Äußerungen dürfen infrage gestellt werden.
- Kritik wird sachlich und nicht persönlich angesprochen.
- Jede(r) ist verantwortlich für das, was sie/er selbst sagt.
- Jede(r) versucht, sachlich Feedback zu geben, es wird miteinander gesprochen und nicht übereinander.
- Jede(r) bemüht sich, alle Informationen weiterzugeben – lieber einmal zu oft als zu wenig informieren.
- Alle Unterlagen sind für alle zugänglich.
- Gemeinsam aufgestellte Regeln werden von allen eingehalten.
- Jede(r) ist aufmerksam und bemüht, gemeinsam aufgestellte Ziele und übernommene Aufgaben zeitnah zu erreichen, Verantwortlichkeiten werden zuverlässig eingehalten oder delegiert.
- Persönliche Angriffe und Vorwürfe sind zu vermeiden. Niemand muss sich verteidigen oder rechtfertigen.
- Die Teamregeln sind auf ihre Einhaltung regelmäßig zu überprüfen und wenn nötig neu festzulegen.

(vgl. auch Müller-Timmermann 2007, S. 443)

Die Einhaltung von Teamregeln trägt zu einem vertrauensvollen, offenen und wertschätzenden Teamklima bei und ist grundlegend und zielführend für die Zusammenarbeit im pädagogischen Alltag.

Feedback geben und Feedback annehmen

Auch die gemeinsame Verständigungsleistung von zwei oder mehreren Personen im Team – das Geben und Annehmen von Feedback – kann Teamprozesse förderlich begleiten. Beim Geben von Feedback stehen die Selbstmitteilung und das Feedback in einem Wechselverhältnis. Wer etwas mitteilt, kann Feedback bekommen. Die Reaktion und die Art, wie das Feedback angenommen wird, sagen wiederum etwas über die mitteilende Person aus. Es geht darum, sich im wechselseitigen Austausch besser zu verstehen.

Feedback erfüllt dabei mehrere Funktionen. Es ermutigt und hilft, zielgerichtet zu arbeiten und effektiv zu lernen. Es hilft die eigene Persönlichkeit einzuschätzen und zu entwickeln. Es führt außerdem zu einer größeren Nähe zwischen Feedback-Gebendem und Feedback-Nehmendem. (vgl. auch Fengler 1998, S. 22)

Feedback zu geben und Feedback anzunehmen ist allerdings keine leichte Aufgabe. Man muss sich behutsam und mit Feingefühl auf den Prozess einlassen. Der entwicklungsförderliche Aspekt beim Feedback liegt darin, hinderliche und störende Verhaltensweisen zu verändern und hilfreiche Verhaltensweisen zu verbessern. Außerdem kann der sogenannte „blinde Fleck" (das, was andere sehen, man selbst bei sich aber nicht sehen/wahrnehmen will/kann) durch Feedback sichtbar gemacht werden. Die Anwendung des Johari-Fensters von Joe Luft und Harry Ingham hat gezeigt, dass ...

- ☐ die Wahrnehmung des Selbstbilds (das Bild, das man von sich selbst hat) und die Wahrnehmung des Fremdbilds (das Bild, das andere von einem haben) in Einklang gebracht werden können.
- ☐ durch das Geben und Nehmen von Feedback die Qualität der Zusammenarbeit gefestigt und gestärkt werden kann.
- ☐ man durch Selbstmitteilungen eigene Persönlichkeitsanteile sichtbar machen kann.
- ☐ noch unbekannte Ressourcen und Fähigkeiten entdeckt werden können.

Im Folgenden wird durch das Johari-Fenster von Joe Luft und Harry Ingham deutlich, dass die Wahrnehmung von Selbstbild und Fremdbild (sehr) unterschiedlich sein kann. Feedback geben und Feedback annehmen ist wichtig, um überhaupt erst zu erkennen, wo es Differenzen in der Wahrnehmung gibt. Somit können durch die Selbstmitteilungen und die darauf folgenden Rückmeldungen eigene Persönlichkeitsmerkmale sichtbar gemacht werden. Durch diese Methode können die noch unbekannten Ressourcen und Fähigkeiten entdeckt werden.

Beispiel Johari-Fenster:

In diesem Modell werden vier Verhaltensbereiche mit jeweils anderen Varianten von Person und Interaktion unterschieden:

	mir bekannt	mir unbekannt
dem anderen bekannt	A öffentliche Person	C blinder Fleck
dem anderen unbekannt	B Privatperson	D Unbekanntes

A Bereich des gemeinsamen Wissens: Der Mensch kennt sich selbst und ist für den anderen transparent. Selbst- und Fremdbild liegen nah beieinander.	C Bereich des blinden Flecks: Hier zeigen sich Persönlichkeitsanteile, die einem selbst nicht bewusst sind oder nicht gesehen werden wollen. Von anderen Menschen werden sie jedoch gesehen. Regelmäßiges Feedback ist eine gute Hilfe, um den Bereich des blinden Flecks zu verringern.
B Bereich der Zurückhaltung: Manche Aspekte der eigenen Persönlichkeit werden bewusst vor den anderen zurückgehalten. Dieser Bereich wird für andere durch Selbstmitteilungen sichtbar.	D Bereich des Unbewussten: Zu diesem Bereich hat man weder selbst noch haben die anderen Menschen einen Zugang. Ressourcen und Fähigkeiten, die noch nicht entdeckt worden sind. Herausforderungen, Selbstbeschäftigung und Begegnungen mit anderen bringen Bewegung in diesen Bereich und verkleinern ihn.

(vgl. Fengler 1998, Seite 16 f.)

Wenn wir den Mut haben, uns zu öffnen und etwas von uns preiszugeben, was die anderen noch nicht von uns kennen, können wir uns näherkommen und uns gegenseitig erkennen. Das birgt den großen Schatz in sich, sich selbst und die Kolleginnen und Kollegen immer besser zu verstehen und wirklich Hand in Hand zusammenarbeiten zu können. Dies ist ein hoch bedeutsamer Aspekt für eine gute Zusammenarbeit im pädagogischen Alltag.

Übung 1:
Bemerkenswerte Eigenschaften – Chancen und Gefahren

Durch diese Übung können Auswirkungen von Charaktereigenschaften sichtbar gemacht werden.

- Bitte nimm Papier und einen Stift zur Hand und schreibe oben auf das Blatt eine deiner wichtigsten Eigenschaften (wie z. B. Hilfsbereitschaft).
- Nun schreibe zuerst auf, welche Chancen und Entwicklungsmöglichkeiten sich durch diese Eigenschaft bieten und ebenfalls welche Gefahren sich aus dieser Eigenschaft für deine persönliche Entwicklung ergeben könnten.

Durch diese Übung kann offengelegt werden, welche entwicklungsförderlichen, aber auch welche entwicklungshinderlichen Aspekte eine einzige Charaktereigenschaft haben kann und wie sie sich im eigenen Leben und im Zusammenleben mit anderen auswirken kann. Unsere persönlichen Eigenschaften sind Teil unserer Lebensentwürfe.
(vgl. ebd., S. 40 f.)

Übung 2:
Buch- oder Filmtitel für mein Team, meine Familie oder für mein Leben

Ziel: Aufschluss über das eigene Team bekommen. Manchmal fällt es uns schwer, unseren aufmerksamen Blick auf eine Gruppe (Team, Familie) als Ganzes zu konzentrieren und uns einzufühlen. Hier kann es helfen, einen Filmtitel oder einen Buchtitel für die Gruppe zu erfinden. So helfen uns unsere intuitiven Anteile dabei, unsere Gruppe besser zu erkennen.

Du brauchst Papier und etwas zum Schreiben.

- Lass der eigenen Fantasie freien Lauf und notiere einen Buch- oder Filmtitel für dein jetziges Team (es können bekannte Filmtitel, Sprichwörter etc. oder etwas völlig frei Erfundenes sein).
- Welche Gedanken spielten bei der Wahl des Titels eine Rolle?
- Wie sehe ich die einzelnen Teammitglieder? Welche Eigenschaften erkenne ich in ihnen?
- Wie sehe ich mich selbst, und wie könnten die Kolleginnen und Kollegen mich sehen?

(vgl. ebd., S. 86 f.)

Selbstevaluation als Notwendigkeit für pädagogische Fachkräfte

Bei der Selbstevaluation steht die Verbesserung der praktischen Arbeit einer Einrichtung im Vordergrund. Sie ist eine Bewertungsmethode bei der sachliche, personelle und fachliche Kompetenzen überprüft werden. Man schaut auf die eigene Arbeit in der Einrichtung: Man klärt, erforscht, diskutiert im Team alle Prozesse, die im pädagogischen Alltag von Bedeutung sind. Dabei sind die eigenen Vorstellungen, Gedanken und Werte für eine entwicklungsförderliche Arbeit aller Teammitglieder relevant. Die Erkenntnisse, Ergebnisse und Ziele aller werden gesammelt und auf einen gemeinsamen Nenner gebracht, der für alle gültig ist und gemeinsam umgesetzt werden soll.

Selbstevaluation orientiert sich an den Ressourcen, Fähigkeiten und Potenzialen aller Teammitglieder. Es geht darum, die eigene Arbeit zu durchleuchten und Fragen zu formulieren, die positive Veränderungsprozesse einleiten. Die folgenden Wie-Fragen können diesen Prozess unterstützen:

- Wie kann der gemeinsame Prozess der Selbstevaluation begonnen werden?
- Wie wird dieser Prozess gestaltet?
- Wie kommen wir zu gemeinsamen Zielen?
- Wie werden die gemeinsamen Ziele umgesetzt?
- Wie machen wir uns unsere Stärken und Schwächen bewusst?
- Wie werden Verantwortlichkeiten verteilt?
- Wie können wir uns gegenseitig unterstützen?

- Wie werden die Bedürfnisse, Interessen und Anliegen der Kinder, der Eltern, des Trägers einbezogen?
- Wie werden die konzeptionellen Ansprüche im lebendigen Alltag gestaltet?
- Wie können wir uns gegenseitig mit „brennenden" Themen konfrontieren?
- Wie kommen wir bei Konflikten zu konstruktiven Lösungen?
- Wie kommen wir im allgemeinen zu Lösungen, auf einen gemeinsamen Nenner?

Ausgangslage für die Selbstevaluation ist, dass alle an der Einrichtung beteiligten Menschen einbezogen werden. Dazu gehören neben den Mitarbeiterinnen und Mitarbeitern auch der Träger, die Eltern und die Kinder. Teams, die sich auf die Selbstevaluation einlassen, arbeiten in der Regel motiviert, engagiert und verantwortungsvoll. Die Bedürfnisse und Interessen der Kinder und Familien werden in diesem entwicklungsorientierten Prozess berücksichtigt und ernst genommen. Ein achtsamer und wertschätzender Umgang ihrer Anliegen ist von immenser Bedeutung. Selbstevaluation kann sowohl individuell wie auch im Team durchgeführt werden. Bei der individuellen Selbstevaluation ist ein kollegiales Feedback jedoch sehr hilfreich, damit es zu einer Ausgewogenheit von Selbst- und Fremdbild kommen kann. Bei der Team-Selbstevaluation können Rollen im Team geklärt werden, die Entwicklung einzelner Bereiche geprüft und Stärken und Schwächen erkannt werden.
(vgl. Nordt 2007, S.10 f.)

Übung: Stärken und Schwächen benennen

Ziel: Diese Übung soll dazu beitragen, den Blick auf die eigene Persönlichkeit zu erweitern und bei der Beurteilung von anderen milder und rücksichtsvoller zu sein. Du brauchst Papier und etwas zum Schreiben.

Selbstbeurteilung:

1. Überlege, ob du an dir selbst zwei Stärken und zwei Schwächen benennen kannst, die für deine beruflichen Fähigkeiten bedeutsam sind.
2. Schreibe je zwei Stärken und zwei Schwächen auf, die für deine eigenen beruflichen Fähigkeiten bedeutsam sind und nenne Beispiele dazu.

Beurteilung einer anderen Person:

Überlege und nenne zwei Stärken und zwei Schwächen einer Kollegin/eines Kollegen in Bezug auf die beruflichen Fähigkeiten. Nenne dazu Beispiele.

(vgl. Fengler, 1998, S. 36 ff.)

Konflikte konstruktiv lösen

Konflikte gehören dazu. Bedeutsam ist jedoch, wie wir alleine und im Team mit Konflikten umgehen.

- Wie gehe ich selbst mit Konfrontationen um, einem Menschen, einer Gruppe, einem Thema gegenüber?
- Wie fühle ich mich, und was löst der Konflikt in mir aus und warum?
- Wie ist unsere gemeinsame Haltung gegenüber Konflikten, und wie verhalte ich mich selbst?
- Gebe ich anderen die Schuld oder sehe ich auch, was ich selbst dazu beigetragen habe, dass es zu einem Konflikt gekommen ist?
- Nehme ich Konflikte als Herausforderung an oder verkrieche ich mich und gehe dem Konflikt aus dem Weg?
- Auf welchen Ebenen findet der Konflikt statt?
- Welche Möglichkeiten gibt es, Konflikte konstruktiv zu lösen?
- Welches sind die Voraussetzungen, um Konflikte konstruktiv zu lösen?
- Welche Rolle spielt dabei die Kommunikation?
- Schaffe ich/schaffen wir es, den Konflikt allein zu lösen oder wird Hilfe von außen benötigt?

Es gibt unterschiedliche und vielfältige Maßnahmen, die wir ergreifen können, wenn wir uns in einer Konfliktsituation befinden, die förderlich für die Entwicklung von sozialen Kompetenzen sind. Wichtig ist es, zunächst zu klären, um was für einen Konflikt es sich handelt, und sich Klarheit und einen Überblick über die Situation zu verschaffen, um handeln und sich der Konfliktsituation stellen zu können. Konflikte gehören auf den Tisch und führen nach einer offenen, ehrlichen und kritischen Auseinandersetzung oftmals zu konstruktiven Veränderungen. Im gemeinsamen Austausch, mit gegenseitiger Unterstützung, der Übernahme von Verantwortlichkeiten und einem achtsamen und wertschätzenden Umgang sind Konflikte sogar eine Ausgangslage für Entwicklung. Der Prozess der Konfliktlösung kann als eine Chance zur Verbesserung der pädagogischen Qualität gesehen werden.

Im Handwörterbuch für Erzieherinnen und Erzieher von Raimund Pousset findet man unter dem Stichwort „Konfliktbegriff“ folgende Beschreibung:

„Nicht alle Situationen und Interaktionen, die konflikthaft Potenzial in sich bergen, sind von vornherein Konflikte. Auszuschließen wären demnach Unterschiede, Ambivalenzen, Spannungen, Krisen und Willensunterschiede, bei denen es noch nicht zu Handlungen kommt. Ein sozialer Konflikt wäre dann eine Interaktion zwischen Akteuren (Individuen, Gruppen, Organisationen), von denen mindestens ein Akteur Unvereinbarkeiten auf verschiedenen Ebenen erlebt, die zu einer Beeinträchtigung führen. Die Ebenen können sein: Denken, Vorstellen, Wahrnehmen, Fühlen oder Wollen.“
(Pousset 2010, S. 223 f.)

Demnach enthalten Konflikte häufig sehr unterschiedliche Problemebenen. Sowohl auf der Sachebene (wie z. B. mangelhafte Rahmenbedingungen, zu hohe Anforderungen und Erwartungsdruck von außen, Machtgerangel, Neid, Eifersucht, anstrengende und verhaltensirritierte Kinder etc.), wie auch auf der persönlichen Ebene – welche Gedanken (Was halte ich von dir?) und Gefühle beispielsweise in der Konfliktsituation bei einem selbst dominieren. Und auch auf der Ebene der Werte und Normen, was ich z. B. selbst für richtig oder falsch, gut oder böse etc. halte.

Die Spannungs- und Konfliktfelder in pädagogischen Teams werden also auf ganz unterschiedlichen Ebenen gefunden, und es gibt viele unterschiedliche und in der Praxis erprobte Methoden, die bei der Problemlösung mithelfen können.

Die folgenden fünf Aspekte können ebenso mithelfen, Konfliktsituationen mit Bedacht anzugehen und zu überwinden:

- Es darf nicht am Problem vorbeigedacht/vorbeigegangen werden! Alles, was wir wahrnehmen, erzeugt zuerst immer ein Gefühl, auch zu einer anderen Person. Die persönlichen Gefühle und Befindlichkeiten fließen mit ein. Je klarer und stärker problemorientiert die Schwierigkeit erfasst wird, desto näher ist man an der Lösung. Wenn Probleme nicht nachhaltig gelöst werden, treten sie nach kurzer Zeit wieder auf.
- Typische Konfliktverschärfer sind zu vermeiden. Um wieder in eine ruhigere Ausgangsposition zu kommen, ist es wichtig, darauf zu achten, dass Vorwürfe (der andere ist Schuld und man selbst überhaupt nicht) vermieden werden. Auch wenn es Probleme im privaten Bereich gibt, ist man im Beruf nicht belastbar. Privates und berufliches kann im Umgang mit Menschen nicht voneinander getrennt werden. Deshalb ist es notwendig, auch private Probleme zeitnah zu klären.
- Die subjektive Problembewertung muss bekannt sein! Wie verhalte ich mich, wenn ein Problem auftaucht? Wie war das bei mir als Kind, und wie gehe ich heute damit um? Wie komme ich zu anderen Lösungsstrategien, wenn ich mit entwicklungshinderlichen Mustern belastet bin?
- Wo ist der Problemkern wirklich zu suchen? Die konfliktförderlichen Merkmale müssen erkannt werden (siehe Tabelle zu Beginn des Kapitels). Es gibt nicht nur die eine Schuld. Differenzen und strittige Sachverhalte sind zu benennen. Zu den Problemen müssen klare Aussagen gemacht werden. Wird Hilfe erwartet? Wie kann eine Kollegin entlastet werden? Welche Ängste gibt es? Außerdem dürfen die eigenen Probleme nicht zu den Problemen der Kinder gemacht werden.
- Probleme sind Lernhinweise und fördern bei konstruktiven Lösungen die Teamarbeit. Es ist wichtig, gemeinsam nach Lösungen zu suchen. Dabei müssen alle Möglichkeiten und Grenzen thematisiert werden, und es muss überlegt werden, welches „Werkzeug" (Methoden) angewendet werden kann. Fast immer sind mehrere Lösungen möglich.

Die folgende Schrittplanung hilft auf dem Weg vom Konflikt zur Lösung:

- deutliche Problembenennung
- genaue Problembeschreibung
- exakte Problemanalyse
- Sammlung und Nennung von unterschiedlichen Lösungsmöglichkeiten
- klare Zielformulierung (Wer macht was bis wann und wie?)
- Entscheidung für eine konkrete Lösungsmöglichkeit
- Umsetzung, Erprobung und Bewertung des Lösungsversuchs
- Auswertung und Konsequenzen für die Zukunft

(vgl. Krenz 03/2013b, S. 10)

Übung: Fragestellungen zur eigenen Selbst-, Sach- und Sozialkompetenz, die für die konstruktive Bearbeitung bei Konflikten eine wichtige Bedeutung haben

Bitte wieder Papier und einen Stift zur Hand nehmen. Wähle dir aus dem Fragenkatalog zwei bis drei Fragen aus und finde zu jeder Antwort zwei Beispiele.

1. Selbstkompetenz:

- Bin ich motiviert, meine eigenen Einstellungen, Werte und Normen zu reflektieren?
- Nehme ich mir Zeit, um eigene Fragen und Standpunkte zu klären, sie regelmäßig zu reflektieren und ggf. zu ändern?
- Erlebe ich mich weitestgehend entspannt und zufrieden, sodass ich mich im beruflichen Alltag den Herausforderungen stellen kann?
- Nutze ich Möglichkeiten der Selbsterfahrung, um meine persönliche Entwicklung zu erweitern?
- Gehe ich in der Selbstreflexion kritisch mit meinen eigenen Verhaltensweisen um?
- Bin ich bereit, meine eigenen Widersprüche zu klären?
- Kann ich auch in belastenden Situationen meine eigenen Standpunkte vertreten, Grenzen ziehen und unangemessene Erwartungen von außen abwehren?

2. Sachkompetenz:

- Nehme ich regelmäßig an Fort- und Weiterbildungen teil?
- Lese ich regelmäßig die aktuelle Fachliteratur und setze ich mich mit den Inhalten auseinander?
- Orientiere ich mich an den wissenschaftlichen Erkenntnissen?

- [ ] Setze ich mir im pädagogischen Alltag täglich fachlich ausgerichtete Ziele und setze ich diese um?
- [ ] Habe ich berufliche Visionen und teile ich sie im Team mit?
- [ ] Bin ich im pädagogischen Alltag konzentriert, belastbar und in der Lage, Wesentliches von Unwesentlichem zu unterscheiden?
- [ ] Ist es mir ein Anliegen, die pädagogische Arbeit und die Qualität der Einrichtung zu verbessern und das konzeptionelle Profil der Einrichtung lebendig zu gestalten und umzusetzen?

3. Sozialkompetenz:

- [ ] Verhalte ich mich anderen gegenüber achtsam, respektvoll und wertschätzend?
- [ ] Bin ich anderen gegenüber neugierig, freundlich und aufgeschlossen?
- [ ] Bin ich im Team eine zuverlässige Kollegin, die sich an vereinbarte Regeln hält?
- [ ] Verzichte ich bei Auseinandersetzungen und Konflikten auf Machtkämpfe und persönliche Unverschämtheiten?
- [ ] Sage ich bei Auseinandersetzungen ehrlich und offen meine Meinung und habe ich den Mut, eigene Standpunkte zu benennen, auch wenn die anderen meine Meinung nicht teilen und ich mich unbeliebt mache?
- [ ] Bin ich frei von Vorurteilen und trage ich zu einer wohltuenden Atmosphäre bei?
- [ ] Spreche ich offen mit anderen und nicht über sie?

Werte deine Antworten aus und versuche, sie nach und nach für dich zu klären. Können viele Fragen mit „Ja" beantwortet werden, trägst du zum entwicklungsförderlichen Klima in deiner Einrichtung bei. Die Fragen zu den Kompetenzbereichen können persönlich und im Team erweitert werden.

(vgl. Krenz 2010b, S. 17 – 19)

Entwicklung braucht Zeit, Achtsamkeit und eine offene Wahrnehmung. Gehe deinen Weg mit kleinen Schritten und lasse dich von den abschließenden Zeilen dieses Kapitels inspirieren.

Die Kunst der kleinen Schritte

Ich bitte nicht um Wunder und Visionen, Herr, sondern um Kraft für den Alltag.
Lehre mich die Kunst der kleinen Schritte.
Mach mich findig und erfinderisch, um im täglichen Vielerlei meine Erkenntnisse zu notieren, von denen ich betroffen bin.
Mach mich griffsicher in der richtigen Zeiteinteilung.
Schenke mir das Fingerspitzengefühl, um herauszufinden,
was erstrangig und was zweitrangig ist.
Ich bitte um Kraft, dass ich nicht durch das Leben rutsche,
sondern den Tagesablauf vernünftig einteile,
auf Lichtblicke und Höhepunkte achte und hin und wieder Zeit finde
für kulturellen Genuss.
Lass mich erkennen, dass Träume nicht weiterhelfen,
weder über die Vergangenheit noch über die Zukunft.
Hilf mir, das Nächste so gut wie möglich zu tun
und die jetzige Stunde als die wichtigste zu erkennen.
Bewahre mich vor dem Glauben, es müsse im Leben alles glattgehen.
Schenke mir die Erkenntnis, dass Schwierigkeiten, Niederlagen, Misserfolg
und Rückschläge eine selbstverständliche Zugabe zum Leben sind,
durch die wir wachsen und reifen.
Erinnere mich daran, dass das Herz oft gegen den Verstand streikt.
Schick mir im rechten Augenblick einen Menschen,
der den Mut hat, mir die Wahrheit zu sagen.
Du weißt, wie sehr wir der Freundschaft bedürfen.
Gib, dass ich diesem schönsten Geschenk des Lebens gewachsen bin.
Verleihe mir die Fantasie, im rechten Augenblick Güte zu zeigen.
Mach aus mir einen Menschen, der einem Schiff im Tiefgang gleicht,
um auch die zu erreichen, die unten sind.
Bewahre mich vor der Angst, ich könnte das Leben versäumen.
Gib mir nicht, was ich mir wünsche, sondern das, was ich brauche.
Lehre mich die Kunst der kleinen Schritte.

Antoine de Saint-Exupéry; bearbeitet von der Autorin

Ausblick:

Die Teamarbeit – ja, auch sie ist eine Kunst.
Die Kunst, den pädagogischen Alltag zusammen mit Freude, Hingabe, Engagement, Motivation, Verantwortungsbewusstsein und gegenseitiger Achtsamkeit zu meistern.
Die Kunst, die anderen und sich selbst immer besser zu verstehen, um gemeinsam miteinander wachsen zu können.
Die Kunst, sich auf andere und auf sich selbst empathisch einzulassen, die eigenen Ängste zu besiegen, Vertrauen zu haben, sein wahres Gesicht zu zeigen und optimistisch nach vorne zu blicken.
Die Kunst, andere und sich selbst wertzuschätzen.
Die Kunst, den anderen und sich selbst einen Raum zur kreativen Entfaltung zu geben.
Die Kunst, sich den Herausforderungen, den Veränderungen und den Aufgaben einer Kindertagesstätte auf allen Ebenen zu stellen.
Die Kunst, für jedes Problem gemeinsam eine Lösung zu finden.
Die Kunst zu wollen und nicht zu müssen.
Die Kunst, seinen Beruf zur Berufung – zu seiner Herzensangelegenheit – zu machen.
Die Kunst, nah und gegenwärtig am Menschen zu sein und auch Wege zu gehen, die noch nie vorher gegangen worden sind.
Die Kunst, den Kindern, den Eltern, den Kolleginnen/Kollegen und sich selbst einen Lebenszeitraum zu schenken, in dem sich alle wohl, sicher, geborgen und glücklich fühlen können.
Die Kunst, sich gemeinsam für die Bedürfnisse und Interessen der Kinder zu erheben und sich als Bündnispartner(innen) für das Wohl von Kindern einzusetzen.
Die Kunst, sich selbst zu reflektieren, aus Fehlern zu lernen und die gemeinsam erarbeiteten und verinnerlichten Werte und Ziele der Einrichtung im lebendigen Alltag zum Ausdruck zu bringen.
Die Kunst, die eigene Persönlichkeit als pädagogisches Grundprinzip zu entdecken, weiterzuentwickeln und dem Team, den Eltern und den Kindern zur Verfügung zu stellen.
Die Kunst, im Gefüge der gesamten Einrichtung in partnerschaftlicher Verbundenheit füreinander da zu sein, sich auf Augenhöhe mit den anderen verantwortlich zu fühlen und Entscheidungen zu treffen, die die gemeinsame Entwicklung von Kindern, Erwachsenen und der pädagogischen Arbeit voranbringen.

Mögest du deinen Beruf zu deiner Herzensangelegenheit machen.

Kapitel 10:
Die Bedeutung der persönlichen Ressourcen für die Entwicklung von Kindern

„Ich träume mir ein Land,
da wachsen tausend Bäume,
da gibt es Blumen, Wiesen, Sand
und keine engen Räume.
Und Nachbarn gibt's, die freundlich sind
und alle haben Kinder.
Genauso wild wie du und ich,
nicht mehr und auch nicht minder.
Ich träume mir ein Land,
da wachsen tausend Hecken,
da gibt es Felsen, Büsche, Strand
und kleine, dunkle Ecken.
Und Nachbarn gibt's, die lustig sind
und alle feiern Feste.
Genauso schön wie deins und meins,
und keines ist das beste.
Ich träume mir ein Land,
da wachsen tausend Bilder,
da gibt es Rot und Grün am Rand
und viele bunte Schilder.
Und Nachbarn gibt's, die langsam sind,
und alles dauert lange,
genauso wie bei dir und mir,
und keinem wird dort bange."

Erika Krause-Gebauer

Verlässliche Beziehungen sind das Wesentliche, was Kinder brauchen

Beziehung statt Erziehung

Natur, Freiheit, Freude, Glück – Nachbarn, die freundlich sind, und Kinder, die wild sind. Auch in den „Die wilden Kerle"-Büchern von Joachim Masannek heißt der Spruch der Kinder: „Alles ist gut, solange du wild bist!" Was aber verstehen wir Erwachsene darunter, wenn Kinder wild sind? Welche Gedanken, Assoziationen und Gefühle kommen einem in den Sinn? Und was bedeutet dieser Spruch für die Kinder? Was wollte der Autor damit ausdrücken? Dürfen Kinder wild sein? Ist es für uns Erwachsene in Ordnung oder doch eher anstrengend, belastend oder nervig? Wie gehen wir mit „wilden" Kindern um? Sind sie erwünscht? Und wie ist es mit anderen Eigenschaften und Verhaltensweisen? Etwa: temperamentvoll, laut, aktiv, wütend, glücklich, neugierig, immer in Bewegung, grenzenlos, eigenwillig, schlau, stark, schwach, ängstlich, still, traurig, unterwürfig, einsam, angepasst, unruhig, besserwisserisch, nörgelnd, aggressiv, ideenreich, selbstständig, selbstbestimmt, lebensfroh, liebevoll, distanzlos, kreativ, unermüdlich, aufbrausend, ständig fragend, verspielt, grenzüberschreitend etc.

Was waren wir selbst für Kinder? Und wann haben wir aufgehört zu spielen, wild, lustig und zeitlos zu sein? Und wann haben wir aufgehört zu träumen, zu genießen und unbefangen zu sein? Welche Rolle haben wir in der Familie gehabt? Welche Erwachsenen sind es, an die wir uns gerne zurückerinnern, die uns beeindruckt, verzaubert, berührt, begeistert und Freude in uns ausgelöst haben? Welche Erwachsenen waren verlässlich für uns da und taten uns gut, wenn wir sie gebraucht haben? Von welchen Erwachsenen haben wir etwas gelernt? Welche Erwachsenen haben Bildungsprozesse in uns in Gang gesetzt? Und wie sieht unsere eigene Bildungsgeschichte eigentlich aus? Ist sie uns bewusst? *Welche Menschen waren es, die uns starkgemacht haben, die uns wachsen ließen und die in den verschiedenen Situationen des Lebens immer für uns da waren?*

Achtsame, verlässliche und vertrauensvolle Beziehungen sind das Wesentliche, was Kinder von Erwachsenen brauchen. Wenn Kinder von uns Erwachsenen verstanden, gehört und angenommen werden, so wie sie sind, bauen sie eine Grundsicherheit auf, und diese ist das Fundament für ihre Gesamtentwicklung. Die Grundlage für unser pädagogisches Handeln ist es, uns als Beziehungsbegleiter(in) von Kindern zu verstehen, uns mit Wertschätzung und Achtsamkeit einfühlsam auf Kinder einzulassen und bei allem, was wir mit den Kindern tun, ihre Bedürfnisse und Interessen zu berücksichtigen. Das setzt die innere Überzeugung voraus, dass Kinder und Erwachsene gleichwertig sind, dass sich Kinder und Erwachsene auf Augenhöhe begegnen und dass wir Erwachsenen das Zusammenleben nicht für Kinder, sondern mit den Kindern gemeinsam, gestalten.

Über uns Erwachsene lernen die Kinder den Umgang mit den Menschen. Kinder müssen von Erwachsenen begleitet, geschützt und geachtet werden. Erwachsene müssen offen für Kinder sein und aus einem unreifen Menschen einen reifen Menschen machen. Dabei muss der Erwachsene sich stets selbst reflektieren und überprüfen, da er unsere Welt weitergibt. Schon Maria Montessori hat darauf hingewiesen, dass Erwachsene dazu neigen, das Handeln und den Charakter von Kindern anhand der eigenen Maßstäben zu messen. (vgl. Montessori 1992, S. 23) Das Maß der Dinge sind aber nicht wir! Genau an dieser Stelle geht es darum, sich zurückzunehmen, die kindlichen Bedürfnisse zu achten, zu erkennen und zu verstehen. Sich selbst zu reflektieren, Vorwegnahme zu vermeiden und sich in die Bedürfnisse des Kindes einzufühlen und nicht das zu tun, was wir selbst für das Beste halten, weil wir es nicht anders kennengelernt haben.

Ein Kind braucht emotionale Beziehungen. Wenn die Bezugspersonen, verlässlich, entspannt und achtsam sind, dann werden Lernprozesse bei Kindern automatisch in Gang gesetzt. Wichtig ist es, Kinder in ihren Entwicklungsmöglichen zu begleiten, damit sie fundamentale Kompetenzen entwickeln können. Diese kann man nicht vermitteln, sie werden durch das Zusammenleben in der Gemeinschaft erworben. Da geht es darum, die eigenen Gefühle kontrollieren zu können und mit anderen Menschen klarzukommen. Es geht darum, innere Stärke zu haben (z. B. auch bei Widerstand seinen eigenen Weg zu gehen) und frei zu sein für die eigene Kreativität – neue Ideen zu entwickeln und anders zu denken als andere. Genau diese Kompetenzen werden im Kinder- und Jugendalter angelegt, sie können nicht eingetrichtert werden. Diese grundlegenden Kompetenzen können wir, als Vorbilder, durch unsere eigenen Verhaltensweisen anregen, wenn wir Kinder achten, sie beobachten und verstehen. Dazu ist es notwendig, dass der Erwachsene sich zunächst selbst achtet, versteht und seine Fehleinschätzungen und Trugschlüsse erkennt. (vgl. ebd.) Deshalb sind die selbstreflexive Auseinandersetzung und das Erkennen der eigenen Verhaltens- und Sichtweisen eine Grundvoraussetzung, um Kinder vorurteils- und wertfrei in eine gesunde und förderliche Entwicklung bringen zu können. In diesem Sinne sind wir Erwachsene „wirklich" ein pädagogisches Grundprinzip – wie ein Fels in der Brandung. Im Alltag von Kindern ist es gut, wenn wir Erwachsene ihnen das geben können, was sie brauchen.

Kinder brauchen Erwachsene,

- die es gut mit ihnen meinen, die für sie verlässlich, vorhersehbar und authentisch da sind,
- die liebevoll und offen sind und staunen können,
- die Lebensfreude und Vertrauen haben,
- die ihnen sowohl Freiheit lassen als auch Sicherheit geben,
- die Ruhe und Gelassenheit in sich tragen und ihnen Zeit schenken, damit sie sich in ihrer Einmaligkeit und in ihrem eigenen Tempo mit all ihren gegenwärtigen Themen entwickeln können.

Kinder brauchen Erwachsene,

- die sie sehen, hören und berühren,
- die fühlen können, wie Kinder sich fühlen,
- die sie so annehmen, wie sie sind,
- die sie verstehen (wollen) und ihnen dennoch ihre Geheimnisse lassen.

Kinder brauchen Erwachsene,

- die lebendig und neugierig sind,
- die auch mal „fünfe gerade sein lassen können", der Vernunft die rote Karte zeigen und das scheinbar Unmögliche möglich machen (siehe das folgende Beispiel.)

Praxisbeispiel: Spiegeleier essen

(Giesela Barg, 47 Jahre, Stolzenau 2014)

Spiegeleier braten ist ganz einfach! An einem heißen Sommertag sind natürlich alle Kinder draußen. Es gibt vieles zu entdecken. Wasserspiele sind angesagt, aber auch die Spielgeräte werden genutzt. Besonders beliebt ist eine breite Rutsche, die aus Blech besteht. Von dieser Rutsche wird sogar mit den Bobby Cars gefahren. Viele Kinder rutschen aber auch auf ihrem Po herunter, so auch am diesem Tage.
So gegen 12 Uhr, als die Sonne schon richtig brannte, meldete sich aufgeregt eine Erzieherin und meinte, dass die Rutschen abgesperrt werden müssten. Die Kinder könnten sich verbrennen, und das hätte schon im letzten Jahr großen Ärger mit den Eltern gegeben. Eine Diskussion entstand. Wie sollten das denn jetzt die Kinder begreifen, dass dieses Blech sich immer weiter aufheizt durch die Sonne? Einige Erzieherinnen liefen schon los, um das Absperrband zu holen, so wie im Jahr zuvor. Die Kinder standen herum und machten große Augen. Sie begriffen nicht, warum sie jetzt nicht mehr rutschen durften. Dann kam eine zündende Idee: „Kinder, habt ihr Lust auf ein zweites Frühstück?", fragte ich. Alle riefen ganz laut: „Ja!" Neugierig warteten die Kinder darauf, was jetzt kam. „Dann lauft mal los und holt die Eier aus dem Kühlschrank. Es gibt Spiegeleier,

und die braten wir auf der Rutsche, denn die ist so heiß wie eine Bratpfanne." Während einige Erzieherinnen entsetzt über mein Vorhaben waren, kamen die Kinder schon mit den Eiern angelaufen. Und schon ging es los. „Wir wollen doch mal sehen, ob die Rutsche schon heiß genug für unsere Spiegeleier ist!" Alle standen und staunten, dass man auf einer Rutsche Spiegeleier braten kann. Es dauerte natürlich seine Zeit, doch tatsächlich funktionierte es. Eine Erzieherin fragte noch, wer denn die Schweinerei wieder beseitigen würde. Ich erwiderte, dass wir uns schon darum kümmern würden. Einige Kinder waren schon dabei, sich etwas Pudersand zu holen. Sie wollten noch etwas Salz auf ihrem Ei. Statt Pudersand gab es dann Salz, das ein Kind aus der Küche geholt hatte, und dann wurde das Ganze probiert. Einfach köstlich, die Eier – und überhaupt die ganze Aktion. Nun begriffen auch die Kinder, wie heiß eine Blechrutsche werden kann und wie sehr man sich den Po dabei verbrennen könnte. Am Ende wurden die Rutschen nicht abgesperrt. Es war nicht mehr nötig.

Kinder brauchen Erwachsene,

- die Kinder mit ihren Namen ansprechen,
- die mit ihnen durch „dick und dünn" gehen und die Gegenwart leben, die mitspielen und das Spiel für die Kinder zur Realität werden lassen.

„Beziehung statt Erziehung", so bringt es Jesper Juul in seinen Büchern und Vorträgen immer wieder auf den Punkt. Das heißt, dass sich die Qualität unserer pädagogischen Arbeit in den Beziehungen, die wir zu den Kindern aufbauen, widerspiegelt und die Verhaltensweisen der Kinder ein Ausdruck dessen sind, ob sie sich mit uns wohlfühlen, ob sie lernen und sich entwickeln können oder nicht. So ist es bedeutsam, Kinder in „ihrer individuellen Persönlichkeit wahrzunehmen" und sie wertorientierend zu begleiten.

Kinder brauchen Erwachsene,

- die Standfestigkeit besitzen und die wissen, was sie tun,
- die keine normativen und starren, sondern persönliche Grenzen setzen, die sie authentisch und angemessen artikulieren,
- die sich selbst und Kindern gegenüber loyal sind,
- die Zivilcourage zeigen und Verantwortung übernehmen, auch für die Belange, die im beziehungsvollen Miteinander anstrengend sind und Zeit brauchen.
  (vgl. auch Juul 2012, S. 7)

„Schauen, mit Staunen gemischt, ist die Grundlage einer guten Erziehung. Da zerfällt wie von selbst all das, was zurzeit dröhnend durch die Erziehungslandschaft wabert: das ewige Gerede von Gehorsam, Disziplin, Ordnung, Grenzen setzen. Natürlich müssen wir unsere Kinder auch auf die Beschaffenheit des Realen hin gewöhnen, natürlich sollen sie lernen, und Lernen ist manchmal mühselig. Aber das Wichtigste ist es nicht. Das Wichtigste ist dieses Staunen. Unsere Kinder bemerken es sofort. Sie bemerken das Verwundert-Liebevolle in unserem Blick, unserem Staunen. Dann lächeln sie und ihre kleine Spielwelt wird noch größer, noch weiter, noch erfüllter von Hoffnung. So wird noch mehr ‚Neuheit der Welt'. So etwas nenne ich gute Erziehung."

(Bergmann 2011, S. 29 f.)

Die eigene Bildungsgeschichte

„Selbstauseinandersetzung ist ein MUSS. Kinder brauchen mutige, liebevolle und einfühlsame Begleiterinnen."

Janusz Korczak

Wie und was wir selbst als Kind gelernt haben; welches unsere Vorlieben, Bedürfnisse und Interessen waren; welches unsere Träume waren; was wir gespielt haben; welches unsere Lieblingsorte drinnen und draußen waren; was uns neugierig gemacht hat; wer auf unsere Interessen eingegangen ist; wer und was uns begeistern konnte; welche Hobbys wir hatten – all diese Dinge, all das Gute, Liebevolle, Interessante und Bedeutsame aus unserer eigenen Kindheit wirkt sich positiv im Umgang mit Kindern aus.

Die Erinnerung daran, die Bewusstheit und das Wiederauflebenlassen dieser stärkenden Aspekte kann im gemeinsamen Miteinander eine berührende Wirkung auf die eigene Befindlichkeit und auf die der Kinder haben. So sind es unsere eigenen persönlichen Stimmungen und Befindlichkeiten, die im Alltag mit Kindern das Klima bestimmen, und wir tragen auf diese Weise eine (Mit-)Verantwortung für das, was sich in den Einrichtungen abspielt. Durch die Bindungsforschung wird belegt, dass wir als Begleiterinnen und Begleiter die wichtigsten Akteure für die Kinder sind. Deshalb ist es wichtig, sich selbst dieser hohen Bedeutung bewusst zu sein und die Bereitschaft zu haben, sich mit seiner eigenen Lebens-, Lern- und Bildungsgeschichte zu befassen. Die folgende Übung kann dazu beitragen.

Übung: Fragen zur eigenen Lern- und Bildungsgeschichte

Nimm dir etwas zu schreiben und beantworte die nachfolgenden Fragen. Schreibe nach jeder Antwort auf, was das mit deiner eigenen Lern- und Bildungsgeschichte zu tun hat/haben könnte? Was hast du durch die Erlebnisse gelernt? Was hast du gefühlt? Wie haben sie dich geprägt?

FRÜHER:

- ☐ Was hast du als Kind am liebsten gespielt, und an welche Spielerlebnisse erinnerst du dich? Gab es im Rollenspiel eine Rolle, die du besonders gerne übernommen hast?
- ☐ Welches war dein Lieblingskuscheltier, Lieblingsspielzeug, Lieblingsspiel, Lieblingslied, Lieblingsfilm, Lieblingsbuch, deine Lieblingsserie, Lieblingsgeschichte, Lieblingssportart, Lieblingsfarbe etc.?
- ☐ Wo hast du gerne gespielt? Welches waren deine Lieblingsspielorte, und was hast du an diesen Orten gespielt und gemacht? Vergleiche dabei drinnen und draußen.
- ☐ Wer waren deine Spielpartner(innen)?
- ☐ Welche Bedeutung hatten für dich Freundschaften? Finde Beispiele für ganz besonders berührende und schöne Momente.
- ☐ An welche Streitigkeiten erinnerst du dich, und wie wurden sie gelöst?
- ☐ Gab es Erwachsene, die dich unterstützt haben? Was hat dir geholfen?
- ☐ Welche Interessen, Träume und Fantasien hattest du als Kind? Was waren deine Vorlieben? Was hat dich neugierig gemacht, fasziniert und dich nicht mehr losgelassen?
- ☐ Wobei fühltest du dich vollkommen lebendig, fröhlich und frei?
- ☐ Gab es Erwachsene, die auf deine Interessen und Bedürfnisse eingegangen sind?
- ☐ Was wurde erlaubt, und was wurde nicht erlaubt? Gab es feste Regeln und Verbote? Welche?
- ☐ Wie wurde darauf reagiert, wenn du die Regeln nicht eingehalten hast?
- ☐ Welche Menschen, Erlebnisse und Ereignisse haben dir eine Richtung gegeben, und was hat sich daraus entwickelt?
- ☐ Was glaubst du, welche Menschen hatten einen entwicklungsförderlichen Einfluss auf deine eigene Lern-, Bildungs- und Lebensgeschichte?

HEUTE:

- ☐ Was machst du heute mit Kindern am liebsten?
- ☐ Was machst du mit Kindern überhaupt nicht gerne?
- ☐ Was hat dies mit deiner eigenen Lebensgeschichte zu tun?

SCHLUSSFOLGERUNGEN:

1. Reflektiere deine Antworten und differenziere entwicklungsförderliche und entwicklungshinderliche Erfahrungswerte und wie sich diese im Umgang mit Kindern auswirken.

2. Wie groß ist deine eigene Lernmotivation und Lernfreude? Willst du dich entwickeln, wachsen, weiterkommen und dich mit neuen Themen auseinandersetzen?

ERKENNTNISSE:

1. Welche Fähigkeiten sollten Kinder bis zum Eintritt in die Schule aufgebaut haben?
2. Wie kann ich Kinder dabei unterstützen?
3. Was trage ich dazu bei, dass Kinder sich annehmen können? Dürfen Kinder ihre Meinung sagen? Dürfen Kinder mitbestimmen? Dürfen Kinder selbst entscheiden?
4. Welche Grundüberzeugungen und „menschlichen" Fähigkeiten brauche ich dafür und welche habe ich?

Verletzlichkeiten vermeiden

Der Alltag mit Kindern bringt jeden Tag neue Herausforderungen mit sich. Oft machen die Kinder nicht das, was wir uns wünschen oder was unseren Erwartungen entspricht. Die Verhaltensweisen und Ausdrucksformen der Kinder können dann Gefühle (Ärger, Enttäuschung, Angst) und Gedanken in uns auslösen, wie z. B.:
nicht schon wieder, das kann doch jetzt nicht wahr sein, wieso müssen die sich immer hauen, wie kann das Kind nur beißen, spucken, treten, können die jetzt nicht aufräumen, schon wieder gekleckert, nicht aufgegessen, eingenässt, gestört oder gar eine Überschwemmung im Bad verursacht, Gummistiefel mit Wasser gefüllt etc. Gerade wenn Kinder beispielsweise Ärger, Enttäuschung, Angst oder Wut in uns auslösen, sind Geduld, Achtsamkeit, Gelassenheit, Ruhe und ein flexibles, bewusstes und einfühlendes Handeln nicht einfach, aber notwendig. Wollen wir Kinder nicht in eine für sie bedrohliche, druckauslösende, angst- und kleinmachende Lage bringen, müssen wir immer wieder darauf achten, verletzende und demütigende Äußerungen und Verhaltensweisen zu vermeiden, damit die Kinder nicht das Vertrauen zu uns verlieren, sie keine Minderwertigkeitsgefühle entwickeln oder sogar ein Bindungsabbruch stattfindet.

Deshalb ist es wichtig,

- den Kindern keine Standpauken zu halten, wenn sie etwas tun, das nicht unseren eigenen Verhaltensregeln und Ansprüchen entspricht, sondern stattdessen mit den Kindern gemeinsam nach alternativen positiven Handlungsmöglichkeiten zu suchen und dabei auf die persönliche Ansprache zu verzichten, beispielsweise nicht zu sagen: „Warum hast du den Sven gehauen, wieso machst du das?" Wir sollten lieber das Verhalten beschreiben und Handlungsmöglichkeiten aufzeigen: „Wenn man andere Kinder haut, tut es ihnen weh, manche weinen und sind traurig, es kann zwar passieren, aber dann ist es auch gut, wenn man dem Kind sagt, dass es einem leid tut..."
- die Kinder nicht alleine zu lassen, wenn sie wütend, traurig, müde, enttäuscht, einsam etc. sind (schreien, weinen, schmollen), sondern stattdessen in ihrer Nähe zu bleiben und sie so lange zu begleiten, bis sie in eine „gelöste" Gefühlslage kommen und wieder ihren Weg (ins Spiel) gehen.
- die Kinder nicht bloßzustellen, indem wir sie vor anderen Kindern oder Erwachsenen maßregeln, sondern stattdessen mit ihnen zu sprechen und zu klären, was alles

passieren kann, wenn bestimmte Dinge, Absprachen und Regeln nicht eingehalten werden.

- die Kinder keine Ohnmacht erleben zu lassen durch Machtausübung wie Bestrafung, Respektlosigkeit, verbale Gewalt („Hast du schon wieder in die Hose gemacht?", „Es wird aufgegessen!", „Du bist noch zu klein." ...), sondern dem Kind auf Augenhöhe zu begegnen, das, was ist, anzunehmen und das Kind der Situation entsprechend zu unterstützen und zu begleiten, ohne Vorhaltungen zu machen.
- eigenen Ärger, niedergedrückte Stimmung und Belastungen nicht auf die Kinder zu übertragen, indem wir unfreundlich, genervt, lustlos, unachtsam, gereizt und unangemessen auf sie und ihr Verhalten reagieren, sondern das eigene Unwohlsein stattdessen mitzuteilen, sodass wir für die Kinder einschätzbar werden und sie darauf reagieren können.
- Kinder nicht in zukunftsorientierte, kognitive Förderprogramme zu stecken, sie zu belehren und bereits wie Schulkinder zu behandeln, sondern stattdessen darauf zu achten, dass sie „Kind sein" können und ihre Welt ganzheitlich mit allen Sinnen, spielend und fantasievoll entdecken und erforschen können. Perfektionismus und Vernunft dürfen nicht die kindliche Lernfreude zugrunde richten.
- nicht die Defizite und Schwächen der Kinder in den Fokus zu stellen, sondern stattdessen auf ihre Stärken zu achten und diese hervorzuheben, indem wir sie benennen.
- Kinder nicht in Beziehungsschwierigkeiten zu bringen, indem wir sie nur dann annehmen, wenn sie für uns akzeptable, unauffällige Verhaltensweisen zeigen, sondern stattdessen ein Kind so annehmen, wie es ist, damit es spürt: „Ich bin okay, so wie ich bin."

(Angelehnt an einen Fachvortrag von Armin Krenz auf der Fachtagung „Kinder sehen, verstehen, begleiten", in Raesfeld am 20. März 2013.)

Praxisbeispiel: Johannes will nichts essen

Der fünfjährige Johannes, der durch Verwicklungen innerhalb seiner Familie stark unter Druck stand, reagierte bereits bei niedrigen Anforderungen und kleinen Auseinandersetzungen mit großer Frustration. Nach einem Konflikt mit einem anderen Jungen aus seiner Gruppe war er sehr verstört und ging schmollend und mit Tränen im Gesicht über den Flur. Anstatt am anstehenden Mittagessen teilzunehmen, zog er sich in den Eingangsbereich des Kindergartens zurück. Ich saß im Büro und beobachtete das Geschehen. Nachdem ich meinem Kollegen durch ein Zeichen signalisiert hatte, dass ich mich um Johannes kümmern würde, ging ich zu ihm in den Eingangsbereich. Johannes saß neben einer Kiste mit Äpfeln auf dem Sofa. Er war kaum ansprechbar. Seine Arme waren verschränkt, sein Blick richtete sich nach unten und die Lippe war hochgezogen. Er wirkte auf mich eingefallen und traurig – so als würde er sich einsam und verlassen fühlen. Ich tat so, als müsste ich etwas an die Pinnwand hängen, und nahm, während ich mich mit den Aushängen beschäftigte, Kontakt zu ihm auf. Ich sagte zu ihm: „Manchmal ist man so traurig, da hat man gar keinen Hunger mehr! Er blickte kurz auf. Ich ging ein Stück näher zu ihm und sagte: „Da ist eine Pause manchmal gut." Er blickte wieder auf, und ich fragte ihn, ob ich mich zu ihm setzen könne. Nachdem er mir signalisierte, dass ich bleiben sollte, saßen wir eine ganze Weile einfach nur nebeneinander. Zwischen uns stand die Kiste mit den leckeren Äpfeln.

Ich wusste, dass Johannes die Äpfel sehr gerne im Ganzen aß. Ich ermutigte ihn, einen Apfel zu essen (auf das Mittagessen bin ich gar nicht mehr eingegangen). Damit hatte er nicht gerechnet, jedenfalls schaute er mich erstaunt an und nahm sich dann einen Apfel. Ich versuchte mit ihm ins Gespräch zu kommen und stellte ein paar Fragen, auf die er nur mit einem „Äh"-Geräusch reagierte. Also habe ich die Fragerei gelassen und einfach geredet, ohne ihn dabei anzusehen. Er aß den Apfel und richtete sich ein wenig auf. Ich sprach darüber, wie man sich fühlen kann, wenn man traurig oder wütend ist: „Wenn man traurig oder wütend ist, fühlt man sich manchmal so, als wäre man ganz allein, man hat zu gar nichts mehr Lust, möchte gar nichts mehr machen, man hat keinen Hunger, möchte nicht einmal mehr spielen (etc)." Er schaute zu mir auf und reagierte ab und zu wieder mit einem Geräusch. Vielleicht fühlte er sich verstanden. Dann kam eine Kollegin zu uns, fragte noch einmal, ob Johannes nicht doch noch etwas essen wollte. Daraufhin verschloss er sich wieder. Die Kollegin fragte ihn dann auch noch, ob er wieder mit in die Gruppe kommen wolle. Er reagierte nicht. Ich sagte, dass ich bei Johannes bleiben würde. Sie ging, und ich überlegte noch genauer, was gerade wichtige Themen in Johannes Leben waren. Ich sagte, dass man, wenn man traurig ist, ja auch an Dinge denken könnte, die man gerne macht, und zählte mehrere Dinge auf, die ihn aber auch nicht begeistern konnten. Dann fiel mir ein, dass am Donnerstag meistens sein Opa kam, um ihn abzuholen, weil er am Nachmittag zur Kinderfeuerwehrgruppe ging. Bis vor Kurzem hatte er noch bei seinen Großeltern gelebt, und sein Opa war für Johannes eine wichtige Bezugsperson. Dies fasste ich ganz behutsam in Worte: „Manchmal ist man zwar sehr verärgert, aber der Tag kann trotzdem noch gut werden. Manche Kinder freuen sich zum Beispiel auf den Donnerstagnachmittag, weil sich die Kinder der Kinderfeuerwehrgruppe dann treffen. Und manche Kinder werden am Donnerstag sogar von ihrem Opa abgeholt ... Das war der Auslöser. Johannes stand auf, schenkte mir ein Lächeln, holte seine Jacke und hüpfte über den Flur zu den anderen Kindern nach draußen. Als er dann später von seinem Opa abgeholt wurde, kam er fröhlich ins Büro (was er sonst nicht tat), um sich von mir zu verabschieden. Für mich ein Ausdruck, dass er sich verstanden und angenommen fühlte – ein Moment, der mich sehr berührt und erfüllt hat.

Wenn Kinder Auffälligkeiten zeigen, hat das immer einen Hintergrund, und jede Auffälligkeit erfüllt einen Zweck. Das Kind möchte uns mit seinem Verhalten etwas mitteilen. Am Beispiel „Johannes" wird deutlich, wie wichtig es für Kinder ist, sie nicht immer auf das hinzuweisen, was eigentlich ansteht (in diesem Fall wäre es das Mittagessen gewesen), sondern auf das Kind einzugehen und ihm das zu geben, was es in seiner aktuell gefühlten Situation gerade braucht. Hier waren es Verständnis, Zeit und Annahme. Dadurch dass Johannes nicht gedrängt wurde, „anders zu sein", war es möglich, ihm eine Brücke zu bauen, sodass er seine Irritation aus sich selbst heraus überwinden konnte. Geduld und Zeit, eine wertschätzende Kommunikation und ein respektvoller, achtsamer und aufmerksamer Umgang sind Grundbedingungen für eine förderliche Entwicklungsbegleitung von Kindern – insbesondere in Augenblicken und Situationen, in denen Kinder irritiert sind und mit sich selbst nicht klarkommen.

In Situationen, in denen ein Kind extreme Angst, Wut, Verletztheit spürt, blockieren Stresshormone die Aufnahmefähigkeit. (vgl. Friedrich 2008, S. 21) „Nichts mehr hören und sehen wollen, Rückzug und Kontaktabbruch oder aber schreien, schlagen, etwas zerstören sind die Folge." (ebd.)

Bildung durch Bindung

„Bindung ist die Entwicklung von besonderen emotionalen Beziehungen eines Kindes zu Personen, die es ständig betreuen oder die zuverlässig, d. h. für das Kind vorhersehbar, anwesend sind."

Marlies Wagner, Fachtagung: Pädagogik – kindorientiert, Weimar, November 2012

Die Selbstbildungspotenziale von Kindern entwickeln sich über die Bindungsbeziehungen zu den Erwachsenen, mit denen sie es zu tun haben. Dabei sind die Erfahrungen aus den ersten sieben Lebensjahren die bedeutsamsten im Leben eines Menschen. Deshalb ist es wichtig, dass sich die Kinder während ihrer Zeit im Kindergarten wohlfühlen und davon nachhaltig für ihr Leben profitieren können. Von hoher Bedeutsamkeit ist dabei die Sättigung der Grundbedürfnisse der Kinder (z.B. Liebe, Annahme, Vertrauen), damit sie grundlegende Fähigkeiten zu ihrem eigenen Schutz aufbauen und sich sicher und geborgen fühlen können. Welches Bild sich ein Kind von sich selbst macht und welches es von anderen Menschen hat, entwickelt und verinnerlicht sich aus den Bindungs- und Beziehungserfahrungen in der frühen Kindheit (siehe Kapitel 3 unter Transaktionsanalyse). Diese Bilder und Erfahrungen prägen uns ein Leben lang. Sie sind fest in unseren Wurzeln verankert und zeigen sich, wie ein biografisches Reaktionsmuster, in allem, was wir fühlen, denken und tun. Sie können nur durchbrochen werden, wenn wir sie erkennen und bereit sind, sie zu verändern.

„Bildung durch Bindung" (Buchtitel von Klein, F. und Krenz, A., Vandenhoeck & Ruprecht, Göttingen 2012) könnte der Leitsatz heißen und die Lösung sein, wenn man die Entwicklung der Kinder anregen möchte. Dazu bedarf es einer hohen Bereitschaft, sich mit seinen eigenen Persönlichkeitsmerkmalen, Gedanken, Gefühlen und Verhaltensweisen auseinanderzusetzen, diese zu reflektieren und so zu verändern, dass man den Alltag mit den Kindern positiv, erlebnisreich, zufrieden, gelassen und verantwortungsbewusst gestalten kann. Es geht nicht in erster Linie darum, gängigen und neuen Bildungs- und Erziehungskonzepten nachzueifern, aus dem Bauch heraus zu handeln oder die Erwartungen von Politik und Wirtschaft zu erfüllen, sondern darum, die eigenen Ressourcen, Fähigkeiten und Potenziale zu erkennen, sie sich bewusst zu machen und darauf zu vertrauen, dass bereits alles in uns steckt, was wir für den persönlichen und kompetenten Beziehungsaustausch mit Kindern brauchen. Da spielen unsere persönlichen Verhaltensweisen neben den Themen der Kinder, dem Spielen, dem Ausprobieren, dem Wahrnehmen mit allen Sinnen, den am Kind orientierten Projekten, der Mitbestimmung der Kinder, den vielfältigen Naturerfahrungen und dem wertschätzenden, respektvollen Umgang eine ausschlaggebende Rolle.

„Folgende Verhaltensweisen von Erwachsenen fördern den Aufbau einer guten Beziehung und einer sicheren Bindung:

- Körperkontakt, Schutz und Geborgenheit
- Innere und äußere Sicherheit zum Erkunden einer fremden Situation
- Verlässlichkeit
- Feinfühligkeit
- Anlächeln, Blickkontakt
- Zwiegespräche
- Geben-Nehmen-Spiele
- Streicheln, Trösten
- Anerkennen, Wertschätzen
- Ernstnehmen der Grundbedürfnisse des Kindes
- Prinzip der Gegenseitigkeit, d. h. Erwachsene und Kinder haben Rechte und Pflichten, je nach Fähigkeiten, Möglichkeiten und Entwicklungsstand
- Vorbild sein
- Respekt vor der Meinung der Kinder
- Neugier und Nachdenken anregen
- Eigenständigkeit fördern, ohne alles zu erlauben (klare Struktur)
- Mitfühlende Hilfsbereitschaft
- Rückmeldung geben
- Sich in die Lage des Kindes versetzen können, etwas aus seiner Sicht zu sehen, ohne den eigenen Standpunkt aufzugeben
- Verständnis für seine Bedürfnisse nach Nähe und Erkundung
- Nicht unterbrechen, wenn Kinder sich vertiefen
- Sich darauf einstellen, was Kinder brauchen
- Interesse zeigen
- Signale und Mitteilungen verstehen."

(Aus: Friedrich 2008, Seite 20)

Das Hier und Jetzt – der gegenwärtige Augenblick –, ist das, was wirklich zählt. All die gegenwärtigen Situationen mit den Kindern oder dem einzelnen Kind, die im lebendigen Alltag auf uns warten, gilt es aufzugreifen und entwicklungsförderlich zu gestalten. Das erfordert Achtsamkeit und Vertrauen in die eigenen Fähigkeiten und in die Fähigkeiten der Kinder sowie eine zuversichtliche Haltung und das Bewusstsein, dass wir es selbst sind, die die Entwicklung der Kinder anregen.

In der gemeinsamen Verbundenheit mit den Kolleginnen/Kollegen, den Eltern und dem Träger ist es möglich, im aktuellen Wirkungsbereich, Bedingungen für Kinder zu schaffen, die es ihnen im beziehungsvollen Miteinander ermöglichen, Fähigkeiten aufzubauen, die sie ein ganzes Leben lang tragen. Die grundlegenden Fähigkeiten, die sich wie die Wurzeln eines Baumes bilden und uns ein Leben lang festigen, sind es, die die Selbstbildungsprozesse der Kinder in Gang setzen. Sie sind auch die Ausgangslage für Lernfreude, Lernmotivation, Neugierde und Begeisterung. Das ist bei allen Menschen gleich, Bildung ist Selbstbildung – und diese geschieht bei Kindern nicht durch das Training der kognitiven Fähigkeiten, sondern durch vertrauensvolle und verlässliche Bindungserfahrungen, durch vielfältige Beziehungsangebote und durch eine anregungsreiche Umgebung, die wir den Kindern im lebendigen Alltag zur Verfügung stellen können.

Im Zusammensein mit Kindern gibt es immer wieder berührende Momente, die uns an die eigene Kindheit erinnern. Kinder lernen von uns Erwachsenen, und wir können von den Kindern lernen. Wenn wir uns als gemeinsam voneinander Lernende verstehen, können sich Kinder und Erwachsene gleichermaßen wohlfühlen, und es können wundervolle, glückliche und erfüllende Lebenswelten entstehen. Die Kinder zeigen uns den Weg,

- wenn wir ihre guten Seiten und Potenziale sehen, erkennen und wertschätzen,
- wenn wir sie unterstützen, begleiten und annehmen,
- wenn wir ihnen zuhören,
- wenn wir uns einfühlen und ihnen unser aufrichtiges Interesse schenken,
- wenn wir wahrnehmungsoffen sind und ihr „Kindsein" verstehen (wollen),
- wenn wir Bedingungen schaffen, in denen sie sich sicher und frei fühlen,
- wenn wir ihre Anliegen ernst nehmen,
- wenn wir ihnen klärend zur Seite stehen, wenn ihr Leben anstrengend ist und sie unsere Hilfe brauchen.

Menschen, die hohe Selbstbildungspotenziale in sich tragen, besitzen Ausgeglichenheit in der Dreifaltigkeit von Denken, Fühlen und Handeln. Mit der folgenden Übung können die eigenen Potenziale in diesen drei Bereichen erkannt werden.

Übung: Den eigenen Wert erkennen

(Selbsterfahrungsseminar September 2014 bei Krenz, A. und Wagner, M. in Proitze)

1. Zeichne ein gleichschenkliges Dreieck auf ein Blatt Papier. Schreibe an die linke Seite „Denken", an die rechte Seite „Fühlen" und an die untere Seite „Handeln".
2. Finde spontan Persönlichkeitsmerkmale, die dein persönliches Denken, Fühlen und Handeln im aktuellen Alltag bestimmen, und schreibe sie an die entsprechende Seite des Dreiecks.
3. Reflektiere, in welchem Bereich dir das leichtgefallen ist, wo dir viel eingefallen ist und wo es dir schwerfiel oder dir nicht so viel eingefallen ist.
4. Welche Potenziale möchtest du in den unterschiedlichen Bereichen aufbauen und was musst du dafür tun?

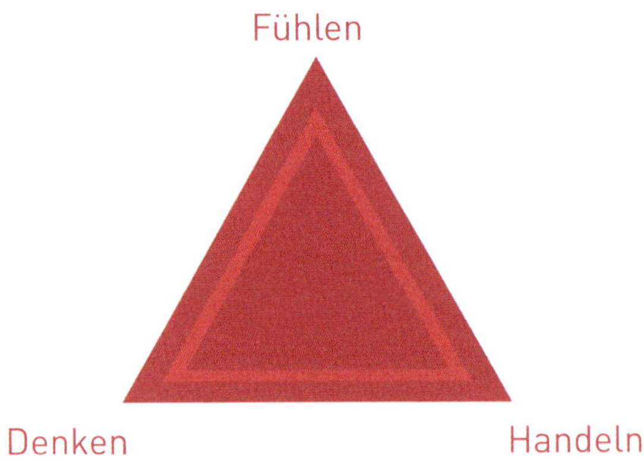

Beispiel:

1. Denken: Ich kann Gutes bewirken, ich denke grundlegend positiv, ich kann mit Belastungen umgehen und Herausforderungen annehmen.
2. Fühlen: Ich habe Lebensfreude, Optimismus, kann meine Gefühle zeigen, annehmen und kontrollieren, ich kann mit anderen mitfühlen und mich einfühlen.
3. Handeln: Ich gehe mit anderen Menschen liebevoll um, bin lösungsorientiert, nehme Herausforderungen an und setze sie in die Tat um.
4. Die Bereiche sind einigermaßen ausgeglichen. Dennoch möchte ich noch klarer und durchsetzungsfähiger werden, ohne die Bedürfnisse von anderen zu verletzen. Es ist wichtig zu erkennen, was das mit mir selbst zu tun hat. Warum macht es mich z. B. sprachlos, wenn mich andere anschreien oder innerlich zusammenfallen?

Persönlichkeitsentwicklung als pädagogisches Grundprinzip

*„Sei du selbst die Veränderung,
die du dir wünschst
für diese Welt."*

Mahatma Gandhi

Persönlichkeitsentwicklung im Umgang mit Kindern

Persönlichkeitsentwicklung, Selbstentwicklung, Selbstreflexion, Identitätsfindung, sich seiner selbst bewusst werden, authentisch sein, die eigenen Ressourcen und Fähigkeiten erkennen, Selbstwahrnehmung, Selbstbildung, Selbstannahme, Selbstliebe, Selbststeuerung, Standpunkte festigen und vertreten können etc.: Was hat das eigentlich mit der pädagogischen Arbeit mit den Kindern zu tun? Warum brauchen pädagogische Fachkräfte die Bereitschaft, bei sich selbst nach innen zu schauen und sich darauf einzulassen, hinderliche Verhaltensmuster zu erkennen, zu verändern und die dahinterliegenden, förderlichen Ressourcen, Fähigkeiten und Potenziale zu entdecken? Warum ist es wichtig, sich seiner eigenen Standpunkte bewusst zu sein und diese im Sinne einer am Kind orientierten Pädagogik vor anderen vertreten zu können?

„Ziel des Lebens ist die Selbstentwicklung. Das eigene Wesen völlig zur Entfaltung bringen, das ist unsere Bestimmung." So brachte es Oscar Wilde zum Ausdruck, und auch die Aussage von Mahatma Gandhi (siehe oben) kann auf alles Mögliche übertragen werden: auf alle Menschen, Dinge und Themen, mit denen wir nicht im Einklang stehen.

Beispiele:

- Sei du selbst die Veränderung, die du dir wünschst, für die Kinder, die Verhaltensirritationen zeigen.
- Sei du selbst die Veränderung, die du dir wünschst, für die Eltern, die immer wieder anstrengende Fragen stellen.
- Sei du selbst die Veränderung, die du dir wünschst, für dein Team, wenn ein Konflikt dich sehr belastet und der Kopf nicht frei für die Kinder ist.
- Sei du selbst die Veränderung, die du dir wünschst, für die Menschen, die immer wieder Macht gegenüber Kindern ausüben.
- Sei du selbst die Veränderung, die du dir wünschst, für die Kinder, die in ihrer Familie keinen Rückhalt finden, weil ihre Grundbedürfnisse nicht gesättigt werden.

Diese Aussage kann beliebig auf die (Problem-)Situationen im aktuellen Alltagsgeschehen angewendet werden. Hier geht es wieder darum, zu überlegen, was man selbst tun kann, um den Kindern die Sicherheit zu geben, die sie für ihre Entwicklung brauchen. Oft liegt es eben nicht in unserer Hand, die Ursache zu verändern, und anstatt an den äußeren Rahmenbedingungen zu verzweifeln, besteht doch auch immer die Möglichkeit, selbst etwas zu tun, das die Ausgangslage für die Kinder verbessert.

Rechte der Kinder

Die Kinder haben Rechte. Insgesamt gibt es 54 Artikel in der UN-Kinderrechtskonvention – ratifiziert durch die BRD –, und diese Rechte sind unantastbar. Im Folgenden seien einige Beispiele genannt:

Kinder haben ein Recht auf

- das Spielen – Wenn Kinder spielen, lernen sie.
- Geheimnisse – Wenn wir Kindern ihre Geheimnisse lassen, vertrauen sie uns.
- Freiheit – Wenn Kinder ihren eigenen Themen nachgehen, können sie ihren persönlichen Weg finden.
- Erfahrungen – Wenn Kinder sich ausprobieren können, werden sie sich selbst erkennen und Fähigkeiten aufbauen.
- Respekt und Achtung – Wenn wir vor Kindern Achtung haben, können sie ihre Einzigartigkeit entdecken.
- Liebe – Wenn wir Kinder so an- und ernst nehmen, wie sie sind, können sie ihre Kindheit genießen, auch wenn sie Kummer haben, und sei es nur, um ein verlorenes Steinchen. (vgl. Korczak 1978a, S. 180)
- den heutigen Tag – Wie sollen Kinder morgen leben können, wenn wir sie heute nicht bewusst verantwortungsvoll leben lassen?
  (vgl. Korczak 1998, S. 28)

So haben Kinder viele Rechte, die uns Erwachsenen häufig gar nicht bewusst sind. In erster Linie sollte uns bewusst sein, dass unser Umgang mit den Kindern immer dazu beiträgt, wie Kinder sich entwickeln werden. Jedes Verhalten ist entweder entwicklungsförderlich oder entwicklungshinderlich. Gerade deshalb ist die freiwillige Selbstreflexion unabdingbar und dringend notwendig. Nur durch das bewusste Erkennen unserer eigenen Verhaltens- und Denkmuster können wir unsere entwicklungshinderlichen Reaktions- und Beziehungsmuster erkennen und verändern. Die immer wiederkehrende Selbstreflexion ist eine Notwendigkeit im täglichen beruflichen Alltag für alle pädagogischen Fachkräfte, die mit Kindern arbeiten und Zeit verbringen. Die folgenden Fragen können eine Anregung für den täglichen Ausklang des Arbeitstages sein.

Selbstreflexive Fragen zum Ausklang eines Arbeitstages:

- ☐ „War das heute für meine Kinder ein guter Tag? [...] (Wenn nicht – warum?)
- ☐ Wurde viel gelacht, erzählt, gesungen, gespielt, getanzt? [Gab es genügend Spiele für den sozialen Bereich?]
- ☐ Haben die Kinder spüren können, dass ich sie sehr gerne mag und ernst nehme?
- ☐ Bei welchen Kindern ist es mir geglückt, das Selbstbewusstsein zu stärken?
- ☐ Welche fielen mir besonders auf?
- ☐ Welche Kinder konnten vor der Gruppe zeigen, welche Fähigkeiten sie haben?
- ☐ Haben auch stille Kinder eine Chance bekommen?
- ☐ „Haben Kinder mit starken Gefühlsausbrüchen [...] Zeit bekommen, sich zu beruhigen? Habe ich dabei geholfen? War ich trostreich und hilfreich?
- ☐ Haben die Kinder durch mich heute Anregungen bekommen, Dinge und Zusammenhänge anders zu sehen?
- ☐ Haben die Kinder ihre Sinne intensiv nützen können? [...]
- ☐ Gab ich Anregungen zu Solidarität, Hilfsbereitschaft und Zusammenarbeit?
- ☐ Wie bin ich mit den Problemen der verschiedenen Sprachen, Kulturen und Religionen zurechtgekommen?
- ☐ Hatten die Kinder Möglichkeiten, selbst Dinge zu entwickeln, zu erfinden und zu entscheiden, oder war ich stets im Mittelpunkt?
- ☐ Haben Kinder durch mich heute Ängste verloren und Mut gefasst?
- ☐ Wie bin ich mit Aggressionen umgegangen?
- ☐ Habe ich heute ein Kind ungerecht behandelt?
- ☐ Habe ich eines übersehen? Wie habe ich mich dann verhalten? [...]
- ☐ War ich gut genug vorbereitet?
- ☐ War ich gut gelaunt? Haben davon die Kinder, die Eltern, die Kolleginnen etwas gehabt?
- ☐ Habe ich das Recht der Kinder auf ihr augenblickliches Glück wirklich beachtet oder habe ich mich vom allgemeinen Ehrgeiz anstecken lassen?
- ☐ Was werde ich morgen anders machen?"

(Seitz 1998, S. 33 ff., Aufzählungspunkte von der Autorin ergänzt.)

Identität und Professionalität im Umgang mit Kindern

„Ohne Selbsterkenntnis ist jede Beobachtung und jede Vernunftanwendung unmöglich."

Leo N. Tolstoi

Die Auseinandersetzung mit unserer eigenen Lebensgeschichte ist ein wesentlicher Baustein unserer beruflichen Identität. Unsere Haltung und unser Umgang mit den Kindern leiten sich aus den bewussten und unbewussten Erfahrungswerten, Bildern, Gedanken, Gefühlen und Eindrücken ab, die wir selbst im Laufe unseres Lebens gesammelt haben. Dazu zählen die Erfahrungen aus der Herkunftsfamilie mit den Eltern, Geschwistern, Großeltern etc. im besonderen Maße. Aber auch die Erfahrungen in Kindergarten, Schule, Vereinen, Ausbildung, Studium und Freundschaften etc. sind bedeutungsvoll. All diese Erfahrungen können auf die Kinder, die im beruflichen Alltag mit uns zusammen sind, übertragen werden. Somit wird unsere eigene Lebensgeschichte zu einem Teil der Lebensgeschichte der Kinder. Das heißt, dass zum Beispiel unsere eigenen Bindungserfahrungen in engem Zusammenhang mit dem Bindungsaufbau zu den Kindern in der Einrichtung stehen. So nehmen wir z. B. durch die Geschwisterkonstellation in der eigenen Familie bestimmte Rollen ein, und aufgrund dieser Erfahrungen können wir (unbewusst) manche Kinder besser verstehen als andere. Auch die Verhaltensweisen unserer Eltern und die von anderen wichtigen Bezugspersonen übertragen sich auf unser eigenes Verhalten und prägen die Beziehungen, die wir mit Kindern haben. Darum ist es von hoher Bedeutsamkeit, sich der eigenen Bindungsgeschichte bewusst zu sein, um Irritationen und Unsicherheiten gegebenenfalls klären zu können, damit wir im Alltag mit den Kindern professionell und entwicklungsförderlich Bindungsbeziehungen aufbauen und halten können. (vgl. Cantzler 5/2015, S. 57) Und auch in allen anderen Entwicklungsbereichen können wir nur professionell handeln, wenn wir die Bereitschaft zeigen, unsere eigene Identität immer besser zu erkennen. Das heißt, dass auch Identität und Professionalität im Beruf in engem Zusammenhang miteinander stehen.

Die eigene Identität und Professionalität zu entwickeln bedeutet, immer wieder Anforderungen an sich selbst zu stellen, sich zu hinterfragen und zu prüfen:

- Habe ich die Bereitschaft, mich selbst mit Blick auf die eigene Person und mit Blick auf das Kind zu reflektieren?
- Bin ich geeignet, mit Kindern zu arbeiten?
- Bin ich ein entwicklungsförderliches Vorbild für die Kinder?
- Habe ich an meinem Beruf Freude? Liebe ich meinen Beruf?

- Fühle ich mich mit den Kindern wohl?
- Stelle ich die Interessen und Bedürfnisse der Kinder in den Vordergrund oder den Zeitplan und das Tagesprogramm? Oder die Bedürfnisse der Eltern?
- Ergeben die Ziele, die ich mir setze, Sinn oder nicht?
- Schenke ich Kindern meine konzentrierte Aufmerksamkeit oder ziehe ich mich zurück?
- Bin ich bereit, bei mir selbst etwas zu verändern, bevor ich es von einem Kind verlange?
- Erkenne ich das Kind, das vor mir steht an? Jedes?
- Begegne ich Kindern mit wohlwollendem Respekt?
- Verhelfe ich den Kindern zu Selbstwirksamkeit?
- Komme ich mit wenig Kritik und wenig Appellen aus?
- Und wie sieht es mit mir selbst aus? Kann ich mich selbst annehmen oder kritisiere ich ständig an mir selbst herum?
- Wie sieht es mit der Selbstwertschätzung, dem Selbstwertgefühl, der Selbstliebe etc. aus?

Persönlichkeitsentwicklung und Identitätsfindung heißt, regelmäßig eine Bestandsaufnahme von sich selbst – den eigenen Ressourcen und Fähigkeiten – zu machen: Wo stehe ich? Was kann ich gut? Was fällt mir schwer? Wo bin ich unsicher? Was möchte ich als Nächstes Lernen? Welches sind meine Ziele? Dementsprechend ist die Selbstreflexion sowohl für berufserfahrene wie auch für angehende pädagogische Fachkräfte eine unumgängliche Pflicht, die fest im Berufsalltag und in der Ausbildung von pädagogischen Fachkräften verankert werden muss. Leider zeigt die Realität im beruflichen Alltag pädagogischer Fachkräfte, dass der persönlichen Selbstreflexion noch wenig Bedeutung zukommt. Auch in der Ausbildung wird der essenziellen Aufgabe, sich mit der eigenen Lebensgeschichte auseinanderzusetzen, noch wenig Platz eingeräumt. Dabei zeigt die Bindungsforschung sehr deutlich, dass uns unsere Erfahrungen aus der Vergangenheit prägen, diese Prägungen sich in der Gegenwart zeigen und sich auf unsere Zukunft auswirken. Rückblicke schaffen Einblicke in die Vergangenheit. Sie helfen, eigene Handlungs- und Denkmuster zu erkennen, und sind die Ausgangslage für Wandel, Veränderung und Persönlichkeitsentwicklung.

Wir können mit unseren Persönlichkeitsmerkmalen ein sicherer Hafen für uns selbst und für die Kinder sein/werden. Wird es nicht Zeit, sich selbst anzunehmen, anzuerkennen, ernst zu nehmen, wertzuschätzen und zu lieben? Wird es nicht Zeit, den Blick auf sich selbst zu richten, statt auf die anderen, die misslichen Rahmenbedingungen und die wenig wertschätzenden Maßnahmen von Politik und Wirtschaft, wenn es um die wirklichen Bedürfnisse und Interessen der Kinder in unserem Land geht? Es wird Zeit, die eigene Persönlichkeit als pädagogisches Grundprinzip an die erste Stelle zu setzen. Es wird Zeit, die eigenen Ressourcen, Fähigkeiten und Potenziale zu entdecken, zu integrieren, zu nutzen und so zu steuern, dass wir Kinder menschlich, fachkompetent und verantwortungsbewusst begleiten. Es wird Zeit, dass wir unseren Beruf zur Berufung machen und Kinder zu einer wundervollen, einzigartigen und positiven Entwicklung verhelfen.

Es wird Zeit, dass wir für die Kinder und für uns selbst eine Persönlichkeit sind/werden, die

- für Kinder mit Kopf, Herz und Hand verlässlich und mutig da ist,
- die die gegenwärtige Situation zur Ausgangslage ihres pädagogischen Handelns macht,
- Freude am Zuhören hat, wenn Kinder erzählen,
- authentisch und damit einschätzbar für Kinder ist,
- über ein umfängliches Fachwissen verfügt und Verantwortungsbewusstsein für eine nachhaltige Entwicklung von Kindern übernimmt,
- offen, neugierig und selbstbewusst bereit ist, sich mit den Anforderungen, die der Beruf an sie stellt, auseinanderzusetzen,
- für die Belange und Rechte von Kindern eintritt, auch wenn die gesellschaftlichen, politischen und sonstigen äußeren Rahmenbedingungen dies anstrengend, belastend und schwermachen,
- weiß, was sie will; die neue entwicklungspsychologische Erkenntnisse und pädagogische Strömungen prüft, sich ein eigenes Bild davon macht und entscheiden kann, was für ein Kind gut ist und was nicht.

Wie erreichen wir es, so eine Persönlichkeit zu sein? Indem wir zunächst die Fragen und Grundsätze, die wir für Kinder formulieren, zu unseren eigenen Fragen und Grundsätzen machen. Indem wir selbst die Veränderung sind, die wir uns für die Kinder wünschen. Indem wir nach innen gehen und unser Denken, Fühlen und Handeln erspüren, annehmen und dazu „Ja" sagen. Indem wir die Selbstreflexion zu einem regelmäßigen und festen Bestandteil unserer beruflichen Existenz machen und die noch verborgenen Anteile, Ressourcen, Fähigkeiten und Potenziale, die in uns schlummern, in unser Leben holen. Indem wir unsere Wünsche realisieren, gut für uns selbst sorgen und unsere eigene Seele nähren.

Übung: Wenn ich könnte, dann würde ich am liebsten ...

1. Ergänze den oben angegebenen Satz. Schreibe alles auf, was du tun würdest, wenn du dir etwas wünschen könntest.
2. Differenziere die persönlichen, beruflichen und die gesellschaftlich-politischen Wünsche voneinander.
3. Setze Prioritäten! Welche Wünsche kannst du im persönlichen und beruflichen Alltag umsetzen?
4. Plane für die Umsetzung ganz konkret einzelne Schritte. Wer kann dich unterstützen und überprüfen?

Kinder wachsen heute in eine völlig veränderte Welt hinein, und auch für uns bringt der Wandel der Zeit einen Wandel in den beruflichen Alltag mit den Kindern. Die Anforderungen, die Rahmenbedingungen, die Werte in der Gesellschaft, Bildungspläne, Vorgaben und die Aufgabenbereiche im pädagogischen Alltag haben sich in den letzten Jahren grundlegend verändert. Manchmal hat man sogar das Gefühl, dem Ganzen gar nicht mehr gerecht werden zu können. Die Verhaltensirritationen der Kinder sollen aufgefangen und behoben werden, Projekte durchgeführt und reflektiert werden, es sollen Beobachtungs- und Dokumentationsordner angelegt werden, der Betreuungs-, Bildungs- und Erziehungsauftrag soll erfüllt werden, die Eltern sollen integriert, beraten und in das Alltagsgeschehen einbezogen werden, das Team soll sich weiterentwickeln, die Arbeit mit dem Träger soll von gegenseitiger Wertschätzung getragen sein, die Konzeption soll im ständigen Fluss des Geschehens kontinuierlich überarbeitet werden, die Qualität soll verbessert werden, und sowohl die pädagogischen Fachkräfte wie auch alle anderen am „Lebensraum Kindergarten" beteiligten Menschen sollen sich wohlfühlen, zufrieden sein und Verantwortung für das Wohl und die Entwicklung der Kinder übernehmen. Wenn es nur die Kehrseite der Medaille nicht geben würde! Die vielen Widrigkeiten, die sehr unterschiedlichen Stressoren, die einen an die eigenen gedanklichen, körperlichen und psychischen Grenzen bringen. Es gibt genug Gründe für Zweifel, Entsetzen und Frustration, für das Gefühl, unter Druck zu stehen durch die vielfältigen Erwartungen und Anforderungen, die der Arbeitsalltag mit sich bringt. Und natürlich gibt es auch viel zu wenig Zeit für den Aufbau und die Pflege der vielfältigen Beziehungen, die wir zu den Kindern und den Erwachsenen so dringend brauchen, damit es den anderen und uns selbst gut gehen kann. Da muss man wirklich gut auf sich selbst aufpassen können, um bei all diesen Aufgaben nicht den Blick für das Wesentliche – das Wohl der Kinder – zu verlieren.

Doch auch wenn die Kinder mit ihren Bedürfnissen, Interessen und Themen immer im Vordergrund stehen, sind wir selbst es, die die Weichen für ihren Entwicklungsverlauf stellen – die Lok, die ihre Waggons ans Ziel bringt. Deshalb ist es wichtig, dass man gut für sich selbst sorgt, sich wohl- und zufrieden fühlt, fröhlich und gesund ist und möglichst wenig Probleme, Belastungen, Sorgen und Ärger hat. Das ist eine grundlegende Voraussetzung, wenn man seine Arbeit gut machen und Kinder in ihrer Entwicklung fördern möchte. Wir selbst sind somit der Schlüssel zum Glück für die Kinder und müssen dementsprechend für uns selbst sorgen und uns so nähren, dass wir für die Kinder wahrnehmungsoffen, gelassen, offen, neugierig, belastbar, anstrengungsbereit und selbstsicher sein können.

Ausklang:

> Bedeutsam für die Persönlichkeitsentwicklung der Kinder sind immer die Menschen, die sie auf ihrem Lebensweg – insbesondere in den ersten sieben Lebensjahren – begleiten. In dieser Zeit werden die Grundlagen für ein ganzes Leben gelegt.
> Es sind die Haltungen und Einstellungen, die wir im Herzen tragen, die unsere Gedanken und unser Verhalten gegenüber anderen Menschen bestimmen und die für die Entwicklung der Kinder im höchsten Maße von Bedeutung sind. Die Verbundenheit zu einem Menschen kann dementsprechend den Lebensweg eines Kindes förderlich lenken. Das klingt vielleicht banal, aber wenn wir uns an unsere eigene Kindheit erinnern, gab es da Menschen, die uns gutgetan haben, auf die man sich gefreut hat, mit denen man gerne zusammen war, die uns neugierig gemacht haben und bei denen man immer wieder bereit war, mutig neue

Herausforderungen anzunehmen und Verantwortung dafür zu tragen. So ist es auch heute noch!
Kinder brauchen Erwachsene, die sich ihnen zuwenden, die sie ernst nehmen, die ihnen freundlich, achtsam und wertschätzend begegnen, damit sie Sicherheit aufbauen und Vertrauen für das eigene Leben entwickeln können. Dann sind sie bereit, nach Entwicklungsmöglichkeiten zu suchen, und motiviert, die Themen und Aufgaben ihres Lebens anzunehmen und sich auf den Weg zu machen, um Lösungen auf ihre Fragen zu finden.
Das scheinbar so Leichte stößt hier allerdings auf Widerspruch. In einer Welt, wo die Erwartungen an Kinder häufig mit Kindsein nicht mehr viel zu tun haben, wo nach Superstars, Talenten und Helden Ausschau gehalten wird, kommen die wirklichen Bedürfnisse und Interessen der Kinder viel zu kurz. Wenn Kinder in ihrer Entwicklung wachsen sollen, geht es nicht um die Ziele von uns Erwachsenen, sondern um das, was die Kinder gegenwärtig für Bedürfnisse haben und uns als Botschaften zukommen lassen. Kindergartenkinder lernen anders als Schulkinder, und auch wenn wir es manchmal süß oder witzig finden, sollten wir ihre Gedanken, Worte und ihr Handeln nicht belächeln, sondern versuchen zu verstehen, wie Kinder denken und was sie gerade in Erfahrung bringen wollen. Kinder lernen nicht durch „Secondhand-Erfahrungen", wenn man Fernsehen guckt oder ein Bilderbuch anschaut, wo Kinder einen Spaziergang machen. Nein, sie lernen beim Rausgehen die Natur kennen, sich z.B. bei einem Weserspaziergang auch mal nasse Füße zu holen und dies zu spüren, über Steine zu klettern, vorbeifahrende Schiffe zu beobachten und den Menschen zu winken, die Vögel zu hören und in der Gruppe diese gemeinsamen Erfahrungen zu teilen, sich selbstverständlich zugehörig zu fühlen und zu erleben: „Ich bin gut, so wie ich bin." Dabei können Kinder über Grenzen gehen, sich fühlen, annehmen und über sich hinauswachsen. Als Pädagogin und Entwicklungsbegleiterin von Kindern sind dies für mich die Momente der ganz besonderen Art: das Erleben von Freude, Glück und Zufriedenheit!

Mögest du das Leben lieben.

Kapitel 11:
Die Bedeutung der persönlichen Ressourcen im Umgang mit Eltern

„Nichts ändert sich, außer wir ändern uns."
Verfasser unbekannt

Von der Elternarbeit zur Erziehungspartnerschaft

Der Umgang mit den Eltern ist in jeder Einrichtung ein ganz besonderes Kapitel. Denn natürlich hat sich auch das Elternsein und das Familienleben im Vergleich zu der Zeit, als wir selbst noch Kinder waren, sehr verändert (beide Elternteile sind heute häufig berufstätig, die Kinder kommen schon im Krippenalter in die Einrichtung, die Betreuungszeit ist länger, die Kinder essen in der Einrichtung, die Ansprüche und Erwartungen an die Kindertagesstätte haben sich gewandelt etc.). Das, was wir selbst früher mit den Eltern in der Familie erlebt haben, erleben Kinder heute längst nicht mehr so, und auch der Alltag in einer Kindertagesstätte hat sich grundlegend verändert. Deshalb ist es besonders wichtig, dass wir uns aufmerksam, aufgeschlossen, urteilsfrei, würdevoll und achtsam auf die Familien, die zu uns in die Einrichtung kommen, einlassen, sie mit ihren Bedürfnissen verstehen und begleiten, um gemeinsam eine gute Zeit in der Einrichtung zu erleben.

Was früher im Umgang mit den Eltern „Elternarbeit" hieß, heißt heute „Erziehungspartnerschaft". Somit sind auch der inhaltliche Aspekt und das Verständnis der Zusammenarbeit mit den Eltern anders geworden. Das Wohl des Kindes steht dabei an erster Stelle und soll durch die Einbeziehung der Ressourcen und Fähigkeiten von beiden Seiten maximal genutzt werden. Das setzt eine enge, offene, herzliche, aber auch kritische Zusammenarbeit voraus. Es geht also nicht mehr um einen einseitigen Informationsfluss von den Fachkräften zu den Eltern, sondern um einen gemeinsamen Auftrag, in den die Eltern in Erziehungs-, Betreuungs- und Bildungsprozesse beratend einbezogen werden. Eltern sollen zudem die Möglichkeit haben, sich am Alltagsleben in der Einrichtung zu beteiligen. In diesem Sinne ist die Bereitschaft, sich im gemeinsamen Dialog zu begegnen, für eine hohe Qualität der pädagogischen Arbeit mit den Kindern grundlegend und bedarf einer wohlwollenden inneren Grundhaltung und einer aufrichtigen, ehrlichen Beziehung auf Augenhöhe zwischen den Eltern und den pädagogischen Fachkräften.
(vgl. Vorholz 2007)

Auch das Kinder- und Jugendhilfegesetz (KJHG) bestimmt im achten Buch unter § 22 und § 22 a die Grundsätze der Förderung von Kindern in Tageseinrichtungen und bezieht dabei die Familien mit ihren Bedürfnissen ein. Folgende Auszüge, die im Zusammenhang mit der Erziehungspartnerschaft stehen, sind im Sozialgesetzbuch zu finden:

„§ 22 Grundsätze der Förderung

(1) Tageseinrichtungen sind Einrichtungen, in denen sich Kinder für einen Teil des Tages oder ganztägig aufhalten und in Gruppen gefördert werden. [...]

(2) Tageseinrichtungen für Kinder [...] sollen

1. die Entwicklung des Kindes zu einer eigenverantwortlichen und gemeinschaftsfähigen Persönlichkeit fördern,
2. die Erziehung und Bildung in der Familie unterstützen und ergänzen [...].

(3) Der Förderauftrag umfasst Erziehung, Bildung und Betreuung des Kindes und bezieht sich auf die soziale, emotionale, körperliche und geistige Entwicklung des Kindes. Er schließt die Vermittlung orientierender Werte und Regeln ein."

„§ 22a Förderung in Tageseinrichtungen [...]

(2) Die Träger der öffentlichen Jugendhilfe sollen sicherstellen, dass die Fachkräfte in ihren Einrichtungen zusammenarbeiten

1. mit den Erziehungsberechtigten und Tagespflegepersonen zum Wohl der Kinder und zur Sicherung der Kontinuität des Erziehungsprozesses [...].

(3) Das Angebot soll sich pädagogisch und organisatorisch an den Bedürfnissen der Kinder und ihrer Familien orientieren [...]."

Hier wird deutlich herausgestellt, dass

- Kinder durch die Arbeit des pädagogischen Personals Eigenverantwortung und Gemeinschaftsfähigkeit erlangen sollen,
- die Eltern bei ihrer Aufgabe, die Kinder zu erziehen und zu bilden, unterstützt werden,
- Kinder nicht nur in ihrer geistig-kognitiven Entwicklung gefördert werden sollen, sondern auch die soziale, emotionale und körperliche Entwicklung bedeutsam für Kinder ist,
- Kinder Werte und Regeln kennenlernen sollen, die ihnen zu ihrem Wohl eine Orientierung geben,
- Eltern und pädagogische Fachkräfte zum Wohle der Kinder zusammenarbeiten,
- der Erziehungs-, Bildungs- und Betreuungsauftrag die Partizipation der Eltern einschließt,
- die pädagogische und organisatorische Arbeit auf die Bedürfnisse (nicht auf die Wünsche) der Kinder und ihrer Familien ausgerichtet werden soll.

Der reale Alltag zeigt, dass dieser Prozess – genau wie in jeder Partnerschaft – einen achtsamen Umgang und viel Pflege braucht. Wie in jeder Partnerschaft gibt es auch in der Erziehungspartnerschaft mit den Eltern harmonische und weniger harmonische Zeiten. Wichtig ist jedoch, den Fokus auf das Wohl der Kinder zu richten. Dass man gemeinsam überlegt, was die Kinder brauchen, um sich entwickeln zu können, und dass man anerkennt, dass die Situation der Kinder in der Familie eine andere ist als im sozialen Miteinander in der Einrichtung. Die Unterschiede sind erheblich, und deshalb braucht es Klarheit darüber, was die pädagogischen Fachkräfte und was die Eltern beitragen können, damit Kinder eine förderliche Entwicklung erleben, wo es Gemeinsamkeiten gibt, wo man sich gegenseitig unterstützen kann, und welche wichtigen Zielsetzungen in der gemeinsamen Erziehungspartnerschaft im Vordergrund stehen sollen. Dabei sind die Eltern im familiären System die bedeutsamsten Einflussgrößen für ihr Kind und tragen als wichtigste Bezugspersonen die Gesamtverantwortung für eine gesunde Entwicklung des Kindes und für die aktuellen familiären Lebensbedingungen. Die pädagogischen Fachkräfte sind Entwicklungsbegleiter/innen für den Umgang mit den Kindern in der Einrichtung. Sie sind verantwortlich für ihr pädagogisches Fachwissen, die pädagogische Arbeit, für das soziale Miteinander in der Gruppe, für die Gruppendynamik und für die Befriedigung der aktuellen Bedürfnisse und Interessen der Kinder, und sie sind wichtige Ansprechpartner/innen der Eltern.

Eine besondere Bedeutung haben deshalb auch unsere persönlichen Ressourcen, Werte und Haltungen im Umgang mit den Eltern. Wir brauchen Verständnis dafür, dass die Kindergartenlandschaft für Eltern noch Neuland ist und die Kooperation daher von den pädagogischen Fachkräften ausgehen muss und nicht von den Eltern. Wir sind diejenigen, die das Ruder in der Hand haben und die Eltern ins Boot holen können, damit eine vertrauensvolle Basis geschaffen werden kann.

Wenn dies gelingt, können die Kinder und die Erwachsenen von den Vorteilen einer Erziehungspartnerschaft profitieren.

Dann ermöglicht gute Erziehungspartnerschaft,

- dass die Eltern durch Partizipation einen besseren Einblick in das pädagogische Geschehen bekommen und sich gerne an den Aufgaben der Einrichtung beteiligen,
- einen ehrlichen, offenen und respektvollen Austausch, in dem den Themen und Anliegen von Eltern, Kindern und pädagogischen Fachkräften Raum gegeben wird. Beispielsweise in Alltagssituationen bei der Begrüßung oder in Tür- und Angelgesprächen, auf Festen und bei gemeinsamen Aktionen, auf Elternabenden und in den Entwicklungsgesprächen,
- dass die pädagogischen Fachkräfte einen besseren Blick auf die Lebenssituation der Kinder bekommen und die Verhaltensweisen und Ausdrucksformen der Kinder besser verstehen können,
- eine vertrauensvolle Zusammenarbeit, in der beide Seiten in Bezug auf das Wohl des Kindes ehrlich ihre Meinung äußern können und das Bestreben haben, lösungsorientiert zu handeln, wenn Probleme auftauchen,
- dass Unsicherheiten und Schwierigkeiten rechtzeitig erkannt und Probleme dadurch verhindert werden,
- dass mehr Energie zu den Kindern fließen kann, weil Konflikte, Konkurrenz und Streitigkeiten nicht so häufig vorkommen,
- dass die Kinder gerne in die Einrichtung kommen und sich sicher fühlen, weil sich die Erwachsenen gegenseitig wertschätzen und vertrauen,
- eine Atmosphäre des Wohlfühlens, weil sowohl Eltern als auch pädagogische Fachkräfte daran teilhaben, den Alltag in der Einrichtung entwicklungsförderlich zu gestalten.
  (vgl. Vorholz 2007)

Praxisbeispiel Elternabend mit dem Thema „Bildung durch Bindung“

Es war ein Elternabend der besonderen Art. Das Team der Einrichtung wollte für die Eltern einen spannenden, berührenden, wertschätzenden und erkenntnisreichen Abend gestalten und hatte dazu eine schöne und stimmungsvolle Begrüßung, eine gemeinsame Erzählrunde über eigene Kindheitserinnerungen und ein kritisches Rollenspiel (Pro- und Kontra-Diskussion) im Team vorbereitet. Es war uns an diesem Abend wichtig, das Verhalten und die Ausdrucksweise von pädagogischen Fachkräften und Eltern zur Ausgangslage für eine förderliche Entwicklung von Kindern zu machen. Im Anschluss fand eine rege und offene Diskussion zu den Aussagen des Rollenspiels statt.

1. Einstimmung:

Der folgende Text wurden abwechselnd von allen im Team zu ruhiger Musik vorgetragen. Die Ruhe im Raum war berührend, und es gab Eltern, die den Text mitnehmen wollten. Eine Mutter sagte: „Das ging mir so nah. Das hat noch nie jemand zu mir gesagt.“

„Hallo, schön, dass du da bist _ Guten Tag _ Ich freue mich, dich zu sehen _ Wie geht es dir _ Was möchtest du _ Kann ich dir helfen _ Ich bin für dich da _ Zu mir kannst du immer kommen _ Wie meinst du das _ Ich höre dir zu _ Ich habe Zeit für dich _ Wozu hast du heute Lust _ Was kann ich für dich tun _ Ich habe an dich gedacht _ Ich habe dich gerne, so wie du bist _ Du kannst mir vertrauen _ Ich bin bei dir _ Ich bleibe, wenn du mich brauchst _ Hier darfst du dich wohlfühlen _ Sag mir, was du brauchst – Ich gehe nicht weg _ Hallo, schön, dass du da bist _ Ich habe dich gerne _ Du bist mein Schatz _ Wir finden zusammen eine Lösung _ Wir schauen es uns zusammen an _ Ich sehe dich _ Hallo, schön, dass du da bist _ Ich mag dich _ Du fühlst dich gut an _ Du gefällst mir, so wie du bist _ Ich streichle dich gerne _ Deine Ideen gefallen mir _ Gut gemacht _ Was fehlt dir _ Komm, ich tröste dich _ Komm, ich halte dich einfach fest _ Ich bin hier _ Ich möchte hören, was du dir denkst _ Du kannst mir deine Meinung sagen _ Du bist ein kluger Kerl _ Du bist ein schlaues Mädchen _ Ich habe dich gerne, auch wenn ich dir das nicht erlauben kann _ Ich bin gerne nah bei dir _ Ich sorge gerne für dich _ Du hast ein Recht, hier zu sein _ Ich freue mich, dass du ein Junge bist _ Ich freue mich, dass du ein Mädchen bist _ Du kannst Aufmerksamkeit und Anregungen bekommen ohne Tricks _ Du kannst einfach so darum bitten _ Ich habe dich lieb _ Du kannst selbstständig Dinge tun und dabei meine Unterstützung bekommen _ Du darfst ausprobieren ...“
(Friedrich, H.: „Beziehungen zu Kindern gestalten“, Berlin 2008, S. 29)

2. Schönste Erlebnisse aus der eigenen Kindheit:

Alle in der Runde bekamen die Aufgabe, sich an ihre schönsten Kindheitserlebnisse zu erinnern und eins davon auf eine Karte zu schreiben. Danach konnten alle ein Erlebnis erzählen. Eine Mutter war betroffen und sagte zu mir: „Das ist doch jetzt nicht dein Ernst!“ Ich antwortete mit „Doch“. Darauf stand die Mutter auf. Ich dachte, sie ginge nach Hause. Sie blieb, nahm sich ein Glas Wasser und ließ sich auf das Erzählen ein. Was für ein Augenblick! Und dann ging es los, alle haben von ihrem schönsten Erlebnis erzählt.

Die Geschichten und Erlebnisse aus der Kindheit haben uns berührt, sie kamen aus dem Herzen, waren gefühlsbetont und mit tiefer Freude verbunden. Sogar an die ganz kleinen Details haben sich viele noch erinnert – an Gerüche, Geräusche, Empfindungen.

Es wurde erzählt von:

Schwimmbadbesuchen mit der ganzen Familie, Ausflügen, Urlaubserlebnissen und Familienfesten, Spielerlebnissen in Wald, Wiesen, Gärten, in alten Scheunen und auf riesigen Sandbergen, Mutproben, Schnecken, Fröschen, Katzen, Hunden und anderen Tieren, den Erlebnissen mit Großeltern, Eltern und anderen Menschen, die eine wichtige Rolle in der eigenen Lebensgeschichte gespielt haben.

Es wurde erzählt vom:

Geschichtenerzählen, Fahrradfahrenlernen, Schlittschuhlaufen und Schlittenfahren, manchmal in Verbindung mit erlebnisreichen Unfällen und von vielem mehr.

Es wurde erzählt und erzählt und erzählt.

Wir schmunzelten, lachten, waren berührt, und alle hörten aufmerksam zu, wenn jemand sich öffnete und seine echten Erlebnisse preisgab. Am Ende der Erzählrunde war es ganz still im Raum. Die Eltern hatten von Erlebnissen erzählt, die Kinder von heute gar nicht mehr machen (dürfen, können), aus Angst, ihnen könnte etwas passieren. Doch Kinder brauchen gerade diese Erfahrungen, um sich wohl- und sicher zu fühlen und Wurzeln zu bekommen, die sie nachhaltig gut durch das Leben tragen. Die Erfahrung, eigene Ideen und Bedürfnisse mit allen Sinnen zu erleben und eigene Möglichkeiten frei auszutesten, aber auch Erfahrungen mit wichtigen Bezugspersonen.

An dieser Stelle wäre es am besten gewesen, die Kindheitserlebnisse von uns Erwachsenen zum Ausgangspunkt des Abends zu machen. Wir hätten einzelne Erlebnisse aufgreifen und überlegen sollen, welche bedeutsamen Entwicklungsmöglichkeiten für den Aufbau von Basiskompetenzen darin enthalten waren. Manche Dinge werden einem allerdings immer erst hinterher klar, und so widmeten wir uns dem Rollenspiel, wie es auf dem Programm stand.

Das Rollenspiel war auch Zündstoff für eine lebendige Diskussion im Verlauf des Abends, doch verlor sich das Verbundenheitsgefühl, das durch das Teilen unserer echten Kindheitserlebnisse entstanden war, wieder ein wenig. Kontakt entsteht, wenn man sich im gegenseitigen Austausch gesehen, verstanden, gehört und berührt fühlt. Damit war (eigentlich) die beste Grundlage für den Aufbau von Beziehungen geschaffen. Bleibt die Frage, was wichtiger ist: Beziehung oder Förderung?

Die Erziehungspartnerschaft im Spannungsfeld unterschiedlicher Erwartungen

„Jedes Kind, das in einer Tageseinrichtung betreut wird, hat ein Recht darauf, dass seine Eltern und die pädagogischen Fachkräfte die Verantwortung für ihre Erziehungs- und Bildungsprozesse gemeinsam begleiten und gestalten."

(Orientierungsplan des Landes Niedersachsen)

Der Umgang mit und die Beziehung zu den Eltern und Angehörigen der Kinder stellen eine ganz bedeutsame Aufgabe der pädagogischen Arbeit dar. Ein gutes Verhältnis zwischen den Eltern und den pädagogischen Fachkräften ist die wesentliche Voraussetzung für die entwicklungsförderliche Begleitung der Kinder in der Einrichtung. Wenn ein Kind spürt, dass die Eltern gerne in den Kindergarten kommen und sich zugehörig und wohlfühlen, legt dies den Grundstein für die positive Entwicklung des Kindes und für die Zusammenarbeit zwischen den Eltern und den pädagogischen Fachkräften in der Einrichtung.

Gerade in der Anfangsphase ist es wichtig, auf die Eltern zuzugehen, sie zu begleiten und Verständnis für ihre Anliegen zu zeigen und ihnen Rückmeldungen zu ihrem Kind und zu wichtigen Abläufen in der Einrichtung zu geben. Die Eltern da abholen, wo sie stehen!

Auf der einen Seite wohnt, wie Hermann Hesse es in seinem Gedicht „Stufen" beschrieben hat, jedem Anfang ein Zauber inne, auf der anderen Seite ist aber auch jeder Anfang schwer: Die Eltern müssen das vorher Gewesene ein Stück weit loslassen, sich auf Neues einlassen, Vertrauen zu anderen, fremden Menschen haben, zuversichtlich sein, dass sich das Kind wohlfühlt, es angenommen und verstanden wird, dass es sich zugehörig und sicher fühlt und dass es sich in der großen Gruppe zurechtfindet. Die pädagogischen Fachkräfte müssen die neuen Eltern und Kinder kennenlernen, ihnen entgegenkommen, sich auf sie einlassen und ihnen Halt geben, damit sie Vertrauen haben und sich wohlfühlen (können). Sie müssen sich mit ihren Familienhintergründen vertraut machen, eine Beziehung zu den Eltern aufbauen, für Kinder Bindungspartner/innen werden und sich dabei trotz des hektischen Alltags Zeit nehmen, Geduld haben und sich allen (neuen) Familien zuwenden.

Das fordert von beiden Seiten sehr viel Achtsamkeit und bildet den Grundstein für ein gutes gemeinsames Miteinander. Auch im weiteren Verlauf ist ein enger und offener Kontakt erforderlich, damit sich beide Seiten vertrauensvoll, neugierig und partnerschaftlich auf die Zusammenarbeit einlassen können.

Nach und nach tauchen Fragen auf, vieles ist unklar; Eltern machen sich ein Bild, über das Geschehen in der Einrichtung, und manchmal fällt es ihnen auch schwer, ihr Kind in andere Hände zu geben und es loszulassen. Für die pädagogischen Fachkräfte sind viele Abläufe im Alltag schon Routine und so selbstverständlich, dass sie bestimmte Abläufe voraussetzen, die Eltern noch gar nicht kennen können. Da kommt es schon mal zu Unklarheiten und Missverständnissen, die nur im gemeinsamen Austausch geklärt werden können.

Unsicherheiten und Bedenken gibt es sowohl bei den Eltern als auch bei den Kolleginnen und Kollegen. Deshalb ist es wichtig, die Bedürfnisse, Interessen und Probleme der Eltern zu verstehen, offen und achtsam auf sie zu reagieren, ihnen Rückmeldungen zu geben oder sich Zeit für ein Gespräch zu nehmen. Das ist auch deshalb wichtig, weil zu dem, was bei allen so im Kopf herumschwirrt, auch noch die Befindlichkeiten, Gefühle und Erwartungen hinzukommen und möglicherweise bei jeder/jedem etwas anderes auslösen. Die Empfindungen können sehr unterschiedlich sein. Beispielsweise kann es neben Verständnis, Freundlichkeit und Wertschätzung auch zu Ärger, Wut und Geringschätzung kommen, was sich massiv auf die Beziehung zwischen den Eltern und den pädagogischen Fachkräften auswirken und zu Unstimmigkeiten und Problemen führen kann.

So ist das, wenn viele Menschen zusammenkommen. Ganz normal und doch oft auch sehr schwierig. Als Fachkräfte haben wir regelmäßig damit zu tun, und es ist nicht immer einfach, sich einer solchen Situation zu stellen. Es ist, wie es ist: Auseinandersetzungen mit Eltern gehören zu einem lebendigen Alltag in der Einrichtung dazu und sind Bestandteil unseres Berufslebens.

Entscheidend ist jedoch, *wie* wir mit diesen Konflikten umgehen. Dass wir wissen, welche entwicklungsförderlichen Ressourcen für eine partnerschaftliche Zusammenarbeit mit den Eltern in uns stecken und wie wir diese nutzen können, wenn es zu Konflikten kommt. Dass wir unsere Standpunkte kennen und uns sicher fühlen, dass wir alle Seiten des Problems betrachten und uns in Ruhe einen Überblick über die Situation verschaffen, dass wir wertschätzend und freundlich bleiben, den Druck aushalten, belastbar sind und die Bereitschaft haben, uns für ein gutes Klima mit den Eltern einzusetzen und dabei Verantwortung übernehmen. Dabei auf die Eltern zugehen und mit ihnen sprechen, anstatt über sie zu reden, und dass gemeinsam Lösungen gefunden werden, die sich nachhaltig positiv auf die Erziehungspartnerschaft auswirken.

Am besten ist es allerdings, wenn es erst gar nicht zu massiven Differenzen und Konflikten kommt. Dazu ist es hilfreich, uns mit den Erwartungshaltungen der Eltern, der Kinder und von uns selbst zu befassen, sie uns bewusst zu machen und gemeinsam zu überlegen, wie wir mit ihnen umgehen. Nicht immer ist das, was sich die Eltern wünschen und was sie erwarten, auch das, was Kinder für eine gesunde und entwicklungsförderliche Begleitung im sozialen Miteinander brauchen. Das macht die Ausgangssituation ja auch so schwierig. Hier fließen die persönlichen Geschichten von allen Beteiligten und die Zeichen der Zeit – die rasanten gesellschaftlichen Veränderungen der letzten Jahre – zusammen.

Hinzu kommen für uns natürlich noch die fachlichen und professionellen Grundlagen. Der gesetzliche Erziehungs-, Bildungs- und Betreuungsauftrag, der Bildungsplan des jeweiligen Bundeslandes, die UN-Kinderrechtskonvention und die wissenschaftlichen Erkenntnisse aus der Entwicklungspsychologie, der Bindungsforschung und der Neurobiologie. Das Profil der Einrichtung, die Inhalte und Schwerpunkte der pädagogischen Konzeption geben dabei den Ton an und spiegeln die Realität des gelebten Alltags.

All dies hat im Spannungsfeld der unterschiedlichen Erwartungshaltungen eine größere Bedeutung, weil natürlich bei allen Beteiligten auch ihre ganz persönlichen Lebensgeschichten miteinfließen, und weil dadurch die Erwartungen, Wünsche und auch die Ängste der Kinder, der Eltern und der pädagogischen Fachkräfte sehr unterschiedlich sind. Eltern, Kinder und pädagogische Fachkräfte können ganz unterschiedliche Erwartungshaltungen haben. Aufgrund dessen kann es auch schnell zu Meinungsverschiedenheiten kommen.

Erwartungen, die Eltern haben können, sind zum Beispiel:

- Die Kinder sollen sich in der Einrichtung wohlfühlen.
- Den Kindern sollen Regeln und Grenzen gesetzt werden, die nach Möglichkeit mit denen von zu Hause übereinstimmen.
- Die Kinder sollen essen und trinken und sich die Zähne putzen.
- Die Kinder sollen Bastelarbeiten (für die Mütter und Väter) mit nach Hause bringen.
- Die pädagogischen Fachkräfte sollen auf die Kinder aufpassen, sie im Griff haben und ihnen etwas beibringen.
- Die Kinder sollen mit der Schere schneiden können.
- Die Kinder sollen (mindestens) ihren Namen schreiben können.
- Die Kinder sollen gegenständlich malen (kein Krikelakrak).
- Die Kinder sollen sich benehmen können (nicht hauen, schreien, spucken, Schimpfwörter benutzen), und sie sollen bestimmte Dinge nicht spielen (Gefängnis, Fallen bauen, wilde Kerle sein etc.).
- Die Kinder sollen gefördert werden, ihnen soll Wissen angeeignet werden, sie sollen sich konzentrieren, zuhören und still sitzen können etc.
- Die Kinder sollen auf die Schule vorbereitet werden.
- Die Kinder sollen den gesellschaftlichen Erwartungen entsprechen und tolerant sein.

Erwartungen, die Kinder haben können:

- Kinder wollen spielen, schmusen, kuscheln, toben, turnen, laufen, rennen, klettern, hüpfen, hangeln, rutschen, schaukeln, sich drehen, Fußball spielen, lachen, sich verstecken, Rollbrett fahren, laut und leise sein, schreien dürfen, Quatsch machen, Fehler machen (dürfen), Geheimnisse haben, sich ungestört zurückziehen können.
- Sie wollen keine Moralpredigten hören.
- Sie wollen sich angenommen, gesehen, gehört und verstanden fühlen, so wie sie sind.
- Sie wollen jeden Tag Spielzeug mitbringen und Zeit und Ruhe für ihre Bedürfnisse, Interessen und Erlebnisse haben.
- Sie wollen mitbestimmen, Kerzen anzünden, Blumen gießen, den Tisch decken, Kuchen backen, kochen, trinken, wenn sie Durst haben, und essen, wenn sie Hunger haben ...
- ... und vieles, vieles mehr!

Erwartungen, die pädagogische Fachkräfte haben können:

- Pädagogische Fachkräfte wollen eine gute Bindung zu den Kindern aufbauen.
- Sie wollen sich auch mit den Kolleginnen und Kollegen unterhalten und sich austauschen können.

- Sie wollen, dass die Kinder spielen, sich bewegen und dreckig machen können.
- Sie wollen Zeit für die Kinder haben, sowohl in der Gruppe, als auch für einzelne Kinder und für den Austausch und die Zusammenarbeit im Team und mit den Eltern.
- Sie wollen mit den Kindern kreativ sein und den Alltag gemeinsam mit den Kindern gestalten.
- Sie wollen sich als Bündnispartner/innen von Kindern verstehen.
- Sie wollen einen guten Austausch mit den Eltern und Angehörigen der Kinder haben.
- Sie wollen vom Träger verstanden und ernst genommen werden.
- Sie wollen auf die Bedürfnisse und Interessen der Kinder eingehen.
- Sie wollen, dass Kinder spielen und sich ausprobieren können, um Selbstwirksamkeit zu erleben.
- Sie wollen Zeit für den Austausch mit den Kindern haben und sich gut auf die tägliche Arbeit vorbereiten können.
- Sie wollen Wertschätzung von der Öffentlichkeit, dem Träger und von den Eltern erleben.
- Sie wollen angemessen bezahlt werden.
- Sie wollen eine höhere Anerkennung für ihre berufliche Tätigkeit bekommen und dass sich die Politik für bessere Rahmenbedingungen einsetzt und diese auch umsetzt.
- Sie wollen Grenzen zwischen privaten und beruflichen Bereichen setzen.
- Sie wollen sich nicht rechtfertigen müssen, für das, was sie tun.
- Sie wollen in ihrem Denken, Fühlen und Handeln frei sein.
- Sie wollen Sicherheit erleben und sich an ihrem Arbeitsplatz wohlfühlen.
- Sie wollen ihre Arbeit gut machen.

Diese Listen von Erwartungen könnte sicher noch endlos weitergeführt werden. Wo es viele Erwartungen gibt, gibt es auch Zusammenstöße. Das Spannungsfeld ist groß, und auch wenn wir wissen, dass der Prozess, eine Erziehungspartnerschaft aufzubauen, viel Zeit, Achtsamkeit, Vertrauen und Empathie verlangt, stehen daneben die Rahmenbedingungen für die Einrichtungen. Zeit ist im pädagogischen Alltag Mangelware, und so kann es immer wieder zu Spannungen in Form von Missverständnissen, Meinungsverschiedenheiten, Unstimmigkeiten und manchmal auch anstrengenden Problemen und Konflikten kommen. Sie sind ein Teil des lebendigen Alltags, und wenn wir sie als Entwicklungsherausforderungen annehmen, können konstruktive Lösungen sogar zu einer Verbesserung der Erziehungspartnerschaft beitragen. So geht es in diesem Spannungsfeld darum, das Wesentliche vom Unwesentlichen zu unterscheiden und dem Ganzen mit einer inneren Haltung und Einstellung zu begegnen, die grundsätzlich konstruktiv, bejahend und lösungsorientiert ist.

Wenn wir eine vertrauensvolle Beziehung zu den Eltern aufbauen wollen, sorgen ein offener und herzlicher Umgang, gute Strukturen und die Nutzung der vielfältigen Möglichkeiten zur Kommunikation für Lebendigkeit und Zufriedenheit im pädagogischen Alltag.

Die folgende Zusammenfassung zeigt Möglichkeiten und Verhaltensweisen zur Verbesserung der Qualität in der Erziehungspartnerschaft auf:

- Ein achtsamer, wertschätzender, herzlicher, ehrlicher und zugewandter Umgang ist eine Grundvoraussetzung für ein partnerschaftliches Verhältnis zwischen den Eltern und den pädagogischen Fachkräften (auch bei Meinungsverschiedenheiten).
- Ein guter und lebendiger Kommunikationsfluss in der Bring- und Abholphase sorgt für ein vertrauensvolles Miteinander. Ebenso Blickkontakte, kurze Mitteilungen, ein Lächeln, und wenn Bedarf ist, sind auch Tür- und Angelgespräche angebracht. (Dies liegt im Ermessen der pädagogischen Fachkraft. Wenn die Zeit knapp ist, können wir es den Eltern freundlich mitteilen.)
- Die Elternsprechstunde: Einmal in der Woche kann die Leitung einen Nachmittag für Elterngespräche anbieten, in denen Eltern die Möglichkeit haben, ihre Anliegen zu besprechen.
- Von großer Bedeutung sind die regelmäßigen Elterngespräche mit Informationen über den Entwicklungsstand der Kinder. Das ist wichtig, damit die Eltern sich ein Bild darüber machen können, welche Entwicklungsschritte ihr Kind bereits gemacht hat.
- Regelmäßige Elternbriefe sind ein zuverlässiges Kommunikationsmittel für aktuelle und wichtige Informationen, Neuigkeiten und Termine im Kindergartenalltag.
- Wichtig ist es auch, den Eltern die pädagogische Arbeit transparent zu machen: durch Fotos, Aushänge, Projektveranschaulichungen etc.
- Eltern sind willkommen in der Einrichtung! Regelmäßige Vorschläge laden Eltern dazu ein, mitzuwirken.
- Die Eltern können ihre (am Kind orientierten) Ideen in den Alltag der Einrichtung einbringen (vorlesen, mit den Kindern tanzen, singen, musizieren, Ausflüge etc.).
- Durch regelmäßige Bestandsaufnahmen der beiderseitigen Erwartungen können Erwartungen und Ziele abgeglichen und im gegenseitigen Einverständnis mit Unterstützung der Eltern in die Tat umgesetzt werden.
- Wenn wir achtsam und wahrnehmungsoffen für die Bedürfnisse, Interessen und Anliegen der Eltern sind, können mögliche Problem- und Spannungsfelder im Voraus (bevor es überhaupt zu Konflikten kommt) erkannt, besprochen und geklärt werden.

Natürlich ist uns allen klar, dass der pädagogische Alltag häufig ganz anders aussieht und offene Auseinandersetzungen vermieden werden, weil ganz unterschiedliche Ängste damit einhergehen. So könnten die Eltern Angst haben, sich unbeliebt zu machen, schlechtgemacht zu werden und sich dadurch nicht mehr zugehörig, verstanden und ernst genommen zu fühlen. Vielleicht haben sie auch Angst, dass sie dem eigenen Kind schaden könnten, es z. B. weniger Beachtung erhält, wenn sie ihre Anliegen offen ansprechen.

Demgegenüber könnten die pädagogischen Fachkräfte Angst haben, nicht die richtigen Worte zu finden, wenn sich bei einem Kind Verhaltensirritationen zeigen. Oder sie haben Angst, dass das Kind zu Hause bestraft wird, wenn es in der Einrichtung destruktive Verhaltensweisen zeigt (haut, spuckt, beißt etc.) und nicht bekommt, was es wirklich braucht (z. B. gehört und gesehen zu werden). Vielleicht gibt es auch Ängste, die ihre eigene Persönlichkeit betreffen – dass schlecht über sie geredet wird oder dass die Eltern nicht verstehen, was die Fachkräfte auf fachlicher Ebene meinen, weil sie andere Vorstellungen davon haben, was ihr Kind braucht. Oder die Fachkräfte fürchten, dass Eltern sich beim Träger beschweren, wodurch sie sich unter Druck gesetzt fühlen, keine Fehler machen zu dürfen. Oder sie haben z. B. Sorge, dass die Lebendigkeit der Kinder im freien Spiel nicht geschätzt wird und stattdessen lieber Förderprogramme zum Mittelpunkt der Arbeit gemacht werden sollen.

Das alles können Gründe sein, die zum Entstehen von Konflikten führen, die sich oft erst nach und nach verschärfen. Es wird übereinander, aber nicht miteinander geredet. Das führt dann sowohl bei den Eltern als auch bei den pädagogischen Fachkräften zu Unzufriedenheit, Druck und Ungerechtigkeitsempfinden. Es entstehen Gerüchte, es bilden sich Grüppchen, man sieht nur noch das Schlechte, und plötzlich wird das Problem zum belastenden Dreh- und Angelpunkt im pädagogischen Alltag. Alles bekommt eine Schwere; die Kinder, die Eltern und die pädagogischen Fachkräfte leiden darunter; Entwicklung findet nicht mehr statt, und es braucht eine Menge Zeit und Anstrengungsbereitschaft, um die Situation zu klären und Lösungen zu finden, die den Weg zu einem vertrauensvollen Umgang miteinander und zum Wohl der Kinder wieder frei machen.

Praxisbeispiel: Konflikte in der Erziehungspartnerschaft

Aus eigener Erfahrung kann ich sagen, dass solche Konflikte Zeit zum Klären und Heilen brauchen und dass für die pädagogische Arbeit mit den Kindern während dieser Zeit wenig Energie bleibt, wenn Probleme nicht im offenen Austausch miteinander geklärt werden (können). Durch eine Reihe von Missverständnissen, Unklarheiten und unguten Gefühlen kam es zu einem „unterschwelligen Konflikt" zwischen einigen Eltern und den pädagogischen Fachkräften. Einige Konfliktpunkte einer Mutter wurden durch eine Elternratsvertreterin an uns herangetragen, mit der Aussage, dass einige Eltern unzufrieden mit dem Kindergarten seien und sich bereits miteinander verbündet hätten. Dies löste bei den Kolleginnen und Kollegen zunächst Gedanken aus wie: „Nicht schon wieder! Um welche Eltern könnte es sich handeln? Wie gehen wir damit um? Das kann doch nicht sein, die Kinder fühlen sich doch wohl hier, sehen die Eltern das denn nicht?" Etc. Es löste unterschiedliche Gefühle aus, wie: Unbehaglichkeit, Ärger, Traurigkeit, Stress, Unsicherheit etc. Inhaltlich ging es nicht nur um sachliche Aspekte, sondern auch um persönliche Bewertungen der pädagogischen Fachkräfte, weshalb vonseiten des Teams auch der Träger eingeschaltet wurde. Da stand also etwas im Raum, aber es gab keine Bereitschaft, darüber offen miteinander zu sprechen. Um etwas Klarheit in die Sache zu bringen, bat ich die Elternratsvertreterin darum, mir die Punkte und die Namen der unzufriedenen Eltern zu nennen, und bot der Mutter, die die Elternratsvertreterin angesprochen hatte, einen Gesprächstermin zur Klärung der Themen an. Sie wollte den Termin am nächsten Tag nutzen, um mit uns über die Anliegen zu sprechen, von denen sie einige auch schon zwischen Tür- und Angel angesprochen hatte (die Kinder brächten nichts Gebasteltes mit nach Hause; ihr Kind wolle immer so viel alleine machen, was sie als Eltern noch als zu früh empfänden; sie wüsste nicht, ob und was ihre Tochter in der Einrichtung esse). Am nächsten Tag hatte sie es sich anders überlegt – möglicherweise fühlte sie sich bedrängt – und sagte den Termin ab: Sie würde das lieber auf dem anstehenden Elternabend mit den anderen Eltern zusammen klären. Das führte wiederum im Team zu Unverständnis, und keiner im Team wollte die unterschwelligen Probleme von einzelnen Eltern zum Thema des Elternabends machen. Dann nannte mir die Elternratsvertreterin einige Themen und Namen von Eltern, sodass ich einzelne Eltern direkt ansprechen konnte, um vorsichtig nachzufragen, ob es Anlässe für Unzufriedenheit gebe und wenn ja, welche es seien, damit wir sie klären und verändern könnten. Das war hilfreich, weil man im gegenseitigen Dialog auch spüren und wahrnehmen konnte, dass es für Eltern nicht leicht ist, sich direkt in einer aktuellen Situation kritisch zu äußern. Natürlich ist das nicht bei allen Eltern so, manche „knallen" uns ihre Befindlichkeiten und Anliegen auch „rein", ohne über die gewählten Worte, die Lautstärke oder die Anwesenheit der Kinder nachzudenken. Es gibt aber auch viele Eltern, die Kritik oder Unklarheiten auf sehr kollegiale und partnerschaftliche Art mit uns besprechen, sodass die Probleme gemeinsam geklärt werden können. So wie es sein sollte, ist es nicht immer. Die Unterschiede machen deutlich, dass Menschen im Laufe ihres Lebens sehr unterschiedlich geprägt werden, und das kommt gerade in Situationen, in denen nicht alles rund läuft, zum Ausdruck. Wichtig wäre allerdings auf beiden Seiten die Bereitschaft, Lösungen und Umgangsmöglichkeiten zu finden, damit sich gering schätzende und unangemessene Handlungsweisen nicht wiederholen.

Gemeinsam im Team mit einer Elternratsvertreterin und dem Träger haben wir nach einer guten Lösung gesucht, um die Thematik aufzugreifen und mit den Eltern in Kontakt zu kommen. Wir wollten ein initiatives Zeichen setzen, und so gab es folgende Lösungsansätze:

1) Es wurde ein wertschätzender, offener, dreiseitiger Brief zu der Situation geschrieben und die gerade neu überarbeitete Ausgabe der Konzeption an die Eltern verteilt.
2) Der Träger ließ allen Familien einen Elternfragebogen zukommen, in dem sie ihre (Un-)Zufriedenheit mit der Arbeit im Kindergarten zum Ausdruck bringen konnten und der vom Träger ausgewertet wurde.
3) Auf dem Elternabend habe ich in meiner Rolle als Leiterin und im Namen des Teams Stellung zur aktuellen Situation genommen und einen Brief vorgelesen. Aufgrund meiner eigenen Betroffenheit (die ich nicht verbergen wollte und die in meiner Stimme zum Ausdruck kam) habe ich diesen sehr persönlichen Brief (Begrüßung und Stellungnahme zur Lage im Kindergarten) abgelesen:

„Liebe Eltern,
wir vom Team haben uns viele Gedanken gemacht, was wohl dazu geführt hat, dass es zu einer Missstimmung zwischen einigen Eltern und dem Team kommen konnte, und haben deshalb gemeinsam mit dem Träger überlegt, was wir tun können, um etwas in eine positive Richtung zu verändern.

Deshalb gab es schon vor dem Elternabend die neu überarbeitete Konzeption für unsere Einrichtung (in der ja auch rechtliche Grundlagen und wissenschaftliche Erkenntnisse für den Elementarbereich benannt werden), einen Elternbrief und einen anonymen Elternfragebogen, in dem ihr eure Meinung und Befindlichkeiten mitteilen konntet.

Ein paar Worte möchte ich zu Beginn des Elternabends dazu sagen:

- Es wurde übereinander geredet und nicht offen und ehrlich miteinander kommuniziert, und dabei kam es zu ganz unterschiedlichen Empfindungen auf beiden Seiten: Enttäuschung, Traurigkeit, das Gefühl nicht verstanden und ernst genommen zu werden, vielleicht auch Wut, Ärger und Groll ...
- Es gab Gespräche, und sicher gibt es auch jetzt noch bei dem einen oder anderen Verletzlichkeiten.
- Wichtig ist jedoch, nach vorne zu schauen, nicht nach Fehlern oder Schuldigen zu suchen, sondern offen und ehrlich aufeinander zuzugehen!
- Es geht doch um die Kinder, die sich im sozialen Miteinander und mit all ihren Gefühlen in der Gruppe förderlich entwickeln sollen, damit sie später in der Schule und im Leben gut klarkommen können!
- Dabei ist es am Bedeutsamsten, dass die Kinder sich wohlfühlen und gerne in den Kindergarten kommen, dass sich jedes Kind verstanden, angenommen, wertgeschätzt und zugehörig fühlen kann, so wie es ist.
- In diesem Sinn sind wir sogar Vorbild für die Kinder und tragen die Verantwortung für alles, was wir sagen, denken und tun. Wenn wir „Großen" es nicht schaffen, miteinander statt übereinander zu reden, wie sollen es dann die Kinder lernen?
- So sagte schon Martin Buber: „Der Mensch wird am DU zum ICH." Wir brauchen uns also, um uns entwickeln zu können und uns ein eigenes Bild von unserem Leben zu machen.
- Dabei sind es wir – die Erwachsenen –, die eine Bringschuld haben, d. h. dass wir alle danach schauen sollten, ja sogar müssen, was wir selbst dazu beitragen, dass Kinder sich glücklich fühlen und eine Sicherheit aufbauen können, um in ihrer einmaligen Persönlichkeit zu wachsen.

- In diesem Sinn heißt Entwicklung nicht Förderung, sondern den Kindern zu helfen, aus Verwicklungen herauszukommen (z.B.: Wie schaffe ich es, Freunde zu finden? Wie kann ich Konflikte lösen? Wie trage ich in der Gruppe zu einem sozialen Miteinander bei? Wie mag sich wohl mein Freund fühlen, wenn ich ihn trete? etc.).
- Es braucht dazu eine Pädagogik der Entschleunigung: Ruhe, Zeit, innere Zufriedenheit und Lebensfreude. Dinge die in der heutigen schnelllebigen Zeit längst nicht mehr selbstverständlich sind.
- Kindern gegenüber ist verletzendes Verhalten zu vermeiden (Beispiele siehe Kopie)! Das heißt für uns, achtsam zu sein, wie wir selbst uns verhalten. Jedes Verhalten ist für ein Kind entweder entwicklungsförderlich oder entwicklungshinderlich.
- Wir können uns hier einmal die Frage stellen, an welche Erwachsenen wir uns selbst gerne erinnern, weil sie uns gutgetan haben.
- Kinder werden sich gut entwickeln und lernen, wenn
    1) sie sich wohlfühlen;
    2) sie sich als Mensch bedeutsam erleben (wenn sie Fragen stellen und ihre Gefühle zeigen dürfen und damit angenommen werden; wenn Erwachsene Zeit für sie haben);
    3) wir ihnen Themen anbieten, die für sie eine Alltagsbedeutung haben (Bsp.: erst selbst Äpfel pflücken und dann den Saft herstellen.).
- Für all das brauchen Kinder Erwachsene. Erwachsene, die motiviert, engagiert, solidarisch und kooperativ zusammenarbeiten und zusammenwirken.
- Ich wünsche mir für die Kinder, für uns und für die Entwicklung der Einrichtung sehr, dass wir Möglichkeiten und Lösungen finden, um uns aus unseren eigenen Verwicklungen und Belastungen zu befreien. Sodass wir, im Sinne einer Erziehungspartnerschaft, den Kindern eine Kindergartenzeit ermöglichen können, in der sie sich mit all ihren Ausdrucksformen sicher, kreativ, frei und mit viel, viel, viel Freude wohlfühlen und entwickeln können."

Danach herrschte große Betroffenheit, und es brauchte etwas Zeit, bis es weitergehen konnte. Im Anschluss wurde der alte Elternrat verabschiedet und ein neuer Elternrat gewählt. Erst dann gab es eine offene Gesprächsrunde, in der wir mit den Eltern sachlich und wertschätzend ins Gespräch kamen und ihre Fragen und Anliegen klären konnten. Am Ende des langen Abends konnte man richtig spüren, dass dieses Zusammentreffen für Entlastung, für Achtsamkeit im Umgang miteinander und für ein Gefühl der Losgelöstheit gesorgt hatte.

Das Bild von den Eltern

„Erst wenn man eigene Kinder hat, weiß man, wie groß die Liebe der Eltern war."

Japanische Weisheit

Das Bild, das wir von den Eltern haben, spielt eine große Rolle im gegenseitigen Miteinander und ist eng mit damit verknüpft, was wir selbst in der Sozialisation mit unseren eigenen Eltern erlebt haben. Natürlich ist auch die Rolle wichtig, die wir selbst als Eltern einnehmen, wenn es um die Begleitung unserer eigenen Kinder geht. Diese Aspekte wirken sich auf unser ganzes Denken, Fühlen und Handeln gegenüber den Eltern, die zu uns in die Einrichtung kommen, aus. Wenn wir es mit Eltern zu tun haben, die mit ihren Kindern einen Umgang pflegen, der unseren eigenen Erfahrungen nahekommt, können wir sie besser verstehen, als wenn es sich um Eltern handelt, die im Umgang mit ihren Kindern ganz andere Wertvorstellungen und Umgangsformen leben, als wir sie selbst erfahren haben. Deshalb sind auch in Bezug auf die Zusammenarbeit mit den Eltern die Selbstreflexion und die beständige Entwicklung der eigenen Persönlichkeit eine unabdingbare Voraussetzung, um auch dasjenige verstehen zu können, was wir selbst völlig anders kennengelernt haben.

Eltern kommen mit ihrer Sicht der Dinge in die Einrichtung – und das nicht nur in der Elternrolle. Jeder Elternteil kommt mit seinen eigenen Lebenserfahrungen. Diese bunte Mischung vieler Erfahrungswerte kann positiv für eine lebendige Zusammenarbeit und eine entwicklungsförderliche Erziehungs- und Bildungspartnerschaft genutzt werden. Soweit Kinder nicht gefährdet werden, treffen die Eltern selbst die Entscheidung darüber, wie sie das Zusammenleben mit ihren Kindern gestalten.

Eltern und Kinder haben sehr unterschiedliche Lebensläufe und Lebenssituationen. Auch wenn wir uns nicht mit der sozialen Situation aller Eltern identifizieren können, ist es erforderlich, die Eltern respektvoll anzunehmen, so wie sie sind: unabhängig von ihrem Aussehen, ihrer Herkunft, ihrer Lebenseinstellung, ihrem Auftreten und ihrer derzeitigen Lebenssituation. Dabei sollten wir auf Vermutungen und Urteile verzichten, damit Gleichwürdigkeit und gegenseitige Akzeptanz entstehen können. Wir sollten den Dialog mit den Eltern als Inspirationsquelle sehen, durch die wir, in unserer menschlichen Unvollkommenheit, voneinander lernen und den Kindern auf ihrem anstrengenden Weg des Großwerdens gemeinsam einen Rahmen schaffen, in dem sie sich wohl- und sicher fühlen können, um Vertrauen im Leben zu finden.

So schauen die Eltern durch die Brille der Mutter und des Vaters auf ihr Kind (bereits da gibt es Unterschiede), und sie geben ihr Bestes als die wichtigsten Bezugspersonen für das Kind. Aber auch wir pädagogischen Fachkräfte haben unterschiedliche Brillen auf, mit denen wir auf die Kinder in der Gruppe und auf das einzelne Kind schauen. Wir verstehen uns als Entwicklungsbegleiter/innen und im besten Fall als Bündnispartner/innen der Kinder, die eine sichere Beziehung zu jedem einzelnen Kind aufbauen, sich für die Kinder einsetzen und ihnen Nährstoffe für ihre Wurzeln mitgeben. Bei beiden – sowohl bei den Eltern als auch bei pädagogischen Fachkräften – wirken die Erfahrungen aus der eigenen Lebensgeschichte von der Kindheit bis heute mit. Darauf können wir uns grundsätzlich einstellen und uns die Unterschiede bewusst machen, damit wir in den vielfältigen Alltagssituationen, die wir mit den Eltern erleben, ruhig, gelassen und respektvoll reagieren können. Sodass z. B. das Suchen der Hausschuhe (bei manchen Kindern täglich) nicht zum Konflikt mit den Eltern führt, sondern eine gemeinsame Lösung gefunden wird und das Kind von beiden Seiten Unterstützung bekommt, damit es für seine Hausschuhe selbst die Verantwortung übernimmt. Oft geht es nicht um tiefgründige, entwicklungspsychologische Aspekte, sondern um ganz normale Alltagssituationen, in denen unsere innere Haltung die größte Wirkung im Gespräch und in der Beziehung zu den Eltern sowie im Umgang mit den Kindern hat. Unsere Aufgabe im Umgang mit den Eltern ist es, eine vertrauensvolle Atmosphäre zu schaffen, in der Eltern sich verstanden, gesehen und angenommen fühlen.

Praxisbeispiel: Matschhosen – tragen oder nicht tragen?

Dieses Beispiel ist kein Einzelfall. Es kommt häufiger vor, dass Kinder bei schlechtem Wetter, auch ohne ihre Matschhose anzuziehen, nach draußen gehen. Manche Kinder entwickeln sogar richtige Strategien, damit sie ihre Matschhose nicht anziehen müssen. Auch hier gibt es sehr unterschiedliche innere Haltungen sowohl bei den pädagogischen Fachkräften als auch bei den Eltern und erst recht bei den Kindern. Selbst unter den pädagogischen Fachkräften herrscht oft keine Einigkeit darüber, ob dies in Ordnung ist, weil jede(r) ein anderes Wärme- und Kälteempfinden hat und viele so eine „Gummihose" selbst nur im äußersten Notfall oder gar nicht anziehen würden. Andererseits kommen auch von einigen Eltern Aussagen, wie beispielsweise: „Achten Sie bitte darauf, dass mein Kind eine Matschhose anzieht." Oder: „Mein Kind muss/soll die Matschhose anziehen, wenn es rausgeht." Dies macht es den Fachkräften schwer, gemeinsam mit dem Kind eine Lösung zu finden oder die Kinder selbst entscheiden zu lassen.
Kinder sind da oft sehr klar, insbesondere die größeren. Aber selbst zweijährige Kinder wissen oft schon, was sie gerne möchten, und können dies klar und deutlich artikulieren. Für manche Eltern ist es auch in Ordnung, wenn das Kind selbst entscheiden darf, ob es die Matschhose anzieht oder nicht, oder sie sprechen bereits zu Hause gemeinsam mit dem Kind ab, wie das Kind es machen soll. Viele Eltern möchten gerne, dass die Kinder ihre Matschhosen anziehen. Dahinter stehen meist Gedanken wie: Die Kleidung soll nicht dreckig werden. Das Kind könnte sich erkälten, wenn es nass wird. Oder es kommt zu der Aussage, dass Kinder das noch nicht alleine entscheiden können. Da gibt es wirklich sehr unterschiedliche Beweggründe, die in der Kommunikation für alle zufriedenstellend geklärt werden können, wenn die innere Haltung bei den Eltern und bei den pädagogischen Fachkräften wertschätzend, offen, herzlich und zugewandt ist und man sich vertraut.
Natürlich ist die Haltung der Eltern verständlich, wenn sie gerne möchten, dass ihr Kind bei nassem Wetter eine Matschhose anzieht. Sie befürchten, dass ihr Kind krank oder dreckig wird und man dann die Flecken nicht wieder rausbekommt und viel Mühe mit der Reinigung hat.

Aus Sicht der pädagogischen Fachkräfte sind jedoch die Erfahrungen, die Kinder beim Thema !Anziehen oder weglassen der Matschhose" machen können, sehr wertvoll. Für die Kinder geht es um Kommunikation und Sprache. Sie werden aufgefordert, Argumente dafür zu finden, ihre Matschhose nicht anzuziehen. Es geht darum, den Kindern Entscheidungsfreiheit zu lassen, damit sie ihre eigenen, oft sehr sinnlichen, Erfahrungen machen können, selbst Verantwortung übernehmen und lernen, was ihnen guttut und was nicht. Weiterhin geht es um ihre individuelle Art, zu sehen und zu fühlen. Nicht alle Kinder und Erwachsenen sind gleich: Manche Kinder fühlen sich mit ihrer Matschhose wohl und manche fühlen sich darin unwohl. Außerdem sind die sinnlichen Erfahrungen für Kinder wichtig, um sich selbst spüren zu können und so das Wissen zu entwickeln, was sie als genussvoll empfinden und was sich eklig für sie anfühlt. Auch sollten die Kinder aus eigener Erfahrung lernen, dass man nicht nass wird, wenn man eine Matschhose anzieht, und sie deswegen eher praktisch ist.
Das sind alles wichtige Lernprozesse für Kinder, die wir den Eltern verständlich machen können, wenn wir im Austausch mit ihnen eine positive innere Haltung haben und nicht etwa Gedanken entwickeln wie beispielsweise: „Wie soll ich der Mutter bloß sagen, dass ihr Kind schon wieder eine nasse Hose hat." Oder: „Die Eltern sehen gar nicht, dass wir auch noch andere Kinder haben, und was für eine Arbeit es macht, so viele Kinder beim Anziehen zu begleiten." Etc.
Dazu abschließend ein kleines Alltagserlebnis. Ich saß noch mit zwei kleineren Kindern drinnen auf der Bank, als ein vierjähriges Mädchen zusammen mit ihrer Freundin reingelaufen kam, weil sein Rock hinten ganz nass und dreckig war. Ich fragte, was los sei, und sie sagte, dass sie sich nur ihren Rock ausziehen wolle, weil er nass sei. Als ich die hintere Seite des Rocks dann sah, war ich entsetzt. Der hellblaue Rock war nicht nur nass und dreckig, sondern nahezu schwarz. Ich habe in dem Moment nur den Rock gesehen und war wie geschockt darüber, weil ich den Rock wirklich sehr schön fand, und dachte: „Den bekommt man nicht wieder ganz sauber." Die Vierjährige fand das überhaupt nicht tragisch. Der Rock war nicht wichtig, sie wollte nur schnell den Rock ausziehen, um mit ihrer Freundin draußen weiterspielen zu können. Ich sagte, dass wir den Rock vielleicht schon ein wenig säubern und einweichen könnten und sie antwortete darauf, dass ihre Mama den Rock waschen würde. Dann sagte ich, dass eine Matschhose doch nicht so schlecht sei, und damit war sie dann einverstanden. Da ihre eigene Matschhose nicht da war, hat sie eine Ersatzhose vom Kindergarten angezogen. Und schon waren beide weg – nach draußen zum Spielen! Die Mutter habe ich erst am nächsten Morgen gesehen und ihr erzählt, dass es mich selbst sehr berührt hat, dass der Rock von Mara durch die nasse Rutsche so verschmutzt worden sei. Sie kannte die Geschichte nur aus Sicht ihrer Tochter und in dieser waren einige Details anders, sodass der Mutter ihr Ärger auch noch angemerkt werden konnte. Nachdem wir darüber gesprochen hatten, wurden die unterschiedlichen Sichtweisen deutlich, und es gab Verständnis für die Situation, auch wenn die Rutschfahrt auf dem Rock Spuren hinterlassen hatte. Zwei Tage später, als wir vor dem Rausgehen die Kinder beim Anziehen begleiteten, kam Mara zu mir. Sie hatte ihre Matschhose bereits an und bat mich um Hilfe, weil der Verschluss der Hose klemmte. Wir lächelten uns nur an. Mara hatte nun selbst begriffen, dass eine Matschhose bei Nässe durchaus sinnvoll war.

In einem Artikel in der Zeitschrift „kinderleicht" beschreiben Jana Marek und Johannes Schopp die Veränderung im Denken und in der Zusammenarbeit mit anderen Menschen durch eine dialogische Haltung als die Bereitschaft, „sich selbst als Mensch in die Begegnung mit den Müttern und Vätern einzubringen [...] als Begleiter und [...] Teil des Dialogprozesses."

Als Kernsätze dieser Haltung nennen sie:

- „radikalen Respekt (HARTKEMEYER & DHORITY) zu üben
- Annahmen und Bewertungen in Frage stellen bzw. in der Schwebe halten (HARTKEMEYER & DHORITY),
- selbst bereit sein zu lernen und
- von Herzen zu hören, zu sprechen und zu sehen."

Gerade bezogen auf die eigene innere Haltung, die Gedanken und Gefühle, die in den verschiedenen Alltagssituationen in uns wirken, sind unsere Worte und unser Handeln bedeutsam für die Verbundenheit mit den Eltern – sie sind ein Spiegel unserer Persönlichkeit. Eine grundlegende Aufgabe ist in diesem Bezug die Bereitschaft, sich selbst zu reflektieren und die eigenen Haltungen, Gedanken- und Verhaltensmuster in der Beziehung zu den Eltern regelmäßig zu überprüfen und sich möglichst viele Fragen zu diesem Themenbereich zu stellen, um den Hintergründen der eigenen Reaktionsmuster auf die Spur zu kommen.

Übung: Beweggründe für die eigenen Verhaltensweisen und Hintergründe der Reaktionsmuster im Umgang mit den Eltern

Ziel: Die folgenden Fragestellungen helfen dabei, sich selbst zu reflektieren und die Beweggründe für die eigenen Verhaltensweisen im Umgang mit Eltern zu erkennen. Es sind viele Fragen, die lieber nach und nach bearbeitet werden sollten. Es ist wichtig, sich für die einzelnen Fragen Zeit zu nehmen und aus den Antworten neue Fragen abzuleiten, sich voll und ganz darauf zu konzentrieren, um immer tiefer zu gehen und zu erkennen, was man gerne verändern möchte. Es befreit uns selbst von vielen Lasten, die wir schon lange in unserem Lebensrucksack durch den Alltag tragen. Ich empfehle sehr, die Antworten aufzuschreiben.

Du brauchst Papier und etwas zu schreiben.
Wähle dir eine Frage aus, nimm dir genug Zeit und beantworte sie ehrlich.

1. Welches Bild habe ich vom Elternsein in der heutigen Zeit und warum?
2. Was hat mir an meinen eigenen Eltern gefallen, mich beeindruckt? Wofür haben sie mich geliebt?
3. Was mochte ich an meinen Eltern gar nicht? Was würde ich ihnen deshalb gerne mal sagen?
4. Wie bin ich selbst in der Rolle als Mutter oder als Vater? Gibt es Parallelen zu den Eltern meiner eigenen Kindheit?

5. Welche Eltern von Freunden und Freundinnen meiner Kindheit fand ich toll und warum?
6. Bin ich offen und neugierig für die Ideen der Eltern?
7. Was kritisiere ich an Eltern und warum?
8. Wie würde eine ideale Zusammenarbeit mit den Eltern aussehen?
9. Welches Bild könnten die Eltern von mir haben und warum?
10. Wie wende ich mich den Eltern zu?
11. Nehme ich mir Zeit für den Austausch mit den Eltern?
12. Worüber spreche ich mit den Eltern?
13. Wie spreche ich über Eltern?
14. Wie erlebe ich mich selbst, wenn ich mit Eltern spreche? Gibt es dabei gravierende Unterschiede, je nachdem, mit welchen Eltern ich es zu tun habe?
15. Welche Fähigkeiten haben die Eltern und wie können sie diese einbringen?
16. Fühle ich mich in der Gegenwart der Eltern frei und bleibe authentisch (so wie ich bin)?

Natürlich gehört zu einer dialogischen Haltung auch die Aufgabe, die Eltern mit in die Verantwortung zu nehmen, indem man mit ihnen ins Gespräch kommt und sie fragt, was sie selbst dazu beitragen, dass ihr Kind beispielsweise neugierig, selbstbewusst und fröhlich ist oder sich anstrengen möchte und Belastbarkeit zeigt. Es geht nicht um die Wünsche und Erwartungen von uns Erwachsenen, sondern stets um das Wohl der Kinder – es geht darum, darauf zu achten, was das jeweilige Kind braucht, um den nächsten Entwicklungsschritt zu machen. Probleme von Erwachsenen dürfen nicht zu Problemen von Kindern gemacht werden.

Wollen wir die Gründe für unsere Verhaltens- und Gedankenmuster und die in uns allen noch schlummernden Ressourcen und Fähigkeiten erkennen, verändern und nutzen, ist die Bereitschaft, sich auf sich selbst einzulassen – durch Selbstreflexion eine Persönlichkeitsentwicklung zu vollziehen, eine Notwendigkeit. Oft ist das schmerzlich und anstrengend, weil man an seine eigenen Grenzen herangeführt wird. Dabei gilt es, nicht nur die „hellen Seiten", sondern auch die „dunklen Seiten" unserer Persönlichkeit zu beleuchten, damit hinderliche Verhaltensmuster erkannt und verändert werden können. Die selbstreflexive Auseinandersetzung mit der eigenen Persönlichkeit ist ein mutiges Wagnis und gleichzeitig die effektivste Möglichkeit, von alten Mustern in einen Veränderungsprozess zu gelangen. Zudem können auch Fortbildungen, Fachliteratur und der Austausch im Team eine hilfreiche und wirksame Unterstützung sein, die eigene Professionalität zu erhöhen, sich seiner eigenen Standpunkte bewusst zu werden und sie gegebenenfalls zu verändern, um mehr Sicherheit und Belastbarkeit im pädagogischen Alltag zu bekommen. „Je mehr man über seine eigenen Beweggründe im Austausch und Zusammenleben mit anderen Menschen weiß, desto besser versteht man, warum man in manchen Situationen so und nicht anders reagiert. Diese Beweggründe zu erkennen ist ein langer Prozess. Verhaltensmuster zu identifizieren und zu verändern, wenn sie uns behindern, ist nicht einfach. Je mehr man sich aber mit sich selbst befasst und die eigenen Muster erkennt, desto eher wird es einem gelingen, hinderliche Reaktionsmuster abzulegen."
(Lindner 2013, S. 12)

Die Bedeutung der inneren Haltung in der Zusammenarbeit mit den Eltern

„Die Annäherung an die Welt des Kindes erfordert Empathie, die Wertschätzung der Gefühle der Kinder und ein Interesse daran, die Sicht der Kinder auf ihre Welt zu verstehen."

Friederike Heinzel

Unsere eigene innere Haltung, unsere Verhaltens- und Gedankenmuster und die Bereitschaft, die eigenen belastenden und hinderlichen Persönlichkeitsmuster zu verändern, sind auch in der Zusammenarbeit mit den Eltern eine Grundvoraussetzung für eine förderliche Entwicklung der Einrichtung.

Fachwissen kann man sich auf unterschiedliche Weise aneignen, doch

- wie sieht es mit unserer inneren Haltung, unseren Ressourcen und Charaktereigenschaften aus?
- welche Einstellungen und Grundwerte bestimmen unser Denken, Fühlen und Handeln, wenn es um die Eltern geht, die zu uns in die Einrichtung kommen?
- was brauchen die Eltern von uns auf der Beziehungsebene, damit sie sich wohl- und verstanden fühlen?

Wertschätzung, Achtsamkeit, Empathie, Hilfsbereitschaft, Authentizität, Achtung, Verlässlichkeit, Neugierde, Lebensfreude, Klarheit, deutliche Aussagen, das Aufdecken von Widersprüchen etc.

Doch Einstellungen, Haltungen und Werte kann man nicht lernen. Sie entwickeln sich im Laufe unserer Biografie. Sie bauen sich im Zusammensein mit anderen Menschen auf: in der Familie, in der Krippe, im Kindergarten, in der Schule und in den sozialen Bezugsgruppen, mit denen wir es im Laufe unseres Lebens zu tun haben und hatten – eben überall dort, wo wir mit Menschen im Beziehungsaustausch zusammenkommen. Sie werden durch die äußeren Einflüsse, durch die positiven und die negativen Lebenserfahrungen gefestigt und zu festen Bestandteilen unserer Persönlichkeit und zeigen sich in unseren Gedankenmustern sowie in unserem Umgang mit anderen Menschen. Nicht nur die Eltern, sondern auch die pädagogischen Fachkräfte kommen mit ganz verschiedenen Wesensmerkmalen in die Einrichtung. Keine/r ist perfekt, und alle haben ihre Stärken und Schwächen, die im gemeinsamen Dialog zum Ausdruck kommen. Eine vertrauensvolle Zusammenarbeit sowie beiderseitiges Verstehen bestärken Eltern und Fachkräfte darin, sich partnerschaftlich auszutauschen, um den Kindern eine optimale Grundlage während ihrer Kindergartenzeit zu geben.

Dabei tragen die pädagogischen Fachkräfte die Verantwortung für die gute Entwicklung der Beziehungspartnerschaft. Sie brauchen Ressourcen und Fähigkeiten, die andere Menschen berühren und begeistern können, die anderen Menschen Vertrauen geben und die andere Menschen motivieren und ermutigen, sich auf das Abenteuer Kindertagesstätte einzulassen. Es ist die innere Haltung der Fachkräfte – die Freude am Beruf, die Achtsamkeit, die Würde und der respektvolle Umgang mit den Menschen –, die darüber entscheidet, ob Eltern willkommen sind, sich an den Aufgaben beteiligen können und dies auch mit Freude tun.

Übung: Fragestellungen zur eigenen Haltung in der Zusammenarbeit mit den Eltern

Du brauchst einen Stift und Papier. Schreibe die Antworten zu den folgenden Fragen auf:

1. Wofür ist die Zusammenarbeit mit den Eltern bedeutsam?
2. Welche Ressourcen und Fähigkeiten bringen die Eltern und welche die pädagogischen Fachkräfte in die Erziehungspartnerschaft ein?
3. Was verstehe ich selbst unter einer Partnerschaft?
4. Was verstehe ich selbst unter dem Begriff Erziehung?
5. Wie groß ist meine Bereitschaft, eine Erziehungspartnerschaft einzugehen, und warum ist das so?
6. Welche Eltern bereiten mir Schwierigkeiten, und wie gehe ich damit um?
7. Was brauche ich, um mich im Umgang mit den Eltern sicher und wohlzufühlen?

Nimm dir für die einzelnen Fragen Zeit. Gehe langsam vor und lass dich auf jede Frage solange ein, bis sie für dich für Klarheit sorgt. Tausche dich nach Möglichkeit mit anderen Menschen (z. B. Kolleginnen und Kollegen) darüber aus.

Entwicklungsförderliche innere Einstellungen und Wesensmerkmale

Freude Wertschätzung Gelassenheit

Mut Sicherheit Empathie

Gerechtigkeit Zuversicht Authentizität

Selbstbewusstsein Ruhe Besinnung

Fachkompetenz Zuwendung Verantwortungsübernahme

Belastbarkeit Aufgeschlossenheit Neugierde

Interesse Liebe Optimismus

Bereitschaft zur Persönlichkeitsentwicklung Menschlichkeit

Aufrichtigkeit Glück Zufriedenheit

Klarheit Begeisterung

Entwicklungshinderliche innere Einstellungen und Wesensmerkmale

Ärger Frustration Groll

Besserwisserei Misstrauen Angst

Destruktivität Neid Sorgen

Konfrontation Missgunst Scham

Aggressivität Überforderung Wut

Trauer Zerrissenheit Verurteilung

Angepasstheit Ohnmacht Enttäuschung

Panik Hinterlistigkeit Konkurrenz

Depression Verschlossenheit Rechthaberei

Ausblick:

Von der Elternarbeit zur Erziehungspartnerschaft? Über diese Frage habe ich lange nachgedacht. Zwei Begriffe, die im zeitlichen Geschehen der letzten Jahrzehnte auseinanderklaffen und im Bedeutungswert unterschieden werden. Während meiner ganzen Zeit im beruflichen Alltag habe ich persönlich allerdings keinen einzigen Tag gehabt, an dem ich die Zusammenarbeit mit Eltern als belehrend, bevormundend, besserwissend oder als einseitiges Verhandeln verstanden habe. Es war und ist für mich stets eine Zusammenarbeit, in der es um einen dialogischen Austausch zwischen den Eltern und den pädagogischen Fachkräften ging und geht. Werte und soziale Verhaltensweisen wie Respekt, Wertschätzung, Hilfsbereitschaft, Wohlwollen, Vertrauen, Offenheit, Ehrlichkeit, Verantwortungsbewusstsein und die Bereitschaft zum gegenseitigen Verständnis standen und stehen im gemeinsamen Miteinander auch in kritischen Zeiten für mich an oberster Stelle.

Das war früher so und ist auch heute noch so. Für mich hat die veränderte Situation in der Zusammenarbeit zwischen den Eltern und den pädagogischen Fachkräften nichts mit diesen beiden Begriffen zu tun. Vielmehr sind es die veränderten gesellschaftlichen und politisch-wirtschaftlichen Bedingungen und die Ansprüche von Erwachsenen, die das Zusammenwirken in Zeiten der Erziehungspartnerschaft erschweren: Zeitmangel aufgrund der erweiterten Betreuungszeiten, Teilzeitbeschäftigung, mangelnde Vorbereitungszeiten auf Seiten der pädagogischen Fachkräften und auf Seiten der Eltern, finanzielle Unsicherheiten, die Berufstätigkeit beider Eltern und der damit verbundene Stress. Hinzu kommen die unterschiedlichen Erwartungen und Forderungen nach mehr Förderung, damit Kinder möglichst schnell Höchstleistungen in ihrem Leben erzielen. Das alles macht nicht nur den Kindern, sondern auch den Eltern und den pädagogischen Fachkräften Druck, schafft belastende Situationen und führt zu einer großen Unsicherheit auf allen Seiten, die sich dann negativ auf die gemeinsame Zusammenarbeit auswirkt.

Stress, persönliche und berufliche Belastungen, ein tiefer Egozentrismus, Zeitmangel und Schnelllebigkeit sind Eigenschaften und Bedingungen, die zu Unzufriedenheit, Neid, Konkurrenz, Misstrauen, Uneinsichtigkeit, Ängsten und Krankheit führen und die die Zusammenarbeit zwischen den Eltern und pädagogischen Fachkräften beeinträchtigen, erschweren und dazu beitragen, dass die persönlichen Befindlichkeiten, negativen Haltungen und Gefühle zum Ausgangspunkt der Zusammenarbeit gemacht werden und ein konstruktives, lösungsorientiertes und mutiges Handeln im Sinne einer sozialen Gemeinschaft in der Einrichtung verhindert wird.

In der Erziehungspartnerschaft geht es nicht um den einen, einzigen richtigen Weg in der Erziehung. Erziehung muss immer zum Wohl des Kindes sein, das mit seinen Interessen, Bedürfnissen und seiner Gefühlswelt angenommen, verstanden und begleitet wird.

In diesem Sinne muss eine Zusammenarbeit zwischen den Eltern und den pädagogischen Fachkräften von einer wertschätzenden, zugewandten und respektvollen inneren Haltung getragen sein, wo sich kleine und große Menschen im dialogischen Austausch begegnen und verstehen wollen. Dementsprechend hat eine Kindertagesstätte die Aufgabe, durch die pädagogische und konzeptionelle Arbeit einen Raum zu schaffen, in dem sich nicht nur Kinder wohl- und sicher fühlen können, sondern auch die Eltern willkommen sind und eingeladen werden, sich am Kita-Alltag zu beteiligen.

Herbert Renz-Polster schreibt in seinem Buch „Die Kindheit ist unantastbar“ dazu treffend: „Die Eltern verbinden mit Erziehung die Hoffnung, ihre Kinder für die Welt, die sie erwartet, fit zu machen. Sie sind bereit, ihrem Nachwuchs für diese Hoffnung auch einmal etwas aufzubürden". „Die Eltern meinen, das für ihr Kind Richtige zu tun. Und dabei bedienen sie doch – manchmal bewusst, manchmal gegen ihren Willen und manchmal auch ganz unbemerkt – auch fremde Interessen. Alle diese Wege sind in unsere ganz normale Alltagskultur eingewoben – sie sind Teil eines sich teilweise selbst organisierenden gesellschaftlichen Prozesses [... Bei] so manchem Plan geht es nicht um die Kinder selbst, sondern um die ‚Früchte', die da wachsen sollen."

(Renz-Polster 2014, Seite 18 ff.)

Die Gesellschaft mit ihren politischen und wirtschaftlichen Interessen erzieht also auch mit. Deshalb sehe ich es noch mehr als unsere Aufgabe an, Eltern darauf aufmerksam zu machen und sie in den Erziehungs- und Entwicklungsprozess der Kinder in der Kindertagesstätte miteinzubeziehen, damit sie in der Verbundenheit mit uns pädagogischen Fachkräften die Verantwortung für das Wohl ihres Kindes – im Sinne von dem, was Kinder wirklich brauchen – übernehmen und wir den Kindern gemeinsam einen Lebensraum schaffen, in dem sie noch „Kind sein" können. Mögen wir als pädagogische Fachkräfte eine innere Haltung entwickeln, die Unsicherheiten, Belastungen und offenen Fragen von Eltern zu erkennen und zu verstehen und mit ihnen einen Weg zu finden, um uns gemeinsam für das Wohl der Kinder von heute stark zu machen und uns für sie einzusetzen.

Mögest du sehen, was da ist, und nicht das, was fehlt.

Kapitel 12:
Das Prinzip des Seins

Das Prinzip des Seins, jeder Mensch ist einmalig.

Er wirkt durch sich selbst. Wirke wundervoll! Schau auf das Gute und Schöne. Liebe das Leben.

Liebe ist göttlich. Sie wohnt dem Menschen inne – das Herz kennt den Weg!

Fühle die Liebe, verbinde sie mit Menschen, teile die Freude.

Augen, die lachen! Genuss im Miteinander. Momente des Glücks.

Das Glück auf der Welt. Verbundenheit und Frieden, Freiheit und Sicherheit.

Das große Ganze: Liebe, Empathie, Güte – in uns selbst finden.

Ausklingende Gedanken

Das Sein als pädagogisches Grundprinzip. Diese Idee und dieser Titel standen am Anfang des Buches, als ich in Frankreich in der Hängematte lag. In diesem Sein sind all unsere Persönlichkeitsmerkmale – alles, was in uns steckt, vorhanden. Es wirkt am Tag und in der Nacht. In der Begegnung mit uns selbst und mit anderen Menschen. Es wirkt in unserem persönlichen und in unserem beruflichen Leben: durch Nähe und Distanz, durch das, was wir tun und sagen, und das, was wir nicht tun und sagen. Es wirkt durch unsere Gestik, Mimik, Sprache und die Art, wie wir uns bewegen und verhalten. Es wirkt durch unser Aussehen, unseren Körper, unsere Haare, unser Lächeln, unsere Blicke. Durch unser ganzes Denken, Fühlen und Handeln – bewusst und unbewusst, mit Maske oder ohne Maske, wenn wir bedingungslos und authentisch sind.

Dazu ein kleines persönliches Erlebnis, in dem ich auf das Sein ganz unbewusst aufmerksam gemacht habe, ohne es selbst zu merken, weil für mich darin eine Selbstverständlichkeit steckte.

Es war auf einer Fachtagung zum Thema frühkindliche Bildung im Schloss Raesfeld. Zwischen den vielen Teilnehmenden und den Referentinnen und Referenten hatte ich von Anfang an eine außergewöhnliche Vertrautheit und Offenheit gespürt. Die Inhalte und die Gestaltung der Vorträge und Workshops waren interessant, beeindruckend und fachlich berührend. Das Schlossambiente und die Versorgung waren fantastisch, sodass man sich rundherum beschenkt fühlen konnte. Die Abschlussrunde wurde so gestaltet, dass alle Teilnehmenden, wenn sie wollten, etwas zu den Inhalten im Tagesverlauf sagen konnten. Das Mikrofon ging durch die Reihen. Ich hatte mir fest vorgenommen, etwas zu den bewegenden und ergreifenden Geschehnissen im Tagesverlauf zu sagen, obwohl ich sehr aufgeregt war. Da ich in der letzten Reihe saß, durch die das Mikrofon wanderte, und schon vieles gesagt worden war, was ich auch sagen wollte, und direkt vor mir eine Teilnehmerin auch noch das sagte, was ich mir aufgehoben hatte, fing ich einfach an zu sprechen, als ich das Mikrofon in die Hände bekam. Es war nur ein kurzer Moment, in dem ich unheimlich viel wahrgenommen habe: wie ich überlegen musste, was ich nun sagen würde, dann die einzigartige Stille, die erwartungsvollen Blicke, das schon Gesagte, und schließlich nahm ich meine eigene weiche und ruhige Stimme war, als ich anfing zu sprechen. Im gleichen Moment sah ich das Lächeln der Referenten, die allen zugewandt gegenüber saßen, dann habe ich mein eigenes Lächeln bemerkt ,und dazu herrschte eine unglaubliche Ruhe und Herzlichkeit. Was habe ich gesagt? Kritik über die Rahmenbedingungen, den Förderwahn und die gesellschaftlichen Veränderungen gab es schon genug, sodass ich nur wenige Worte zu unserem eigentlichen Tun im Alltag mit den Kindern sagte. Dass doch eigentlich alles ganz einfach sein kann, wenn wir uns auf das einlassen, was da ist. Wenn wir auf die Kinder achten, sie verstehen wollen, ihnen Freiheit lassen und mit ihnen in Beziehung treten und wenn sie, so wie sie zu uns kommen, im Mittelpunkt unserer Arbeit stehen... Nachdem ich gesprochen hatte, stand dann die einzige Referentin auf und sagte, mit eher sanfter und leiser Stimme, dass ich das Sein angesprochen hätte, und erläuterte die hohe Bedeutung dann noch einmal mit ihren Worten. Es war für mich ein sehr besonderer Augenblick einer Spiegelung, den ich immer noch vor mir habe, als wäre es gestern.

Im Titel meines Buches wurde das Sein durch die „Persönlichkeit" ersetzt. So sind es die Persönlichkeitsmerkmale, die wir bei uns selbst und bei anderen verändern oder zum Wachsen bringen können. Unser ganzes Sein verändert sich dann automatisch, von ganz allein. Dazu gehört allerdings ein hohes Maß an Selbstreflexion und die Bereitschaft, uns selbst zu entwickeln und zu verstehen, damit wir im pädagogischen Alltag frei von Belastungen sind und uns einfühlend, behutsam und authentisch auf eine dialogische Beziehung mit den Kindern einlassen können. Wenn wir Kinder verstehen und sie bedingungslos annehmen, wie sie sind, können wir ihnen durch uns selbst die Möglichkeit geben, in ihrer Entwicklung zu wachsen.

„Das Sein der Erzieherin ist das erste Wirkende, ihr Tun ist nur an zweiter Stelle und zuletzt erst kommt, was sie redet. An dieser alten philosophischen und pädagogischen Weisheit kann jede Erzieherin ihre Professionalität als nie endende Aufgabe prüfen, die im Grunde Selbstbildung und Selbsterziehung ist und heute mit Selbstmanagement oder Kompetenzausbildung beschrieben wird."

(Klein 07-08/2015, S. 56)

Mögest du deine Einmaligkeit erkennen und offen für die Selbstreflexion und Persönlichkeitsentwicklung sein.

Den Kindern zuliebe möchte ich an dieser Stelle auf das Leben und auf die Liebe, die jeder Mensch in sich trägt, aufmerksam machen. Die Liebe ist das höchste der Gefühle für einen selbst und in der Beziehung zu anderen Menschen. Sie ist das Bedeutsamste, was wir geben und nehmen können. Wer sich selbst liebt, kann Liebe in einem hohen Maße verschenken. Mögen wir alle die uns innewohnende Liebe annehmen können.

In diesem Sinne möchte ich das Buch in Anlehnung an die Worte ausklingen lassen, die Charlie Chaplin ähnlich zu seinem 70. Geburtstag gesprochen haben soll.

- Als ich mich selbst zu lieben begann, habe ich verstanden, dass ich immer und bei jeder Gelegenheit zur richtigen Zeit am richtigen Ort bin, und alles, was geschieht, richtig ist. Von da an konnte ich ruhig sein. Heute weiß ich: Das nennt man „VERTRAUEN".
- Als ich mich selbst zu lieben begann, konnte ich erkennen, dass emotionaler Schmerz und Leid nur Warnung für mich sind, gegen meine eigene Wahrheit zu leben. Heute weiß ich, das nennt man „AUTHENTISCHSEIN".
- Als ich mich selbst zu lieben begann, habe ich aufgehört, mich nach einem anderen Leben zu sehnen, und konnte sehen, dass alles um mich herum eine Aufforderung zum Wachsen war. Heute weiß ich, das nennt man „REIFE".
- Als ich mich selbst zu lieben begann, habe ich aufgehört, mich meiner freien Zeit zu berauben, und ich habe aufgehört, weiter grandiose Projekte für die Zukunft zu entwerfen. Heute mache ich nur das, was mir Freude bereitet, was ich liebe und mein Herz zum Lachen bringt, auf meine eigene Art und Weise und in meinem Tempo. Heute weiß ich, das nennt man „EHRLICHKEIT".
- Als ich mich selbst zu lieben begann, habe ich mich von allem befreit, was nicht gesund für mich war, von Speisen, Menschen, Dingen, Situationen und von allem, was mich immer wieder hinunterzog, weg von mir selbst. Anfangs nannte ich das „GESUNDEN EGOISMUS", aber heute weiß ich, das nennt man „SELBSTLIEBE".
- Als ich mich selbst zu lieben begann, habe ich aufgehört, immer recht haben zu wollen, so habe ich mich weniger geirrt. Heute weiß ich, das nennt man „DEMUT".
- Als ich mich selbst zu lieben begann, habe ich mich geweigert, weiter in der Vergangenheit zu leben und mich um meine Zukunft zu sorgen. Jetzt lebe ich nur noch in diesem Augenblick, wo alles stattfindet. So lebe ich heute jeden Tag und nenne es „BEWUSSTHEIT".
- Als ich mich selbst zu lieben begann, da erkannte ich, dass mein Denken armselig und krank machen kann, als ich jedoch meine Herzenskräfte anforderte, bekam der Verstand einen wichtigen Partner. Diese Verbindung nenne ich heute „HERZENSWEISHEIT".

Wir brauchen uns nicht weiter vor Auseinandersetzungen, Konflikten und Problemen mit uns selbst und anderen zu fürchten, denn sogar Sterne knallen manchmal aufeinander, und es entstehen neue Welten. Heute weiß ich:

DAS IST DAS LEBEN!

Danksagung

Am Ende meines Buches bin ich glücklich und stolz über das, was entstanden ist. Ich möchte die Welt umarmen und mich bei den Menschen bedanken, die dafür gesorgt und mich dabei unterstützt haben, dass dieses Buch entstehen konnte. Ihre Worte und ihre Verbundenheit haben dazu beigetragen, meine eigenen Zweifel und Ängste zu überwinden, und den Glauben an meine persönlichen und fachlichen Fähigkeiten, Ressourcen und Potenziale gestärkt. Und ich möchte mich natürlich bei den Menschen von ganzem Herzen bedanken, die mich auf meinem Lebensweg begleitet haben und die außergewöhnlich bedeutsam für mich waren, weil sie schon immer mehr in mir gesehen haben als ich selbst. Ich liebe das Leben und die Menschen. Ich möchte Menschen berühren und glücklich machen und ihnen eine entwicklungsbringende Wegbegleiterin sein. Dieses Buch ist ein Spiegel meiner Seele und ein Teil, der den Sinn meines Lebens ausmacht: ohne jeden Zweifel, das Gute in jedem Menschen zu sehen (so haben mich auch meine Schülerinnen/Schüler von der Sozialpädagogikschule Nienburg im ihrem Abschlussbuch 2009 beschrieben).

Meine Eltern haben mir eine wundervolle Kindheit geschenkt. Ihre liebevolle Verbundenheit bleibt auch über ihren Tod hinaus kraftvoll und spürbar in mir am Leben.

Ich danke meinem Vater für seine bedingungslose Liebe auch ohne Worte, für sein Vertrauen, seine Ehrlichkeit und seinen unsagbaren Stolz und seine Freude an meiner Person.

Ich danke meiner Mutter für ihre Liebe, ihre Fürsorglichkeit und ihr bedingungsloses Vertrauen. Sie konnte auch anstrengende Phasen meiner Entwicklung aushalten. Sie hat mir Sicherheit gegeben und gleichzeitig Freiraum für meine eigenen Lebenserfahrungen gelassen. Sie war ihr ganzes Leben lang bedingungslos, einfühlsam, aber auch beharrlich für mich da. Wenn es mir nicht gut ging, hat sie sich immer Zeit für mich und meine Bedürfnisse genommen. Ihr unbegreifliches Gespür, meine inneren Themen zu erkennen und zu verstehen, war besonders und einzigartig. Durch ihre überraschenden Taten und ihre Nähe hat sie mich zutiefst berührt und mir das Gefühl gegeben, dass alles sein darf und dass alles wieder gut wird.

Ich danke meinen Brüdern Axel und Christian. Für die Liebe, die uns immer zusammenhält.

Ich danke meiner Tante Inge. Deine Fürsorge, deine Freude und deine Liebe sind für immer in meinem Herzen.

Ich danke meinen Kindern Lotta und Mathis. Ihr seid die wundervollsten Geschenke meines Lebens. Ich liebe euch über alles und danke euch, dass ihr mich so annehmen und lassen könnt, wie ich bin.

Ich danke Peter Karaskiewicz, der mir über 20 Jahre ein vertrauensvoller, zuverlässiger und verständnisvoller Wegbegleiter war. Danke für deine Liebe und deine Verbundenheit.

Ich danke Marlies Wagner und Armin Krenz für ihre achtsame und wertvolle Begleitung. Die vier Selbsterfahrungsseminare mit euch haben mich in meiner Persönlichkeit gefestigt und gestärkt. Ihr seid wichtige Wegbegleiter auf dem spannenden Weg zu mir selbst.

Ich danke meinem lieben Freund Jörg Panzer und meiner wunderbaren Freundin Sonja Merkert, die sich immer wieder Zeit zum Lesen und Korrigieren genommen haben und die sich viele Gedanken gemacht haben, um sich mit mir über die Inhalte der einzelnen Kapitel auszutauschen. Danke für euer Vertrauen und für eure Zeit – ihr habt mir auch in den anstrengenden Phasen des Schreibens immer wieder Mut gemacht.

Ich danke Sabine Becker, Petra Hasselbusch, Conny Urbrock, Andrea Vahrenhorst, Uta Bärmann, Gitta Nieland, Andrea Schridde, den Teilnehmenden der Selbsterfahrungsseminare und allen Menschen, die mich bei dem großartigen Prozess, ein Buch zu schreiben, unterstützt haben.

Und am Ende danke ich Herrn Körner, Herrn Schudok und dem Verlag Burkhardthaus. Sie haben es mir ermöglicht, ein Buch zu schreiben, in dem die Bedeutsamkeit der Persönlichkeitsentwicklung von pädagogischen Fachkräften zur Ausgangslage für den pädagogischen Alltag mit Kindern, Eltern und im Team gemacht wird.

Literaturverzeichnis, Quellen- und Copyrightangaben

Altmann, Petra: Vom Wert der Werte: Was im Leben wirklich zählt; Präsenz Verlag, Hünfelden 2010

Baer, Udo; Frick-Baer, Gabriele: Wie Kinder fühlen; Beltz, Weinheim 2012

Bensel, Joachim: Erziehungspsychologische Grundlagen, in: Armin Krenz (Hrsg.): Psychologie für Erzieherinnen und Erzieher. Grundlagen für die Praxis; Cornelsen Scriptor, 2007

Bergmann, Wolfgang: Lasst eure Kinder in Ruhe! Gegen den Förderwahn in der Erziehung; © 2011 Kösel-Verlag, München, in der Verlagsgruppe Random House GmbH

Bertelsmann Stiftung, Staatsinstitut f. Frühpädagogik (Hrsg.): Wach, neugierig, klug – Kinder unter 3, Bertelsmann Stiftung, Gütersloh 2010

Betz, Robert: Erkenne dich in den Spiegeln des Lebens. Die Spiegelgesetze verstehen und anwenden lernen. Audio-CD/Audiobook, © Robert Betz Verlag, München 2007

Bradshow, John, in: Furtenbacher, Günter A.: Heilung des Inneren Kindes, Verlag CSA, Friedrichsorf 1998

Brink, Otto: Vitamine für die Seele: Heilende und heitere Geschichten; Peter Hammer Verlag, Wuppertal 1999

Bucay, Jorge: Flügel sind zum Fliegen da, in: Bucay, Jorge: Komm, ich erzähl dir eine Geschichte.
© Jorge Bucay 1999
Aus dem Spanischen von Stephanie von Harrach.
© Ammann Verlag & Co., Zürich 2005
Alle Rechte vorbehalten S. Fischer Verlag GmbH, Frankfurt am Main

Cantzler, Anja: Auf den Spuren der beruflichen Identität; in: klein & groß, 5/2015, Oldenbourg Schulbuchverlag, Deisenhofen 2015

Chaplin, Charlie; Text basierend auf einem Gedicht von McMillen, Kim; von verschiedenen Autoren bearbeitet und Charlie Chaplin zugeschrieben als „Rede an seinem 70. Geburtstag", vgl. z. B. http://bpfabian.de/weisheiten/charlie_chaplin_rede_am_70sten.htm

Chopich, Erika J.; Paul, Margaret: Das Arbeitsbuch zur Aussöhnung mit dem Inneren Kind, Ullstein, Berlin 2013

Dentler, Peter: Allgemeine Grundlagen der Psychologie, in: Armin Krenz (Hrsg.): Psychologie für Erzieherinnen und Erzieher: Grundlagen für die Praxis; Cornelsen Scriptor, Berlin 2007

Döffinger, Ilona: Professionalität im Beruf – gelebte Kompetenz. Das qualitätsorientierte Selbstverständnis einer elementarpädagogischen Fachkraft, in: Krenz, Armin (Hrsg.): Kindorientierte Elementarpädagogik; Vandenhoeck & Ruprecht, Göttingen 2010

Fengler, Jörg: Feedback geben, Strategien und Übungen; Beltz, Weinheim 1998

Franz, Margit: Hauptsache Wertebildung – Mit Kindern Werte erleben und entwickeln; Don Bosco, München 2010

Friedrich, Hedi: Beziehungen zu Kindern gestalten; Cornelsen, Berlin 2008

Fromm, Erich: Die Kunst des Liebens; Ullstein, Frankfurt/M., Berlin 1980

Geisselhart, Roland; Hofmann-Burkart, Christiane: Stress ade. Die besten Entspannungstechniken; Haufe, Freiburg 2002

Giesecke, Hermann: Wie lernt man Werte?; Juventa, Weinheim, München 2005

Golemann, Daniel: EQ. Emotionale Intelligenz; dtv, München 2011

Gührs, Manfred; Nowak, Claus: Das konstruktive Gespräch. Ein Leitfaden für Beratung, Unterricht und Mitarbeiterführung mit Konzepten der Transaktionsanalyse; Limmer Verlag, Meezen 2014

Hay, Louise L.: Herzensweisheiten, Lüchow in J.Kamphausen Mediengruppe GmbH, Bielefeld 2012

von Hentig, Hartmut: Die Schule neu denken.Eine Übung in praktischer Vernunft. Eine zornige, aber nicht eifernde, eine radikale, aber nicht utopische Antwort auf Hoyerswerda und Mölln, Rostock und Solingen
© 1993 Carl Hanser Verlag München

Heinzel, Friederike, zitiert nach: Textor, Dr. Martin R.: Das Kita-Handbuch, http://www.kindergarten-paedagogik.de/2101.html (24.03.2017; 13:00)

Hirschhausen, Dr. Eckart von: Glück kommt selten allein ...; Rowohlt, Reinbek 2009

Hüther, Gerald; Aarts, Maria: Beziehung wirkt Wunder – Was Kinder und Jugendliche zum Aufwachsen brauchen; DVD, Auditorium Netzwerk, Mülheim-Baden 2011

Hüther, Gerald; Hauser, Uli: Jedes Kind ist hochbegabt. Die angeborenen Talente unserer Kinder und was wir aus ihnen machen; Knaus, München 2012

Jungbauer, Dr. Johannes; vgl.: https://www.katho-nrw.de/katho-nrw/forschung-entwicklung/institute-der-katho-nrw/institut-fuer-gesundheitsforschung-und-soziale-psychiatrie-igsp/igsp-aachen/aktuelle-forschungsprojekte-der-abteilung-aachen/stressbelastungen-bei-erzieherinnen/ (25.04.2017, 16:30)

Juul, Jesper: Vier Werte, die Kinder ein Leben lang tragen; Gräfe und Unzer Verlag, München 2013

Klein, Ferdinand; Krenz, Armin: Bildung durch Bindung: Frühpädagogik: inklusiv und beziehungsorientiert: Frühe Bildung und Erziehung; Vandenhoeck & Ruprecht, Göttingen 2012

Klein, Ferdinand: Martin und seine Erzieherinnen. Impulse für die eigene Professionalität, in: klein & groß 07-08/2015

Kleinewiese, Elisabeth: All deine Ich. Transaktionsanalyse in der Kindertherapie; Institut für Kommunikationstherapie, Berlin 1980

Köck, Janina: Der personenzentrierte Ansatz nach Carl R. Rogers, in: https://www.wege.org/der-personenzentrierte-ansatz-nach-carl-r-rogers.html (17.03.2017; 18:00 Uhr)

Krenz, Armin: Werteentwicklung in der frühkindlichen Bildung und Erziehung; Cornelsen, Berlin, Düsseldorf, Mannheim 2007

Krenz, Armin: Teamarbeit und Teamentwicklung: Grundlagen und praxisnahe Lösungen für eine effiziente Zusammenarbeit; K2-Verlag, Büsingen 2010

Krenz, Armin: Was Kinder brauchen: Aktive Entwicklungsbegleitung im Kindergarten; Cornelsen, Berlin, Düsseldorf, Mannheim 2011

Krenz Armin: Empathie, in: Pousset, Raimund (Hrsg.): Handwörterbuch für Erzieherinnen und Erzieher, Cornelsen Scriptor, Berlin 2011

Krenz, Armin: Teamentwicklung: Ausgangspunkt und Motor für Qualität, in: KiTa aktuell spezial, Ausgabe 3/2013, Carl Link Verlag

Krenz, Armin: Konflikte sind da, um sie erfolgreich zu klären, in: KiTa aktuell spezial, Ausgabe 3/2013b, Carl Link Verlag

Lindner, Ulrike: Klare Worte finden. Elterngespräche in der Kita; Verlag an der Ruhr, Berlin 2013

Marek, Jana; Schopp, Johannes: Der Dialog als Inspirationsquelle, in: kinderleicht, März 2012

Missildine, W. Hugh: In dir lebt das Kind, das du warst: Seelische Belastungen bewältigen, Klett-Cotta, Stuttgart 2012

Möller, Jens-Christian, Schlenther-Möller, Esta: Kita-Leitung. Leitfaden für Qualifizierung und Praxis; Cornelsen, Berlin 2007

Montessori, Maria: Kinder sind anders, dtv (© Klett-Cotta), München 1992

Müller-Timmermann, Eckhart: Teamentwicklung, in: Armin Krenz (Hrsg.): Psychologie für Erzieherinnen und Erzieher: Grundlagen für die Praxis; Cornelsen Scriptor, 2007

Nelson Spielman, Lori: Morgen kommt ein neuer Himmel; Fischer Krüger, Frankfurt am Main 2014

Nordt, Gabriele: Methodenkoffer zur Qualitätsentwicklung in Tageseinrichtungen für Schul- und Vorschulkinder; Cornelsen Scriptor, Berlin 2007

Nürge, Kathrin, et al.: Konzeption Kita SIM-SALA-BIM, Samtgemeinde Mittelweser, 2014

Ostermann, B.: Psychohygiene, in: Pousset, Raimund (Hrsg.): Handwörterbuch für Erzieherinnen und Erzieher, Berlin 2011

Pichler-Bogner, Daniela M. I.: Aus Erziehung wird Beziehung. Die Grundlagen menschlicher Entwicklung; in: Textor, Dr. Martin R.: Das Kita-Handbuch, http://www.kindergartenpaedagogik.de/786.html (17.03.2017; 13:00)

Pinter, Stefan: Kinderleicht lernen, in: kinderleicht, Ausgabe 4/2014

Pousset, Raimund (Hrsg.): Handwörterbuch für Erzieherinnen und Erzieher, Cornelsen Scriptor, Berlin 2010

Pousset, Raimund (Hrsg.): Handwörterbuch Frühpädagogik. Mit Schlüsselbegriffen der sozialen Arbeit. 4. erweiterte Auflage, Cornelsen Scriptor, Berlin 2014

Ramsay, Graham Gordon; Barlow Sweet, Holly: Reiseführer zum Selbst. Wer bin ich und wer will ich sein?; Huber, Bern 2010

Renz-Polster, Herbert: Die Kindheit ist unantastbar: Warum Eltern ihr Recht auf Erziehung zurückfordern müssen; Beltz, Weinheim und Basel 2014

Satir, Virginia: Selbstwert und Kommunikation. Familientherapie für Berater und zur Selbsthilfe. Aus dem Amerikanischen von Maria Bosch und Elke Wisshak. © 1972 by Science and Behaviour Books, Inc.
Pfeiffer bei Klett-Cotta (Reihe Leben lernen Nr. 18) Stuttgart 1975

Schnocks, Dieter: Mit C. G. Jung sich selbst verstehen: Acht Erkenntnisaufgaben auf unserem Individuationsweg; Kohlhammer, Stuttgart 2013

Schulz von Thun, Friedmann; Stegemann, Wibke: Das innere Team in Aktion. Praktische Arbeit mit dem Modell; Rowohlt, Reinbek 2004

Seitz, Rudolf: Erzieherin zwischen Lust und Frust. Ermutigungen für einen herausfordernden Beruf; Don Bosco, München 1998

Seligmann, Martin E.P.: Der Glücks-Faktor. Warum Optimisten länger leben; Bastei Lübbe, Köln 2014

Stanjek, Karl: Werte und Normen; in: Pousset, Raimund: Handwörterbuch für Erzieherinnen und Erzieher; Berlin 2011

Stavemann, Harlich H.: Im Gefühlsdschungel. Emotionale Krisen verstehen und bewältigen; Beltz, Weinheim 2010

Stavemann, Harlich: ... und ständig tickt die Selbstwertbombe; Beltz, Weinheim 2011

Steindl-Rast, David: Achtsamkeit. In: Die schönsten Texte von David Steindl-Rast. © Verlag Herder GmbH, Freiburg i. Br. 2010

Stück, Marcus: Kinder, Forscher, Pädagogen. Frühe Bildung auf dem Prüfstand!; Schibri-Verlag, Uckerland 2010

Thomann, Christoph: Klärungshilfe 2: Konflikte im Beruf: Methoden und Modelle klärender Gespräche; Rowohlt, Hamburg 2007

Ulsamer, Bertold: Wie Sie alte Wunden allein heilen und neue Kraft schöpfen. Familienaufstellung ohne Stellvertreter. Ein Selbsthilfebuch mit CD; Kösel-Verlag, München 2010

Vorholz, Heidi, Mienert, Malte: Von der Elternarbeit zur Erziehungspartnerschaft; in: Braun, Ulrich; Mienert, Malte; Müller, Stephanie; Vorholz, Heidi (Hrsg.): Frühkindliche Bildung im Team gestalten und umsetzen – Konzepte, Praxisbeispiele, Materialien; Raabe, Berlin, Stuttgart 2007

Weber, Kurt: Teamentwicklung (Reihe basiswissen kita/kindergarten heute), Herder, Freiburg 2000

Wustmann Seiler, Corina; Fthenakis, Dr. Wassilios E. (Hrsg.): Resilienz, Widerstandsfähigkeit von Kindern in Tageseinrichtungen fördern, Cornelsen, Berlin, Düsseldorf, Mannheim 2004

Wustmann Seiler, Corinna: Resilienz; Cornelsen, Berlin, Düsseldorf, Mannheim 2012

www.osz-ruth-cohn.de/schulportrait/ruth-cohn/themenzentrierte-interaktion-tzi (25.04.2017; 16:00 Uhr)

Zurhorst, Eva-Maria und Wolfram: Liebe dich selbst und freu dich auf die nächste Krise; Goldmann, München 2011

Armin Krenz

Der situationsorientierte Ansatz – auf einen Blick

Ganzheitliches Leben und Lernen, das verspricht der Situationsorienterte Ansatz. Wie sieht das in der Praxis aus? Im Mittelpunkt des Situationsorientierten Ansatzes stehen die Lebensthemen und bedeutsamen Situationen der Kinder. Sie sind Ausgangspunkt für die Projektfindung und -durchführung. Hier erhalten Sie sehr praktische Hinweise, wie Sie anhand von Spielformen, Erzählthemen, Kinderbildern oder Bewegungen die wichtigen Themen erkennen, situationsorientiert ausarbeiten und gewinnbringend auswerten. Dazu erhalten Sie einen Einblick in die Entstehungsgeschichte des Ansatzes.

Broschur, 96 Seiten, 4-fbg. Fotos
9,90 € (D), 10,20 € (A)
ISBN 978-3-944548-04-3

Ulrich Pommerenke

Motivation und Erfolg
Strategien und Self-Coaching für Erzieherinnen

Spätestens seit den PISA-Studien ist klar: Die „Qualität" in den Kindergärten und Schulen muss sich einschneidend ändern, um den Erfordernissen unserer Welt gerecht zu werden. Dabei geht es nicht um eine Revision der Didaktik und Methodik, denn entwickelndes und handlungsorientiertes Lernen ist ja spätestens seit der Reformpädagogik bekannt. Der Schlüssel für die Bewältigung der Probleme ist die praxisbezogene und kontinuierliche Entwicklung einer selbstbewussten und souveränen Persönlichkeit!

Broschur, 212 Seiten, 4-fbg. Fotos
19,90 € (D), 20,50 € (A)
ISBN 978-3-944548-05-0